Lothar Staeck

Zeitgemäßer Biologieunterricht
Eine Didaktik

3., völlig neu bearbeitete Auflage

Erschienen im dreihundertsten Jahr
der J. B. Metzlerschen Verlagsbuchhandlung
Stuttgart

ISBN 3-476-70032-1

Die ersten beiden Auflagen erschienen ab 1975 in der
„edition erziehung“ der Pro Schule Verlag GmbH
in Düsseldorf.
Druck 1985, 1984, 1983, 1982
Die letzte Zahl nennt das Jahr des Drucks.
Grafik: M. Krüger, Berlin
Lithographie: Offsetreproduktion G. Schmid, Stuttgart
Satz: Bauer & Bökeler Filmsatz GmbH, Denkendorf
Druck: Philipp Reclarn jun., Ditzingen
Printed in Germany

Inhalt

Vorwort zur 3., völlig neu bearbeiteten Auflage

Mehr als ein halbes Jahrzehnt ist seit der Erstauflage dieses Bandes vergangen. Der Aufschwung, den die Biologie in der Öffentlichkeit bereits seit Anfang der 70er Jahre erfahren hatte, setzte sich auch gegen Ende des Jahrzehnts fort und hält noch immer an. Hierfür sind zum einen sicher die Erkenntnisse der jüngsten Zeit auf den Gebieten der Cytologie und Molekulargenetik verantwortlich. Fachleute sprechen in diesem Zusammenhang bereits vom »*goldenen Zeitalter der Biologie*«. Weiterhin sorgten die immer gravierender werdende weltweite Umweltkrise und die damit verbundenen ökologischen Aktivitäten der Biowissenschaften für eine zunehmende Anerkennung der Biologie in der Öffentlichkeit. Schließlich gewinnt die Biologie ganz allgemein auch in der Bevölkerung einen immer größeren Freizeitwert: So wurden z. B. schon 1978 in fast der Hälfte aller bundesdeutschen Haushalte Heimtiere gehalten. Hinzu kommen vielfältige biologische Hobbys in unserer Bevölkerung, von Anglervereinen bis hin zu Orchideenzüchtern.

Auch für die Biologiedidaktik ist dieser Prozeß nicht ohne Konsequenzen geblieben. Die vorliegende, völlig neu bearbeitete Auflage des »Zeitgemäßen Biologieunterrichts« versucht, dieser Entwicklung durch eine weitreichende Ergänzung und Vertiefung der vorliegenden Kapitel sowie durch die Hereinnahme neuer Abschnitte Rechnung zu tragen. So wurde die in verschiedenen biologischen Lehrplänen sichtbar werdende Tendenz, nunmehr verstärkt zeitgemäße Unterrichtsinhalte zu thematisieren, in der Neuauflage berücksichtigt (vgl. Kap. 2). Auch die verschiedenen mittlerweile vorliegenden curricularen Projekte für den Biologieunterricht, die mithelfen, Innovationen in den biologischen Unterricht hineinzutragen, werden ausführlich besprochen (vgl. Kap. 3).

Seit Ende der 70er Jahre räumt die Biologiedidaktik der Humanbiologie und Gesundheitserziehung einen nicht mehr wegzudiskutierenden Stellenwert im Biologieunterricht der allgemeinbildenden Schule ein. Die Begründungszusammenhänge hierfür sowie die Zielsetzungen und neuartige methodische Aspekte der Gesundheitserziehung sollen deshalb dem Biologielehrer in dieser Neubearbeitung offengelegt werden (vgl. Kap. 4.3).

Der Strukturierungsdebatte um die zukünftige Gliederung des Biologieunterrichts wird in der vorliegenden Neufassung der notwendige breite Raum gewidmet (vgl. Kap. 4.4), um den Lehramtsstudenten und Biologielehrern die Ausschärfung eines eigenen Standpunktes zu ermöglichen. Derzeit läßt sich jedenfalls noch nicht absehen, ob sich überhaupt ein Strukturierungsansatz für ein gesamtbiologisches Curriculum zukünftig durchsetzen wird.

Neu mit aufgenommen in den Band wurde auch der Abschnitt »Lernprozesse im Biologieunterricht« (Kap. 4.5) aus der Erkennt-

nis heraus, daß trotz einer Reihe grundlegender und durchaus brauchbarer Ansätze zur Verbesserung schulischen Lernens für den Biologieunterricht bisher keine zusammenhängende Darstellung dieses Problemfeldes, die auch konkrete Hinweise zur entsprechenden didaktischen Aufbereitung des Unterrichts enthält, vorliegt.
Wesentliche Inhaltsbereiche des modernen Biologieunterrichts stellen nach wie vor die Themenkreise Molekulargenetik, Verhaltensbiologie, Umweltbiologie und Ökologie sowie Sexualität dar. In den letzten Jahren ist jedoch die didaktische Literatur gerade zu den genannten Bereichen derartig angeschwollen, daß eine komplette Neubearbeitung dieser Kapitel (5.1–5.4) sich als notwendig erwiesen hat, wobei auch eine Fülle praxisnaher Unterrichtsvorschläge mitaufgenommen wurde.
Schließlich ist auch als Ergebnis einer viele Semester umfassenden Diskussion mit Kollegen und studentischen Arbeitsgruppen das theoretische Konzept der Planung von Biologieunterricht von Grund auf überarbeitet worden. Hierzu wurden nicht nur der Medienbegriff für das Fach Biologie völlig neu definiert und die Befunde einer vom Verfasser durchgeführten empirischen Untersuchung zum Lernerfolg mit unterschiedlichen biologieunterrichtsrelevanten Medienarten in die planungstheoretischen Überlegungen miteinbezogen (vgl. Kap. 8), sondern auch die Ausführungen über die Strukturierung und inhaltliche Füllung der Sachanalyse und Didaktischen Analyse einschließlich der Didaktischen Reduktion vor allem im Hinblick auf die Studierenden der Biologiedidaktik und die fachfremd Biologie unterrichtenden Lehrer schlüssig gegliedert und verständlich aufbereitet (vgl. Kap. 9).
Die vorliegende Arbeit wendet sich vor allem an die Lehrer, die das Fach Biologie an Haupt-, Real- und Gesamtschulen sowie Gymnasien unterrichten. Unter diesen sind insbesondere die Lehramtskandidaten und Referendare sowie die fachfremd Biologie unterrichtenden Kollegen, aber auch jene bereits länger in der Praxis tätigen Biologielehrer angesprochen, die sich einen Überblick über den gegenwärtigen Stand der biologiedidaktischen Diskussion und über mögliche Perspektiven dieses Faches verschaffen sowie unterrichtspraktische Anregungen für den Aufbau von zeitgemäßen Unterrichtssequenzen und schülernahen Unterrichtsstunden erhalten möchten.
Darüber hinaus wendet sich diese Arbeit an Studierende der Biologiedidaktik, die sich für Planung, Durchführung und Analyse der Unterrichtspraktika sowie für die Examensvorbereitung die erforderlichen Grundlagen erarbeiten wollen.
Dieser Band hat seinen Zweck erreicht, wenn er seine Leser anregt, einen schülernahen und anwendungsbezogenen Biologieunterricht zu planen und zu realisieren.

Berlin, im Mai 1981 *Lothar Staeck*

1
Aufgabenbereich der Biologiedidaktik

Biologielehrer unterrichten über das Leben und Überleben von Organismen. Ihrem Unterricht liegt ein eng verknotetes Netz verschiedenartiger Entscheidungsparameter zugrunde. Die Erforschung, Ausbreitung, Reflexion und Entschlüsselung dieses Netzes mit Hilfe organisierender Kategorien gehört zum Aufgabenbereich der **Biologiedidaktik**. Der vorliegende Band befaßt sich in diesem Sinne mit Biologiedidaktik, indem er biologieunterrichtliche Entscheidungsprozesse reflektiert und transparent macht – im Bemühen um eine Professionalisierung des Biologielehrers.

Nun muß derzeit leider noch immer konstatiert werden, daß die Bedeutung biologiedidaktischer Fragestellungen auch nach mittlerweise rund zwanzigjährigen Profilierungsbemühungen der Biologiedidaktik an vielen Universitäten immer noch verkannt wird.

Wie sich insbesondere auf den turnusmäßig stattfindenden Tagungen des Verbandes Deutscher Biologen (VdB) zeigt, ist bei vielen Fachbiologen noch immer eine – zumeist auf Unkenntnis des Stellenwerts und der Leistungsfähigkeit einer wissenschaftlichen Biologiedidaktik beruhende – antididaktische Position festzustellen. Für sie stellt Biologiedidaktik eine bloße Umsetzungstechnik dar (vgl. Abb. 1), zu der ein Fachbiologe, der selbst während seines Studiums in die biologischen Wissenschaften eingeführt worden ist, dies als Lehrer wiederum selbst tun könnte.

Wenn wir uns vorstellen, die Welt wäre ein Dorf mit 1000 Einwohnern, dann gäbe es darin:

■	(60)	Nordamerikaner
■	(80)	Südamerikaner
■	(86)	Afrikaner
■	(210)	Europäer
■	(564)	Asiaten
■	(700)	Einwohner sind Farbige
■	(300)	Einwohner sind Weiße
■	(200)	haben nicht genug zu essen
■	(600)	leben in Hütten und Baracken
■	(700)	können nicht lesen und schreiben
■	(60)	Einwohner verfügen über die Hälfte des gesamten Einkommens des Dorfes
■	(940)	müssen sich die restliche Hälfte teilen.

Abb. 1: Beispiel für eine verkürzte Sichtweise der Funktion von Biologiedidaktik als bloßer Umsetzungstechnik: Um beispielsweise Schülern der Sekundarstufe I eine leicht faßbare Vorstellung von der Verteilung der Erdbevölkerung auf die Kontinente, der farbigen und weißen Erdbevölkerung und weiterer weltpolitisch relevanter Größen zu vermitteln, könnte ihnen der erste Satz vorgegeben werden mit der Aufgabe, die hier in Klammern angegebenen Zahlenwerte abzuschätzen.

Dabei ist eine Fachdisziplin außerstande, per se Kriterien bzw. Orientierungsrahmen dafür zu liefern, welche Ziele, Inhalte und Vermittlungsmethoden für den Unterricht in einem Fach adäquat sind. Für die Fachwissenschaft Biologie bleibt festzustellen, daß sie auf dem Boden ihrer Theoriebildung ihre Gegenstände allenfalls mit einigen Vereinfachungen, im übrigen jedoch ungebrochen, in den schulischen Unterricht überführen kann. Trotzdem wird in der Bundesrepublik Deutschland vor allem an Universitäten die Biologiedidaktik häufig noch längst nicht überall als selbständiges Forschungs- und Lehrgebiet betrieben, sondern als bloßes »Anhängsel« ihrer Fachwissenschaft angesehen und demzufolge von den Hochschullehrern der Fachwissenschaft Biologie mitvertreten.

Zur Klärung des Standortes der Biologiedidaktik innerhalb des Fächerkanons an lehrerausbildenden Hochschulen sei folgendes festgestellt:

Die Biologiedidaktik steht in einem Spannungsfeld zwischen ihrer Fachwissenschaft und der Allgemeinen Didaktik als Disziplin der Erziehungswissenschaft (vgl. Abb. 2), wobei

- die Fachwissenschaft Biologie vor allem mit Hilfe beobachtender, beschreibender und experimenteller Methoden sowie mit Hilfe von Modellbildungen Erkenntnisse über Organismen mit ihren Strukturen und Funktionen zu gewinnen sucht, ohne dabei zunächst die Frage nach der möglichen Aufbereitung und Weitergabe ihrer Ergebnisse für andere zu stellen (vgl. NACHTIGALL 1978²);
- die Allgemeine Didaktik organisierende Kategorien, Denkmethoden und Verfahren sowie theoriebildende Befunde bereitstellt.

Die wissenschaftliche Biologiedidaktik beschäftigt sich demgegenüber mit der *biologischen Lehre, d.h. sie beobachtet, analysiert und kontrolliert auf kategorialer Grundlage das gesamte System der erfaßbaren unterrichtsrelevanten Parameter – also die Bedingungen (Schüler, Lehrer, Milieu, Unterrichtszeit), Inhalte, Ziele, Methoden, Medien, Testverfahren und Ergebnisse des Biologieunterrichts – und wertet die gewonnenen Erkenntnisse für künftige Planungen aus* (vgl. auch BERCK u.a. 1976, RICHTER 1969, SCHAEFER 1971a, STAECK 1979, WERNER 1974).

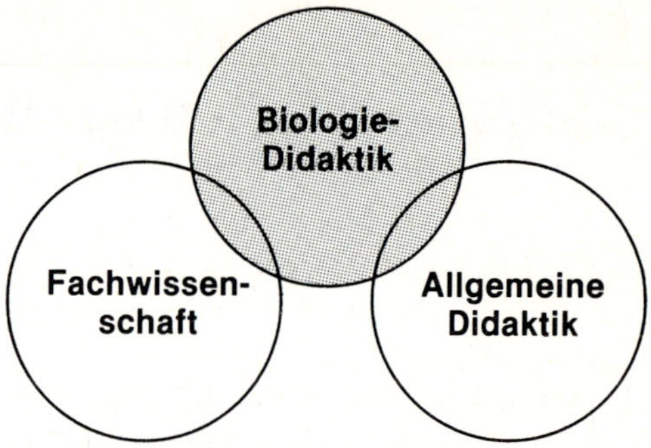

Abb. 2: Standort der Biologiedidaktik im Spannungsfeld zwischen ihrer Fachwissenschaft und der Allgemeinen Didaktik

Ihre dominierenden Forschungsmethoden sind hierbei das heuristische und das empirische [1] Verfahren.

Die vorstehende Definition der Biologiedidaktik macht deutlich, daß sie eine eigenständige Wissenschaft darstellt, die wissenschaftstheoretisch zwischen ihrer Fachwissenschaft und der Allgemeinen Didaktik (Erziehungswissenschaft) anzusiedeln ist. Dabei treten in bestimmten Teilbereichen zwar Überschneidungen mit ihren beiden Bezugswissenschaften auf, in der großen Mehrzahl der Problemstellungen ihres Aufgabenbereiches dokumentiert sich indes ein eigenständiges Forschungsanliegen (vgl. Abb. 2).

Nachfolgend soll an einigen grundlegenden Aufgaben und Problemen das Forschungsanliegen der wissenschaftlichen Biologiedidaktik, die sich gegenwärtig noch immer in ihrem Anfangsstadium befindet, konkretisiert werden (siehe hierzu auch WERNER 1978):

- Analyse des Standortes der Fachwissenschaft Biologie und der Biologiedidaktik in der Gesellschaft;
- Bestimmung der erkenntnisleitenden Interessen für den Biologieunterricht;
- Überprüfung der allgemeinen Erziehungsziele in ihrer Bedeutung für den Biologieunterricht;
- empirische Erforschung des Biologieunterrichts (z. B. Effektivität verschiedener Medien; Beeinflussung von Schülerleistungen und Schülereinstellungen durch die Variablen »Einzelstunden« und »Doppelstunden«; Motivierungsmöglichkeiten des Schülers; Überprüfung von Lehr- und Lernformen);
- Strukturierung der biologischen Lehrinhalte in der allgemeinbildenden Schule (Lehrplan- und Curriculumforschung);
- Probleme der biologischen Fachsprache;
- Begriffsbildung im Biologieunterricht;
- Entwicklung, Implementation (Erprobung) und Evaluation (Kontrolle und Bewertung des Lernerfolgs) von biologischen Unterrichtseinheiten;
- Produktion, Implementation und Evaluation von Medien für den Biologieunterricht;
- Analyse derzeitiger und zukünftiger Schülerinteressen und -qualifikationen im biologischen Bereich;
- Entwicklung einer soliden und tragfähigen biologiedidaktischen Theorie.

Aus den vorangegangenen Ausführungen wird deutlich, daß die Fachwissenschaft Biologie und die Biologiedidaktik einander brauchen:

Die Biologiedidaktik ist auf den von der Fachwissenschaft bereitgestellten Fundus an gesicherten biologischen Erkenntnissen angewiesen. Umgekehrt ist auch die wissenschaftliche Biologie auf die ständige Kommunikation mit der Biologiedidaktik und auf die von ihr zur Verfügung gestellten Fragestellungen und Kriterien angewiesen, z. B.

- zur Bestimmung der Lehrinhalte im Rahmen der Lehrerausbildung;
- zur Aufbereitung ihrer Erkenntnisse mit dem Ziel, diese der Öffentlichkeit zugänglich zu machen;
- oder bei der Einordnung fachwissenschaftlicher Erkenntnisse in gesellschaftliche Zusammenhänge (Biologiedidaktik als »Instanz kritischer Hinterfragung«, VON WAHLERT 1975, 47).

Eine enge Verzahnung zwischen den Fragestellungen, Problemen und Verfahren der Fachwissenschaft Biologie und ihrer Didaktik stellt sich deshalb als unabdingbare Forderung für die Gegenwart und Zukunft.

2

Biologie in den Richtlinien und Lehrplänen der Bundesrepublik Deutschland

Der Lehrer ist in der Auswahl der Unterrichtsinhalte nicht frei. Bei der Zusammenstellung der Themen ist er vielmehr an ganz bestimmte behördliche Vorgaben gebunden. Diese werden von Bundesland zu Bundesland häufig terminologisch unterschiedlich als Lehrplan (z. B. in Bremen), Richtlinien (z. B. in Hamburg), Rahmenrichtlinien (z. B. in Hessen), Bildungsplan (z. B. in Baden-Württemberg) oder als Rahmenplan (z. B. in Berlin) bezeichnet. Allen diesen Richtschnuren ist gemeinsam, daß sie eine Aufstellung von Zielen, Inhalten und methodischen Anweisungen enthalten, die nach Schulzweigen, Jahrgangsstufen und Schulfächern gegliedert sind. Diese Pläne sind in weiten Bereichen vor allem ihrer Stoffpläne für den Lehrer verbindlich und darüber hinaus als didaktisch-methodische Orientierungshilfe gedacht (vgl. STAECK 1974, 14).

In der Mehrzahl der Bundesländer sind in den letzten fünf Jahren zumindest in Teilbereichen neue Lehrpläne für den Biologieunterricht erschienen (vgl. SKAUMAL/STAECK 1980). Insgesamt ergibt sich ein recht buntes Bild bezüglich der Erscheinungstermine und Entwicklungsstadien der Lehrpläne in den einzelnen Bundesländern. Neben schon längst überholten, jedoch noch gültigen Plänen (siehe z. B. in Niedersachsen) gibt es seit Jahren eingeführte und bewährte Pläne (z. B. für die Sekundarstufe I in Hamburg) sowie Entwürfe, die noch nicht rechtsverbindlich sind (z. B. für das 6. Schuljahr von Hauptschule, Realschule und Gymnasium im Saarland) bzw. sich noch in der Erprobungsphase befinden (z. B. für die Sekundarstufe I in Berlin). Bemerkenswert erscheint indes zum einen, daß in einigen Bundesländern noch immer Pläne gültig sind, die vor weit mehr als zehn Jahren herausgegeben wurden, z. B. der Hauptschulplan für den Biologieunterricht in Niedersachen (vgl. Tab. 1). Zum anderen erscheint für nahezu alle Pläne ihre zumeist explizit formulierte **Vorläufigkeit** bzw. **Revisionsbedürftigkeit** kennzeichnend.

Für den Biologie unterrichtenden Lehrer und den Lehrerstudenten kommt es angesichts dieser Situation darauf an, überkommene Bildungsinhalte und -ziele von zeitgemäßen und innovativen Tendenzen abzugrenzen, entsprechend zu reflektieren und die daraus abzuleitenden Konsequenzen für die eigene Unterrichtsplanung (Lerninhalte, Lernziele, methodisches Vorgehen) zu ziehen.

Im folgenden sollen nach einer kurzen Darstellung einiger Gründe für die sich abzeichnende Umbruchsituation im Bildungswesen der Bundesrepublik Deutschland einige Tendenzen der biologischen Lehrplanentwicklung aufgezeigt werden. Hiermit soll dem Leser zum einen eine kritische Einschätzung des in seinem Bundesland gültigen Lehrplans ermöglicht werden und darüber hinaus sein Blick über die eigenen Bundeslandgrenzen hinweg geweitet wer-

<table>
<tr><th>Schulart/
Jg.-stufe</th><th>B-W</th><th>BAY</th><th>BLN</th><th>HB</th><th>HH</th><th>HES</th><th>N-S</th><th>NRW</th><th>R-PF</th><th>SAA</th><th>S-H</th></tr>
<tr><td>G
OrSt</td><td>1977</td><td>1976</td><td>1972[7])</td><td>1981[8])</td><td>1973</td><td rowspan="4">1978</td><td>1972
1976[8])</td><td>1973</td><td>1978</td><td>1973
1977[3])</td><td>1976</td></tr>
<tr><td>HS</td><td>1977/78[1])
1979[2])</td><td>1977/78</td><td>1972[7])</td><td>1979
1980
1981</td><td rowspan="2">1973</td><td>1964/67</td><td>1973</td><td>1978</td><td>1981</td><td>1966
1974[4])
1975[5])</td></tr>
<tr><td>RS</td><td>1977/78[1])
1979[2])</td><td>1978</td><td>1978[7])</td><td>1979
1981</td><td>1969</td><td>1978</td><td>1978</td><td>1967
1977/78[1])</td><td>1968
1974[4])
1976[6])</td></tr>
<tr><td>GY</td><td>1977/78[1])</td><td>1978</td><td>1972[7])</td><td>1979
1981</td><td>1973/76</td><td>1966</td><td>1978</td><td>1978</td><td>1969
1977/78[1])</td><td>1971</td></tr>
<tr><td>allg. Hand-
rei-
chungen</td><td>HS,RS,GY</td><td>–</td><td>8)</td><td>für den na-
turw. Un-
terr.</td><td>–</td><td>diverse</td><td>OrSt,HS</td><td>–</td><td>–</td><td>–</td><td>–</td></tr>
</table>

Tab. 1: Erscheinungstermine und Entwicklungsstand der Biologie-Lehrpläne in den Ländern der Bundesrepublik Deutschland

1) für Kl. 5/6
2) für Kl. 7
3) für Kl. 5
4) für Kl. 7/8
5) für Kl. 9
6) für Kl. 9/10
7) wird derzeit überarbeitet
8) als Entwurf
9) 1970 leicht verändert und 1975 mit »Leitlinien zum Umgang mit den geltenden Lehrplänen« versehen.

G Grundschule
OrSt Orientierungsstufe
HS Hauptschule
RS Realschule
GY Gymnasium

den mit dem Ziel, die Bereitschaft zu verstärken, Anregungen anderer Bundesländer für die eigene Unterrichtstätigkeit aufzugreifen.

Zu einem vertieften Studium der Lehrpläne und Richtlinien für das Fach Biologie in den Ländern der Bundesrepublik Deutschland sei in diesem Zusammenhang auf die Synopse von STAECK (1974) sowie auf die Weiterführung dieser synoptischen Bestandsaufnahme von SKAUMAL und STAECK (1980) verwiesen.

2.1 Zur Umbruchsituation im Bildungswesen

Das Bildungswesen in der Bundesrepublik Deutschland befindet sich seit Mitte der 60er Jahre in einer Umbruchsituation, die eine sukzessive Neuorientierung fast aller schulischen Bereiche zur Folge hatte. Als maßgebliche Gründe für diese Entwicklung fallen insbesondere folgende Faktoren ins Gewicht:

1. Die fortschreitende Demokratisierung unseres Bildungswesens erhielt durch massive Studenten- und Schülerdemonstrationen, die seit 1968 die Öffentlichkeit aufschreckten und die sich gegen bestehende Ausbildungsformen sowie gegen jede Form von Autorität richte-

ten, neue Impulse. So sind in mehreren Bundesländern in den letzten Jahren Diskussionspapiere und Gesetzesvorlagen zur größeren Mitbestimmung und Mitwirkung von Lehrern, Schülern und Erziehungsberechtigten in den Schulen erschienen, die eine verstärkte Demokratisierung aller schulischen Entscheidungsprozesse zum Ziel haben.

2. Die Reformansätze von Parteien, verschiedener Länderregierungen und des Bundes zur Neustrukturierung des gesamten Bildungswesens. Hierbei sind insbesondere zu nennen
   - die Einrichtung von Vorklassen;
   - die Einführung der Orientierungsstufe;
   - die Zusammenfassung der bislang unterschiedlichen Bildungsgänge der Sekundarstufe I (Haupt-, Realschule und Gymnasium) in additiven und integrierten Gesamtschulen. So bestehen in der Bundesrepublik mittlerweile rund 200 Gesamtschulen, die im übrigen in ihrer Mehrzahl als Ganztagsschulen geführt werden;
   - die Einführung des Kurssystems in der gymnasialen Oberstufe sowie die Einrichtung berufsfeldbezogener gymnasialer Oberstufen.

   Folgende schulstufenbezogene Gliederung wurde in diesem Zusammenhang vereinbart:
   - Primarstufe (Klassen 0 bis 4),
   - Orientierungsstufe (Klassen 5 bis 6),
   - Sekundarstufe I (Klassen 7 bis 10; Mittelstufe),
   - Sekundarstufe II (gymnasiale Oberstufe einschließlich berufsfeldbezogener Ausrichtung).
3. Der Eingang des Curriculumbegriffs in den deutschen Sprachraum, der einhergeht mit der Hinterfragung der traditionell legitimierten Intentionen und Unterrichtsinhalte der Schulfächer: Der Beginn der Curriculumforschung und -entwicklung fällt in diesen zeitlichen Rahmen (vgl. hierzu Kap. 3).
4. Die Anwendung lernpsychologischer Erkenntnisse auf die Schulpädagogik, was zur Forderung nach einer klar definierten und operationalisierten Lernzielbeschreibung führte.

   Insbesondere die Veröffentlichung des amerikanischen Behavioristen MAGER über die Operationalisierung von Lernzielen war für die Arbeit der einzelnen fachdidaktischen Disziplinen in der Bundesrepublik Deutschland wegweisend (vgl. MAGER 1969).

Die skizzierten Faktoren beeinflussen in zunehmendem Maße auch den Biologieunterricht. Das führt dazu, daß der Standort des Biologieunterrichts in unserem Bildungssystem, seine durchgängige Strukturierung, seine Lerninhalte und Lernziele kritisch hinterfragt und überdacht werden (vgl. Kap. 4).

Hinzu kommt noch die spezielle fachwissenschaftliche Komponente der Biologie, die gerade im letzten Jahrzehnt eine Fülle bisher nicht bekannter Hintergründe und Zusammenhänge erforscht sowie neue Vorstellungen, Erkenntnisse und Begriffe geprägt und gefunden hat, z.B. auf dem Gebiet der Genetik und Cytologie, in der Molekular- und Mikrobiologie, in der Medizin, in der Biotechnik, in der biologischen Kybernetik, in der Ethologie und in der Ökologie. Die große Zahl neuer Fachliteratur gibt darüber ein beredtes Zeugnis.

2.2 Tendenzen der biologischen Lehrplanentwicklung

In der Bundesrepublik Deutschland gibt es aufgrund der Kulturhoheit der Bundesländer keine einheitlichen Richtlinien für den Biologieunterricht. Es ist vielmehr eine enorme Zersplitterung der Lehrpläne zu beklagen, was insgesamt dazu führt, daß die Position des Faches Biologie geschwächt wird. Eigenen mehrjährigen Recherchen zufolge, die sich aufgrund des in den einzelnen Bundesländern unterschiedlich organisierten Behördenapparates als überaus schwierig erwiesen, gibt es derzeit für den Biologieunterricht der Sekundarstufe I (Klassen 5 bis 10) in den elf Ländern der Bundesrepublik insgesamt mindestens 42 (!) verschiedene Biologie-Lehrpläne für die Bereiche Orientierungsstufe, Hauptschule, Realschule, Gymnasium und Gesamtschule. [2]

2.2.1 *Auswirkungen der Lehrpläne auf die Schulbucherstellung*

Die sich aus dieser problematischen Situation ergebenden Folgen für die Biologieschulbuchproduktion werden bei einem Besuch der einschlägigen didaktischen Messen (Interschul, Didacta) besonders deutlich (vgl. auch OEHRING 1978): Um den unterschiedlichen überwiegend nach Schultypen differenzierten Lehrplänen und den damit verbundenen Zulassungsvoraussetzungen gerecht zu werden, gibt es mittlerweise eine derartige Vielfalt an biologischen Schulbüchern – allein für die Sekundarstufe I – daß Biologielehrer und -studenten, wie Gespräche immer wieder zeigen, schon längst den Überblick verloren haben.

Eigene Nachforschungen, die in diesem Zusammenhang durchgeführt wurden, ergaben eine – sicher nicht vollständige – Liste von 18 Verlagen bzw. Verlagsverbunden, die derzeit mindestens 98 verschiedene Biologie-Schulbücher für die Klassen 5–10 (ohne Arbeitshefte) für den bundesrepublikanischen Markt produzieren (vgl. Tab. 2).

Verlag bzw. Verlagsverbund	Anzahl der publizierten biologischen Schulbücher ohne Arbeitshefte
Bayerischer Schulbuchverlag/München	11
Cornelsen Velhagen & Klasing/Berlin und Bielefeld	3
Diesterweg/Frankfurt	5
Ehrenwirth/München	4
Herder/Freiburg	1
Klett/Stuttgart	15
List/München	1
Matthiesen/Lübeck und Hamburg	1
J. B. Metzler/Stuttgart	9
Mundus/Stuttgart	7
Oldenbourg/München	6
Quelle & Meyer/Heidelberg	6
Schöningh/Paderborn	2
Schroedel/Hannover	11
Westermann/Braunschweig	7
CVK/Oldenbourg	4
Oldenbourg/Hirt	1
Quelle & Meyer/Diesterweg	4
	98

Tab. 2: Biologische Schulbuchproduktion in der Bundesrepublik Deutschland für den Bereich der Sekundarstufe I (ohne Arbeitshefte)

2.2.2 *Stundentafeln für Biologie*

In den Stundentafeln eines Unterrichtsfaches dokumentierten sich wesentliche Aussagen über den Bildungsanspruch, d.h. über die Aufgaben, Zielsetzungen und Lerninhalte des jeweiligen Faches. Generell läßt sich bezüglich des Biologieunterrichts feststellen, daß dieses Fach heute wie frü-

her unter einem auffallenden Mißverhältnis zwischen Stoffmenge und Stundenzahl leidet (vgl. VOIGTS 1924, 249 sowie VERBAND DEUTSCHER BIOLOGEN 1979, 199 ff.).
Hinzu kommt noch, daß die Anzahl der Unterrichtsstunden für Biologie nicht nur zwischen den einzelnen Bundesländern, sondern auch zwischen den Schultypen eines Bundeslandes beträchtlich variieren. Hier wird deutlich, daß die Festsetzung der Biologiestunden pro Zeiteinheit in den Bundesländern offensichtlich *willkürlich* unter dem Einfluß jeweils unterschiedlich gewichteter Interessengruppen geschieht. So verwundert es nicht, daß weder in den Lehrplänen noch in entsprechenden Ausführungsbestimmungen Kriterien für die Festsetzung einer bestimmten Stundenzahl oder Begründungen für die getroffenen Maßnahmen zu finden sind.
Zwei für das Schulfach Biologie bedrohliche Trends lassen sich indes quer durch die Bildungslandschaft registrieren:

- Ein Hauptschüler muß sich mit weniger Biologieunterricht begnügen als Realschüler und Gymnasiasten.
- Es sind in verstärktem Umfang Bestrebungen erkennbar, die Stundentafeln für den Biologieunterricht weiter zu reduzieren (vgl. z.B. in Baden-Württemberg, Berlin, Hessen).

Eine Analyse der gegenwärtig geltenden Stundentafeln für Biologie aller Schultypen der elf Bundesländer ergibt,

- daß der Biologieunterricht als Fachunterricht in allen Bundesländern mit dem fünften Schuljahr beginnt;
- daß in einzelnen Klassenstufen einer Reihe von Bundesländern der Biologieunterricht entweder mit Chemie und Physik zu dem Lernbereich Naturwissenschaften zusammengefaßt wird (in der Orientierungsstufe) oder vor allem in Klasse 8 oder 9 im Wechsel mit anderen Fächern (insbesondere mit Chemie) unterrichtet wird (vgl. z.B. in der Gesamtschule Nordrhein-Westfalens) bzw. völlig wegfällt (z.B. in Klasse 8 der Realschule und des Gymnasiums in Berlin);
- daß die Gesamtzahl an Biologiestunden in der Sekundarstufe I (Klasse 5 bis 10) bei 40 Wochen pro Schuljahr zwischen den Extremwerten 200 (z.B. Hauptschule in Bayern) und 480 (z.B. Realschule in Baden-Württemberg) schwankt (vgl. hierzu SKAUMAL/STAECK 1980).

Zusammenfassend muß die Forderung erhoben werden, endlich Kriterien für das Stundenvolumen der Unterrichtsfächer aufzustellen und eine Angleichung der Stundentafeln für das Fach Biologie in Hauptschulen an das Stundenvolumen von Realschulen und Gymnasien vorzunehmen. Schließlich sollten die Stundentafeln für die Sekundarstufe I bundesweit vereinheitlicht werden, wobei entsprechend der zunehmenden Bedeutung der Biologie in der Öffentlichkeit und in der wissenschaftlichen Forschung die Volumina aus Tabelle 3 zugrundegelegt werden sollten (vgl. VERBAND DEUTSCHER BIOLOGEN 1979).
Zumindest in der Sekundarstufe I sollte das Fach Biologie also durchgehend zweistündig unterrichtet werden, und zwar im Pflichtbereich. Eine derartige Forderung kann natürlich nur aufgestellt werden, wenn die Inhalte dieses Faches als gesellschaftlich bedeutsam ausgewiesen sind.

2.2.3 *Zielsetzungen der Lehrpläne*

Die Festlegung von Lernzielen ist als einer der wichtigsten didaktischen Schritte anzusehen. Die allermeisten Lehrpläne liefern jedoch nur sehr allgemein gehaltene Lernziele, die dem Lehrer lediglich den Rahmen

Jahrgangsstufe (alle Schulzweige)	wöchentliche Stundenzahl	Begründung
5 6	2 2	Insbesondere im biologischen Anfangsunterricht muß hinreichend Zeit für Beobachtungs- und Experimentieraufgaben sowie für Pflanzen- und Tierhaltung zur Verfügung stehen.
7 8	2 2	Die experimentelle Bearbeitung komplexer (z. B. ökologischer) Themen, die Berücksichtigung des Anliegens von Sexualerziehung, Gesundheitserziehung und Umwelterziehung erfordert ein solches Stundenvolumen.
9 10	3 3	Das vertiefte Eingehen auf Fragen des Umweltschutzes, die Erarbeitung der großen Organsysteme des Menschen einschließlich ihrer gesundheitlichen Aspekte, der Zellbiologie und Mechanismen der Vererbung sowie der Grenzfragen zur Humanbiologie machen unter Berücksichtigung der *gesellschaftlichen Forderungen* an das Fach Biologie insbesondere in den Abschlußklassen der Sek. I eine solche Ausweitung des Volumens erforderlich.

Tab. 3: Forderungen auf Erhöhung des Stundenvolumens für den Biologieunterricht der Sekundarstufe I

vorgeben, den er nach eigenem Ermessen ausfüllen kann. Argumentationshilfen für die selbst zu verantwortende Stoffauswahl und -sequenzierung werden hingegen in der überwiegenden Zahl der Lehrpläne nicht gegeben. Der Terminologie MÖLLERs (1973^4) folgend handelt es sich dabei zum einen

- um **Richtziele**, die mit umfassenden und unspezifischen Begriffen formuliert werden und normative Ziele größter Reichweite (z. B. für ein ganzes Schuljahr) darstellen und zum anderen
- um **Grobziele,** die der unterrichtlichen Grobplanung dienen (also z. B. den Planungszeitraum einer Unterrichtseinheit umfassen) und von daher methodische, mediale, aspektuelle Alternativen in ihrer unterrichtlichen Umsetzung zulassen.

Die unmittelbare unterrichtliche Umsetzung von Richtzielen und Grobzielen bleibt demgegenüber dem Lehrer selbst überlassen, indem er für seine Unterrichtsstunden sogenannte **Feinziele** aufstellt, die nach mittlerweile anerkanntem didaktischen Verständnis für den kognitiven und pragmatischen (handlungsbezogenen) Bereich **operational** definiert werden, wodurch sie eindeutig und überprüfbar werden (vgl. MAGER 1969 sowie Kap. 9).

In den durch die Lehrpläne überwiegend als Grobziele und seltener als Richtziele vorgegebenen Zielvorstellungen manifestieren sich die Ansprüche der politischen Parteien, Kirchen, Gewerkschaften, Wissenschaften, Schulbehörden und Lehrplan-Kommissionen, die landläufig als »gesellschaftliche Vorgaben« bezeichnet werden. Die Ansprüche von Lehrerkollegien sowie von Eltern(-gruppierungen) oder gar Schülern bleiben indes bei dieser so wichtigen Entscheidung in der Regel unberücksichtigt. [3]

Kennzeichnend für die Mehrzahl der derzeit gültigen Biologie-Lehrpläne für den kognitiven Bereich sind noch immer Zielsetzungen, die eine enzyklopädische Wissensvermittlung über die Natur mit ihren vielfältigen Erscheinungsformen anstreben (vgl. STAECK 1974, 241 ff):

- Kennenlernen der charakteristischen Pflanzen und Tiere (z.B. Baden-Württemberg, Bayern, Bremen, Schleswig-Holstein);
- Einblick in den Formenreichtum bzw. die Vielgestaltigkeit der Organismen gewinnen (z.B. Baden-Württemberg, Bayern, Hamburg);
- Einsicht in das gesetzmäßige Ordnungsgefüge der Natur gewinnen (z.B. Nordrhein-Westfalen, Rheinland-Pfalz, Saarland, Schleswig-Holstein).

Eine weitere in der Mehrzahl der Lehrpläne formulierte Zielvorstellung betrifft die Anbahnung eines allgemeinen Verständnisses für Lebensvorgänge und -zusammenhänge (z.B. Baden-Württemberg, Bayern, Bremen, Hamburg, Niedersachsen, Schleswig-Holstein).

Schließlich wird in einer Reihe von neueren Plänen gefordert, daß an ausgewählten Beispielen die Einsicht vermittelt werden soll, daß alle Lebewesen von bestimmten Umweltfaktoren abhängen (z.B. Berlin, Bremen, Hamburg, Hessen, Niedersachsen, Schleswig-Holstein).

Hinsichtlich der pragmatisch-handlungsbezogenen Lernzielebene überwiegen mittlerweile in den meisten Lehrplänen Zielsetzungen, die die Schulung der Beobachtungsfähigkeit, des exakten Denkens und der experimentellen Vorgehensweise sowie die Vermittlung spezifischer naturwissenschaftlicher Verfahren und Arbeitsweisen der Erkenntnisgewinnung akzentuieren.

Schließlich streben die Zielsetzungen der affektiven Ebene – soweit überhaupt in den Lehrplänen angesprochen – ein emotionales Beteiligtsein der Schüler an den Naturphänomenen an, das je nach weltanschaulicher Grundhaltung der Lehrplankommissionen bzw. Kultusbehörden als

- Begegnung mit der lebendigen Natur (z.B. Baden-Württemberg, Niedersachsen, Nordrhein-Westfalen, Saarland, Schleswig-Holstein);
- Entwicklung von Freude und Interesse an Naturvorgängen (z.B. Bremen, Hessen, Niedersachsen, Schleswig-Holstein);
- Übernahme von Verantwortung gegenüber der Umwelt (Hessen) oder als
- Ehrfurcht vor dem Lebendigen (z.B. Bayern, Baden-Württemberg, Niedersachsen, Saarland) und
- Erziehung zur Freude an der Naturschönheit oder Erziehung zur Naturliebe (z.B. Bayern, Bremen, Hamburg)

bezeichnet wird.

In diesem Zusammenhang müssen zwei charakteristische Gegebenheiten in den Biologie-Lehrplänen herausgestellt werden:

1. In den Zielvorstellungen dominiert stark der kognitive Bereich. Daneben wird für den pragmatischen Bereich lediglich die Entwicklung naturwissenschaftlich bedeutsamer formaler Fähigkeiten und Fertigkeiten angesprochen, während man die Herausstellung handlungsbezogener und im gegenwärtigen Schüleralltag konkret umsetzbarer Zielvorstellungen in fast allen Lehrplänen vergeblich sucht. Einen Ansatz in dieser Richtung leisten beispielsweise die Hessischen Rahmenrichtlinien, z.B. in den Zielen
   - »nachweisen können, daß genaue biologische Sachkenntnisse zur Lösung menschlicher Probleme erforderlich sind« und
   - »mit Hilfe von Medien Informationen beschaffen und auswerten können« (vgl. RAHMENRICHTLINIEN 1980[2]).
2. Obwohl der Lernprozeß im Biologieunterricht wesentlich auch von affektiven Bezügen bestimmt wird, ist diese Lernzielebene insgesamt betrachtet nur unzureichend in den Lehrplänen berück-

sichtigt und bleibt in einigen Plänen sogar in der Zusammenstellung der allgemeinen Ziele des Biologieunterrichts völlig ausgespart (vgl. z.B. RAHMENPLANENTWURF 1980, 1f).

2.2.4 *Inhalte der Lehrpläne*

Die Analyse aller biologischen Lehrpläne in der Bundesrepublik Deutschland offenbart eine außerordentlich breit gefächerte Palette von Themenbereichen, die in ihrer Gesamtheit nahezu das gesamte Spektrum zumindest der von den traditionellen biologischen Teildisziplinen dargebotenen Themenbereiche zu umfassen scheint. So wurden in der Synopse von STAECK (1974) mehr als 200 verschiedene biologische Einzelthemen erfaßt. Die größten Unterschiede zwischen den verschiedenen Lehrplänen kommen insbesondere in den unterschiedlich hohen Anteilen an Themen mit personaler und sozialer Relevanz zum Ausdruck. Die Abbildung 3 versucht, die sich in den einzelnen Ländern abzeichnenden Tendenzen bezüglich der Gewichtung der Humanbiologie einschließlich der Themen mit personalem bzw. gesellschaftlichem Bezug grafisch darzustellen, wobei als Vergleichsparameter der Anteil an botanischen und zoologischen Themen gegenübergestellt wurde (vgl. STAECK 1977²; SKAUMAL/STAECK 1980).

Die sich als Schätzwerte verstehenden Prozentpunkte der Abbildung 3 machen immerhin deutlich, wie unterschiedlich die Funktion des Biologieunterrichtes in Hauptschule, Realschule und Gymnasium der Sekundarstufe I gesehen wird. Während – fast quer durch alle Bundesländer – in der Hauptschule ein überwiegend humanzentrierter Biologieunterricht erteilt werden soll [4], dominieren in der Realschule und noch stärker im Gymnasium

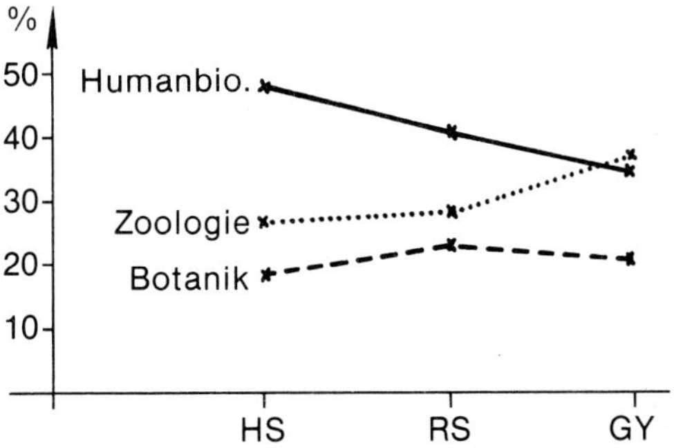

Abb. 3: Anteil der humanzentrierten Unterrichtsinhalte in den Lehrplänen des Biologieunterrichtes an der Sekundarstufe I im Vergleich zu botanischen und zoologischen Themen (Erfassungszeitraum 1959–1979)

noch immer die traditionell legitimierten Lerninhalte der Botanik und Zoologie, wobei insgesamt betrachtet nur selten disziplinüberschreitende sowie am Menschen orientierte oder anwendungsbezogene Themenbereiche (z.B. Schädlingsbekämpfung in ihrer Bedeutung für die Umwelt oder Tier- und Pflanzenzüchtung) angeführt werden.

Die Abbildung 3 offenbart weiterhin, daß botanische Unterrichtsinhalte im Biologieunterricht unserer Tage am geringsten vertreten sind, ein Phänomen, das nicht nur Botaniker beklagen sollten; denn eine wichtige Aufgabe des Biologieunterrichtes besteht gegenwärtig und sicherlich auch in der Zukunft darin,

- die Vielfalt pflanzlicher Lebensformen in ihrer gegenseitigen Abhängigkeit und in ihrem Bezug zum Menschen aufzuzeigen und damit
- über ihren ökologischen Stellenwert zu informieren, was auch ein Mindestmaß an – zumindest einheimischen – Pflanzenkenntnissen und auch die Information über die drohende Gefahr der Ausrottung zahlreicher weiterer Wildpflanzenarten miteinschließt.

Trotz aller Verschiedenartigkeit lassen sich jedoch auch Übereinstimmungen in den Plänen über die Ländergrenzen hinweg registrieren. Nach Durchsicht und Vergleich aller Biologie-Lehrpläne der Bundesrepublik Deutschland ergibt sich die folgende Zusammenstellung von Themenkomplexen, die gewissermaßen das **Standardprogramm** des bundesdeutschen Biologieunterrichtes der Klassen 5 bis 10 quer durch alle Bundesländer widerspiegelt (vgl. STAECK 1974; SKAUMAL/STAECK 1980):

- **Bau und Funktion der Pflanzenorgane unter besonderer Berücksichtigung der Blüte**, wobei die Blütenbiologie bis auf Baden-Württemberg / Gymnasium und Schleswig-Holstein / Hauptschule / Realschule in allen Lehrplänen aller Schulzweige behandelt wird.
- **Blütelose Pflanzen** in der Hälfte aller Lehrpläne, wobei in erster Linie Moose, Farne und Pilze genannt sowie der Generationswechsel und morphologische Aspekte, bei Pilzen auch die Frage der Genießbarkeit hervorgehoben werden.
- **Physiologie der Pflanze** in 80 % der Lehrpläne insbesondere mit den Schwerpunkten Keimung und Wachstum sowie Assimiliation und Dissimilation.
- **Säugetiere** in allen Bundesländern. Als Schwerpunkt kristallisieren sich besonders die Haustiere (Hund, Rind) heraus. Weiterhin werden klassenspezifische Merkmale, der Zusammenhang zwischen Körperbau und Lebensweise bzw. besondere Anpassungserscheinungen überproportional behandelt.
- **Vögel** in allen Bundesländern bis auf Bremen. Bei dieser Wirbeltierklasse liegen die Schwerpunkte bei der Brutpflege und beim Vogelflug sowie beim Huhn als Haustier.
- **Reptilien** in allen Bundesländern bis auf Baden-Württemberg; allerdings ist in einer Reihe von Lehrplänen diese Tierklasse nicht verbindlich vorgeschrieben.
- **Amphibien** in allen Bundesländern; allerdings in einigen Lehrplänen nicht obligatorisch ausgewiesen. Schwerpunkte sind Entwicklung des Frosches, Einrichtung von Terrarien.
- **Fische** in allen Bundesländern. Schwerpunkt stellt ihre Anpassung an den Lebensraum Wasser dar.
- **Insekten** in allen Bundesländern, jedoch nicht immer verbindlich. Als Schwerpunkte werden Staatenbildung, Schädlinge und ihre Bekämpfung, Krankheitserreger sowie wirtschaftlich bedeutsame Insekten genannt.
- **Würmer (Regenwurm, Bandwurm, Trichine)** in 60 % der Lehrpläne, völlig fehlend nur in Berlin, Nordrhein-Westfalen, Schleswig-Holstein.
- **Mikroorganismen** in allen Bundesländern außer Hessen. Als Schwerpunkte werden Urtiere, Bakterien, Viren genannt.
- **Spezielle ökologische Problemkreise** in allen Bundesländern, wobei vor allem Wald, Gewässer, Wiese, biologisches Gleichgewicht genannt wird.
- **Spezielle Themen der Ethologie** in allen Bundesländern, wobei insbesondere Wirbeltiere als Beispiele angeführt werden.
- **Systematische Betrachtungen** in allen Bundesländern außer Hamburg, wobei die Einordnung von Pflanzen und Tieren in die jeweilige Systematik vorgeschrieben wird.
- **Genetik** in allen Bundesländern, wobei als Schwerpunkte die Zelle, die Mitose, Erbgesetze, Tier- und Pflanzenzüchtung und die Humangenetik (insbesondere Erbkrankheiten und Eugenik) angegeben werden.
- **Spezielle Themen aus der Phylogenie** in allen Bundesländern, wobei als

Schwerpunkt die Abstammung des Menschen genannt wird.
- **Stütz- und Bewegungssystem des Menschen** in allen Bundesländern außer Niedersachsen.
- **Hormon- und Nervensystem des Menschen** in allen Bundesländern.
- **Sinnesorgane des Menschen** in allen Bundesländern.
- **Atmungs- und Kreislaufsystem des Menschen** in allen Bundesländern, allerdings in einigen Plänen nicht obligatorisch.
- **Verdauungs- und Exkretionssystem des Menschen** in allen Bundesländern außer Hessen, allerdings in einigen Plänen nicht obligatorisch.
- **Sexualität und Fortpflanzung des Menschen** in allen Bundesländern, wobei als Schwerpunkte Befruchtung, Embryonalentwicklung und Geburt angegeben werden.
- **Krankheiten und Hygiene des Menschen** in allen Bundesländern, wobei die Schwerpunkte bei der Allgemeinhygiene, den Infektionskrankheiten und der Ersten Hilfe liegen.
- **Pflanzen- und Tierzucht** in 70 % der Pläne, allerdings häufig nur fakultativ ausgewiesen.
- **Maßnahmen zum Umweltschutz** in allen Bundesländern, wobei unterschiedliche Themen, die insbesondere die Gefährdung des Menschen ansprechen (z.B. Luft- und Wasserverschmutzung), behandelt werden.

Abschließend sollen einige charakteristische Merkmale der traditionellen Schulbiologie, wie sie noch immer in einer Reihe von Lehrplänen – und übrigens auch Schulbüchern – mit zumeist älterem Erscheinungsdatum (vgl. Tab. 1) anzutreffen sind, zusammengestellt werden:

- Tiermonografien, bei denen morphologische, anatomische und systematische Gesichtspunkte innerhalb der zu behandelnden Unterrichtsinhalte im Vordergrund stehen. Hervorgehobene Aspekte sind hierbei Form, Bau, Typen und Baupläne.
- Die zu erarbeitenden Themenschwerpunkte und Inhalte sind eng fachbezogen akzentuiert, so daß der Biologieunterricht ohne Bezug zu den übrigen Naturwissenschaften und zur Geographie sowie zur Sozial- und Gesellschaftskunde erteilt wird.
- Die biologischen Teildisziplinen Botanik, Zoologie und Humanbiologie werden nicht integral in den verschiedenen Unterrichtseinheiten miteinander verbunden, sondern im Sinne eines kategorialen Spartendenkens getrennt voneinander behandelt.
- Humanbiologische Themen, die über Bau und Funktion von Organen bzw. Organsystemen hinausgehen, indem gesundheitserzieherische und anwendungsbezogene Schwerpunkte gesetzt werden, werden nur am Rande – zumeist als Anhang zu einer Unterrichtseinheit – behandelt.
- Fundamentale Themenkomplexe werden aufgrund der Stoffülle im Verlauf der Sekundarstufe I *nur einmal* behandelt.
- Strukturierende Prinzipien für die Auswahl und Anordnung der Unterrichtsinhalte sind jahreszeitliche und lebensraumbezogene (vor allem in der Haupt- und Realschule) sowie systematische Gesichtspunkte (insbesondere im Gymnasium).
- Die Ausprägung des Biologieunterrichts ist damit entsprechend dem dreigliedrigen Schulsystem in Haupt- und Realschule sowie im Gymnasium unterschiedlich.

2.2.5 *Ansätze zur Erneuerung des Biologieunterrichts*

Die in der Bundesrepublik Deutschland Ende der 60er Jahre einsetzende didaktisch-theoretische Diskussion und die damit beginnende Curriculumforschung (vgl. Kap. 3) hatte zur Folge, daß auch für das Unterrichtsfach Biologie zu Beginn der 70er Jahre mit der Neukonzipierung von biologischen Lehrplänen, Unterrichtsprogrammen und (Teil-)Curricula begonnen wurde.

Für den vorliegenden Zusammenhang sind vor allem zwei Lehrplanansätze von Bedeutung, die versucht haben, neue, im Gegensatz zu den herkömmlichen Richtlinien begründete inhaltliche Zielforderungen für das Unterrichtsfach Biologie aufzustellen. Hierbei handelt es sich um den RAHMENPLAN DES VERBANDES DEUTSCHER BIOLOGEN (VdB) aus dem Jahr 1973 und um die HESSISCHEN RAHMENRICHTLINIEN BIOLOGIE, die für Teilbereiche der Sekundarstufe I bereits im Jahr 1973 veröffentlicht wurden und im März 1978 schließlich für die gesamte Sekundarstufe I in revidierter Fassung erschienen.

2.2.5.1 *Der Rahmenplan des Verbandes Deutscher Biologen*

Im Jahre 1973 wurde von dem aus Vertretern der Hochschulen, und Schulen, des Berufsfeldes sowie der angewandten und industriellen Biologie sich zusammensetzenden VdB ein Rahmenplan für das Schulfach Biologie an den allgemeinbildenden Schulen veröffentlicht (RAHMENPLAN 1979). Dieser für die Primarstufe, Sekundarstufe I und II konzipierte Rahmenplan verstand sich als Vorschlag und Diskussionsbeitrag im Rahmen des beschriebenen Beginns der Curriculumentwicklung in der Bundesrepublik Deutschland und wurde an Lehrplankommissionen und Schulbehörden aller Bundesländer versandt mit der Empfehlung, das vorgelegte Konzept bei der Erstellung bzw. Revision von Biologie-Lehrplänen zu berücksichtigen. Dahinter stand die Idee, Impulse für die anstehenden Lehrplanreformen zu geben und damit ein weiteres Auseinanderweichen der Vorstellungen über die Inhalte des Biologieunterrichts zu verhindern.

Der Rahmenplan des Verbandes Deutscher Biologen trägt der seit Anfang der 70er Jahre von einer Reihe von bildungspolitischen Richtungen erhobenen Forderung nach Durchlässigkeit der Schultypen Rechnung, indem er für *alle* Schulformen entworfen ist und einen einheitlichen Abschluß nach Durchlaufen der Primarstufe, der Orientierungsstufe und der Sekundarstufe I anstrebt.

Das wichtigste Merkmal dieses Planes ist das Bemühen, erstmalig auch für den Biologieunterricht bei der Auswahl der Lerninhalte die curriculare Forderung nach individueller und gesellschaftlicher Relevanz zu berücksichtigen. Alle in diesem Entwurf vorgeschlagenen Themen werden deshalb im Hinblick auf die folgenden drei Aspekte erläutert und gerechtfertigt (vgl. hierzu auch Kap. 3):

- Kriterium der gesellschaftlichen Bedeutung des Themas (Gesellschaftsrelevanz);
- Kriterium der Schülermotivation des Themas (Schülerrelevanz);
- Kriterium der biologischen Fachstruktur (Fachrelevanz).

In diesem Zusammenhang wird – was in dieser Deutlichkeit Anfang der 70er Jahre formuliert für die Biologiedidaktik fast revolutionär anmutet! – betont, daß *»die biologische Fachstruktur nicht Selbstzweck ist, sondern* [. . .] *alle fachstrukturellen Begründungen sekundär doch wieder*

Begründungen im Hinblick auf Gesellschaft oder auf Motivation des einzelnen« sind (RAHMENPLAN 1979, 187).
Diese Sichtweise, den fachbiologischen Inhalten ihre bislang unbestrittene Priorität im Biologieunterricht zu nehmen und ihnen nunmehr lediglich eine »Zubringerfunktion« zuzubilligen, wurde gegen Mitte der 70er Jahre von verschiedenen Biologiedidaktikern (EWERS 1974, DRUTJONS 1974, PINC 1976, STAECK 1976) verstärkt aufgegriffen, verbunden mit der Forderung, sich von dem bislang auch für die Schulbiologie geltenden Dogma der »Orientierung an der Struktur der Fachdisziplin« (structure of the discipline) zu lösen (vgl. hierzu auch Kap. 3.).
Ein durchgehendes themenübergreifendes Strukturierungsprinzip wird allerdings in diesem Rahmenplan des VdB noch nicht sichtbar (vgl. hierzu Kap. 4.4).
Der Auszug aus dem Rahmenplan soll das skizzierte Konzept verdeutlichen (vgl. RAHMENPLAN 1979, 195ff):

Besonderes Gewicht legt der VdB im Zusammenhang mit der Vorlage seines Konzepts auf die Feststellung, daß jeder Lehrplan wertlos sei, wenn nicht zugleich die zu seiner Durchführung erforderlichen Bedingungen genannt werden. So werden im Anhang dieses Konzeptes eine Reihe von Konsequenzen für die Schulpraxis aufgeführt, die sich aus einer unterrichtlichen Umsetzung des Rahmenplanes ergäben:
- zum Volumen der Stundentafel im Fach Biologie (vgl. hierzu Kap. 2.2.2);
- zur Ausstattung der Schulen mit Räumen, Geräten und technischen Hilfskräften;
- zur Klassenfrequenz;
- zur Lehrerausbildung und Lehrerfortbildung.

Seit der Veröffentlichung dieses Rahmenplanes ist inzwischen ein Zeitraum von mehr als sieben Jahren vergangen. Wenn auch der VdB-Plan von keinem Bundesland adaptiert und nur in wenigen Bundesländern bezüglich seiner Grundkonzeption

Klasse 9 und 10 (RAHMENPLAN 1979)

Thema	Begründung im Hinblick auf die Gesellschaft	Begründung im Hinblick auf die biologische Fachstruktur	Begründung im Hinblick auf die Schülermotivation
Funktionelle Anatomie von Organen und Organsystemen des Menschen unter Einübung in Methoden der Anatomie, Physiologie, eventuell Kybernetik	Für einen großen Teil der Schüler schließt die Schulausbildung mit diesen Klassen ab. Daher sind hier die Menschenkunde und alle mittelbar damit zusammenhängenden Fragen (Vererbung, Eugenik, Anlage und Umwelt, Abstammung, Sozialverhalten, Biotechnik) so zu behandeln, daß dem Schüler grundlegende Beiträge zu einem integralen Selbstverständis vermittelt werden.	Zum Abschluß der Sekundarstufe I müssen alle die Teildisziplinen der Biologie angesprochen sein, die zu einem Verständnis dieser Wissenschaft und zu einem Überblick über ihre wichtigsten Ergebnisse führen. Der erreichte Standard der Sekundarstufe I dient außerdem als Grundlage für weitere Vertiefung in allen Formen der Sekundarstufe II.	In dieser Zeit der Spätpubertät sind die Schüler an allen Fragen »rund um den Menschen« (Mensch als Organismus, Mensch und Gesellschaft, Mensch und Technik) interessiert, da diese Fragen sie unmittelbar als Person angehen. Ein auf den Menschen zentrierter Biologieunterricht kommt also, zumal auf experimenteller Basis, den Bedürfnissen der Schüler entgegen.

aufgegriffen wurde und darüber hinaus auch die in seiner Anlage erhobenen Forderungen in keiner Weise bisher auch nur annähernd realisiert wurden[5], so ist jedoch sein unbestrittenes Verdienst, daß er in zahlreichen biologiedidaktischen Zeitschriften und Büchern besprochen wurde und damit zumindest als Auslöser für kontroverse Diskussionen diente. Dies brachte eine Reihe von ergiebigen Entwicklungen in Gang, die dann zu ländereigenen Lehrplänen führten (vgl. SCHAEFER 1974). Auf einer Tagung zum Thema »5 Jahre VdB-Rahmenplan« im Dezember 1978 wurde deshalb auch übereinstimmend empfohlen, diesen Plan »in seiner bisherigen Form weiterhin fruchtbar werden zu lassen.« (SCHAEFER 1979, 1195).

2.2.5.2 Die Hessischen Rahmenrichtlinien für das Unterrichtsfach Biologie

Etwa zeitgleich mit dem Rahmenplan des VdB wurden Anfang 1973 in Hessen Teile der »Rahmenrichtlinien Sekundarstufe I Biologie« veröffentlicht. Nach einer Einführungsphase mit anschließender Komplettierung und Überarbeitung in den Jahren 1973–1977 erschienen die Rahmenrichtlinien im März 1980 in zweiter erweiterter und überarbeiteter Auflage (vgl. RAHMENRICHTLINIEN 1980^2).

Allein von ihrer Entstehungsgeschichte her (Zusammenarbeit von Lehrern aller Schulformen und Schulstufen, Vertretern der Hochschulen und des Hessischen Instituts für Lehrerfortbildung, Einrichtung mehrerer Fachgruppen, Durchführung von mehr als 30 die Erprobungsphase begleitenden Lehrgängen und Multiplikatorentagungen) sowie von ihrem Umfang her (143 Seiten) nehmen diese Rahmenrichtlinien eine einzigartige Stellung unter den Biologie-Lehrplänen ein.

Auch inhaltlich lassen sich die Rahmenrichtlinien Biologie mit keinem anderen biologischen Lehrplan vergleichen. Als bildungspolitische Konzeption liegt diesem Plan ein **gesellschaftsbezogener** Biologieunterricht zugrunde:

»*Der Unterricht in der Sekundarstufe I darf sich nicht in erster Linie auf den künftigen Wissenschaftler beziehen, sondern muß auf den künftigen Bürger in seinen vielfältigen Bezügen zur eigenen Existenz, zur Umwelt und zur Gesellschaft ausgerichtet sein. Die Ergebnisse der Wissenschaft Biologie müssen demzufolge im Hinblick darauf untersucht werden, welche Bedeutung sie unmittelbar oder mittelbar für den einzelnen, die Gesellschaft und die Umwelt haben*« (RAHMENRICHTLINIEN 1980^2, 14).

In diesem Zitat wird ebenso wie im Rahmenplan des VdB (vgl. Kap. 2.2.5.1) einerseits der Einfluß der Curriculumtheorie mit ihrer Forderung nach Berücksichtigung der drei Relevanzkriterien Fach-, Schüler- und Gesellschaftsrelevanz und andererseits auch die Abkehr von dem Ansatz der alleinigen Dominanz der »structure of the discipline« für die Auswahl und Anordnung biologischer Unterrichtsinhalte (vgl. hierzu Kap. 4) deutlich. Die Hessischen Rahmenrichtlinien stellen folgerichtig als oberstes Ziel des Biologieunterrichtes heraus,

»*die Schüler zu befähigen, jetzt und später im privaten und öffentlichen Bereich auch in solchen Situationen sachbezogen und verantwortungsbewußt zu entscheiden und zu handeln, in denen Entscheidungen und Handlungsweisen biologisches Verständnis und problemlösendes Denken erfordern*« (RAHMENRICHTLINIEN 1980^2, 14).

Die auf der Grundlage eines situationsanalytischen Ansatzes (vgl. hierzu Kap. 4.4.4) entwickelten Zielsetzungen und Inhalte der Hessischen Rahmenrichtlinien lassen erkennen, daß im Mittelpunkt des zeitgemäßen Biologieunterrichtes der Mensch stehen muß. Als Kriterien, die danach die Stoffauswahl dieses Planes bestimmen, gelten die Erkenntnisse, daß

- der Mensch als **Lebewesen** biologischen Gesetzmäßigkeiten unterliegt;
- der Mensch und die Gesellschaft in Abhängigkeit von dem vorgegebenen **Umweltsystem** stehen;
- der Mensch in ein Gefüge **gesellschaftlicher Beziehungen** eingegliedert ist.

Ausgehend von diesen Überlegungen werden als Leitaspekte für die weitere Stoffauswahl die drei Bereiche **Umwelt – Mensch als biologisches Einzelwesen – Gesellschaft** aufgestellt, die in ihren wechselseitigen Abhängigkeiten im biologischen Unterricht betrachtet werden müssen. Die Rahmenrichtlinien umreißen sodann eine Reihe biologierelevanter **Lebenssituationen** (vgl. hierzu auch Kap. 4.4.4, S. 92), die die verschiedenartigen Umweltsysteme, den Menschen als biologisches Wesen und den Menschen als soziales Wesen (die Gesellschaft) in ihren wechselseitigen Abhängigkeiten betrachten. Insgesamt werden sieben solcher Situationsfelder herausgestellt, wobei sich ein Situationsfeld als Zusammenfassung einander ähnlicher Lebenssituationen definieren läßt, die sich aus den Überschneidungsbereichen zwischen den drei Komplexen Umwelt – Mensch als biologisches Einzelwesen – Gesellschaft ergeben. Zu den nachfolgend aufgezählten Situationsfeldern werden in den Schuljahren 5–10 entsprechende Unterrichtseinheiten angeboten:

- Umweltplanung (Existenzsicherung und Gefährdung der Umwelt);
- Rückwirkung der Technik (belastende Auswirkungen auf die Lebensbereiche des Menschen);
- Zivilisation und Entwicklung des Menschen (Genetik und Eugenik);
- Zwischenmenschliche Beziehungen (erworbene und angeborene Mechanismen);
- Sexualität (als biologisches Prinzip und in ihrer Bedeutung für den Menschen als soziales Wesen);
- Körperlich-seelische Gesundheit (Phänomen der Krankheit und des Gesundseins; Gesundheitserziehung);
- Persönlicher Freiraum (Freizeitaktivitäten mit biologischem Akzent). [6]

Diese Situationsfelder sind als Setzungen der Lehrplankommissionen entstanden und nicht aus der Sicht der Schüler zusammengestellt worden. Empirische Untersuchungen würden indes vermutlich zumindest teilweise andere Situationsfelder (Qualifikationswünsche der Schüler) offenbaren als die von den Hessischen Rahmenrichtlinien angeführten.

Die Bezüge der Situationsfelder zu den drei genannten für die Schulbiologie relevanten Bereichen werden nachfolgend in Anlehnung an die Rahmenrichtlinien mit Hilfe einer grafischen Darstellung verdeutlicht (vgl. Abb. 4, S. 28).

Der Biologieunterricht, der vom Menschen als zentralem Bezugspunkt ausgeht (Großkreis), behandelt schwerpunktmäßig die Bereiche »Mensch als biologisches Wesen«, »Mensch als soziales Wesen« (Gesellschaft) und die »biotische und abiotische Umwelt« (Umweltsysteme), die sich in Teilbereichen überlappen und eng miteinander verflochten sind (Kreis-Triade). Die angeführten Situationsfelder liegen nun mit unterschiedlichen Schwerpunkten in den drei Komplexen, wobei von besonderer Bedeutung diejenigen Abschnitte der Situationsfelder sind, die in zwei oder sogar allen drei Überschneidungsbereichen liegen.

Die Zusammenstellung der Situationsfelder läßt erkennen, daß gesellschaftsrelevante Probleme einen immanenten Bestandteil

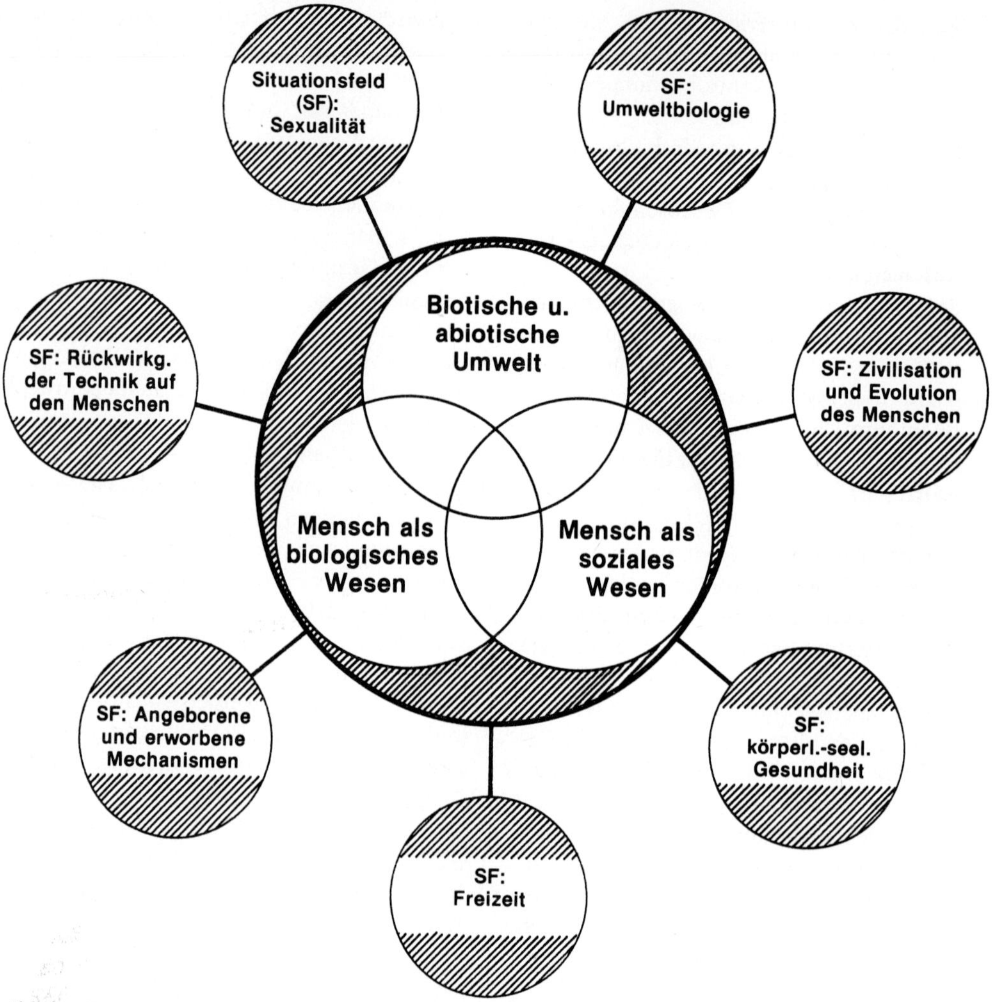

Abb. 4: Der Mensch als zentraler Bezugspunkt des Biologieunterrichts in den Hessischen Rahmenrichtlinien

aller Unterrichtseinheiten dieser Rahmenrichtlinien darstellen. So verwundert es nicht, daß wegen des starken Gesellschaftsbezugs dieser Pläne die Diskussion kontrovers geführt wird:

- Die hessische CDU lehnt die Rahmenrichtlinien Biologie ab, da der Biologieunterricht in unzulässiger Weise politisiert werde.
- OSCHE (Prof. für Zoologie/Uni Freiburg) befürchtet eine zu weitgehende »Anthropozentrierung« des Biologieunterrichts durch die Rahmenrichtlinien.
- KALLUS (Schulbuchautor und Studiendirektor für Biologie an einem Gymnasium in Frankfurt) sieht die Gefahr, daß die Schüler durch einen »sachfremd« – nämlich soziologisch – strukturierten Biolo-

gieunterricht »manipuliert und ideologisch ausgenutzt« würden.

- KLAFKI (Prof. für Erziehungswissenschaft/Uni Frankfurt) bezeichnet hingegen die Rahmenrichtlinien als eine »sehr qualifizierte Leistung«, die das »allgemeindidaktisch und fachdidaktisch fundierteste Richtlinien-Konzept für die Sekundarstufe I [. . .], das zur Zeit vorliegt«, darstellt.
- Und auch die Biologiedidaktiker HEDEWIG (Kassel), KATTMANN (Oldenburg), RODI (Schwäbisch-Gmünd), SCHAEFER (Hamburg), STAECK (Berlin) und WERNER (Salzburg) kamen zu positiven Urteilen (vgl. EWERS 1978).

Folgende Aspekte lassen sich als wichtige Ansätze zur Erneuerung des Biologieunterrichtes bei den Rahmenrichtlinien Hessens herausstellen (vgl. SKAUMAL/STAECK 1980):

- Allgemeinbiologische Sachverhalte werden in den Vordergrund gestellt, jedoch nicht isoliert, sondern am Beispiel verdeutlicht und die Möglichkeit eines Transfers miteinschließend.
- In allen Klassenstufen sind wichtige Merkmale der angeführten Themenkomplexe die Humanzentrierung sowie Umwelt- und Gesellschaftsorientierung.
- Damit werden in der Regel bei den behandelten Unterrichtsgegenständen die traditionellen Grenzen zwischen Botanik, Zoologie und Humanbiologie aufgehoben.
- Die Rahmenrichtlinien sind über einen situationsanalytischen Ansatz (vgl. auch Kap. 4.4.4) von den Zielen her und nicht vom Stoff her strukturiert.
- Die Unterrichtsinhalte sind im Sinne des Spiralprinzips aufgebaut, das eine Weiterführung, Ausweitung und fortschreitende Vertiefung der Intentionen und Inhalte mit zunehmener Klassenstufe ermöglicht (vgl. Kap. 3).
- Die Unterrichtsziele werden nicht als Leerformeln beschrieben, sondern als Alternativen zulassende Grobziele sowie als operational definierte Lernzielkataloge.
- Die Rahmenrichtlinien differenzieren nicht nach Schularten (Orientierungsstufe, Hauptschule, Realschule, Gymnasium), sondern die gemeinsamen Ausbildungsziele und -inhalte für die Sekundarstufe I (Klassen 5–10) werden nach Schuljahren zusammengestellt **(stufenbezogenes Konzept)**. [7]

Wenn auch das hessische Rahmenrichtlinienwerk nicht durchgängig den sich selbst gesetzten Anspruch auf Gesellschaftsbezug erfüllt und verschiedentlich Schwierigkeiten sichtbar werden, die anspruchsvollen gesellschaftlichen Zielvorgaben materiell umzusetzen, so verleiht doch insgesamt betrachtet seine kritische Orientierung an gesellschaftlichen Zusammenhängen diesem Plan einen prototypischen Stellenwert für die Weiterentwicklung biologischer Lehrpläne. [8]

3
Curriculare Ansätze zur Erneuerung des Biologieunterrichts

3.1 Vorbemerkung

Der Curriculumbegriff hat durch S. B. ROBINSOHN in der zweiten Hälfte der 60er Jahre in den bundesdeutschen Bildungsbereich Eingang gefunden (vgl. ROBINSOHN 1967). Seit dieser Zeit hat es in allen Sektoren der Bildungsarbeit – vom Kindergarten bzw. Vorschulbereich bis zur Erwachsenenbildung – eine Fülle von Forschungsaktivitäten gegeben, die auch heute noch unvermindert andauern. Als Motive für diese auch für den Bereich der allgemeinbildenden Schule enorme Ausmaße annehmende Curriculumforschung lassen sich vor allem anführen (vgl. SÖNNICHSEN 1973; STAECK 1980, 1):

- die sich abzeichnenden Änderungen der leitenden Erziehungsinteressen (»Streben nach Mündigkeit und Emanzipation«);
- die zunehmende Wissensexplosion;
- das damit verbundene Bemühen um Operationalisierung und Effektivierung des schulischen Unterrichts;
- die Erkenntnisse der Lernpsychologie;
- die Umstrukturierung der Schulorganisation (Integration der Sekundarstufe I) einschließlich der Schaffung neuer Ausbildungsgänge;
- Hinterfragung traditioneller Lernziele und -inhalte;
- zunehmende Verbreitung angelsächsischer Curricula für die Naturwissenschaften.

Angesichts der mittlerweile kaum noch überschaubaren Informationsfülle zum Problemkreis Curriculumentwicklung sollen dem Leser in diesem Kapitel gezielt diejenigen aktuellen Fakten vermittelt werden, die er zum Verständnis der gegenwärtigen Curriculumdiskussion in der Schulbiologie sowie für seine eigenen Planungsreflexionen benötigt.

3.2 Strukturmerkmale eines Curriculums

3.2.1 Formale Kriterien

Lehrplan und Curriculum sind zum einen insofern grundlegend verschieden, als der Lehrplan amtlichen Charakter hat und in weiten Bereichen seiner Aussagen für den Lehrer verbindlich ist (vgl. hierzu Kap. 2.2), während ein Curriculum lediglich ein Angebot für die Ausgestaltung des Unterrichts unterbreitet. Dieses Angebot enthält entweder zu einem bestimmten Unterrichtsfach innerhalb eines definierten Zeitraumes oder auch nur zu einem bestimmten Themenkomplex, der nicht schulfachgebunden zu sein braucht (z.B. Ernährung und Gesundheit; vgl. STAECK u.a. 1976), Ausführungen hinsichtlich

- der Zielsetzungen
- der Inhalte
- der Sequenzierung des Stoffes
- der Methoden und

– der Medien.

Im deutschsprachigen Raum existieren zahlreiche Definitionen zum Curriculumbegriff (vgl. z.B. FREY u.a. 1975, POTTHOFF 1973, ZIECHMANN 1972). Für den vorliegenden biologiedidaktischen Zusammenhang soll in einer Synthese der wesentlichen Gemeinsamkeiten der einzelnen Begriffserklärungen das Curriculum definiert werden als

ein System von in wechselseitiger Korrelation stehenden Lehr- und Lernelementen – also Inhalte und Methoden einschließlich Lehrverfahren und praktikabler Unterrichtsmedien –, die nach Schulstufen und nicht nach Schultypen geordnet sind. Dieses System koordiniert zu bestimmten Lernzielen Sequenzen von konkreten Unterrichtsoperationen, durch die die Lernziele erreicht werden sollen.

In einem Curriculum geht es demnach insbesondere um die Organisation von Lernprozessen. Das folgende Beispiel soll dieses System von Lehr- und Lernelementen, das ein Curriculum ausmacht, verdeutlichen. Hierbei handelt es sich um einen Abschnitt aus dem **Curriculum Ernährung und Gesundheit** (STAECK u.a. 1976), das insgesamt aus sechs Unterrichtseinheiten für die Klassen 5–10 besteht:

7./8. Schuljahr

Geeignete Unterrichtsfächer: Biologie, Hauswirtschaft, Sozialkunde
Unterrichtseinheit: Überernährung – ein gesundheitliches Hauptproblem unserer Gesellschaft
Thema der 1. Stunde: Übergewicht und seine Ursachen

Kurzfassung der Prozeßplanung zur 1. Stunde

Phase	Unterrichtsgeschehen	Medien
1.	Erstellung einer Sammlung über mögliche Gründe des Übergewichts	Folie 1 Tafelbild 1
2.	Arbeitsgleicher Gruppenunterricht, Auswertung des Arbeitsbogens 1 durch die Schüler	Arbeitsbogen 1
3.	Gruppenberichte – Ergebnisse werden im Klassengespräch diskutiert	Ergebnisse werden in Tafelbild 2 eingetragen
4.	Im Unterrichtsgespräch wird Tafelbild 1 herausgearbeitet	Tafelbild 1
5.	Lernzielkontrolle	Arbeitsbogen 2

Unterrichtsentwurf zur 1. Stunde

Thema: Übergewicht und seine Ursachen

Lernziele:

Die Schüler sollen

1. Bewegungsarmut und übermäßiges Essen als mögliche Gründe des Übergewichts nennen können.

Medien:

1. Folie 1
2. Arbeitsbogen 1
3. Arbeitsbogen 2

Unterrichtsentwurf zur 1. Stunde

2. Verbalisieren können, daß Drüsenkrankheit nur in seltenen Fällen als Ursache für Übergewicht zu sehen ist.
3. Nach der Tabellenanalyse das vorgegebene Raster des Tafelbildes 2 richtig ausfüllen können.
4. Zusammenhängend formulieren können, daß sich die Ernährungsgewohnheiten nicht der reduzierten Belastung am Arbeitsplatz angepaßt haben.
5. Im Abschlußtest die Möglichkeiten 1 b, 2 b, 3 b und 4 a als richtige Antworten ankreuzen können.

Testbogen

Kreuze die richtige Antwort an!

1. Der Fettverzehr ist innerhalb dieses Jahrhunderts
   a) gesunken ☐
   b) gestiegen ☒
   c) konstant geblieben ☐
2. Der Zuckerverzehr ist
   a) gesunken ☐
   b) gestiegen ☒
   c) konstant geblieben ☐
3. Der Eiweißverzehr ist
   a) gesunken ☐
   b) gestiegen ☒
   c) konstant geblieben ☐
4. Eine Ursache des Übergewichts liegt darin, daß die
   a) körperliche Belastung bei der Arbeit innerhalb unseres Jahrhunderts abgenommen hat, während die Gesamtzufuhr an kcal fast konstant geblieben ist. ☒
   b) körperliche Belastung bei der Arbeit innerhalb unseres Jahrhunderts konstant geblieben ist, während die Gesamtzufuhr an kcal zugenommen hat. ☐
   c) Berufsbelastung des einzelnen sich kaum verändert hat, jedoch der Verbrauch von Obst bzw. Südfrüchten stark gestiegen ist. ☐

4. Tafelbild 1

Mögliche Gründe des Übergewichts

drüsenkrank

ißt zu viel, zu fett, zu süß, zu energiereich;

bewegt sich zu wenig in Beruf und Freizeit.

5. Tafelbild 2

Der Pro-Kopf-Verbrauch von 1909 bis 1973

ist	gesunken	gestiegen	geblieben
an Fett		×	
an Zucker		×	
an Obst		×	
an sonstigen Kohlenhydraten (Roggenmehl, Kartoffeln)	×		
an Eiweiß (Fleisch)		×	
Zufuhr von kcal (kJ)			×
Arbeitsplatzbelastung	×		

Didaktischer Kommentar:

In dieser Stunde muß besonders herausgearbeitet werden, daß bei nahezu konstanter Energiezufuhr in den letzten 60 Jahren die körperliche Beanspruchung wesentlich zurückgegangen ist. Im Hinblick auf die weiteren Stunden der Einheit müssen die erhöhten Zuckerverzehrsdaten besondere Berücksichtigung finden.

Prozeßplanung zur 1. Stunde

Operationen	Unterrichtsinhalte/Lernziele
1. Phase: Der Lehrer projiziert die Darstellung zweier übergewichtiger Personen (Folie 1) und fordert die Schüler auf, sich zu äußern.	Sammlung möglicher Gründe für die Entstehung des Übergewichts; Schüler verbalisieren, daß die Dargestellten übergewichtig sind; Erstellung des Tafelbildes 1 (LZ 1)
2. Phase: Die Schüler werden beauftragt, im arbeitsgleichen Gruppenunterricht bzw. in Partnerarbeit den Arbeitsbogen 1 unter dem vom Lehrer vorgegebenen Gesichtspunkt auszuwerten.	Auswertung des Arbeitsbogens 1; Herausfinden der Gründe für das Übergewicht aus dem vorliegenden Zahlenmaterial (LZ 4)
3. Phase: Die Gruppen berichten über ihre Ergebnisse, die im Klassengespräch diskutiert werden.	Ergebnisse: Fett- und Eiweißverzehr sind gestiegen, Kohlenhydratverzehr ist gesunken, aber Zuckerverzehr ist gestiegen.
4. Phase: Im Unterrichtsgespräch wird die Ernährung im Zeitwandel und das Problem der Drüsenkrankheit diskutiert.	Die Zufuhr von kcal (kJ) ist fast konstant geblieben, während die körperliche Belastung bei der Arbeit gesunken ist (Tafelbild 2), (LZ 3). Eine Drüsenkrankheit ist nur in Ausnahmefällen als Ursache für Übergewicht anzusehen (LZ 2 und 4), (Tafelbild 1 wird ergänzt).
5. Phase: Eine Lernzielkontrolle wird durchgeführt. Nach Austausch der Bogen werden diese von den Schülern selbständig bzw. unter Einbeziehung des Lehrers korrigiert.	Ankreuzen der richtigen Auswahlantworten (LZ 5); Korrektur der Testbogen

Arbeitsbogen

Verbrauch an Lebensmitteln von 1909 bis 1973 je Kopf und Jahr

(Deutsches Reich bzw. Bundesrepublik Deutschland)

Jahr	Fett (ohne versteckte Fette in kg	Roggenmehl in kg	Kartoffeln in kg	Obst in kg	Zucker in kg	Fleisch in kg	Zufuhr v. kcal je Kopf und Tag
1909/13	18,4	55,1	198,0	37,8	18,3	47,9	2940
1928	24,4	58,6	170,8	38,6	23,3	48,9	2940
1935	23,7	47,0	177,7	43,7	26,8	52,8	3100
1950	24,3	35,1	186,6	50,6	28,5	36,6	2950
1959	28,8	22,8	133,0	72,7	29,3	55,8	2920
1968	29,3	16,6	110,2	105,2	33,1	70,4	2890
1972/73	28,4	14,7	94,0	110,3	34,5	79,0	3020

Veränderungen in der Berufsschwere von 1882 bis 1970 (in %)

	Deutsches Reich		BR Deutschland	
	1882	1925	1950	1970
Leichtarbeiter (z.B. Schneider, Lehrer)	21,0	24,0	58,0	66,0
Mittelschwerarbeiter (z.B. Friseur, Pkw-Fahrer, Briefträger)	39,0	39,0	21,0	25,0
Schwerarbeiter (z.B. Metallarbeiter, Maler, Bäcker, Maurer)	26,0	25,0	16,0	8,0
Schwerstarbeiter (z.B. Waldarbeiter, Schlachthofarbeiter	14,0	12,0	5,0	1,0
Gesamtbevölkerung (in Mill.)	45,7	63,2	50,0	60,0
Erwerbstätige (in Mill.)	16,9	32,0	32,2	39,7

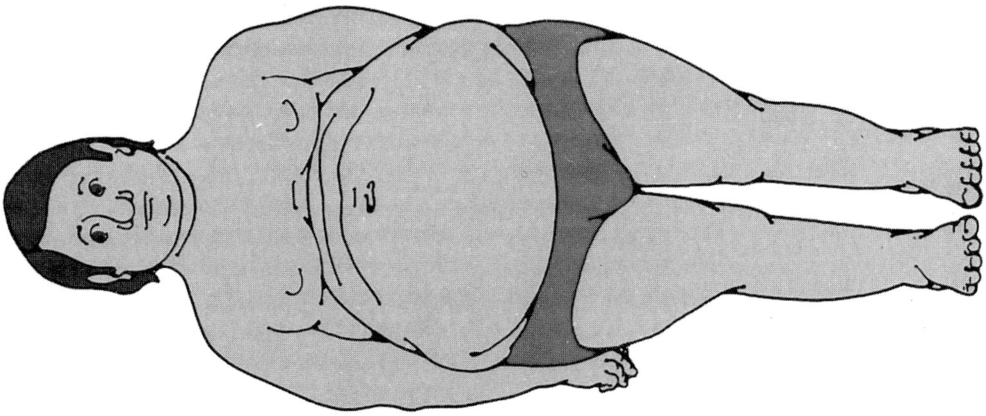

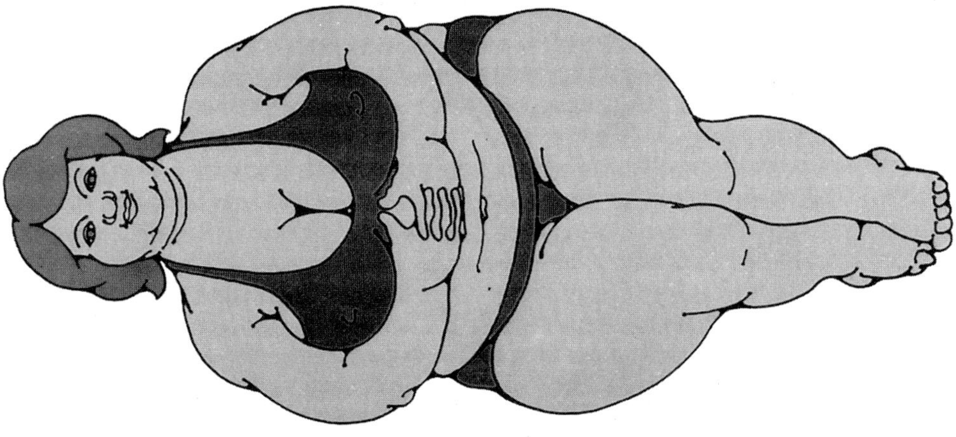

Über die in diesem Kapitel gemachte Begriffsdefinition hinaus gibt es noch eine Reihe weiterer formaler Kriterien, die zu den Merkmalen eines Curriculums gehören. Nachfolgend sollen drei derartige Aspekte aufgezählt und erläutert werden, deren Bedeutung auch für die Lehrplanerstellung zunehmend erkannt wird:

1. Das Curriculum nimmt eine Unterteilung der Lernzielebenen in Richtziele, Grobziele und Feinziele vor (vgl. MÖLLER, 1975).

Hierbei werden **Richtziele** mit umfassenden und unspezifischen Begriffen formuliert, stellen damit normative Ziele größter Reichweite – also ein oder mehrere Schuljahre betreffend – dar. Richtziele dienen der Kennzeichnung der Gesamtstrategie eines Unterrichtsfaches oder des anstehenden Themenkomplexes.

Grobziele [9] sind nicht eindeutig beschriebene Unterrichtsabsichten, die Alternativen zulassen, indem z.B. keine Angaben über den Weg zum Erreichen des formulierten Ziels gemacht werden. Grobziele dienen der unterrichtlichen Grobplanung, indem sie in der Regel über den zeitlichen Rahmen einer Unterrichtsstunde hinausgehen.

Feinziele werden eindeutig und speziell formuliert. In der Terminologie von MAGER (1965) wird diese Technik auch als **Operationalisierung** von Lernzielen (= Beschreibung eines beobachtbaren Endverhaltens) bezeichnet, d.h. es wird – für Lehrer und Schüler – nachvollziehbar und damit überprüfbar, was am Ende eines Unterrichtsabschnittes oder einer Unterrichtsstunde gelernt sein soll (vgl. hierzu auch Kap. 9).

Die drei Arten von Lernzielen unterscheiden sich demnach voneinander im Grad ihres Abstraktionsniveaus und damit in ihrer zeitlichen Reichweite (vgl. Abb. 5).

Im folgenden werden zu der Unterrichtseinheit »Umweltgefährdung am Beispiel Gewässerverschmutzung« die Unterschiede

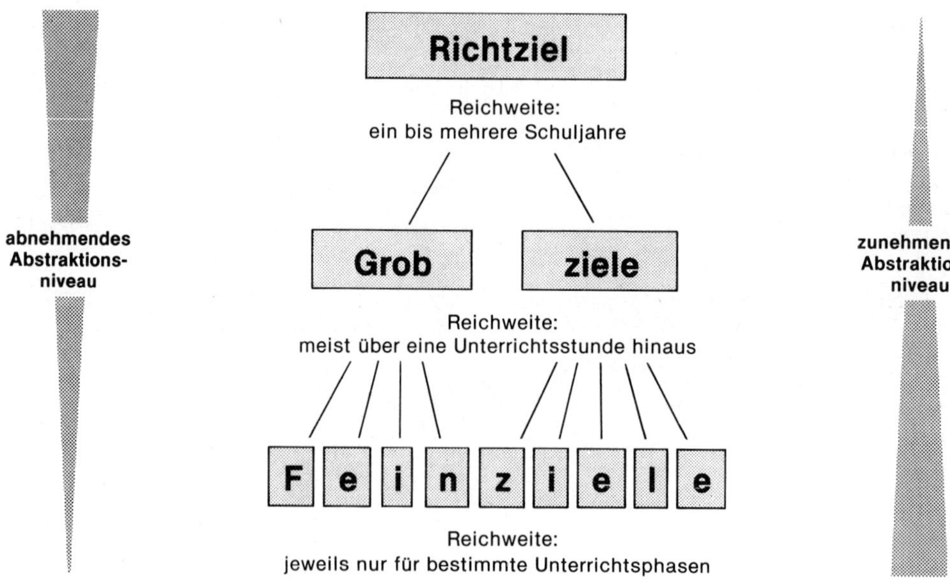

Abb. 5: Lernzielebenen

zwischen Richt-, Grob- und Feinzielen verdeutlicht:

Richtziele:

1. Die Schüler sollen das gelernte Wissen und die erworbenen Arbeitsmethoden in komplexen Situationen ihrer Umwelt anwenden können.
2. Die Schüler sollen die Einsicht gewinnen, daß ein umfassender Umweltschutz lebensnotwendig ist.

Grobziel:

Die Schüler sollen erkennen, daß Verunreinigungen der Gewässer Schädigungen in der gesamten belebten Natur zur Folge haben können.

Feinziele: Die Schüler sollen

- mindestens 5 gewässerverunreinigende Abfallstoffe, die bei der Produktion in verschiedenen Industriezweigen anfallen, aufzählen können (z.B. Schlamm, Öl, Phosphate, Stickstoffverbindungen, Salze, Phenole, Kühlwasser);
- am konkreten Beispiel erklären können, welche Wirkung verschmutztes Wasser auf Menschen, Tiere und Pflanzen ausüben kann:
  - beim Menschen z.B. Hautausschläge, Beeinträchtigung der Erholungsmöglichkeiten;
  - bei Tieren z.B. Verkleben des Gefieders bei Vögeln, Dezimierung sauerstoffbedürftiger Fische wie Forellen;
  - bei Pflanzen z.B. Beeinträchtigung des Wuchses von Ufer- und Wasserpflanzen bis hin zum Absterben;
- begründen können, warum organische Substanzen in Abwässern das biologische Gleichgewicht eines Sees stören können (Überdüngung bedingt Massenentwicklung von Algen, was zum »Umkippen« des Gewässers führt).

2. Zum Bestandteil eines Curriculums gehört auch die Evaluation der Unterrichtsmaterialien, d.h. eine Kontrollmessung des Lernerfolgs, z.B. in Form von objektivierten Tests.

Zu den beiden Lernzielen einer Unterrichtsstunde: »Die Schüler sollen mindestens eine Nahrungskette in der richtigen Reihenfolge aufzählen können« sowie »Die Schüler sollen den Begriff ›Ernährungspyramide‹ an einem Beispiel erklären können« sind die folgenden Angaben zur Erfolgsprüfung und Kontrolle der Ziele denkbar:

1. Welches ist eine Nahrungskette in der richtigen Reihenfolge?
   a) Forelle, Aal, Flußkrebs, Ente . . . . ☐
   b) Getreide, Hamster, Marder, Bussard . . . . ☐
   c) Kiefer, Moos, Eichhörnchen, Specht . . . . ☐
2. Setze die folgenden Begriffe in der richtigen Reihenfolge in die freien Felder der Ernährungspyramide: Mensch, pflanzliches Plankton, Fische, tierisches Plankton.

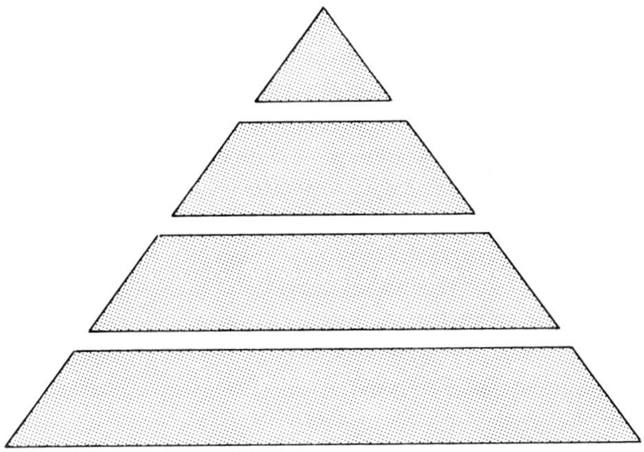

3. Die Anordnung der Lerninhalte innerhalb eines Curriculums vollzieht sich gemäß dem Spiralprinzip, d. h. zentrale, einfach strukturierte Themenkomplexe, fundamentale Phänomene sowie grundlegende Verhaltensziele des jeweiligen Unterrichtsfaches, die zu Beginn der Sekundarstufe I (Klasse 5/6) erarbeitet wurden, erfahren in einer höheren Altersstufe (Klasse 7/8) eine Weiterführung und Ausweitung und werden schließlich in den Abschlußklassen der Sekundarstufe I (Klasse 9/10) unter differenzierten Schwerpunkten sowie höherem Abstraktionsniveau und größerer Komplexität vertieft behandelt (vgl. Abb. 6).

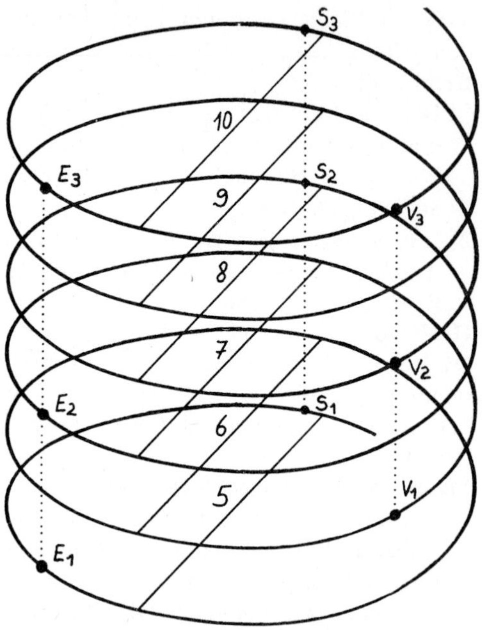

Abb. 6: Prinzip des Spiralcurriculums. Die verschiedenen Ebenen stellen von unten nach oben das 5.–10. Schuljahr dar. S_1–S_3: Themenbereich Sexualität des Menschen. V_1–V_3: Themenbereich Verhalten bei Wirbeltieren. E_1–E_3: Stoffwechsel bzw. Energiewechsel

In der spiraligen Anordnung eines Themengebiets wird ein ständiger Wechsel der unterrichtlichen Fixierungspunkte erreicht, wodurch traditionell isoliert behandelte Fakten nunmehr vernetzt werden.

Diese spiralige Anordnung der Unterrichtsinhalte im Ablauf der einzelnen Schuljahre geht auf das Denkmodell BRUNERs zurück, dessen Grundgedanke von der These ausgeht, daß sich jeder Lerngegenstand jedem Kind auf jeder Entwicklungsstufe erfolgreich vermitteln lasse, wenn er nur an die Denkweise der jeweiligen Altersstufe angepaßt sei (vgl. BRUNER 1970 und 1972). Die Tabelle 4 verdeutlicht am Beispiel des Themenkomplexes *Zelle* das Spiralprinzip.

SENESH (1972) bezeichnet Curricula mit einem derartigen Anordnungsmuster auch als »organische« Curricula, da die Grundbegriffe des jeweiligen Faches von Anfang an in zunehmender Tiefe und Komplexität mit den Schülern mitwachsen.

In einigen Schulbüchern (vgl. z. B. GARMS 1973/1976/1979) und Lehrplänen (vgl. z. B. RAHMENPLÄNE BERLIN 1972) wird mittlerweile das Spiralprinzip angewandt mit der Konsequenz, daß komplexere biologische Probleme, Grundbegriffe und Zusammenhänge wie z. B. zelluläre Strukturen, Regulation, Fließgleichgewicht, Prozesse der Energieumformung, Rückkoppelungsphänomene, ethologische Aspekte usw., die traditionell der gymnasialen Oberstufe bzw. den Realschul-Abschlußklassen vorbehalten waren, nunmehr in elementarisierter Form bereits in der frühen Sekundarstufe I aller Schulzweige erarbeitet werden. DYLLA zeigte in diesem Zusammenhang mit Hilfe verschiedener Unterrichtseinheiten aus der Physiologie, der Abstammungs- und Vererbungslehre, Genetik und Phylogenie auf, daß sich entgegen den Äußerungen vieler Skeptiker derartige an-

5./6. Schuljahr	7./8. Schuljahr	9./10. Schuljahr
1. Mikroskopische Untersuchung von Pflanzenzellen: Aufbau der Zelle 2. Lebewesen bestehen aus Zellen 3. Begriffe: Zellwand, Zellhaut, Zellplasma, Zellsaftraum, Zellkern, Chlorophyllkörperchen, Zellsaftströmung	1. Mikroskopische Untersuchung von Einzellern: Erarbeitung der Organellen (wichtige Einzelheiten zur Ernährung, Verdauung, Atmung und Steuerung bei Einzellern) 2. Vergleich von Tier- und Pflanzenzelle 3. Diffusion, Osmose, Plasmolyse 4. Zellen im Verband, Gewebe und Zellkulturen	1. Elektronenmikroskopischer Aufbau der Zelle (Mitochondrien, Golgiapparat, ER, DNA, Ribosomen) 2. Bedeutung des Zellkerns (Mitose, Meiose, Stoffwechselvorgang) 3. Einzeller als Parasiten; Bakterien und Viren

Tab. 4: Darstellung des Themenkomplexes Zelle in der Sekundarstufe I im Sinne des Spiralprinzips

spruchsvolle moderne biologische Lerninhalte mit gutem Erfolg in den Unterstufenunterricht transformieren lassen (vgl. DYLLA 1972).

Allerdings bleiben im Zusammenhang mit der spiraligen Anordnung der Unterrichtsinhalte und ihrer entsprechenden altersgemäßen Auswahl noch eine Reihe didaktischer Probleme ungelöst. So müßte insbesondere untersucht werden,

- welche motivationalen Probleme sich durch das Wiederaufgreifen des Stoffes in aufeinanderfolgenden Schuljahren ergeben [10] und
- auf welche biologischen Inhalte sich dieses Prinzip anwenden läßt, zumal sicher Themen denkbar sind, die nur als Ganzes lösbar oder zugänglich sind (vgl. auch WERNER 1973, 84).

Die Abbildung 7 gibt einen zusammenfassenden Überblick über die Strukturmerkmale eines Curriculums.

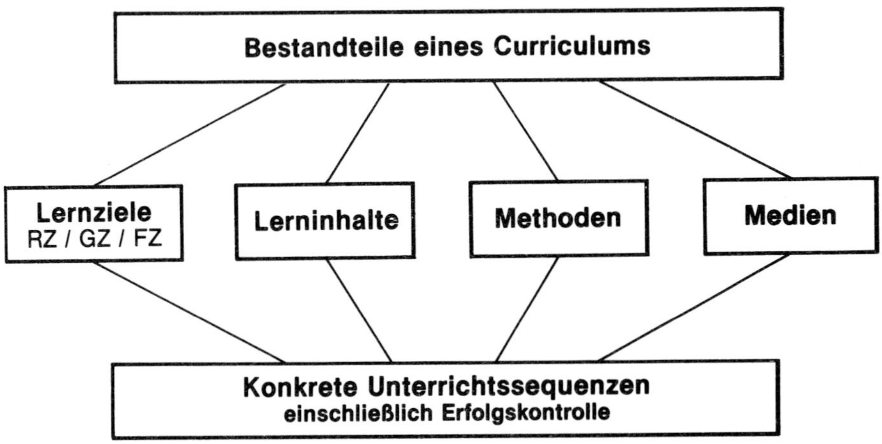

Abb. 7: Strukturmerkmale eines Curriculums

3.2.2 *Inhaltliche Kriterien*

Neben die formalen Gesichtspunkte, die ein Curriculum bestimmen, treten wesentliche interdependente inhaltliche Überlegungen, die bei der Auswahl der Fachinhalte für ein Curriculum Berücksichtigung finden müssen.

3.2.2.1 *Die sogenannten Relevanzkriterien: Fach, Gesellschaft, Schüler*

Als wesentliche Parameter für die Inhaltsauswahl von Curricula – übrigens auch für Unterrichtseinheiten im Rahmen der Lehrtätigkeit – werden seit Ende der 60er Jahre die drei Determinanten Fachrelevanz, Gesellschaftsrelevanz und Schülerrelevanz herausgestellt:

- Hierbei wird unter **Schülerrelevanz** verstanden, daß die ausgewählten Unterrichtsinhalte den Bedürfnissen des Schülers, die mit Hilfe von lern- und motivationspsychologischen Erkenntnissen ermittelt werden sollen, entsprechen. Die in diesem Zusammenhang durchzuführenden Überlegungen und Untersuchungen sollen sich zum einen auf die »subjektiven« Schülerinteressen erstrecken (z. B. über Schülerbefragungen, Tests, Fragebögen), d. h. wie der Schüler seine Interessen und Bedürfnisse selbst sieht. Zum anderen geht es auch um die Ermittlung der »objektiven« Schülerinteressen – so wie die anderen sie sehen und was statistische Erhebungen dazu aussagen. Hier ergibt sich jedoch das Problem, daß über die »objektiven« Interessen und Bedürfnisse der Heranwachsenden in Gegenwart und Zukunft nur wenig bekannt ist, und deshalb Curriculumplaner sich zwangsläufig an den Erwachsenen orientieren müssen.
- Die Determinante **Gesellschaftsrelevanz** meint, daß die auszuwählenden Unterrichtsinhalte die gegenwärtig und zukünftig vorhersehbaren Anforderungen der Gesellschaft berücksichtigen sollten. Gesellschaftsrelevanz läßt sich auch so interpretieren, daß sie gegenwärtige oder künftige von der Gesellschaft zu bewältigende biopolitische, humanitäre, biosoziale, ökologische, technisch-wirtschaftliche u. a. Problemfelder kennzeichnet (vgl. WERNER 1980, 44).
- Unter **Fachrelevanz** (häufig auch durch die Formulierung Wissenschaftsrelevanz oder Fachorientierung ersetzt) wird verstanden, daß die ausgewählten Unterrichtsinhalte das von der Fachwissenschaft überlieferte, gesammelte und bereitgestellte Wissen repräsentieren sollen.

Alle drei Begriffe werden in der Literatur häufig als **Entscheidungsfilter** bzw. **Legitimationsfelder** für die Curriculum- und Lehrplanerstellung sowie gleichermaßen für die Unterrichtsplanung des Lehrers empfohlen, wobei sie aufgrund ihrer Schlagwortartigkeit den Anschein von Objektivität und Eindeutigkeit suggerieren (vgl. WERNER 1979, 66). Tatsächlich zeichnen sich jedoch diese sogenannten Relevanzkriterien durch eine große Unschärfe und einen hohen Abstraktionsgrad aus, so daß sie ungeeignet erscheinen, um als konkrete Hilfestellung für die Auswahl von Unterrichtsinhalten Verwendung zu finden. So ist der Begriff

- *Schülerrelevanz* erheblichen Schwankungen ausgesetzt: Schülerinteressen und Schülermotivation können einfach beeinflußt, ihre Bedürfnisse unschwer gesteuert werden. Momentane, »subjektive« Schülerinteressen können damit leicht überbetont werden, zumal sich die langfristigen und möglicherweise bedeutenderen »objektiven« Schülerinteressen und -bedürfnisse aufgrund fehlender Meßinstrumente ohnehin nicht ermitteln lassen.

- *Gesellschaftsrelevanz* bei offenen Gesellschaftsstrukturen, wie wir sie in der Bundesrepublik haben, nicht eindeutig festzulegen. Der Gesellschaftsbegriff ist demnach nicht präzise zu definieren und abzugrenzen, zumal es »*die*« Gesellschaft schlechthin kaum gibt. So kann die Verwendung dieses Terminus leicht ideologisch ausgelegt werden, womit sich bestimmte Gruppen in der Gesellschaft nicht einverstanden erklären können. Auch die im Heft 48/49 der Zeitschrift UNTERRICHT BIOLOGIE wiedergegebenen Statements von insgesamt 19 Biologiedidaktikern und Biologen zum Begriff »Gesellschaftsrelevanz« tragen kaum zu einer Begriffspräzisierung bei, sondern offenbaren sehr anschaulich, wie problematisch seine Abgrenzung ist (vgl. UNTERRICHT BIOLOGIE 1980).
- *Fachrelevanz* ebenfalls nicht präzise zu fixieren, zumal die meisten Autoren hiermit mehr als lediglich die **fachwissenschaftlichen Grundeinsichten** meinen (vgl. UNTERRICHT BIOLOGIE 1980). Häufig wird unter Fachrelevanz die schulbiologische Übernahme einer repräsentativen Auswahl von Inhalten, Strukturen und Ordnungsprinzipien der Wissenschaft Biologie verstanden. Wie soll bei einem solchen Verständnis ein Konsens über fachrelevante Inhalte erzielt werden, wenn man bedenkt, daß sich die Wissenschaft Biologie – wie alle Wissenschaften – ständig weiterentwickelt und gerade im letzten Jahrzehnt eine besonders stürmische Entwicklung mit einer Fülle neuer auch interdisziplinärer Forschungsrichtungen zu verzeichnen hat? Da es jedoch aufgrund der schwerfälligen Änderungsmechanismen im Schul- (und auch Hochschul-)Bereich bis zu zehn Jahren dauert, bis Forschungsergebnisse in den Schulalltag Eingang finden, ist zu befürchten, daß bei einer derartigen Festschreibung dieses Begriffes auch weiterhin überholte Teilgebiete der Biologie überdimensioniert im Lehrplan sowie in den Unterrichtseinheiten vertreten bleiben.

  Schließlich gilt es zu bedenken, daß durch die spätestens durch die Veröffentlichung des Rahmenplanes des VdB im Jahre 1973 vielerorts – von Universitäten bis zu Lehrerseminaren – zur Gewohnheit gewordene Verwendung der drei Relevanzen »Wissenschaft«, »Gesellschaft« und »Schüler« als Auswahlkriterien diese zunehmend in Konkurrenz zueinander treten. Dies erstaunt um so mehr, als in dem erwähnten Rahmenplan selbst und auch von anderen Autoren (z.B. MEMMERT 1975[5], SCHAEFER 1980, WERNER 1979) zurecht darauf verwiesen wird, daß die Schüler- und Fachrelevanz eigentlich nur »Subsysteme« des Begriffs Gesellschaftsrelevanz darstellen, da sowohl das Individuum wie die Fachwissenschaft nur in funktioneller Abhängigkeit von der Gesellschaft faßbar sind. Von daher stehen diese drei Begriffe weder in Konkurrenz zueinander um die Vorherrschaft bei der Inhaltsauswahl noch sind sie als gleichwertig aufzufassen.

Es bleibt festzuhalten, daß die Entscheidungen sowohl über die **Grundausrichtung des Biologieunterrichtes** (vgl. Kap. 4) als auch über die **Auswahl der Fachinhalte** für biologische Curricula, Lehrpläne, Unterrichtseinheiten und Unterrichtsstunden nicht unter Verwendung dieser drei Relevanzkriterien zu fällen sind.

Allgemeine Lebensprozesse zusammengefaßt zu Gruppen mit ähnlicher Zielprojektion	**Bedeutsamkeit für den Organismus**
Stoffwechsel, Regulation, Bewegung	Erhaltung des Organismus im lebensfähigen Zustand
Wachstum, Vermehrung (mit Vererbung), Gesellung	Reproduktion der Organismen und gegebenenfalls Zusammenschluß zu höheren Einheiten
Entwicklung des Individuums (Ontogenese) und Entwicklung des Stammes (Phylogenese)	Wandel der lebenden Systeme im Laufe einer oder vieler Generationen

Tab. 5: Allgemeine Lebensgrundprozesse in ihrer Bedeutsamkeit für den Organismus (vgl. KAPLAN 1965)

3.2.2.2 Grundmerkmale und Grundfunktionen des Lebendigen als strukturierende Leitlinie für den Biologieunterricht

Als Grundlage für die Inhaltsauswahl im Rahmen einer pragmatischen Curriculumentwicklung im Fach Biologie sind vielmehr eindeutigere und konkretere Leitvorstellungen, als sie die Relevanzkriterien darstellen, zu bestimmen.

In bewußter Abwendung von dem traditionellen **morphologisch-taxonomischen** Organisationsgerüst des Biologieunterrichtes läßt sich bei einer Reihe von Autoren (z. B. BERNHARDT 1973, HOEBEL-MÄVERS 1973, KATTMANN 1975, STAECK 1975, WERNER 1973) sowie in mehreren biologischen Unterrichtswerken (z. B. Lebendige Welt (GARMS/WENK 1973), Kennzeichen des Lebendigen (KATTMANN / PALM / RÜTHER 1975) sowie Biologie 1 (GLOMBEK u. a. 1978) seit einigen Jahren eine zunehmende **Orientierung an allgemeinbiologischen Phänomenen** erkennen. In der Bundesrepublik waren für diese neuartige Sichtweise wohl vor allem die Arbeit von KAPLAN (1965) sowie die großen angelsächsischen Curricula der frühen 60er Jahre (BSCS und Nuffield; siehe Kap. 3.3.1), deren thematische Gliederung sich an dem Begriffsgefüge der biologischen Fachsystematik und der Allgemeinen Biologie orientierte, maßgebend.

Als Fundament für diese Ausrichtung an allgemeinbiologischen Sachverhalten können die **Grundmerkmale und Grundfunktionen lebender Systeme** angesehen werden (vgl. Tab. 5).

Diese **Kennzeichen des Lebendigen** stellen übergeordnete Inhaltsaspekte dar, die sich als **Leitlinien** bzw. als **Organisationsgerüst** für ein zeitgemäßes Biologiecurriculum verwenden lassen (vgl. auch NAGEL 1978).

Die nachfolgende Zusammenstellung versucht, in der Abfolge der einzelnen Grundmerkmale und -funktionen des Lebendigen sowie in ihrer Zusammenstellung unter bestimmten Überbegriffen – nämlich den Strukturen des Lebendigen sowie den drei umfassenden Lebensvorgängen Erhaltung, Reproduktion und Wandel – das zwischen ihnen bestehende Beziehungsgefüge deutlich zu machen.

Den angeführten Grundmerkmalen und -funktionen des Lebendigen lassen sich nun in dem Bemühen, sie didaktisch leichter umsetzbar zu machen, unterschiedliche biologische Fragestellungen zuordnen (siehe weiter unten). Durch diese Maßnahme soll gleichzeitig erreicht werden, daß die Wissenschaft Biologie nicht statisch gese-

Strukturen des Lebendigen	Reproduktion des Lebendigen
1. **Biologische Gliederung:** Zellen, Organellen, Gewebe, Organe, Organismen; Erscheinungsbild Biologische Einheiten gliedern sich in Subsysteme; Grundeinheit ist die Zelle als Träger aller Lebensprozesse. **Erhaltung des Lebendigen** 2. **Stoff- und Energiewechsel:** Energietransformation – Assimilation, Dissimilation; Zellstoffwechsel u. a. m. Im lebenden Organismus findet ständig Energiefluß und Energietransformation statt, z. B. werden körpereigene, hochmolekulare Substanzen aufgebaut; später werden diese Formen wieder abgebaut. 3. **Regulation:** Reizbarkeit, Transinformation, Autoregulation, Rückkoppelung, Immunreaktion, Biorhythmik, Regelkreissysteme u. a. m. Organismen sind in der Lage, mittels enzymatischer, hormoneller und nervöser Mechanismen Änderungen der Umwelt (äußere Reize) und Veränderungen des inneren Zustands (innere Reize) wahrzunehmen und darauf zu reagieren. In einem geschlossenen Kausalkreis wirken dann die Elemente auf sich selbst zurück. 4. **Aktive Beweglichkeit:** Plasmatische Bewegungen (Pinocytose, Phagocytose, Plasmaströmungen), koordinierte Organellen-, Zell- und Organbewegungen, Ortsveränderungen u. a. m. Stoff- und Energiewechsel ermöglichen intra- und interzelluläre wie organismische Beweglichkeit.	5. **Fortpflanzung und Reduplikation:** Mitose, Meiose, vegetative und sexuelle Vermehrung u. a. m. Der Zellkern als Trägersubstanz ist in der Lage, sich identisch zu teilen. Die Kontinuität der Individuen ist damit von Generation zu Generation gewährleistet. Durch vegetative und sexuelle Vermehrung wird das Plasmagefüge verdoppelt, wodurch der Organismus in Teileinheiten oder in toto unsterblich ist. 6. **Gesellung:** Interspezifische Kommunikation, innerartliche und zwischenartliche Verbände, Lebensgemeinschaften, Symbiosen, Parasitismen, Umweltanpassung, Nahrungsketten und -netze, biologisches Gleichgewicht, Erbkoordination, Lernen u. a. m. Entwicklung arttypischer Verhaltensweisen ohne Vorbild (Erbkoordination). **Wandel des Lebendigen** 7. **Wachstum und Entwicklung (Ontogenese):** Differenzierung, Metamorphose, Altern, Tod u. a. m. Nach einem vorgegebenen Organisationsplan entstehen aus undifferenzierten Vorstufen lebensfähige Organismen. 8. **Evolution (Phylogenese):** Mutabilität, Selektion, Artumwandlung, Anpassung Änderungen der Primärstrukturen sind besonders bei exogenen Einflüssen möglich. Aufgrund der Erbänderungen entwickeln sich in Auseinandersetzung mit der Umwelt neue Baupläne und Arten, wobei stammesgeschichtliche Zusammenhänge sichtbar bleiben.

Tab. 6: Grundmerkmale und Grundfunktionen des Lebendigen als strukturierende Leitlinien für den Biologieunterricht
Bei der vor allem aus didaktischer Sicht vorgenommenen Abgrenzung der vier Überbegriffe ist zu berücksichtigen, daß sich vielfältige Überschneidungen und Wechselwirkungen zwischen den angeführten Aspekten ergeben. Dieses Beziehungsgefüge der Lebensgrundmerkmale und -funktionen sollte durch geeignete Beispiele verdeutlicht werden

Fragestellung	Bereich
1. Morphologische Fragestellung	z. B. Morphologie, Anatomie, Histologie, Systematik
2. Physiologische Fragestellung	z. B. Physiologie, Biochemie, Genetik
3. Soziologische Fragestellung	z. B. Ökologie, Biosoziologie, Ethologie
4. Historische Fragestellung	z. B. Embryologie, Paläontologie, Evolutionslehre, Vererbungslehre
5. Synthetische Fragestellung	z. B. Biochemie, Biophysik, Ökologie, Biokybernetik, Sinnesphysiologie
6. Pragmatisch-ökonomische Fragestellung	z. B. Angewandte Biologie, medizinische Bereiche, Pflanzen- und Tierzüchtung, Umweltschutz

Tab. 7: Hauptfragestellungen der Biologie (vgl. SIMONIS 1967)

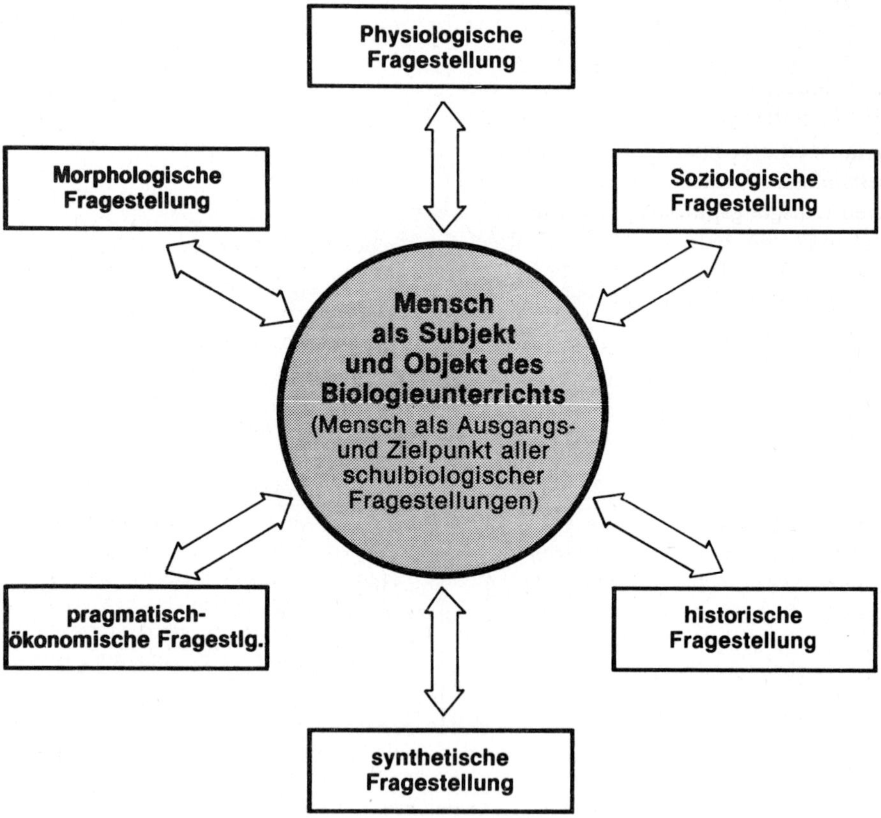

Abb. 8: Ausrichtung der grundlegenden biologischen Betrachtungsweisen auf den Menschen

hen wird – d.h. lediglich in ihrer Vielzahl existierender Fachgebiete und Unterdisziplinen –, sondern sie durch die Identifizierung solcher unterschiedlichen biologischen Fragestellungen transdisziplinär-dynamisch aufzufassen ist.

SIMONIS (1967) hat in diesem Zusammenhang insgesamt sechs umfassende biologische Betrachtungsweisen beschrieben, die geeignet sind, biologisches Denken zu strukturieren (vgl. Tab. 7). Diese für den Biologieunterricht gleichermaßen bedeutsamen Fragestellungen sind zwar grundsätzlich an jedem biologischen Objekt abzuhandeln (z.B. im Rahmen der Beobachtung von Verhaltensweisen einer bestimmten Tierart; vgl. hierzu DYLLA 1977[5]); bei einer humanzentrierten Grundausrichtung des Biologieunterrichtes sind sie jedoch allesamt auf den Menschen auszurichten, da einerseits alle Betrachtungsweisen von ihm ausgehen (Ausgangspunkt des Biologieunterrichts) und andererseits er auch Objekt (Zielpunkt) des Biologieunterrichtes ist (vgl. THEISS-SEUBERLING 1980; WERNER 1973, 37). Die Abbildung 8 soll diese Sichtweise grafisch darstellen.

Die Zuordnung der Grundmerkmale und -funktionen des Lebendigen zu den im Rahmen des Biologieunterrichtes auf den Menschen zentrierten biologischen Betrachtungsweisen ist Tabelle 8 zu entnehmen. Der hier vorgelegte Katalog von Grundmerkmalen und -funktionen des Lebendigen (vgl. Tab. 6), der die strukturierenden Überlegungen von NAGEL (1978) aufgreift, darf sicherlich keine Festschreibung erfahren, sondern muß der permanenten Revision unterworfen werden (vgl. auch STAECK 1975, 41), zumal sich im Laufe der Zeit sowohl der Forschungsstand der Wissenschaft Biologie ändert, als auch das Vermittlungsinteresse der Gesellschaft sich wandelt.

Grundmerkmale bzw. Grundfunktionen des Lebendigen	Hauptfragerichtung
1.	morphologisch, physiologisch; → humanzentriert
2.	physiologisch; → humanzentriert
3.	physiologisch, synthetisch; → humanzentriert
4.	morphologisch, physiologisch, soziologisch; → humanzentriert
5.	morphologisch, physiologisch, historisch; → humanzentriert
6.	soziologisch, pragmatisch-ökonomisch, synthetisch, historisch, physiologisch; →humanzentriert
7.	morphologisch, historisch, physiologisch, soziologisch, pragmatisch-ökonomisch; →humanzentriert
8.	historisch, physiologisch, soziologisch, synthetisch, morphologisch; → humanzentriert

Tab. 8: Zuordnung der Grundmerkmale und -funktionen des Lebendigen (vgl. Tab. 6) zu den Hauptfragerichtungen der Biologie (die jeweils vorzunehmende Zentrierung der Fragestellung auf den Menschen ist kenntlich gemacht)

Diese Grundmerkmale und -funktionen des Lebendigen können dem Leser zwar keine direkt umsetzbare Hilfestellung bei der Entscheidung über die Grundausrichtung des Biologieunterrichts, d.h. über die Gewichtung von Unterrichtszielen und -inhalten bezüglich schüler- und gesellschaftsrelevanter Aspekte geben (vgl. zu diesem Aspekt jedoch Kap. 4.4). Auf der Grundlage dieses biologischen Grundgerüstes erscheint es jedoch möglich, zumindest für Teilbereiche des Biologieunterrichtes Schwerpunkte zu bestimmen und zeitgemäße Themen für biologische Curricula auszuwählen. Hierzu sind allerdings noch zusätzliche didaktische Überlegungen erforderlich, die in den Kapiteln 4 und 9 weiter ausgeführt werden. Auch die Diskussion um eine durchgängige Strukturierung des Biologieunterrichts der Sekundarstufe I nach einem bestimmten Konzept vermag weitere nützliche Anregungen zu geben (vgl. Kap. 4.4).

3.3 Beschreibung ausgewählter Curriculum-Projekte für Biologie

Ein umfassendes Biologie-Curriculum z. B. für die gesamte Sekundarstufe I, für die Sekundarstufe II oder auch für bestimmte Klassenstufen gibt es in der Bundesrepublik Deutschland – bezogen auf die unterschiedlichen Schulformen – gegenwärtig nicht und wird es auch in absehbarer Zeit nicht geben. Dafür sind die einzelnen Bundesländer bildungspolitisch zu heterogen und die vorliegenden Strukturierungskonzepte zu unterschiedlich, zu konträr (vgl. Kap. 4). Es gibt jedoch mittlerweile verschiedene curriculare Entwürfe und Teilcurricula für den Biologieunterricht, deren unterrichtlicher Einsatz in der Regel freiwillig ist, wenngleich einige Kultusministerien die Verwendung einiger Konzepte ausdrücklich empfehlen. Mit dem folgenden Überblick über die derzeit wichtigsten curricularen Projekte für den Biologieunterricht soll versucht werden, dem Leser ein Bild über den Stand der aktuellen curricularen Entwicklung im Fach Biologie zu vermitteln.

3.3.1 Angelsächsische Curricula

Ansätze zur Erneuerung des Biologieunterrichts gingen bereits in den 50er und 60er Jahren insbesondere von amerikanischen und englischen Entwürfen aus. Die größte internationale Wirkung hatte zweifellos das bereits 1959 von amerikanischen Wissenschaftlern begonnene und unter der Abkürzung BSCS bekannt gewordene Curriculum BIOLOGICAL SCIENCES CURRICULUM STUDY (1959 ff). Von Mitgliedern verschiedener amerikanischer Universitäten wurden vor allem für die High School geschlossene Curricula für den Biologieunterricht sowie auch für den Chemie- und Physikunterricht entwickelt, die eine Fülle multimedialer Begleitmaterialien enthalten (vgl. hierzu STAECK 1979, 23). Das Hauptmerkmal dieses Curriculumprojektes stellt seine **fachwissenschaftliche Orientierung** (discipline centered) dar, die in zweifacher Weise auf die Planungen einwirkte:

1. Die übergeordneten Unterrichtsziele des Projekts werden in hohem Ausmaß von fachspezifischen Aspekten geprägt.
2. Für die Auswahl und Anordnung der Unterrichtsthemen werden die Merkmale der Biologie als Fachwissenschaft einschließlich ihrer Arbeitsmethoden und Erkenntnisweisen herangezogen.

Im englischen Sprachgebrauch wird dieses als **structure of the discipline** bezeichnete Kriterium zur Auswahl und Anordnung der Unterrichtsinhalte definiert als »Begriffsgefüge, das den Gegenstandsbereich eines Faches eingrenzt und seine Erforschung ermöglicht und lenkt« (SÖNNICHSEN 1970). Die Grundprinzipien des jeweiligen Faches sowie die fachspezifischen Forschungsmethoden, Beurteilungsverfahren und Kommunikationsformen sind die kennzeichnenden Kriterien dieses Begriffes.

Die Grundgedanken, die die verschiedenen Fassungen des BSCS-Projekts durchziehen, können folgendermaßen präzisiert werden (vgl. SCHWAB 1968[3]):

- Evolution – Wandel der Lebewesen im Zeitverlauf (entwicklungsgeschichtlicher Aspekt);
- Vielfalt der Formen – Einheit der Grundmuster (systematisch-morphologischer Aspekt);
- genetische Kontinuität des Lebendigen (genetischer Aspekt);
- Komplementarität von Organismus und Umwelt (ökologischer Aspekt);
- biologische Wurzeln des Verhaltens (ethologischer Aspekt);
- Komplementarität von Struktur und Funktion (physiologischer Aspekt);
- Regulation und Homöostase (Fließgleichgewicht: Ein System bleibt äußerlich unverändert, obwohl seine Komponenten ständig wechseln, z. B. bleibt die Zahl der Erythrocyten im erwachsenen Körper etwa konstant, obwohl in jeder Sekunde ca. 10 Millionen zerfallen und ebensoviele neu gebildet werden), (biokybernetischer Aspekt);
- Naturwissenschaft als permanenter Forschungsprozeß;
- Geschichte der biologischen Begriffsbildung.

Für die 10. Klassenstufe werden beispielsweise im BSCS die folgenden Jahreskurse mit sechs Unterrichtsstunden pro Woche alternativ angeboten:

- eine ökologische Version (green version),
- eine entwicklungsgeschichtliche Version (yellow version),
- eine molekularbiologische Version (blue version). [11]

Gegenüber dem traditionellen Biologieunterricht mit seiner rigiden Trennung in Botanik, Zoologie und Humanbiologie weist das BSCS-Curriculum die veränderte Struktur der modernen Biologie auf, die die verschiedenen biologischen Teildisziplinen integriert. Gesichtspunkte, die unmittelbar auf den Menschen bezogen sind, fehlen indes völlig, so daß wichtige Aufgaben des Biologieunterrichts im sozialen und personalen Bereich gänzlich unerwähnt bleiben.

Anders als in den USA, wo die Initiative zur Entwicklung neuer Curricula für die Naturwissenschaften von den Universitäten ausging, begann 1962 in England eine Lehrer-Arbeitsgemeinschaft mit der Konzeption eines Biologiekurses. Mit Hilfe der NUFFIELD FOUNDATION – eine Institution, die mit der VW-Stiftung vergleichbar ist – konnte ab 1966 die Realisierung verschiedener naturwissenschaftlicher Curricula-Projekte (»Nuffield-Science-Teaching-Projects«) in Angriff genommen werden.
Ihre grundlegenden Prinzipien stimmen mit den beschriebenen Leitideen des BSCS-Curriculums weitgehend überein: So sind beide Konzepte deutlich im Sinne der »structure of the discipline« aufgebaut, und beide Biologieprogramme stellen einen auf das Universitätsstudium vorbereitenden Unterricht dar. Die englischen Arbeitsgruppen bemühten sich indes bei der Vermittlung der fachwissenschaftlich anspruchsvollen Inhalte um einen stärkeren Schülerbezug.
Charakteristisch für das englische Curriculumprojekt ist seine besondere, in zweierlei Hinsicht bemerkenswerte Lernorganisation:
Zum ersten wird eine Vielzahl der Themengebiete in **experimenteller Vorgehensweise** erarbeitet, was den modernen biologischen Disziplinen wie Physiologie, Ökologie, Genetik usw. entspricht.
Die dominierenden unterrichtlichen Arbeitsformen in diesem Kurs sind das **(gelenkt-) »forschende Lernen«** bzw. das **»problemorientierte Lernen«** (BRUNER 1970). Die dem Brunerschen Begriff vorangestellte Klammer soll zum Ausdruck brin-

gen, daß – insbesondere in den ersten Schuljahren der Sekundarstufe I – die Schüler durch präzise Arbeitsanweisungen beim »Forschen« unterstützt werden. Zur Realisierung dieser Unterrichtsverfahren bietet das Nuffield-Curriculum eine Fülle von Kursmaterialen an: **Lehrerhandbücher** mit vielen instruktiven Anregungen, **Schüler-Textbücher,** die als Arbeitsbücher konzipiert sind und Problemstellungen, Arbeitsanweisungen usw. enthalten, **audiovisuelle Arbeitsmittel,** zum Beispiel Super-8-Arbeitsstreifen in Kassettenform, Mikroskope, Brutschrank usw. und **Testaufgaben** zur selbständigen Überprüfung des Lernzuwachses. Mit Hilfe dieser Medien sollen zum Teil von den Schülern selbst Probleme akzentuiert und Lernschritte organisiert werden.

Die zweite Besonderheit hinsichtlich der Lernorganisation ist zweifellos das charakteristische Anordnungsmuster der Unterrichtseinheiten im Verlauf der fünf Schuljahre, das einigen deutschen Curriculum-Modellen und Biologie-Schulbüchern als Vorbild dient: Zentrale Grundbegriffe der Biologie bilden den Rahmen für eine spiralförmige Anordnung der Unterrichtsinhalte (vgl. Kap. 3.2.1). Einzelne Themengruppen – wie z.B. Fortpflanzung, Entwicklung, Umweltbeziehungen – werden in verschiedenen Schulstufen mit deutlich differenzierten Schwerpunkten und steigendem Abstraktionsniveau wiederaufgegriffen. Das thematische Grundgerüst des Nuffield-Biologie-Kurses, das in den einzelnen Schuljahren immer wieder auftaucht, besteht aus folgenden Inhaltskomplexen:

1. Stoff- und Energiewechsel, Stofftransport;
2. Komplementarität von Struktur und Funktion; Regulation, Verhalten;
3. Fortpflanzung, Vererbung, Evolution;
4. Wachstum, Entwicklung;
5. Umweltbeziehungen (vgl. BÖTTGENBACH 1973; NUFFIELD 1968; 1975a; SÖNNICHSEN 1973).

Das Nuffield-O-Level-Biologie-Projekt [12] besteht beispielsweise aus insgesamt vier geschlossenen Teilcurricula mit den folgenden Leitthemen:

- Einführung in die Welt des Lebendigen (z.B. mit dem Thema »Zelle«), (NUFFIELD 1978);
- Lebewesen in Aktion (z.B. mit den Themen »Wie sich Lebewesen ernähren«, »Stofftransport in Tieren«), (NUFFIELD 1977a);
- Leben und Lebensvorgänge (z.B. mit den Themen »Bewegung, Wachstum, Vermehrung«), (NUFFIELD 1977b);
- Vererbung (vgl. NUFFIELD 1975b).

3.3.2 Das IPN-Curriculum Biologie

In der Bundesrepublik Deutschland hat zuerst das im Jahre 1966 in Kiel gegründete Institut für die Pädagogik der Naturwissenschaften (IPN) [13] – angeregt durch die beschriebenen angelsächsischen Modelle – damit begonnen, für den naturwissenschaftlichen Unterricht geschlossene Teilcurricula zu entwickeln. Hierbei ging es den Kieler Planern von Anfang an darum, kein zusammenhängendes, in Sequenzen gegliedertes Gesamt-Curriculum zu entwikkeln. Vielmehr soll für den Biologieunterricht der Klassenstufen 5–10 sukzessive eine sogenannte **Einheitenbank Biologie** erstellt werden, die zu den verschiedensten biologischen Themen ein vielfältig verwendbares und flexibel einsetzbares Angebot von Lehrer- und Schülermaterialien bereitstellt.

Die einzelnen Unterrichtseinheiten enthalten bis in einzelne Lehrschritte gehende Handlungsanweisungen einschließlich eines vollständigen Lernzielkatalogs, weshalb sie als **geschlossene Lehr- und Lernsysteme** charakterisiert werden können (vgl. zu diesem Aspekt GUTSCHMIDT u.a. 1974, 23ff und STAECK 1980, 21f). Diese Unterrichtsplanungen sind mit einem Medienpaket – bestehend aus Schülerheften, Arbeitsbogen, Testmaterialien, Arbeitstransparenten sowie aus Diareihen und in Einzelfällen Super-8-Arbeitsstreifen – verschmolzen. Eine mehrmalige Erprobung mit je 500–1000 Schülern pro Teilcurriculum führte zu den publizierten Endfassungen (vgl. SCHAEFER 1979b, II).

Die Einheitenbank Biologie geht in Weiterführung der angelsächsischen fachsystematisch orientierten Konzepte von dem dreidimensionalen Bezugsraster aus, das neben die fachsystematische Dimension den »Gesellschaftsbezug« und das »Schülerinteresse« stellt (vgl. SCHAEFER 1979b, II).

Biologie stellt nach Meinung des IPN *»keine Pflanzen-, Tier- und Menschenkunde dar, sondern eine Naturwissenschaft, die von der Biochemie auf der einen Seite bis hin zur Sozialwissenschaft und zur Psychologie auf der anderen Seite einen sehr weiten Bogen spannt und als integrierende Naturwissenschaft verstanden wird.«* (AULIS VERLAG 1979, 2).

Dementsprechend weitgefächert ist das Angebot der 14 mittlerweile vorliegenden Teilcurricula [14] dieser Einheitenbank:

- **Der Mensch und die Tiere** (5. Klasse): Behandlung der biologischen Stellung des Menschen innerhalb der Organismen (KATTMANN/STANGE-STICH 1974) – Spezielle Medien: 8 Arbeitstransparente, 57 Dias, 1 Super-8-Film.
- **Die Bewegung unseres Körpers** (5. Klasse): Eine anatomisch-physiologische Gesamtschau des menschlichen Bewegungsapparats mit Beobachtungen und Versuchen am eigenen Körper (BITTERLING 1974). – Spezielle Medien: 8 Arbeitstransparente, 10 Dias.
- **Nahrungsmittel und Verdauung** (5./6. Klasse): Experimenteller Umgang mit Nährstoffen und Indikatoren (BITTERLING u.a. 1974). – Spezielle Medien: 4 Arbeitstransparente, 1 Dia.
- **Sexualität des Menschen** (5./6. Klasse): Schwerpunkt dieser Einheit stellen emotionale und soziale Fragen der Sexualität dar (KATTMANN u.a. 1974). – Spezielle Medien: Elternheft, 8 Arbeitstransparente, 20 Dias.
- **Biologisches Gleichgewicht** (6./8. Klasse): Behandlung des Nahrungsnetzes um Buntspecht und Borkenkäfer auf stark funktionell-systemtheoretischer Ebene (EULEFELD/SCHAEFER 1974). – Spezielle Medien: 16 Arbeitstransparente, 6 Dias, 1 Super-8-Film.
- **Atmung und Blutkreislauf** (5./6. Klasse): Anhand von Beobachtungen und Versuchen am eigenen Körper werden Atmungs- und Kreislaufregulationsprozesse eingeführt (MENZEL 1975). – Spezielle Medien: 8 Arbeitstransparente, 4 Dias.
- **Überwinterung** (6./8. Klasse): Untersuchung dieses Phänomens bei Wirbeltieren, Wirbellosen, Pflanzen und beim Menschen unter besonderer Berücksichtigung der verschiedenen Anpassungsformen (LIPKOW 1976). – Spezielle Medien: 13 Arbeitstransparente, 32 Dias.
- **Blätter und Verdunstung** (6. Klasse): Pflanzenphysiologische Versuche mit Blättern unter Einschluß ökologischer Aspekte (SCHILKE 1976). – Spezielle Medien: 8 Arbeitstransparente, 22 Dias, 1 Super-8-Film.
- **Thema Luft** (9./10. Klasse): Ursachen und Wirkungen der Luftverunreinigung; Maßnahmen zur Verbesserung der Umweltsituation (BEGEROW u.a.). – Spezielle Medien: 48 Dias.
- **Herbstfärbung und Laubfall** (6. Klasse): Verknüpfung morphologischer, physiologisch-kausalanalytischer und ökologischer Betrachtungsweisen (SCHILKE 1977). – Spezielle Medien: 4 Arbeitstransparente, 31 Dias.
- **Tiere sind anders** (4./5. Klasse): Einfache Räuber-Beute-Beziehungen am Beispiel der Tiere der Savanne sowie anderer Objekte (DYLLA/SCHAEFER 1978). – Spezielle Medien: 8 Arbeitstransparente, 30 Dias, 3 Super-8-Filme.

- **Thema Acker** (7./8. Klasse): Fächerübergreifende Probleme der Monokultur Acker (BEGEROW u.a. 1978). – Spezielle Medien: 71 Dias.
- **Probleme der Wasserverschmutzung** (9./10. Klasse): Interdisziplinäres Unterrichtsprojekt unter Beteiligung der Fächer Biologie, Geographie, Sozialkunde zur Gewässergütebestimmung, Gewässerreinhaltung durch die Gemeinde und zur Verantwortung von Verursachern und Betroffenen (EULEFELD u.a. 1979). – Spezielle Medien: 4 Schülerarbeitshefte, 1 Super-8-Film.
- **Kybernetische Biologie** (Grundkurs/Leistungskurs der Sekundarstufe II): Formalisierung biologischer Strukturen; Phänomene biologischer Steuerung und Regelung (BAYRHUBER/SCHAEFER 1978).

Weitere Teilcurricula sind in Vorbereitung, beispielsweise zu den Themen »Fortbewegung bei Lebewesen und Maschinen« (7./8. Klasse), »Steuerung unseres Körpers« (9./10. Klasse) und »Schutz des Waldes« (7. Klasse).

Eine zusammenfassende Würdigung der **Einheitenbank Biologie** ist aufgrund der Themen- und Autorenvielfalt im vorliegenden Zusammenhang nicht möglich. An dieser Stelle soll statt dessen die Bemerkung genügen, daß der dem Gesamtprojekt zugrundeliegende dreidimensionale Bezugsrahmen (Fach-, Schüler- und Gesellschaftsrelevanz) in seiner Leerformelhaftigkeit und Abstraktion überholt erscheint und durch ein schlüssiges Konzept strukturierender Leitlinien ersetzt werden sollte. Auf jeden Fall enthalten die publizierten Unterrichtseinheiten des IPN neben einigen wenig adressatenbezogenen, zu theoretischen und den überaus häufigen Arbeitsbogeneinsatz empfehlenden Unterrichtssequenzen eine Fülle ausgezeichneter und überlegenswerter Anregungen für die Unterrichtspraxis, die bei der eigenen Unterrichtsvorbereitung mitberücksichtigt werden sollten.

3.3.3 *Die Curricula zur Gesundheitserziehung der Bundeszentrale für gesundheitliche Aufklärung*

Seit Anfang der 70er Jahre konstituierten sich unter Leitung der Bundeszentrale für gesundheitliche Aufklärung (BZgA) in Köln mehrere Planungsteams – bestehend aus Hochschuldidaktikern, Lehrern aller Schulstufen und Schultypen, Vertretern des Bundesministeriums für Jugend, Familie und Gesundheit und der Bundeszentrale selbst sowie aus beratenden Wissenschaftlern aus den Bereichen Medizin, Biologie, Chemie, Psychologie und Erziehungswissenschaften –, um sogenannte Teacher-proof-Curricula bzw. Teilcurricula [15] zu wichtigen Teilbereichen der Gesundheitserziehung zu entwickeln. Zielgruppe dieser Projekte sind vor allem die Sekundarstufe I, aber auch die Primarstufe und Orientierungsstufe.

Diese Unterrichtsplanungen enthalten ausführliche Sachanalysen und didaktische Analysen, mehrfach erprobte und detailliert beschriebene Sequenzen von Lerninhalten in Form von operationalisierten Unterrichtseinheiten sowie die zur Durchführung der Unterrichtsstunden benötigten Medien (vor allem Schüler-Arbeitsbogen und Arbeitstransparente sowie aber auch Tafelkarten, Poster, Spiele und in einem Projekt eine Schallplatte) (vgl. hierzu das abgedruckte Beispiel in Kap. 3.2.1).

Folgende Arbeiten liegen bisher vor:

- **Curriculum Alkohol, Rauchen, Selbstmedikation, Werbung und Gesundheit** (1.–4. Schuljahr), (BARTSCH u.a. 1975);
- **Curriculum Ernährung und Gesundheit für die Primarstufe** (1.–4. Schuljahr), (DALLMANN u.a. 1976);
- **Curriculum Ernährung und Gesundheit für die Sekundarstufe I** (5.–10. Schuljahr), (STAECK u.a. 1976);

- **Alkohol und Gesundheit** (5.–6. Schuljahr), (WINTER/SCHILL 1977);
- **Unterrichtswerk zur Individualhygiene.** Grundlagen und Unterrichtsplanungen zur Körper-, Kleider- und Wohnhygiene in der Grundschule (1.–4. Schuljahr), (AUST/KRETSCHMER 1978);
- **Unterrichtswerk zu Drogenproblemen** (5.–10. Schuljahr), (NOACK u. a. 1980) [16].

Zu den Werken von BARTSCH u. a., DALLMANN u. a. sowie STAECK u. a. wurde im Jahre 1978 eine Effizienzkontrolle durchgeführt (vgl. BUNDESZENTRALE 1978). An dieser Untersuchung waren insgesamt 326 Schulen des gesamten Bundesgebietes beteiligt. Die folgenden auszugsweise wiedergegebenen Ergebnisse zeigen auf, daß diese Curricula für die Unterrichtsplanungen des Lehrers gut verwertbar sind (vgl. BUNDESZENTRALE 1978, 70 f):

- 77% der Befragten halten die Curricula für übersichtlich gegliedert.
- 53% der Befragten sind der Meinung, daß die Unterrichtsentwürfe praxisnah aufgebaut sind.
- 64% der Befragten fanden die Curricula interessant zu lesen, auch wenn die Unterrichtsentwürfe nicht verwendet werden konnten (oder sollten).
- 13% empfanden die didaktische Terminologie der Curricula häufig als zu kompliziert oder schwer verständlich.

3.3.4 Die Unterrichtseinheiten des Pädagogischen Zentrums Berlin

Auch die Abteilung Biologie des PZ Berlin hat in den letzten Jahren mit Hilfe von praktizierenden Lehrern auf der Grundlage eigener Planungsvorschläge der späten 60er Jahre (vgl. PÄDAGOGISCHES ZENTRUM 1968) eine Reihe instruktiver Unterrichtseinheiten für den Biologieunterricht der Sekundarstufe I erstellt, die dazu beitragen sollen, den Leerformelcharakter vieler Lehrplan-Passagen zu überwinden. Die vorgelegten Unterrichtssequenzen enthalten Sachanalysen, didaktische Analysen und Unterrichts-Grobplanungen. Aus technischen Gründen konnten den Unterrichtseinheiten als Unterrichtsmaterialien nur Arbeitsbogen (Texte, Grafiken, Tabellen) beigegeben werden. Zusätzlich werden Angaben zu weiteren Medien und Experimenten gemacht. Die inhaltliche Akzentuierung der Unterrichtseinheiten läßt das Bemühen der Autoren erkennen, unter Verzicht auf eine einseitige fachsystematische Orientierung möglichst schülernahe und gesellschaftsrelevante Schwerpunkte zu setzen. Folgende Unterrichtseinheiten liegen bislang vor und können – soweit sie nicht vergriffen sind – beim PZ Berlin gratis bezogen werden:

1. **Insekten** (8. Klasse), (BORCHMANN 1977);
2. **Der Blutkreislauf als Grundfunktion des Organismus** (7. Klasse) (GRUHL/HARTMANN 1977);
3. **Röhricht** (MIELKE 1978);
4. **Unterricht im Zoo I. Allgemeine Einführung** (WEBER-RHODY 1977 a);
5. **Unterricht im Zoo II. Verhaltensbeobachtungen bei Pavianen** (WEBER-RHODY 1977 b);
6. **Unterricht im Zoo III. Domestikation – Haustiere** (KIRCHSHOFER/WEBER-RHODY 1979);
7. **Ökologie des Bodens** (9. Klasse), (PHILIPP 1976 b);
8. **Lebensgemeinschaft Wald** (9. Klasse), (VORPAHL 1976);
9. **Einführung in den Bau und die Systematik von Blütenpflanzen** (7. Klasse), (VORPAHL 1978);
10. **Einführung in die Zellenlehre, Neufassung** (8. Klasse), (VORPAHL/WOITAS 1977);
11. **Photosynthese** (9. Klasse), (VORPAHL/WOITAS 1976);
12. **Biologisches Gleichgewicht** (9. Klasse); (WOITAS 1976).

3.3.5 *Weitere curriculare Projekte*

Im Jahre 1972 konstituierte sich in Berlin auf Inititative des Berliner Senators für Wissenschaft und Kunst und des Bundesministers für Bildung und Wissenschaft eine aus 11 Mitarbeitern (überwiegend Lehrer) bestehende **P**rojektgruppe **I**ntegriertes **N**aturwissenschaftliches **C**urriculum (PINC) mit dem Ziel, ein wissenschaftlich begründetes und in der Praxis der Sekundarstufe I anwendbares integriertes naturwissenschaftliches Curriculum zu entwikkeln. Das Untersuchungsfeld erstreckte sich dabei über die Inhaltsbereiche der Fächer Physik, Chemie und Biologie sowie über die Grenzgebiete dieser Disziplinen (z.B. Technik, Arbeitslehre, Gesellschaftskunde, Umweltschutz), (vgl. PROJEKTGRUPPE 1974, 1 sowie 1976). Unter der zentralen Fragestellung »Wie kann man Kinder verschiedener gesellschaftlicher Herkunft für den naturwissenschaftlichen Unterricht motivieren?« sieht PINC seine Planungen stets im Hinblick auf eine integrierte Gesamtschule für alle Kinder (vgl. WURMBACH/GÖRGEN 1978, 214).

Nach dem Verständnis der PINC-Gruppe hat sich der Unterricht in Biologie

»in Auswahl und Begründung seiner Inhalte an den Bereichen gesellschaftlicher Arbeit zu orientieren, die sich in Methoden und Erkenntnissen auf die Biowissenschaften stützen.«

Derartige Bereiche von Biologie und Produktion sind beispielsweise die Mikrobiologie, die Molekularbiologie, die Medizin, die Tier- und Pflanzenhaltung, landwirtschaftliche sowie lebensmitteltechnische Aspekte, Umweltschutz u.a.m., wobei stets der Mensch Ausgangs- und Zielpunkt der unterrichtlichen Betrachtung ist.

Das PINC-Curriculum besteht aus den beiden Hauptsträngen

- wissenschaftliches Welt- und Menschenbild (d.h. zum Beispiel Materialität aller biologischen Strukturen und Prozesse, Sonderstellung des Menschen im System der Natur) sowie
- Biologie und Produktion (d.h. alle Inhalte müssen Relevanz für Produktion und Reproduktion aufweisen).

Hierzu werden für die Sekundarstufe I insgesamt acht Unterrichtseinheiten beschrieben (vgl. PROJEKTGRUPPE 1978):

1. **Wie aus Affen Menschen wurden** (7. Schuljahr, 15 Blockstunden);
2. **Die Zelle** (7. Schuljahr, 15 Blockstunden);
3. **Landwirtschaftliche Produktion und menschliche Ernährung** (8. Schuljahr, 30 Blockstunden);
4. **Welternährung** (9. Schuljahr, 3 Blockstunden);
5. **Ökologie und Umweltschutz** (9. Schuljahr, 12 Blockstunden);
6. **Nerv – Sinne – Verhalten** (9. Schuljahr, 15 Blockstunden);
7. **Genetik** (10. Schuljahr, 20 Blockstunden);
8. **Evolution** (10. Schuljahr, 10 Blockstunden).

Für die einzelnen Unterrichtseinheiten wurde ein Grobplan – bestehend aus Kurzgliederung, Hauptzielen und Inhaltsskizzierungen – vorgelegt. Das Projekt wurde zwar nach einer Laufzeit von mehr als drei Jahren im Juni 1976 beendet, doch auch danach haben Mitglieder der Gruppe PINC an dem inhaltlichen Konzept weitergearbeitet. So liegt beispielsweise inzwischen die für den 7. Jahrgang entworfene Unterrichtseinheit »Wie aus Affen Menschen wurden« als 95seitige Unterrichtshilfe mit Informations- und Arbeitsbogen, Dia- und Arbeitstransparent-Vorschlägen, Texten und Experimentierbeschreibungen vor (vgl. GÖRGEN/MENSCH 1980).

Ein weiteres curriculares Projekt wurde Anfang der 70er Jahre von seiten des

Staatsinstituts für Schulpädagogik (ISP) in München initiiert (vgl. TIMMERMANN 1978, 311). Bereits die Wahl der Bezeichnung signalisiert, daß diese Pläne bestimmte Merkmale eines Curriculums aufweisen, ohne dabei die an ein Curriculum zu stellenden Ansprüche voll erfüllen zu wollen (zu können). Diesem staatlichen Lehrplanprojekt lag die Konzeption zugrunde, innerhalb weniger Jahre realisierbare und praxisnahe Pläne zu erstellen, die dem Lehrer größere inhaltliche und vor allem methodische Hilfen geben als die herkömmlichen, überwiegend inhaltsleeren Richtlinien. Auf eine wissenschaftstheoretische Absicherung dieser Pläne – wie sie ein Curriculum erfordern würde – wurde einer Erklärung des Kultusministeriums zufolge jedoch aus »Zeitgründen« verzichtet (vgl. SCHAEFER 1973, 79). Der staatlichen Seite kam bei diesem Projekt die handwerkliche Arbeit zu, während bayerische Hochschulvertreter das Gerüst dieser Pläne lieferten (vgl. KILLERMANN 1978, 73), und zahlreiche Lehrer die Pläne erprobten.

Die »Curricularen Lehrpläne« sind vertikal in vier Spalten gegliedert und enthalten in den ersten beiden Spalten konkrete Angaben über Grobziele und Lerninhalte und in den letzten beiden Spalten Angaben über Unterrichtsverfahren (Lernorganisation, Methoden, Medien, Zeitplanung) und Lernzielkontrollen. Für den Lehrer sind die angegebenen Lerninhalte und Lernziele verbindlich, wobei ihm die Wahl der Beispiele freisteht.

Inzwischen liegen für das Fach Biologie »curriculare Lehrpläne« für die Orientierungsstufe (1976), die Hauptschule (Klassen 5–9) (1977/78), die Realschule (Klassen 7–9) (1978), das Gymnasium (Klassen 7–10) (1978) und die Kollegstufe (1979) vor.

Empfehlungen für Unterrichtsverfahren und Medien werden nur selten in Form von vagen Hinweisen gegeben. Die Pläne offenbaren darüber hinaus neben einer Reihe moderner Gesichtspunkte (z. B. die Berücksichtigung ökologischer und umweltbiologischer sowie evolutionsbiologischer und ethologischer Schwerpunkte und auch der stärkeren Gewichtung der Humanbiologie quer durch alle Jahrgangsstufen) auch überholte Ansatzpunkte, z. B.

- in der Aufreihung monografisch abzuhandelnder Einzellebewesen und die damit verknüpfte
- künstliche Hierarchisierung von Lernzielen, die den Lehrer an die Auswahl und Anordnung der Beispiele bindet, womit ein Verlust an pädagogischer Entscheidungsfreiheit einhergeht.

Der nachfolgend wiedergegebene Ausschnitt zeigt beispielhaft die partielle Schülerbezogenheit dieser Pläne auf (vgl. CURRICULARER LEHRPLAN, 8. Jahrgangsstufe Hauptschule 1978, 40 f):

Lerninhalte	Unterrichtsverfahren
5. Fähigkeit, sich beim Arzt richtig zu verhalten	
Entsprechendes Verhalten: – rechtzeitiges Aufsuchen des Arztes – sachgemäßes Formulieren der Beschwerden – unverkrampftes Verhalten bei einer notwendigen Behandlung	Aufzeigen unklaren Darstellens der Krankheitssymptome beim Arzt (Tonbandaufnahme) – Vergleich mit sachgemäßer Formulierung. Einüben der richtigen Bezeichnung für Körperteile. Besprechen von Problemsituationen, die sich aus dem Verhalten von Erkrankten und ihren Bezugspersonen ergeben (dabei Beachtung der Privatsphäre der Schüler!).

Das vorläufig letzte Curriculumprojekt in der Bundesrepublik Deutschland wurde im Jahre 1977 von einer interdisziplinären Arbeitsgruppe an der Universität Bielfeld in Angriff genommen. Die aus Fachwissenschaftlern, Pädagogen, Lehrern und einer Grafikerin bestehende Projektgruppe entwickelte mit Mitteln der Stiftung Volkswagenwerk ein fächerübergreifendes Curriculum für das 5.–8. Schuljahr mit dem Titel **»Was ist der Mensch?«** (vgl. BEYER/SCHÜLER 1980). Als Vorlage für dieses Projekt diente das unter Beteiligung des Psychologen J. S. BRUNER und des Verhaltensforschers DE VORE für 11- bis 13jährige Schüler konzipierte US-amerikanische Curriculum »Man – A Course of Study« (MACOS), (EDUCATION DEVELOPMENT CENTER 1970), das jedoch weiterentwickelt, modifiziert und an bundesdeutsche Gegebenheiten (Schul- und Fächerstrukturen, Stundentafeln, inhaltliche, lehrplanbedingte Vorgaben) angepaßt wurde.

In diesem Curriculum werden schwerpunktmäßig ethologische und ethnologische (kulturanthropologische) Inhalte miteinander verknüpft, wozu die folgenden Leitfragen aufgestellt wurden (vgl. SCHÜLER 1979):

1. Was hat der Mensch mit anderen Lebewesen gemeinsam?
2. Was unterscheidet ihn von allen anderen Lebewesen?
3. Wie können Gemeinsamkeiten und Besonderheiten des Menschen in ihrer Entstehung und in ihren Funktionen erklärt und damit besser verstanden werden?

Die folgenden sechs für den Biologie- bzw. Sozialkundeunterricht konzipierten und jeweils 10–20 Unterrichtsstunden umfassenden Unterrichtseinheiten wurden zu diesen Leitfragen entwickelt [17]:

1. **UE Anpassung** (Biologieunterricht) mit den Themen Vergleich von Menschen und Tieren, Verhalten des pazifischen Lachses, Anpassungsmerkmale, Trieb und Verhalten am Beispiel der Silbermöwe, Angeborenes und erlerntes Verhalten (PROJEKTGRUPPE 1980 a).
2. **UE Natürliche Auslese** (Biologieunterricht) mit den Themen Lebensraum Savanne, Sozialverhalten der Paviane, Verständigung unter Menschen, Variationen und Überlebenschancen, Natürliche Auslese und Umwelt (PROJEKTGRUPPE 1980 b).
3. **UE Evolution und Familie** (Biologie- und Sozialkundeunterricht) mit den Themen Funktion der Balz, Der Verwandtschaftsbegriff aus biologischer Sicht, Partnerwahl, Variationen im Brutpflegeverhalten, Paarbildung und Trennung, Umwelt des Menschen, Anpassung an vorgegebene Lebensumstände, Mann und Frau, Familie (PROJEKTGRUPPE 1980 c).
4. **UE Individuum und Gesellschaft** (Sozialkunde) mit dem Thema Mensch in der Arktis (Familie, Verwandtschaft, Kooperation u. a. m.) (PROJEKTGRUPPE 1980 d).
5. **UE Menschen und ihre Werkzeuge** (Sozialkunde) mit den Themen Werkzeuggebrauch, Ökologisches Gleichgewicht, Kosten-Nutzen-Relation (PROJEKTGRUPPE 1980 e).
6. **UE Umwelt und Geschichte** (Sozialkunde) mit Materialien zur Durchführung einer Fallstudie in der eigenen Gemeinde (Untersuchung der historischen Bedingungen unserer gegenwärtigen (Um-)Welt), (PROJEKTGRUPPE 1980 f).

In diesem Curriculum werden also verschiedenartige Organismen – insbesondere Lachs, Silbermöwe, Pavian, Netsilik-Eskimo – in ähnlichen Bezügen miteinander verglichen. Hierbei sind die strukturierenden Grundbegriffe z. B. Lebenszyklus, Elternschaft und Kindheit, Sprache und Kommunikation, Gesellung, Aggression, Struktur und Funktion, Kultur. Die Einheiten 1–6 bauen zwar im Sinne des Spiralprinzips aufeinander auf, doch ist jede Un-

terrichteinheit auch selbständig unterrichtbar. Die Zielsetzung dieses biologische, kulturanthropologische und sozialwissenschaftliche Aspekte integrierenden Curriculums besteht darin, die Schüler zur folgenden Einsicht zu bringen:
»*Jeder Mensch ist in mancher Hinsicht wie alle Lebewesen, wie alle Menschen, wie alle Mitglieder seiner Kultur, wie kein anderer Mensch*« (PROJEKTGRUPPE 1980c, 7).
Hier deutet sich die dem Curriculum innewohnende Problematik an: Das Gewicht der Beschreibung tierischer Verhaltensformen ist so erheblich, daß allein durch diesen Informationsdruck die Schüler (und die Lehrer?) verführt werden, Analogieschlüsse vom tierischen Verhalten auf menschliches – sei es der Eskimowelt oder der eigenen – herbeizuführen (vgl. auch BLOCH u.a. 1976).
Alle Unterrichtseinheiten wurden in enger Zusammenarbeit mit Lehrern und Schülern von über 30 Klassen aller Schultypen mehrfach erprobt. Auf die Formulierung detaillierter Grobziele und Feinziele wurde ebenso verzichtet wie auf eine genaue Beschrei ung der Verlaufsplanungen. Statt dessen wurde das Hauptgewicht auf die Entwicklung von schülergemäßen, verschiedenkanaligen Medien und Unterrichtsmaterialien gelegt. Als das tragende Medium dieses Curriculums können die zahlreichen stets im Klassensatz vorliegenden Schülerhefte angesehen werden, die zu jeder Unterrichtseinheit entwickelt wurden. Da sich dieses Medium kaum methodenvariabel einsetzen läßt, empfehlen die Autoren auch zumeist ein gemeinsames Lesen mehrerer Heftseiten durch die gesamte Klasse. Neben diesen didaktisch wenig überzeugenden Schülerheften werden weitaus motivierendere Arbeitsbogen, Informationsbogen, Simulationsspiele, Poster, Fotosätze, 8-mm- und 16-mm-Farbfilme sowie Diareihen angeboten. Schließlich gibt ein Lehrerhandbuch zu jeder Unterrichtseinheit die erforderlichen Erläuterungen.
Zusammenfassend läßt sich zu diesem Curriculum feststellen, daß seine unterrichtspraktische Umsetzung trotz des explizit interdisziplinären Ansatzes weder aufwendige organisatorische Planungen noch kooperative Unterrichtsformen im Sinne des teamteaching erfordert.

3.4 Zusammenfassender Überblick über curriculare Ansätze zur Erneuerung des Biologieunterrichts

Die nachfolgende Tabelle 9 gibt eine zusammenfassende Übersicht über die in diesem Kapitel referierten und derzeit am bedeutendsten einzustufenden curricularen Projekte für den Biologieunterricht.
Das vorliegende Kapitel macht deutlich, daß die ersten Curriculumentwicklungen für den Biologieunterricht in den USA und England den Anstoß gaben für weitere Projekte. Seit Anfang der 70er Jahre war auch in der Bundesrepublik Deutschland das Interesse an dieser Fragestellung erwacht. In einer Art Nachahmungseffekt begannen auch in unserem Land verschiedene Institutionen, Körperschaften (IPN), Universitäten (Bielefeld), pädagogische Institute (PZ/Berlin), Ministerien des Bundes (BZgA) und der Länder (Bayern), für den Biologieunterricht – z.T. auch fächerübergreifend – curriculare Arbeiten in Gang zu setzen. Eine Koordination dieser Arbeitsvorhaben fand dabei jedoch nicht statt.
Die im Laufe der letzten 10 Jahre in der Bundesrepublik Deutschland erstellten Curricula für den Biologieunterricht zeigen eine zunehmende Distanz von den überwiegend fachsystematisch orientierten Aus-

Titel des Werkes	Beginn der Arbeiten	Institution	Kennzeichen
Biological Sciences Curriculum Study (BSCS)	1959	Universität (Boulder, Colorado, USA)	fachorientierter Strukturierungsansatz
Nuffield Biology	1962	Lehrer-Arbeitsgemeinschaft; Nuffield-Foundation (London)	Versuch einer Synthese Schülerorientierung/fachlich anspruchsvolle Information
Gesundheitserziehung und Schule	1973	Bundeszentrale für gesundheitliche Aufklärung (Köln); sehr heterogener Mitarbeiterstab vom Studenten bis zum Fachwissenschaftler	Gesundheitserziehung mit dem Schwerpunkt handlungsbezogener Zielsetzungen
IPN-Einheitenbank Curriculum Biologie	1974	IPN an der Universität Kiel (Lehrer, Didaktiker)	dreidimensionaler Bezugsrahmen: Fachsystematik, Gesellschaftsbezug, Schülerinteresse
Grobplan naturwissenschaftlicher Unterrichtsinhalte (7.–10. JgSt)	1974	Projektgruppe PINC (überwiegend Lehrer)	gesellschaftliche Funktion der Biologie; biologische und gesellschaftliche Natur des Menschen
Reihe: Curriculare Entwicklungen	1976	Pädagogisches Zentrum Berlin (alles Lehrer)	schülernahe und ansatzweise gesellschaftsbezogene Konzeption
Curriculare Lehrpläne	1976	ISP/München (Staatsvertreter und Didaktiker)	zweidimensionaler Bezug: Fachsystematik und Schülerrelevanz
Curriculum: Was ist der Mensch?	1980	Interdisziplinäre Arbeitsgruppe an der Universität Bielefeld	Integration biologische Fachwissenschaft/Sozialwissenschaften – Bezugspunkt Mensch

Tab. 9: Übersicht über die derzeit wichtigsten Curricula für den Biologieunterricht (Erfassungszeitraum 1959–1980)

curriculares Merkmal	Adressaten	Besonderheit	Bezugsquelle
geschlossenes Curriculum	Schüler, vor allem High-School	zahlreiche multimediale Begleitmaterialien	**Blue version:** Houghton Mifflin Co., 110 Tremont Str., Mass. 02101, USA **Green version:** Rand Mc Nally Co., p.o.box 7600 Chicago, Illinois 60680, USA **Yellow version:** Harcourt, Brace and World, Inc., 757 Third Av., NY, New York 100 17, USA **Teachers Handbook:** John Wiley and Sons, 605 Third Av., NY, New York 100 16, USA
geschlossenes Curriculum	Sekundarstufe I	eine Fülle von Kursmaterialien; experimenteller Schwerpunkt	Longmann Group Limited London, England
geschlossenes Lehr- und Lernsystem	Primarstufe, Sekundarstufe I	Baustein-Curriculum, bestehend aus Sach- und Didaktischen Analysen, Medien und Verlaufsplanungen	Klett Verlag Stuttgart
geschlossenes Lehr- und Lernsystem	Primarstufe Sekundarstufe I Sekundarstufe II	Umfangreichstes Biologie-Curriculum in der BRD, bisher 14 Unterrichtseinheiten, bestehend aus Lehrer-, Schüler-, Testheft und zumeist zusätzlichen Medien (vor allem Arbeitstransparente, Dias)	Aulis Verlag Köln
offene Planungselemente	Sekundarstufe I	kein echtes Curriculum; lediglich eine ausgearbeitete Unterrichseinheit (7. Jg.) liegt vor	Beltz Verlag Weinheim/ Senator f. Wissenschaft und Kunst Berlin
zumeist offene Planungselemente	Sekundarstufe I	eine Fülle gut einsetzbarer Arbeitsbögen	Pädagogisches Zentrum Berlin, Uhlandstr. 96, 1000 Berlin 31
offene Planungselemente	Sekundarstufe I und Sekundarstufe II	Kein Curriculum im Sinne der gegebenen Definition	Kommunalschriften-Verlag J. Jehle München
offene Planungselemente	5.–8. Schuljahr	zahlreiche multimediale Begleitmaterialien, insbesondere Texthefte (Baustein-Curriculum)	Verlag J. B. Metzler Stuttgart

wahl- und Strukturierungsprinzipien ihrer angelsächsischen Vorbilder. Statt dessen werden mehr und mehr humanbiologische und soziale Bezüge in die Curricula mitaufgenommen, um damit die vermuteten spezifischen Interessen und Bedürfnisse der Kinder und Jugendlichen zu berücksichtigen.

Als generelle Strategie der Curricula wird dabei deutlich, daß jeweils thematische Einheiten in den Mittelpunkt der curricularen Planung und Entwicklung gestellt werden (z.B. Ernährung oder biologisches Gleichgewicht). Nach einer Anfangsphase, in der fast ausschließlich geschlossene, sogenannte teacherproof-Curricula entwickelt wurden, geht die Tendenz mittlerweile dahin, offenere Unterrichtskonzepte zu konstruieren, die Lehrern und Schülern durch eine geringere Ausdifferenzierung des Unterrichtsprozesses größere Spielräume für alternative didaktische Entscheidungen einräumen. Allerdings enthalten diese Curricula – z.B. »Was ist der Mensch?«, das PINC-Projekt, die Arbeiten des PZ/ Berlin und auch die curricularen Lehrpläne Bayerns – noch viel zu wenig alternative Unterrichtsarrangements, die in Form von »didaktischen Bausteinen« unterschiedliche Erkenntnisformen, Lernsituationen und Lernstrukturen anbieten.

Die Frage, ob die Existenz neuer Unterrichtsmaterialien für den Biologieunterricht auch tatsächlich zu durchgreifenden curricularen Reformen in der Schule geführt hat, muß wohl bisher *insgesamt* mit nein antwortet werden. Allerdings wurden bislang – mit Ausnahme dreier Projekte der BZgA – keine weiteren empirischen Nachfolgeuntersuchungen durchgeführt, die es ermöglichen würden, zu dieser Fragestellung tragfähige Aussagen zu machen.

Der Einsatz der hier beschriebenen Curricula dürfte sich vor allem auf regionaler Ebene vollziehen, wobei in der Regel vermutlich nur kürzere Unterrichtssequenzen Verwendung finden, zumal von den Lehrplänen her das überwiegend sehr hohe Stundenvolumen der angebotenen Teilcurricula und Unterrichtseinheiten (so sind häufig mehr als 10 Unterrichtsstunden pro Unterrichtseinheit vorgesehen) nicht umsetzbar ist.

Die Synopse vor allem der neueren Biologie-Lehrpläne für die Sekundarstufe I in der Bundesrepublik Deutschland zeigt im übrigen auf (vgl. SKAUMAL/STAECK 1980), daß die Kultusministerien eine allmählich größer werdende Bereitschaft erkennen lassen, Teilbereiche der Curricula in die Lehrpläne zu übernehmen (so z.B. aus der IPN-Einheitenbank Biologie, aus den Unterrichtswerken der BZgA und aus den curricularen Entwicklungen des PZ Berlin).

Für den Biologie unterrichtenden Lehrer ist aus der vorangegangenen Beschreibung der curricularen Ansätze zur Erneuerung des Biologieunterrichtes folgendes Fazit zu ziehen:

- Ausgehend von der fachwissenschaftlichen Zentrierung angelsächsischer Projekte orientieren sich moderne biologische Unterrichtsplanungen in der Bundesrepublik Deutschland in der Auswahl und Anordnung der Themen an den Merkmalen der Lebensgrundfunktionen innerhalb eines allgemeinbiologischen Rahmens.
- Schülerrelevanz, Gesellschaftsrelevanz und Fachrelevanz sind als Auswahlkriterien zur Bestimmung biologischer Unterrichtsinhalte ungeeignet.
- Vielmehr sollten – umgekehrt – die ausgewählten Inhalte im Hinblick auf ihre gesellschaftliche, schüleradäquate und fachbiologische Bedeutsamkeit überprüft und begründet werden.
- Biologische und sozialwissenschaftliche

Themenbereiche sind in den Biologieunterricht zu integrieren.

- Die übergeordneten Unterrichtsziele und die Lerninhalte werden im Sinne des Spiralprinzips angeordnet, um lerntheoretischen Erfordernissen zu entsprechen.
- Die Zielsetzungen des Biologieunterrichts werden in Form eines Katalogs von Richtzielen, Grobzielen und operationalisierten Feinzielen beschrieben.
- Das experimentelle und problemorientierte Lernen steht im Mittelpunkt des biologischen Unterrichts.

Insgesamt wird es schwer sein, Lehrer davon zu überzeugen, daß es zum herkömmlichen Lehrplan und zu dem seit Jahren verwendeten Schulbuch einer inhaltlichen und didaktischen Ergänzung bedarf, obwohl die Belastungen, die mit dem Gebrauch von Curriculummaterialien einhergehen, langfristig durch eine Erweiterung des didaktischen Handlungsspielraumes des Lehrers mehr als ausgeglichen werden.

3.5 Abschließende Gegenüberstellung biologiedidaktischer Leitaspekte der traditionellen Schulbiologie und eines zeitgemäßen Biologie-Curriculums

Die im zweiten und dritten Kapitel teilweise deskriptiv, daneben aber auch analytisch und synoptisch dargestellte Sachlage der Lehrplan- und Curriculumsituation im Fach Biologie soll nachfolgend im Hinblick auf die sieben wichtigsten didaktischen Leitaspekte des traditionellen Biologieunterrichtes und eines zeitgemäßen Biologie-Curriculums tabellarisch gegenübergestellt werden (s. Tab. 10). Aufgrund ihrer Komplexität lassen sich in dieser Zusammenschau inhaltliche Überschneidungen der Leitaspekte nicht immer vermeiden.

Leitaspekte der traditionellen Schulbiologie	Leitaspekte eines zeitgemäßen Biologie-Curriculums
Formenkenntnis, Morphologie und Anatomie sowie monographische Einzeldarstellung ausgewählter Tiere und Pflanzen nehmen innerhalb der Unterrichtsinhalte eine dominierende Stellung ein. Im Vordergrund stehen demnach beschreibende und klassifizierende Aspekte (Form, Bau, Typen, Baupläne).	Formenkenntnis, Systematik, Morphologie und Anatomie stellen Teilaspekte der jeweiligen Fragestellung bzw. der übergeordneten Zielsetzung dar, indem sie integrierenden Gesichtspunkten größerer Verständniszusammenhänge (z. B. Verhalten, Regulation, Humangenetik, Sexualität, Physiologie, Umweltprobleme) untergeordnet sind.
Humanbiologische Themen bleiben anteilmäßig weit hinter den botanischen und zoologischen Einzelthemen zurück, wobei sie sich überwiegend auf eine zusammenhanglose Vermittlung des Aufbaues und der Funktion der verschiedenartigen Organe und Organsysteme beschränken und Fehlfunktionen und deren Prophylaxe in der Regel nur als Anhängsel behandelt werden. Wertende Entscheidungen sind zumeist verschleiert und unter scheinbarer politischer Neutralität dargestellt. Auf gesellschaftspolitische Implikationen wird oftmals ausdrücklich verzichtet.	Die Unterrichtsinhalte werden unter dem Kriterium ihrer Bedeutsamkeit für den Menschen ausgewählt, wobei humanbiologische Themen – hierbei insbesondere Krankheitsprophylaxe und Gesundheitserziehung – gemeinsam mit anderen für den Menschen wichtigen Unterrichtsinhalten in den Vordergrund rücken. Gesellschaftspolitische Überlegungen bestimmen zunehmend die curricularen Entscheidungen.
Strukturierende Prinzipien für die Anordnung von Themen und Abfolge von Unterrichtssequenzen sind die Fachsystematik, die verschiedenartigen Jahreszeiten sowie komplexe Lebensgemeinschaften mit ihrer Artenfülle (deskriptive Naturkunde).	Die Sequenzierung der Unterrichtsinhalte vollzieht sich entsprechend der jeweiligen Grobzielsetzung bzw. Leitthemen, wobei die sachlogische und konsistente Aufeinanderfolge der Themenbereiche beachtet wird (kausal-analytischer Biologieunterricht)
Die unterrichtliche Behandlung der Teildisziplinen Botanik, Zoologie und Humanbiologie erfolgt unter Berücksichtigung der taxonomischen Systematik getrennt aufeinander (kategoriales Spartendenken). Teilziele, Teilthemen und -inhalte werden einseitig und eng fachbezogen akzentuiert, so daß eine Verknüpfung oder gar Verzahnung des Biologieunterrichtes mit den übrigen naturwissenschaftlichen Fächern (vor allem Physik, Chemie, Mathematik) und zum Sozialkundeunterricht nicht stattfindet.	Neue Formen der Thematisierung (z. B. Durchführung von Projekten) und des Lernens (problemorientiertes, »forschendes«, soziales Lernen); Herstellen sachlogischer Zusammenhänge [= kognitives Lernen] unter Einbeziehung experimenteller Arbeitsweisen werden in den Unterricht miteinbezogen, wobei die generalisierende und exakte Induktion die dominierende Vorgehensweise ist.

Tab. 10: Inhaltliche, methodische und formale Leitaspekte der traditionellen Schulbiologie und eines zeitgemäßen Biologie-Curriculums

Leitaspekte der traditionellen Schulbiologie	Leitaspekte eines zeitgemäßen Biologie-Curriculums
Lernpsychologische, auf den Biologieunterricht übertragbare Erkenntnisse lagen noch nicht vor bzw. wurden nicht zur Kenntnis genommen, wodurch die Lerninhalte von den Schülern überwiegend nachvollziehend-rezeptiv aufgenommen wurden. Praktische Tätigkeiten (z. B. Sammeln, Pflegen, Ordnen) wurden i. d. R. unreflektiert und um ihrer selbst willen durchgeführt und dienten im übrigen zur Bestätigung von Tatsachen, die den Schülern bereits bekannt waren (deduktive Methode).	Die Teilbereiche Botanik, Zoologie und Humanbiologie erscheinen integriert z. B. in eine allgemeinbiologische, ökologische, humanzentrierte oder anwendungsbezogene Betrachtungsweise (vgl. Kap. 4), wobei jeweils pflanzliche, tierische oder menschliche Einzelbeispiele exemplarisch das Gemeinte (z. B. eine bestimmte Lebensgrundfunktion) verdeutlichen. Zudem werden auf der Grundlage fachbezogener Themen und Inhalte bedeutsame überfachliche und interdisziplinäre Problemkomplexe im Sinne eines integrierten naturwissenschaftlichen und eines biologisch-sozialkundlich verzahnten Unterrichts angeschnitten (z. B. Umweltprobleme, genetische Manipulation, Atomenergie, Schädlingsbekämpfung, biotechnische Betrachtungsweisen).
Fundamentale Themenkomplexe werden aufgrund der Fülle von durchzunehmenden Einzelthemen im Verlauf der Sekundarstufe I nur einmal behandelt.	Für die Zielsetzungen des Biologieunterrichtes wesentliche Themenkomplexe (z. B. die Lebensgrundfunktionen sowie Teilbereiche der Ethologie, Ökologie, Sexualbiologie, Evolution, Gesundheitserziehung) werden nach dem Spiralprinzip in unterschiedlichem Zusammenhang auf den einzelnen Klassenstufen immer wiederkehrend und unter zunehmendem Abstraktionsniveau behandelt. Bei dieser Vorgehensweise werden wesentliche grundlegende Begriffe, Zusammenhänge und Problemkreise erstmalig bereits – auf phänomenologischer Ebene – in der 5./6. Jahrgangsstufe eingeführt (z. B. Zelle, einfache Kausalbeziehungen in Nahrungsketten oder im biologischen Gleichgewicht; vgl. DYLLA 1972).
Die zu vermittelnden biologischen Lerninhalte werden bis Klasse 10 je nach Schulart des dreigliedrigen Schulsystems (Hauptschule, Realschule, Gymnasium) differenziert in Qualität und Quantität angeboten, d. h. es existieren nebeneinander ein Hauptschul-, Realschul- und gymnasialer Lehrplan für das Fach Biologie.	Die biologischen Ausbildungsziele und -inhalte werden schulstufenbezogen konzipiert, d. h. die Lehrpläne werden nicht getrennt nach Schultypen, sondern nach Jahrgangsstufen (z. B. 5/6, 7/8 und 9/10) aufgestellt.

4
Strukturierungsmomente und Tendenzen des zeitgemäßen Biologieunterrichts

Die Auswahl der Unterrichtsinhalte – und damit verbunden ihre unterrichtliche Anordnung – stellt heute angesichts der Wissensexplosion im biologischen Bereich bei gleichzeitig zunehmender Reduktion der biologischen Stundentafel in den Schulen (vgl. Kap. 2.2.2) ein zentrales Problem der Biologiedidaktik dar. Auch dem in der Schulpraxis stehenden Lehrer wird diese Aufgabe nicht abgenommen, da die Lehrpläne in der Regel so offen formuliert werden, daß der Lehrer sich permanent mit der Auswahlproblematik konfrontiert sieht.

4.1 Exemplarische Vorgehensweise

Ein geeignetes Verfahren zur sinnvollen Stoffbeschränkung und damit zur Stoffauswahl stellt das **exemplarische Prinzip** dar. Die entscheidenden Impulse für das exemplarische Auswählen von Unterrichtsinhalten gingen zweifellos von WAGENSCHEIN (1973[4]) aus. Seine Konzeption wurde von PETERSEN dahingehend interpretiert, daß *»exemplarisches Lehren auf einer Stoffauswahl basiert, die grundsätzliche Strukturen eines Faches aufzeigt, oder die überhaupt das Wesen eines Faches paradigmatisch repräsentiert«* (1972, 579).

Im Rahmen seiner Unterrichtsvorbereitung erscheint für den Lehrer die Anwendung des exemplarischen Prinzips dann erforderlich, wenn er dabei ist, die Struktur der geplanten Unterrichtseinheit einschließlich der Konkretisierung der Zielangaben mittlerer Reichweite festzulegen. An dieser Stelle kommt es für den Planenden darauf an, unter Berücksichtigung der Lehrplanvorgaben (vor allem der Richtziele und Themenangaben) sowie der anthropogenen und situativen Voraussetzungen der Schüler durch die Auswahl geeigneter Schwerpunkte und Beispiele eine Beschränkung auf bestimmte Inhalte und Lernziele vorzunehmen, ohne die Einsicht in den Gesamtzusammenhang zu gefährden.

Exemplarisch vorgehen bedeutet demnach, an geeigneten Beispielen Gesetzmäßigkeiten, Beziehungen, Strukturen, Zusammenhänge und darüber hinaus aber auch Methoden von fundamentaler biologischer Bedeutung zu erschließen, am besonderen biologischen Objekt das Allgemeingültige verständlich zu machen.

Die Auswahl geeigneter Beispiele sollte sich an folgenden Kriterien orientieren:

- Sind sie typisch für zahlreiche andere Fälle?
- Sind sie im Hinblick auf die gegenwärtige und möglichst auch auf die zukünftig absehbare Umwelt des Schülers adäquat?
- Tragen sie der Interessenlage der Schüler Rechnung?
- Sind Unterrichtsmedien verfügbar, die die ausgewählten Beispiele angemessen darstellen?
- Ermöglichen sie in besonderer Weise die

Auseinandersetzung mit biologischen Denk- und Arbeitsweisen?

Im Biologieunterricht wird schon lange »exemplarisch« gearbeitet, allein schon die Fülle der Formen und Erscheinungen zwingt dazu. Eine Begründungsgarantie für die Auswahl bestimmter Lerninhalte kann das exemplarische Prinzip jedoch nicht liefern. Auch in der sogenannten Didaktischen Analyse nach KLAFKI werden keine eindeutigen Kriterien zur Erfassung des Exemplarischen bereitgestellt. (vgl. KLAFKI, 1975[10], 1980; s. auch SCHEUERL 1969). Für den Biologieunterricht können indes die in Kap. 3.2.2.2 beschriebenen Grundmerkmale und Grundfunktionen des Lebendigen Leitlinien für die Handhabung des exemplarischen Prinzips gute Dienste leisten. Dieser Leitlinienkatalog eignet sich in ausgezeichneter Weise, um wesentliche von unwesentlichen Phänomenen, Sachverhalten und Objekten abzugrenzen.

Wenn der Unterrichtende sich bei der exemplarischen Auswahl der Unterrichtsinhalte an den Merkmalen des Lebendigen orientiert, dann erfüllt er ein Grundanliegen des zeitgemäßen Biologieunterrichtes: Den Schülern an gezielt ausgewählten Beispielen einen **Einblick in die Grunderscheinungen lebender Systeme** zu ermöglichen, der auch ein Transfer auf biologische Extremsituationen oder außergewöhnliche Lebewesen zuläßt.

Ein unterrichtspraktisches Beispiel soll die Ausführungen zum exemplarischen Prinzip verdeutlichen:

Ein Thema, das zu den allgemeinen Gesetzmäßigkeiten des Lebens zählt, stellt die Reizphysiologie dar. Mit Hilfe eines Unterrichtsfilmes (30 0 183 – »Reizphysiologische Versuche am Pantoffeltierchen«, Verleiher: Landesbildstellen) sollen die Schüler erkennen, daß Reizbarkeit und Reaktionsfähigkeit für alle Lebewesen lebenswichtige Grundeigenschaften sind, ohne die sich kein Organismus in seiner Umwelt behaupten kann.

Der Film ermöglicht den Schülern eine Reihe von einfachen Beobachtungen am Pantoffeltierchen. Dem Verhalten des Einzellers ist zu entnehmen, daß sich diese Mikroorganismen bevorzugt in Richtung des essigsäurearmen und kühlen Wassers bewegen. Damit haben die Schüler sogenannte Taxien entdeckt, im vorliegenden Fall eine Chemo- und Thermotaxis. Diese Erkenntnisse stehen nicht isoliert da, sondern lassen sich auf andere einfache, aber auch auf hochdifferenzierte Organismen übertragen bei denen die Steuerung der Fortbewegung nach einem festeingebauten Verhaltensstandard die Regel ist. Wenn die Schüler diese grundlegende Beziehung zwischen äußerem Reiz und lokomotorischer Aktivität erkannt haben, sind sie in der Lage, zahlreiche scheinbar neue, tatsächlich jedoch sehr ähnliche grundlegende Phänomene der Biologie zu verstehen.

Wenn sich die **Anordnung der Unterrichtsinhalte** gemäß dem **Spiralprinzip** und die **Auswahl der Unterrichtsinhalte** gemäß dem **Prinzip des Exemplarischen** vollzieht, können bereits in der frühen Sekundarstufe die wesentlichen Strukturen, Zusammenhänge und Schlüsselbegriffe der Biologie eingeführt (vgl. hierzu jedoch Kap. 3.2.1) und durch Wiederholung sowie Erweiterung in höheren Klassenstufen gefestigt und vertieft werden. Dadurch kann ein besonders wirkungsvoller Transfereffekt erreicht werden, und letztlich wird die Wirksamkeit des Lernens erhöht, da Einzelheiten, die in eine strukturierte Form gebracht worden sind, lang anhaltend behalten werden.

4.2 *Fächerübergreifender Biologieunterricht*

Die bildungspolitische Forderung, die verschiedenen naturwissenschaftlichen Disziplinen Biologie, Chemie und Physik für den Schulunterricht – zumindest phasenweise – zu integrieren, ist nicht neu. Vor allem im letzten Jahrzehnt wurden auch in der Bundesrepublik Deutschland, angeregt durch entsprechende US-amerikanische Projekte, zu diesem Problemfeld zahlreiche Vorschläge unterbreitet (vgl. vor allem den Berichtsband über das 4. IPN-Symposion »Integriertes Curriculum Naturwissenschaft der Sekundarstufe I« herausgegeben von FREY/HÄUSSLER 1973 aber auch BLOCH u. a. 1976, FREISE 1971, FREISE 1973, FREISE u. a. 1971, NICKLAS/OSTERMANN 1972; 1973, STAECK 1974).

Das Bemühen um eine zumindest abschnittsweise zu vollziehende Integration unterschiedlicher Schulfächer entspringt der häufig geäußerten Kritik, die üblicherweise isolierte Betrachtungsweise innerhalb der engen Fächergrenzen begünstige

- das lineare Denken, das der Verflochtenheit von Phänomenen und der Vernetztheit von Problemen in unserer technisierten Gesellschaft nicht gerecht werde und damit
- die Auffaserung der Probleme in voneinander losgelöste Einzelaspekte.

Auch die von zahlreichen Lehrplänen und didaktischen Veröffentlichungen übernommene Forderung ROBINSOHNS (1971³), daß die Schule für die Bewältigung von Lebenssituationen qualifizieren soll, unterstützt derartige Denkansätze und Projekte, die von einem **fächerübergreifenden** Unterrichtsverständnis ausgehen und einen ausschließlich an der jeweiligen Fachsystematik orientierten Unterricht ablehnen.

Letztendlich zielt eine solche fächerübergreifende, transdisziplinäre Konzeption auf eine prinzipielle Neubestimmung des naturwissenschaftlichen Unterrichts – und damit auch des biologischen Unterrichts – ab, der sich im weitaus stärkeren Maße als bisher bei der Auswahl und Strukturierung der Lerninhalte an realen Situationen und Problemen orientieren müsse.

Für eine solche Sichtweise lassen sich über die oben angeführten Begründungen hinaus weitere didaktische und lernpsychologische Argumente vorbringen (vgl. HÄUSSLER 1976), z. B.

- Erhöhung der Lernmotivation (»Lernen für's Leben«);
- lernökonomische Vorteile, die vor allem in der Reduktion der traditionellen Stofffülle und Effektivierung der Lernprozesse (besseres Aufnehmen, Behalten und Übertragen der realen Situationen zugrundeliegenden Lerninhalte) begründet liegen;
- die problemlosere Berücksichtigung grundsätzlicher schulischer Lernziele, wie Emanzipation, Mündigkeit, Kompetenz usw.

Auf den Biologieunterricht bezogen bedeutet dieser Ansatz eine stärkere Hereinnahme biochemischer, biophysikalischer, biogeographischer, biokybernetisch(-mathematischer) und vor allem auch sozialkundlicher Aspekte in die bislang überwiegend eng fachbiologische Ausrichtung der Lerninhalte [18] (vgl. Abb. 9). Die weltweit veränderten Lebensprobleme, wie sie sich bereits in den 70er Jahren zunehmend andeuteten – vgl. FORRESTERs Teuflischer Regelkreis (1971), GRUHLs Geplünderter Planet (1975), MEADOWs Grenzen des Wachstums (1972), MESAROVICs und PESTELs Menschheit am Wendepunkt (1974) und VESTERs Überlebensprogramm (1975) – und in den beginnenden 80er Jahren verstärkt offenbar werden (vgl. z. B. Bericht der 35. Voll-

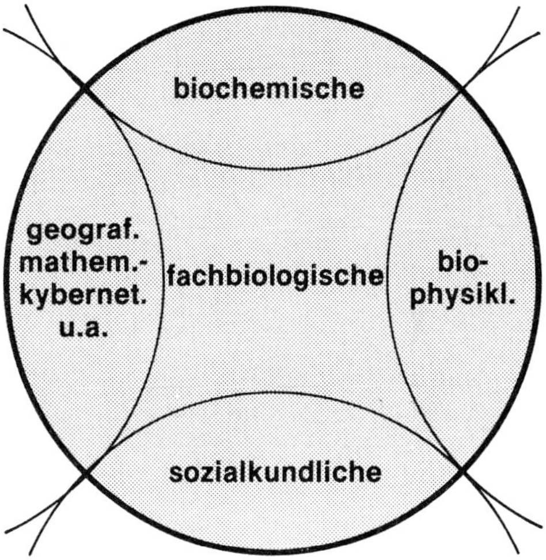

Abb. 9: Aspekte eines fächerübergreifenden Biologieunterrichts

versammlung der Vereinten Nationen vom 11. 11. 1980) sowie auch die Zukunftsprognosen (vgl. z. B. TAGESSPIEGEL 1980) weisen dem Biologieunterricht eine zunehmend bedeutendere Rolle innerhalb des Fächerkanons der allgemeinbildenden Schule zu, die er nur in einem fächerübergreifenden Ansatz erfüllen können wird. Die immer mehr an Zahl, Komplexität und Schwierigkeitsgrad zunehmenden **Umweltaufgaben**, die alarmierende Zunahme der sogenannten **Zivilisationskrankheiten**, das ständig gravierender werdende **Drogenproblem**, daneben aber auch die zunehmende Freizeit des Menschen mit den damit einhergehenden veränderten Lebensfragen machen eine enge Verflechtung von Biologie und sozialer Lebenswelt unter Berücksichtigung der übrigen der in Abbildung 9 ausgewiesenen Aspekte notwendig. Der Biologieunterricht wird bei einem derartigen fächerübergreifenden Ansatz im Verlauf der 80er Jahre innerhalb des Fächerkanons der allgemeinbildenden Schule – möglicherweise unter verändertem Namen – stark an Bedeutung zunehmen und – unterstützt von Bildungspolitikern – sicherlich wieder eine Ausweitung des Stundenvolumens erfahren.

Der Weg bis zu diesem Ziel ist allerdings noch weit. Gegenwärtig kommt es darauf an, schrittweise auch andere naturwissenschaftliche Elemente (also physikalische, chemische oder biokybernetische Aspekte) sowie auch *nicht*-naturwissenschaftliche Elemente (also sozialkundlich-gesellschaftliche und geographische Aspekte) in den Biologieunterricht miteinzubeziehen.

Das Hauptanliegen eines derartig verstandenen Biologieunterrichts besteht darin, den Schülern zum einen bei der rationalen Bewältigung ihrer biotischen und abiotischen Umwelt sowie ihrer sozialen Lebenswelt, die gleichermaßen einer fortwährenden Veränderung unterworfen sind, zu helfen. Darüber hinaus sind bei einem fächerübergreifend konzipierten Biologieunterricht neben typischen naturwissenschaftlichen Arbeitsmethoden (z. B. Experimentieren) auch heuristische (z. B. Textinterpretation) und projektbezogene (vgl. SCHOOF 1977) einzuführen und zu trainieren. Ein fächerübergreifender Biologieunterricht läßt sich von verschiedenen didaktischen Konzepten her realisieren [19] (vgl. HÄUSSLER 1976):

- Im **objektorientierten Ansatz** werden bestimmte Unterrichtsgegenstände bzw. Objekte einer vielschichtigen Betrachtung unterzogen, z. B. Wasser (als Biotop für Lebewesen, seine chemische Zusammensetzung, seine physikalischen Eigenschaften, Gründe für die Verschmutzung von Gewässern, Reinigung von Wasser usw.), Luft, Boden, Nahrung, Energie, Atmung, Bewegung.
- Im **problemorientierten** oder **situativen Ansatz** wird ein für die Schüler selbst oder für die Gesellschaft schlechthin zentrales Problem in den Mittelpunkt

der unterrichtlichen Erörterung gestellt, wobei ein derartiges Problem eine besondere Affinität zur Biologie aufweist, z. B. Sexualität, Drogen, Umweltzerstörung, Überbevölkerung. Nur in der mehrperspektivischen Auseinandersetzung mit dem jeweiligen Problem können Lösungsmuster bzw. Lösungsstrategien diskutiert werden.
- Im **methoden- bzw. tätigkeitsorientierten Ansatz** werden im Biologieunterricht neben fachspezifischen und für die Naturwissenschaften allgemein relevanten Methoden auch solche Arbeitsweisen behandelt, die für die Lebensbewältigung von unmittelbarer Bedeutung sind (z. B. Kommunikation, Projektplanung, Strategieentwicklung, Gruppenarbeit, Textanalyse und -interpretation, Rollenspiel). Die verschiedenen fächerübergreifenden Ansätze sind in weiten Bereichen miteinander kompatibel, d. h. sie können miteinander kombiniert werden.

Im angelsächsischen Raum wurde in den 60er Jahren verstärkt damit begonnen, interdisziplinäre naturwissenschaftliche Curricula oder Teilcurricula zu entwerfen. Von den inzwischen sicher mehr als 40 vorliegenden Arbeiten (vgl. BLOCH u. a. 1976, 173 ff) weisen jedoch nur wenige biologische Bezüge auf wie z. B.
- *Science – A Process Approach (SAPA)*, (1962), ein amerikanisches Grundschul-Curriculum, das bestimmte fächerübergreifende Arbeitsweisen an unterschiedlichen inhaltlichen Elementen einübt (z. B. Wachstum von Schimmel auf Brot oder menschliche Reaktionszeit);
- *Nuffield Combined Science* (1965), ein englisches Curriculum für die Sekundarstufe I, das unterschiedliche Objekte zum Inhalt hat, die unter biologischem, chemischem oder physikalischem Aspekt erörtert werden (z. B. Wasser, Insekten, Energie);
- *Science Programm (ERC)*, (1966), ein amerikanisches Projekt für das 7. Schuljahr, das im problemorientierten Ansatz Umweltprobleme behandelt.

In der Bundesrepublik Deutschland befindet sich die Entwicklung fächerübergreifender Projekte für den Biologieunterricht hingegen noch immer im Anfangsstadium. So wurden bislang nur wenige derartige Konzepte veröffentlicht, z. B.

- **Problemorientierte Unterrichtseinheiten** (FREISE 1973; 1978);
- **Rassen, Bilder vom Menschen.** Ein biologisch-sozialkundliches Arbeitsbuch (KATTMANN 1973);
- **Der Mensch und die Tiere** (KATTMANN/STANGE-STICH 1974);
- **Projektorientierter Biologieunterricht** (SCHOOF 1977);
- **Natur und Produktion im Unterricht** (PROJEKTGRUPPE PINC 1978), (vgl. hierzu Kap. 3.3.5);
- **Unterrichtseinheit Kybernetische Biologie** (BAYRHUBER/SCHAEFER 1978);
- **Schutz vor Lärm – ein Unterrichtsprojekt** (HECTOR u. a. 1979);
- **Probleme der Wasserverschmutzung** (EULEFELD u. a. 1979);
- **Was ist der Mensch?** (PROJEKTGRUPPE 1980a–1980f), (vgl. hierzu Kap. 3.3.5).

Es bleibt festzuhalten, daß die Aussichten für eine baldige unterrichtliche Umsetzung eines fächerübergreifenden Biologieunterrichts – trotz der vorgebrachten Argumente für ein solches Konzept – nicht günstig sind. Zu vielfältig sind die Schwierigkeiten und Probleme unseres derzeitigen Schulsystems, als daß ein derartiger Ansatz in absehbarer Zeit als Grundlage für ein durchgängiges Strukturierungsprinzip für ein biologisches Curriculum der Sekundarstufe

Vorteile	Nachteile
Erhöhung der Lernmotivation	fehlende wissenschafttheoretische Verankerung
Lernökonomie	Gefahr der Vernachlässigung einer konsistenten biologischen Grundbildung (vor allem in der Begriffsbildung)
Erleichterung eines Transfers auf soziale Lebensbereiche	Orientierung an der Fachsystematik entfällt
Einbindung sozialer Bezüge in biologische (naturwissenschaftliche) Fragestellungen	Probleme bei der Vermittlung sogenannter »konsistenter Begriffssysteme«
Erweiterung des Gesichtsfeldes durch Einbeziehung vielfältiger und vielschichtiger Betrachtungsweisen (chemisch, physikalisch, kybernetisch, geographisch, sozialkundlich, gesellschaftlich)	als durchgängiges Strukturierungsprinzip derzeit nicht anwendbar
Förderung des komplexen Denkens	Schwierigkeiten in der Lernorganisation (z. B. starre Stundentafeln)
Erschließung vernetzter Strukturen	fehlende Lernmaterialien (Curriculumteile)
	Überforderung der Schüler

Tab. 11: Vorteile und Nachteile eines fächerübergreifenden Biologieunterrichts zum gegenwärtigen Zeitpunkt

I dienen könnte (vgl. hierzu auch Kap. 4.4). So sind insbesondere die bislang fehlenden institutionellen Voraussetzungen (und hier vor allem die Starrheit des Stundenplans, die ausreichende Zahl entsprechender Curricula und Lernmaterialien, die derzeitige Ausbildungspraxis, die die Qualifizierung von speziellen Fachlehrern vorsieht) das größte Handicap für einen fächerübergreifenden Biologieunterricht.

Hinzu kommen immer noch weit verbreitete tradierte Vorstellungen über die Inhalte des Biologieunterrichts und des naturwissenschaftlichen Unterrichts ganz allgemein (vgl. HÄUSSLER 1976, 72) sowie die Nicht-Durchsetzbarkeit geeigneter Kooperationsformen zwischen Lehrern (z. B. teamteaching) als Voraussetzung für einen fächerübergreifenden Biologieunterricht.

Auch gravierende didaktische und wissenschaftstheoretische Fragen sind in diesem Problemzusammenhang noch längst nicht zufriedenstellend gelöst, insbesondere die Frage der Überführbarkeit der Erkenntnisbereiche aus der traditionell relativ geschlossenen Systematik der biologischen Einzelwissenschaften in eine größere inhaltliche Offenheit.

Aus alledem folgt, daß der Weg zu einem – auch in Teilen – fächerübergreifenden Biologieunterricht noch weit ist. Angesichts dieser sich auftürmenden Schwierigkeiten, erscheint es derzeit lediglich praktikabel, in zeitlich begrenzten Unterrichtseinheiten von vielleicht 12–15 Unterrichtsstunden oder in Form von Projekten einen fächerübergreifenden Biologieunterricht zu realisieren. Allerdings sind Biologielehrer (und Schüler) nur in Ausnahmefällen mit der Projektmethode vertraut (vgl. SCHOOF 1977).

Abschließend sollen in Tabelle 11 die wesentlichen Vor- und Nachteile des fächerübergreifenden Biologieunterrichts zum gegenwärtigen Zeitpunkt zusammengefaßt werden.

4.3 Humanbiologie und Gesundheitserziehung

4.3.1 Genese der Humanbiologie als Wissenschaftsdisziplin und als schulbiologisches Konzept

Der Terminus »Humanbiologie« ist aus der Charakterisierung eines zeitgemäßen Biologieunterrichts nicht mehr wegzudenken. In diesem sowohl im Inhalt wie im Umfang im starken Maße auf den Menschen ausgerichteten modernen Biologieunterricht [20] ist auch der Ursprung für die Entstehung einer eigenständigen Humanbiologie im Kanon der verschiedenen biologischen Einzelwissenschaften zu sehen. [21] Das Bemerkenswerte an dieser Humanbiologie wäre nach dieser These, daß sie **didaktischen Ursprungs** ist und nicht – wie die übrigen biologischen Einzelwissenschaften – aus der experimentellen Forschung heraus entstanden ist (vgl. auch SCHURIG 1980). Tatsächlich vollzieht sich die – allerdings noch in den Anfängen befindliche – Theoriebildung der Humanbiologie in erster Linie in der **didaktischen** Literatur (vgl. z. B. KATTMANN/ISENSEE 1975, KATTMANN 1977) und in humanbiologischen Curricula (vgl. die in Kap. 3.3.3 beschriebenen Curricula der Bundeszentrale für gesundheitliche Aufklärung).

Bis heute wird der Begriff Humanbiologie jedoch in der didaktischen Literatur ohne eine hinreichende Erläuterung verwendet (vgl. z. B. GRUPE 1977[4], 108; KILLERMANN 1978[4], 135 ff; PFANDZELTER 1978, 212 ff; WENK 1979, 218). Vielfach wird **Humanbiologie** in einer undifferenzierten Breite der Begriffsverwendung noch immer gleichgesetzt mit »Menschenkunde« bzw. »Biologie des Menschen«, was einer Beschränkung auf morphologisch-anatomische Inhalte gleichkommt. Eine klare, wissenschaftstheoretisch stringente Begriffsdefinition sowie eine Abgrenzung zu der klassischen Universitätsdisziplin **Anthropologie** sucht man indes in den einschlägigen biologiedidaktischen Veröffentlichungen vergeblich (vgl. insbesondere die oben angegebenen Quellen).

Die Entstehung einer besonderen Humanbiologie muß in der Tat überraschen, zumal mit der Anthropologie bereits eine auf den Menschen bezogene naturwissenschaftliche Disziplin existiert. Wir wollen uns deshalb zunächst der Anthropologie zuwenden und versuchen, diesen Begriff näher einzugrenzen.

4.3.2 Abgrenzung von Humanbiologie und Anthropologie

Wissenschaftssystematisch stellt die naturwissenschaftliche (oder biologische) Anthropologie zweifellos einen Teilbereich der Zoologie dar, und zwar als zoologisches Wissenschaftsgebiet, das den Menschen als Gegenstand der Forschung hat (vgl. KLAUSING 1968, 26; BALLAUFF 1964; KATTMANN 1977, 232; SCHWIDETZKY 1964, 9). Nach diesem Verständnis stellt ein wesentliches Merkmal dieser naturwissenschaftlichen Disziplin ihre **Wertfreiheit** dar. [22]

Die Humanbiologie stellt demgegenüber ein **Bindeglied zwischen biologischer Fachwissenschaft und gesellschaftswissenschaftlichen Perspektiven** her. In dieser Verbindung biologischer – auf den Menschen bezogener – Vorgänge mit gesellschaftlichen Prozessen kommt zum Ausdruck, daß die Humanbiologie eine **wertende Wissenschaft** darstellt, indem sie auf wissenschaftlicher Ebene die Wertinteressen des Menschen vertritt (z. B. bewertet sie im Rahmen humanökologischer

Betrachtungen die Umweltveränderungen des Menschen).

SCHURIG bezeichnet in diesem Zusammenhang die Humanbiologie als »eine auf den Menschen spezialisierte Didaktik der Biologie« (SCHURIG 1980, 150). Kriterium der Theoriebildung [23] einer solchermaßen verstandenen Humanbiologie wäre u. a. die möglichst adressatenadäquate Transformation fachwissenschaftlicher – z. B. humanmedizinischer – Informationen.

Gegenüber dem herkömmlichen Veständnis der Humanbiologie im Sinne einer im wesentlichen auf Morphologie und Anatomie ausgerichteten **»Biologie des Menschen«** hat sich die Humanbiologie nunmehr zu einer umfassenderen biologischen Wissenschaft mit Blick auf den Menschen gewandelt (vgl. hierzu auch KATTMANN 1977, 232f). In diesem Sinne faßt die Humanbiologie unterschiedliche humanspezifische Wissenschaftsgebiete zusammen, z. B.

- Humanethologie;
- Humanökologie;
- Humangenetik;
- Humanphysiologie;
- Humanmedizin;
- Humanmorphologie;
- Humananatomie;
- Humanevolution.

4.3.3 Unterschiedliche Richtungen und Schwerpunktsetzungen der Humanbiologie

Bei der Humanbiologie neuerer Prägung lassen sich drei verschiedene Richtungen unterscheiden, die SCHURIG (1980) als »medizinische« Humanbiologie, »anthropologische« Humanbiologie und »ökologische« Humanbiologie bezeichnet:

- Die medizinisch orientierte Humanbiologie [24] ist zweifellos derjenige Bereich, der in neueren biologischen Lehrplänen und Richtlinien, in Schulbüchern und in der Unterrichtspraxis dominiert. Die Medizin wird hierbei als eine auf den Menschen spezialisierte Biologie verstanden, so daß die Inhaltsschwerpunkte in elementaren medizinischen Grundkenntnissen sowie in der Gesundheitserziehung liegen (vgl. hierzu Kap. 4.3.4). Den Kernbereich dieser humanbiologischen Richtung bilden somit die wichtigsten Krankheiten des Menschen unter besonderer Berücksichtigung ihrer Prävention und Therapie.
- Im Zentrum der anthropologisch orientierten Humanbiologie stehen ebenso wie in der medizinischen Humanbiologie Aussagen über Bau, Funktion und Entwicklung des menschlichen Körpers. Diese Aussagen werden in der anthropologischen Humanbiologie in phylogenetische Betrachtungen integriert. Folgende Aspekte bilden u. a. den Schwerpunkt dieser Richtung: Phylogenie der Hominiden, Tier-Mensch-Übergangsfeld (TMÜ), Status früherer Hominiden unter Berücksichtigung des Sprach- und Werkzeugverhaltens, biologische Merkmale menschlicher Rassen.
- Den Bezugspunkt der ökologisch orientierten Humanbiologie stellt die Umwelt des Menschen dar. Hieran wird schon deutlich, daß in dieser humanbiologischen Richtung angewandte Problemstellungen dominieren, vor allem Gleichgewichtsstörungen im Verhältnis Mensch – menschliche Gesellschaft – natürliche Umwelt (vgl. SCHURIG 1980). Derartige Fragestellungen sind z. B. Bevölkerungswachstum und Ressourcen, Umweltveränderungen durch Klimawechsel, der Mensch in der künstlich geschaffenen Umwelt Stadt.

Vor allem bei der medizinisch und ökologisch orientierten Humanbiologie wird das bereits weiter oben beschriebene Spezifikum dieser biologischen Wissenschaft deutlich, nämlich die Verzahnung (human)biologischer und gesellschaftlicher Aspekte.

4.3.4 Stellenwert der Gesundheitserziehung im modernen Biologieunterricht

Seit Ende der 70er Jahre wird der Gesundheitserziehung im Rahmen des Biologieunterrichts ein hoher Stellenwert eingeräumt, nachdem in den Jahren zuvor die **Umwelterziehung** (etwa ab 1970 bis zur zweiten Hälfte der 70er Jahre) und die **Sexualerziehung** (etwa ab 1968 bis Anfang der 70er Jahre) als ursprünglich ebenfalls extradisziplinäre Gegenstandsbereiche sich in außerordentlichem Umfang im Biologieunterricht etablieren konnten. Alle drei Trends vollzogen sich nicht ohne Grund gerade in den skizzierten Zeiträumen (zur Umwelterziehung siehe Kap. 5.3; zur Sexualerziehung siehe Kap. 5.4).

Das Ende der 70er Jahre zu registrierende Bemühen vor allem von Didaktikern, Lehrplanerstellern und Curriculumplanern, Einrichtungen des Gesundheitswesens (z. B. Bundeszentrale für gesundheitliche Aufklärung, die Landeszentralen für Gesundheitserziehung in der Bundesrepublik, die Bundesvereinigung für Gesundheitserziehung e. V.), Ärzten sowie auch der Schulbürokratie, die Gesundheitserziehung in verstärktem Maße auch von der schulischen Seite aus zu betreiben – wobei dem Biologieunterricht innerhalb des Fächerkanons eine Schlüsselposition zukommt –, hat seine Ursache vor allem in den alarmierenden Befunden epidemiologischer bzw. sozialepidemiologischer Untersuchungen. In diesen statistischen Langzeitstudien, die das Krankheitsgeschehen in einer Bevölkerung in Abhängigkeit von medizinischen (z. B. Gewicht, Größe, Blutdruck, Blutfettwerte, Genußmittelkonsum) und sozialen (z. B. Wohnverhältnisse, Berufsschwere, Umweltbelastung, Familienstruktur) Parametern untersuchen, wurde festgestellt, daß sich das Krankheitsspektrum in der Industriegesellschaft in den letzten beiden Jahrzehnten gegenüber der Zeit um die Jahrhundertwende dramatisch verändert hat [25]: Während bis zu Beginn des 20. Jahrhunderts in Europa die Infektionskrankheiten – oftmals einhergehend mit großen Epidemien – als Hauptgefahren für die Gesundheit galten, nehmen heute vor allem zivilisationsbedingte Krankheiten wie Herz- und Kreislauferkrankungen, Krankheiten der Atmungsorgane und Suchtkrankheiten, Diabetes sowie Krebs und Unfälle/Selbstmorde die ersten Plätze unter den Todesursachen ein (vgl. STATISTISCHES BUNDESAMT 1980). Die Gesundheitsschäden resultieren damit heute in erster Linie aus einem gesundheitsschädigenden Verhalten in unserer industrialisierten Umwelt.

4.3.5 Kennzeichnende Merkmale der traditionellen Gesundheitserziehung und einer zeitgemäßen Gesundheitserziehung

Der Gesundheitserziehung im Sinne einer Prophylaxe von Krankheiten und damit einer Gesundheitsvorsorge kommt daher in heutiger Zeit eine besondere Bedeutung zu. Die im Rahmen des Biologieunterrichts betriebene Gesundheitserziehung stellt den wichtigsten Bereich der medizinisch orientierten Humanbiologie dar, die in den letzten zehn Jahren ganz zweifellos zu einem bedeutsamen Unterrichtsschwerpunkt des Faches Biologie in der Sekundarstufe I und II avanciert ist. Allerdings beschränkte sich die schulische Gesundheitserziehung bisher überwiegend auf eine rein medizinische Informationsvermittlung, wobei vor allem in Form von Monografien die Anatomie und Physiologie der menschlichen Organe bzw. Organsysteme erörtert wurde, der Kontext der im Zusammenhang mit den behandelten Organen häufig auftretenden Krankheiten (vor allem die gesellschaftlichen Einflüsse) jedoch weitgehend ausgespart blieb. (Vgl. hierzu die Synopse der entsprechenden humanbiologischen Themen in den Richtlinien zum Biologieunterricht in der Bundesrepublik Deutschland bei STAECK 1974, 220 ff.)

Wenn Gesundheitserziehung überhaupt betrieben wurde, dann beschränkte sie sich in erster Linie auf eine gesundheitliche Volksbelehrung (»Pädagogik des erhobenen Zeigefingers«), auf das Einüben hygienischer Maßnahmen (»Vor dem Essen Händewaschen nicht vergessen!«) sowie auf die Erzeugung des sogenannten »fear-appeals«. Das Prinzip dieser Vorgehensweise bestand darin, mit den Folgen eines falschen Gesundheitsverhaltens zu drohen und damit Furcht, Angst und Schuldgefühle zu erzeugen (vgl. ARBEITSGRUPPE 1970, 57). Derartige **Furchtappelle** erfolgten – und erfolgen häufig immer noch – vor allem im Zusammenhang mit der Aufklärung über die gesundheitlichen Gefahren des Rauchens und des Alkoholmißbrauches sowie auch der Geschlechtskrankheiten. So galten – und gelten verschiedentlich immer noch – beispielsweise die beiden Filme »Der Tod gibt eine Party« [26] (als drastische Folge des Nikotinabusus wird die Amputation eines Raucherbeins gezeigt; Herstellungsjahr 1966/67; Verleih Landesfilmdienste, verschiedene Landesbildstellen, DRK) sowie »Einer von 20 000« [27] (als »Höhepunkt« wird die operative Entfernung einer Teerlunge ausführlich gezeigt; Herstellungsjahr 1958; Verleih einige Landesfilmdienste und Landesbildstellen sowie die Hessische Arbeitsgemeinschaft für Gesundheitserziehung) als gut geeignet, um vor den Gefahren des Alkohol- und Nikotingenusses zu warnen. Und wenn bei der Vorführung dieser Filme angesichts der schonungslos offen gezeigten Bein- und Lungenamputation auch ab und zu ein Schüler ohnmächtig umfiel, so wurde dies häufig sogar als Indiz für die Effektivität dieser Medien für die Erreichung gesundheitserzieherischer Zielsetzungen gewertet.

Auch heute noch arbeiten eine Reihe von in der Gesundheitserziehung tätigen Institutionen sowie Gesundheitserzieher – sicherlich in wohlmeinender Absicht – mit der Methode des fear-appeals (vgl. Abb. 10 und 11), ohne sich der Gefahr bewußt zu sein, daß damit leicht bei den Jugendlichen sowohl Ekelgefühle hervorgerufen werden können, die eine emotionale Blockierung bewirken und eine sachliche Auseinandersetzung verhindern, als auch eine Art Abwehrreaktion, aus der heraus sie die tatsächlichen Gefahren bagatellisieren und lächerlich machen und sich möglicherweise sogar einer verstärkten Gesundheitsgefährdung (z. B. im Nikotinabusus) aussetzen (vgl. ARBEITSGRUPPE 1970, 57; FESER 1979, 25). Solange keine fundierte Motivationsforschung bezüglich der Wirksamkeit des fear-appeals vorliegt, sollte dieses Instrumentarium im Rahmen der Gesundheitserziehung mit großer Zurückhaltung verwendet werden, zumal derartige Furchtappelle in Wechselbeziehung mit diversen Persönlichkeitsfaktoren (z. B. Unsicherheitsgefühl, Angstniveau) stehen, die bei Jugendlichen noch nicht ausgereift sind.

Dieses lediglich problematisierende und keine Hilfe anbietende Konzept muß abgelöst werden von dem Bemühen, den in seiner Gesundheit bedrohten Jugendlichen zu befähigen, sich in der Auseinandersetzung mit seiner auf Konsum, Genuß und Leistung ausgerichteten Umwelt in Eigenver-

Abb. 10: Anti-Raucher-Kampagne mit den Mitteln des fear-appeals (Plakat des ärztlichen Arbeitskreises Rauchen und Gesundheit 1980)

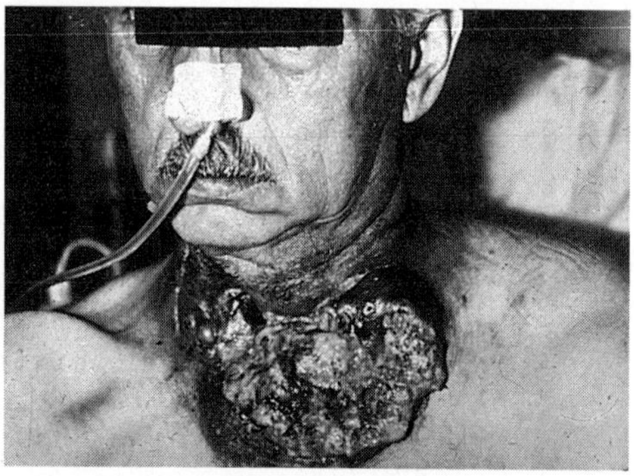

Abb. 11: Abschreckung als Methode: Krebsgeschwür als Folge exzessiven Rauchens; Zielsetzung: Praktizierung eines gesundheitsgerechten Verhaltens (Beispiel aus einer 50teiligen Ton-Diareihe für Schüler der Sekundarstufe I; Autor: F. SCHMIDT/Heidelberg, 1979)

antwortlichkeit gesundheitsfördernd zu verhalten (vgl. Tab. 12, S. 80). Die individuelle Gesundheit stellt sich damit als immanentes **Handlungsziel. Daraus folgt, daß zur Gesundheit erzogen werden muß.** Eine zeitgemäße Gesundheitserziehung sollte sich dazu auch der im folgenden zusammengestellten, den Sozial- und Kommunikationswissenschaften entnommenen Methoden und Strategien bedienen:

- So muß die Gesundheitserziehung über die reine Informationsvermittlung hinausgehen, denn Gesundheitswissen bedingt nicht zwangsläufig gesundheitsgerechtes Verhalten. (Information allein ist noch keine Erziehung!) Die bisher als erfolgreich angesehene Aufeinanderfolge von Wissen → Einstellung → Verhaltensänderung (auch bekannt als die sogenannte KAP-Formel des Lernens: **k**nowledge-**a**ttitude-**p**erformance, vgl. hierzu SCHNOCKS 1978, 6 f) ist mittlerweile vielfach widerlegt worden. So kennt beispielsweise heute die Mehrzahl der Raucher sehr wohl die Gesundheitsschädlichkeit des Rauchens und trotzdem wird weitergeraucht. Folglich muß diese im gesundheitlichen Bereich überall zu registrierende Diskrepanz zwischen Wissen und Handeln überwunden werden.
- Hier bietet sich an, **alternatives Verhalten,** z. B. über Rollenspiele, Zusammenstellen von bildlich dargestellten Situationen in einem Zeitkontinuum (Erstellung von Bildergeschichten) sowie Gesundheitsaktionen in der eigenen Schule zu erproben und zu üben.
- Weiterhin sollte die eigene Selbstsicherheit in Form von Rollenspielen gefestigt werden.
- Schließlich muß dem gesundheitsgerechten Verhalten zu einer sozialen Anerkennung verholfen und entsprechend posi-

Abb. 12: Beispiel für die in den USA weitverbreiteten Plaketten (»buttons«), die zu einem gesundheitsgerechten Verhalten motivieren sollen

Abb. 13: So könnten im Unterricht erstellte Aufkleber oder an der Kleidung angebrachte Plaketten aussehen, die selbst- und gesundheitsbewußte Meinungsträger ausweisen

tiv verstärkt werden, z. B. durch Aufkleber, an der Kleidung angebrachte großformatige, farbige Plaketten (vgl. Abb. 12 und Abb. 13) und bedruckte T-Shirts, die selbstbewußte, gesundheitsfördernde Slogans zeigen, z. B.

- Rauchen? Nein danke!
- Drogen? Ich glaube ich spinne!
- Ich bin Nichtraucher – und will es auch bleiben!
- Deine Raucherei ist gefährlich für *meine* Gesundheit!
- Ich esse ernährungsbewußt – Du auch?

– Ferner sollte der gesundheitserzieherisch tätig werdende Lehrer sich bemühen, an latente Wünsche und individuelle Bedürfnisse der Schüler anzuknüpfen, z. B. ihrem Streben nach Partnerschaft und Freundschaft, ihrem Wunsch nach guter Figur und sportlichem Image, ihrem Interesse an attraktivem Freizeitverhalten (Tischtennis, Tanzen) u. a. m.

Zusammenfassend kommt es darauf an, anstelle der Erzeugung einseitiger Angst- und Schuldgefühle die zeitgemäße Gesundheitserziehung in starkem Maße positiv zu personalisieren, die sozialaffektive Ebene in alle gesundheitserzieherische Aktivitäten nachhaltig einzubeziehen (»Gesundheitserziehung muß auf das Herz zielen, nicht auf das Gehirn!«) und die Schüler über eine adäquate Motivation zur aktiven Beteiligung an gesundheitserzieherischen Programmen zu bringen (vgl. auch Tab. 12).

4.3.6 Neubestimmung des Gesundheitsverständnisses

Dieser Ansatz macht es erforderlich, den Gesundheitsbegriff neu zu definieren. An dieser Stelle kann allerdings auch nicht andeutungsweise die vielschichtige Problematik dieses Begriffes dargestellt werden (vgl. hierzu BRAUNER 1977, FUCHS u. a. 1978, BIENER 1970, KATZENBERGER 1976, SABO 1975, SCHNOCKS 1978, STEUER 1978, WEGMANN 1972 u. a. m.). Stellvertretend für eine Vielzahl von Begriffsdefinitionen soll hier die vor mehr als 30 Jahren gegebene Erläuterung der Weltgesundheitsorganisation (WHO) wiedergegeben werden, wonach Gesundheit verstanden wird als
»Zustand des vollständigen körperlichen, geistigen und sozialen Wohlbefindens und

nicht nur das Freisein von Krankheiten und Gebrechen« (vgl. FRANKE/SCHNOCKS 1977, 107).

Diese Definition geht zwar über das vor allem in weiten Bevölkerungskreisen verbreitete rein somatische Gesundheitsverständnis (vgl. REUTER/HÖCHER 1977) hinaus[28], sie bleibt jedoch unbefriedigend, da sie von einem statischen und zudem ideellen Gesundheitsverständnis ausgeht (Gesundheit als feststehender Idealwert), das für viele Menschen unverständlich und unerreichbar ist (z. B. die Millionen Unterernährten der Dritten Welt sowie die gesellschaftlich Schwachen, die Behinderten, die chronisch Kranken). Diese Definition verleitet den Bürger leicht zur Passivität und Resignation und sollte deshalb durch ein Gesundheitskonzept ersetzt werden, das die **funktionalen** Aspekte der Gesundheit unterstreicht (Gesundheit als sozialer Wert) und die Menschen mit einem realistischen, erreichbaren Ziel konfrontiert. Gesundheit muß demnach an den Gegebenheiten des Alltags meßbar sein.

In dem Bemühen, verschiedene moderne Definitionen des Gesundheitsbegriffes zusammenzufassen, läßt sich Gesundheit vielmehr als **jene physische, psychische und soziale Befindlichkeit des Menschen bezeichnen, die ihn befähigt, seine normalen sozialen Verpflichtungen zu erfüllen und sich in der Lebenswirklichkeit zu behaupten** (vgl. FRANKE/SCHNOCKS 1977, 107; FUCHS u. a. 1978, 460; SABO 1975, 22).

Nach diesem funktionalen und dynamischen Gesundheitsverständnis ist Gesundheit im wesentlichen das Produkt des eigenen Verhaltens, so daß auch Schwache, Behinderte und alte Menschen gesund sein können, wenn sie sich entsprechend ihrer Ausgangslage und unabhängig von der ständigen Unterstützung Dritter in einem sozialen Gefüge behaupten.

4.3.7 Zielsetzungen einer zeitgemäßen Gesundheitserziehung

Eine zeitgemäße Gesundheitserziehung muß nach dieser Auffassung dem Schüler verdeutlichen, daß es keinen situationsunabhängigen »Normalzustand« gibt, der als Gesundheit zu definieren ist, sondern daß er sich ständig sowohl um die eigene Gesundheit als auch um die Verbesserung gesundheitsbezogener Verhältnisse bemühen muß. Als wesentliches Richtziel einer solchermaßen verstandenen Gesundheitserziehung gilt, die Schüler jetzt und später als Erwachsene zu einem gesundheitsrelevanten Verhalten zu befähigen, womit eine Prävention der für unsere Zivilisation charakteristischen vermeidbaren und selbstverschuldeten Krankheiten (z. B. Fettsucht, Herz-Kreislauf-Erkrankungen, bestimmte Formen des Diabetes, Bluthochdruck, Fettleber u. a. m.) erreicht werden kann.

Die Stoßrichtung der zeitgemäßen Gesundheitserziehung, die den Abbau von gesundheitlich riskantem Verhalten zum Gegenstand hat, wird damit deutlich und soll in einigen Zielformulierungen artikuliert werden:

Die Schüler sollen . . .

- zur kritischen Reflexion über das individuelle, vielfach gesellschaftlich bedingte Gesundheitsverhalten gelangen;
- lernen, bei sich selbst und anderen bereits vorhandenes gesundheitsriskantes Verhalten aktiv zu identifizieren, anschließend allmählich abzubauen und durch alternative gesundheitsfördernde Gewohnheiten zu ersetzen;
- sich der Bedeutung der allgemeinen Umweltgegebenheiten in der Zivilisationsgesellschaft (Zusammenleben auf engem Raum, Fehlen naturnaher Bereiche, Verunreinigung der Luft, Erhöhung der

Stressoren in der Großstadt usw.) in ihrer Wirkung auf die Gesundheit des einzelnen bewußt werden;

- in Übertragung der ökologischen Denkweise AHMAZ (Alles hängst mit allem zusammen) auf den Gesundheitsbereich ihren Blick dafür schärfen, daß die gesellschaftlichen Lebensverhältnisse und die damit verbundenen Lebensgewohnheiten eine wesentliche Bedeutung für eine Vielzahl von Krankheitsursachen haben;
- Wechselbeziehungen zwischen gesellschaftlichen Bedingungen (z. B. Streß) und körperlichen Krankheitssymptomen (z. B. Kreislaufschäden) herstellen können (vgl. auch RAHMENRICHTLINIEN 1980^2, 105);
- sensibilisiert werden, erste Anzeichen einer gesundheitlichen Gefährdung und Bedrohung bzw. einer Erkrankung frühzeitig zu erkennen und die darin liegende Chance auch wahrzunehmen;
- als Basis einer selbstgestalteten Gesundheitsvorsorge bestimmte körperliche Grundgrößen am eigenen Körper kennen- und bestimmen lernen (z. B. Gewicht, Größe, Temperatur, Atmungs-, Pulsfrequenz, Blutdruck);
- sich der gesundheitlichen Gefahren der Risikofaktoren menschlicher Gesundheit bewußt werden und Wege zur Reduzierung dieser Faktoren und damit zur Gesunderhaltung aufzeigen können.

Insbesondere der letztgenannten Zielsetzung kommt in unserer heutigen Industriegesellschaft eine besondere Bedeutung zu, da als Folge des vor allem in den letzten 30 Jahren stattgefundenen enormen sozialen und ökonomischen Wandels und der damit einhergegangenen Veränderung der Lebensverhältnisse eine ganze Reihe z. T. neuartiger Krankheitsgruppen (»Zivilisationskrankheiten«) gehäuft auftreten. So haben epidemiologische Untersuchungen ergeben, daß in der Bundesrepublik Deutschland, also in einer Umwelt, die in starkem Maße auf Konsum, Genuß und Leistung ausgerichtet ist, wo Übersättigung auf der einen und Überforderung auf der anderen Seite der Bilanz stehen, derzeit 75 % der Bürger gesundheitsriskant leben (vgl. BUNDESVEREINIGUNG 1979, 3). Diese Gegebenheiten machen es aus gesundheitserzieherischen und didaktischen Überlegungen heraus dringend erforderlich, innerhalb der schulischen Gesundheitserziehung ein **»Konzept der Risikofaktoren«** zu entwickeln und parallel dazu die Institutionalisierung der sogenannten **Risikorolle** zu fordern. Ein derartiges Konzept zielt darauf ab, vermeidbare Krankheiten zu verhindern bzw. genetisch vorhandenen Dispositionen für bestimmte Krankheiten frühzeitig zu begegnen.

Unter Risikofaktoren werden in diesem Zusammenhang solche Faktoren verstanden, die das Eintreten eines bestimmten Krankheitszustands begünstigen[29] (vgl. auch MOHLER 1978). Epidemiologische Untersuchungen haben ergeben, daß etwa 85–90 % unserer Bevölkerung mit diesen Risikofaktoren leben müssen. Ein unterrichtlicher Einstieg in die Thematik »Risikofaktoren menschlicher Gesundheit« kann beispielsweise mit dem folgenden Arbeitsbogen über die Risiken des täglichen Lebens erreicht werden, der an die Schüler (ab 9. Schuljahr) mit dem Arbeitsauftrag ausgeteilt wird, Risikofaktoren zusammenzustellen:

Biologie	UE Risikofaktoren für Herz-Kreislauf-Krankheiten	Arbeitsbogen

Die Risiken des täglichen Lebens

Unsere Umwelt scheint voller Gefahren zu sein. Jeden Tag berichten Zeitungen über karzinogene Chemikalien oder über Katastrophen in fernen Landen. Das alles führt dazu, daß viele von uns von einer einfacheren Welt träumen, in der das Leben weniger riskant ist. Aber kann eine solche Welt wirklich existieren?
Vor hundert Jahren betrug die mittlere Lebenserwartung nur 50 Jahre, heute beträgt sie dagegen rund 70 Jahre. Das kann nur bedeuten, daß die Summe aller Risiken, denen wir ausgesetzt sind, geringer sein muß als damals.
Und in der Tat stellen wir fest, daß viele große Gefahren des letzten Jahrhunderts verschwunden sind. Aber unzähligen kleinen Risiken sind wir nach wie vor ausgesetzt.
Schon am Morgen beim Aufstehen beginnen die Gefahren. Wenn ich verschlafen das Licht einschalte, spüre ich ein schwaches Kribbeln. Unser Wohnhaus ist alt und ebenso die elektrischen Leitungen in der Wohnung.
Jedes Jahr werden in der Bundesrepublik Deutschland einige Hundert Menschen durch einen elektrischen Schlag getötet.
Ich dusche und greife nach der Seife, während ich darüber nachdenke, welche Chemikalien sie enthält. Ist sie für die Haut wirklich so gut, wie die Anzeige es verspricht? Meine Wäsche ist mit dem besten Weißmacher gewaschen. Die meisten Weißmacher enthalten fluoreszierende Substanzen, die bei Sonnenlicht das Weiß verstärken. Sind diese Weißmacher auf Dauer karzinogen?
Während ich über diese Risiken nachdenke, gehe ich die fünf Stufen hinunter zur Küche, um zu frühstücken. Vorsicht - nicht über die Stufen fallen!
Jedes Jahr kommen zigtausend Menschen bei einem Sturz ums Leben - meistens bei Unfällen in der eigenen Wohnung.
Ich nasche gern; soll ich Zucker nehmen, der dick macht und Herzkrankheiten verursacht, oder mit Saccharin süßen, welches karzinogen sein soll?
Ich wohne nur 10 km von meinem Arbeitsplatz entfernt und kann sowohl mit Auto oder Fahrrad als auch mit dem Bus fahren. Radfahren ist gut für die Figur und verursacht keine Luftverschmutzung, aber laut Statistik ist die Gefahr groß, in einen Verkehrsunfall verwickelt zu werden. Das Auto ist sicherer, der Bus am sichersten. Zum Glück brauche ich nicht mehr zwischen Pferd und Kanu zu wählen, beide sind pro Kilometer wesentlich gefährlicher als das Fahrrad. Wenn ich Hamburg besuche, bekomme ich die Gefahren der Großstadt zu spüren, denn die Gesundheitsgefährdung durch Luftverschmutzung ist hier sehr hoch. Pressemeldungen zufolge gehen in der Bundesrepublik Deutschland jährlich mehrere Tausend Krankheitsfälle auf das Konto Luftverschmutzung. Die Wände meines Büros sind aus Ziegelsteinen, die radioaktive Substanzen enthalten, deren Strahlung ebenfalls Krebs erzeugen kann. Eine dieser radioaktiven Substanzen -Radon- entweicht aus den Ziegelsteinen, so daß ich es einatme, wodurch sich die Gefahr erhöht. Durch Streichen der Wände mit einer Epoxy-Farbe kann ich die Gasemission zwar verhindern, aber durch die beim Trocknen der Farbe abgegebenen karzinogenen Lösungsmitteldämpfe erzeuge ich ein neues Risiko. Welches von beiden ist das kleinere Übel?

karzinogen = krebserzeugend
fluoreszierend = bei Betrachtung aufleuchtend
Saccharin = künstlich hergestellter Zucker (Süßstoff)
Gasemission = Absonderung von Gas

Arbeitsauftrag:

Stelle Risikofaktoren des täglichen Lebens zusammen!

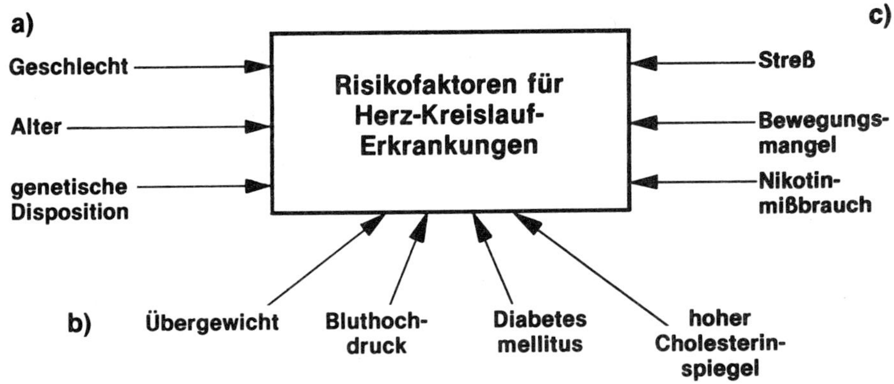

Abb. 14: System der endogenen (a), ernährungsabhängigen (b) und ernährungsunabhängigen (c) Risikofaktoren, die die Ausbildung von Herz-Kreislauf-Erkrankungen mitbedingen

Im Mittelpunkt eines gesundheitserzieherischen **»Konzeptes Risikofaktoren«** sollten insbesondere solche Risikofaktoren stehen, die auf Ursachen zurückgehen, die überwiegend in falschen Verhaltensmustern sowie in der genußorientierten Grundhaltung des »zivilisationsgeschädigten« Menschen begründet liegen. Für Erkrankungen und Todesfälle im Herz-Kreislauf-System sind nach heutigem Erkenntnisstand folgende zivilisationsbedingte und häufig selbstverschuldete Risikofaktoren verantwortlich: Bewegungsmangel, Übergewicht, Bluthochdruck, erhöhte Werte des Blutfettes (Cholesterin), des Blutzuckers (Diabetes) und Streß (Anstieg der Blutgerinnungsfaktoren, erhöhte Ausschüttung der Nebennierenhormone und Erregung des Sympathikusnervs, vgl. Abb. 14).

Angesichts der von Jahr zu Jahr alarmierenderen Zahlen über Krankheits- und Todesfälle infolge zivilisationsbedingter Risikofaktoren (vor allem in physischen und sozialen Umweltfaktoren, vgl. HEDEWIG 1980, 3; MOHLER 1978, 155; SCHAEFER 1978, 26; vgl. auch Abb. 15) erscheint es als eine vordringliche Aufgabe der derzeitigen Gesundheitserziehung geboten, die gesundheitlich bedenklichen Gewohnheiten und gesundheitsschädigenden Verhaltensweisen des Durchschnittsbürgers unseres Zeitalters offenzulegen und durch gesundheitsfördernde zu ersetzen.

In diesem Zusammenhang ist vor allem der Anstieg der Todesfälle infolge sämtlicher Erkrankungen des Herz-Kreislauf-Systems in höchstem Maße beunruhigend. Nach Angaben des STATISTISCHEN BUNDESAMTES (1981) stieg die Todesrate dieser Krankheitsgruppe im Jahre 1980 gegenüber dem Jahr 1978 um 3% auf insgesamt 360 000. Damit ist fast jeder zweite der 714 100 in der Bundesrepublik Deutschland 1980 Verstorbenen einem Leiden innerhalb dieser Gruppe von Krankheiten erlegen.

An diesen Zahlen wird deutlich, daß es sich unsere Gesellschaft nicht mehr leisten kann (und nicht nur volkswirtschaftlich!), eine Krankheit als Privatsache zu deklarieren. Dies gilt es, unseren Schülern im Rahmen der Gesundheitserziehung klar zu machen. Vielmehr stellt ein gesundheitsgerechtes Verhalten eine gesellschaftliche Forderung dar. Der Gesundheitserzieher muß sich bei der Realisierung dieser Zielsetzung darum bemühen, bei seinen Schü-

Zivilisationsbedingte Krankheitsfaktoren	
technisch bestimmte Faktoren:	**gesellschaftlich bedingte Faktoren:**
schädigende Einflüsse der Arbeitswelt; Schäden durch Strahlen, Lärm, Abgase und Abwässer	Ernährungsgewohnheiten; Alkohol-, Nikotin-, Medikamentenkonsum; Verwendung von Psychodrogen; Bewegungsmangel
psychosozial bedingte Faktoren:	**Sozialisationsfaktoren:**
Unzufriedenheit; Angst; Streß; Drogenkonsum; Affektverhalten	frühkindlicher Elternentzug; Erziehungsfehler; Familien-, Berufs-, Rollenkonflikte; Erziehungsfehler der Schule

Abb. 15: Zivilisationsbedingte Krankheitsfaktoren als mögliche Ursachen für die Genese von Risikofaktoren

lern Eigeninitiative, Eigenaktivität und Sebstverantwortung zu fördern.

4.3.8 Neue Aspekte in der Methodik einer aktiven Gesundheitserziehung

Die Umsetzung derartiger Zielsetzungen wird vor allem durch die bei Schülern sehr häufig zu registrierende ich-ferne Einstellung gegenüber gesundheitsbezogenen Themen in Frage gestellt. Insbesondere bei Kindern und Jugendlichen – aber auch bei vielen Erwachsenen – ist doch, solange sie gesund sind, ein ich-fernes Verhältnis zur Gesundheit die Regel. Unterrichtserfahrungen bestätigen, daß Schüler in der Regel wenig beeindruckt sind, wenn sie etwa einer Tabelle über die Abhängigkeit der Lebenserwartung vom Übergewicht (vgl. STAECK u.a. 1976) entnehmen, daß ein 20jähriger Mann bei 30 % Übergewicht seine Lebenserwartung statistisch um fast 50 % reduziert, d.h. er vermutlich nicht 70 Jahre, sondern nur 49 Jahre alt wird. Krankheit, Invalidität und Tod bedeuten ihnen nur wenig, da diese Gegebenheiten selten in ihrem Erfahrungsbereich liegen. Eine Schärfung des dringend erforderlichen Risikobewußtseins bei den Schülern kann nach HORN über die folgenden vier Stufen erreicht werden (vgl. ARBEITSGRUPPE 1970, 56):

1. Gewahrwerden des Risikos,
2. Realitätsnähe des Risikos,
3. persönliche Relevanz des Risikos,
4. Interventionsmöglichkeiten gegenüber dem Risiko.

Zur Herbeiführung einer ich-nahen Einstellung der Schüler zur Gesundheit, die eine Motivation zur Prävention beinhalten muß, sind jedoch flankierende methodische Maßnahmen des Lehrers erforderlich.

a) Einbeziehung experimenteller und messender Verfahren (z.B. experimentelle Beobachtung, Schilderung experimenteller Befunde) in gesundheitserzieherische Unterrichtsstunden. Im handelnden Umgang mit dem eigenen Körper sowie mit dem Körper des Mitschülers lassen sich auf diese Weise präventive Maßnahmen vermitteln (z. B. Gewichts- und Größenbestimmung der Klasse mit anschließendem Vergleich der statistischen Norm, experimentelle Überprüfung von Atmungs- und Pulsfrequenz in Ruhe und nach körperlicher Belastung, z. B. Treppensteigen, Bestimmung des Atemvolumens, Üben im Blutdruckmessen (Anlegen der Manschette usw.), Abhören der Herztöne mit dem Stethoskop, Nachweis von Kohlendioxid in der ausgeatmeten Luft (vgl. hierzu z. B. die Versuchs- und Arbeitskartei zur Humanbiologie (BAUER 1976) oder die Dissertation von POMMERENING (1978).

b) Ansprechen von Sozialmechanismen (z. B. Beeinflussung des einzelnen durch seine Mitmenschen) bei der Erörterung gesundheitserzieherischer Aspekte, indem z. B. der soziale Rang der Gesundheit aufgewertet wird: Ein Gesunder fällt seinen Mitmenschen nicht zur Last, ist unabhängig, kann seine Freizeit nach eigenen Wünschen gestalten, kann soziale Rollen innerhalb seiner Bezugsgruppe übernehmen. Dieser Ansatz kann methodisch über Rollenspiele, Texte (Fallbeispiele) umgesetzt werden.

c) Den unterrichtlichen Einstieg so wählen, daß anstelle abstrakter und ich-ferner Fragestellungen von typischen Realsituationen des persönlichen Alltags (z. B. ein Krankheits- oder Todesfall in der eigenen oder in einer Schülerfamilie) und von Problemsituationen (humanökologische Dimension), von fragwürdigen Phänomenen, Störungen und Fehlfunktionen ausgegangen wird.

Dies soll an einem Beispiel verdeutlicht werden: Im Rahmen einer Unterrichtsstunde zum Thema »Wirkung des Alkohols auf den Körper« (6. Schuljahr) wählte der Unterrichtende als Einstieg eine für die Schüler sehr abstrakte und ich-ferne Ebene mit der Frage »Welche Wirkung hat der Genuß von Alkohol auf den Körper (des Erwachsenen)?« Die Schülerbeteiligung in der nachfolgenden Erarbeitungsphase war entsprechend schwach. Methodisch sinnvoller wäre ein direkter Bezug des Themas auf den 12jährigen Schüler gewesen, z. B. mit Fragen wie

- Wie wirkt Alkohol auf Euch? Wer hat schon mal ein Gläschen probiert?
- Was habt Ihr verspürt? – Warum schmeckt Euch Eierlikör und Sekt?

Die unter (c) beschriebene Vorgehensweise läßt sich mit selbstkonstruierten Beispielen, mit Texten (z. B. »Hau ab, Du Flasche!«, die Geschichte eines Jugendlichen, der immer häufiger zur Flasche greift, bis er schließlich abhängig ist (LADIGES 1978), mit Zeitungsartikeln, mit konkreten Falldarstellungen (vgl. z. B. STAECK u. a. 1976, 281) realisieren. Das Interesse der Schüler und ihre Betroffenheit werden hierbei stärker angesprochen und die Motivation ist damit von Anfang an hoch.

Bei der unter c) dargestellten Vorgehensweise wird die Behandlung einer Krankheit nicht um ihrer selbst willen betrieben, sondern die jeweils beschriebene Krankheit wird als – übertragbares – Modell verwendet, um damit Gesundheit zu erklären.

d) Vermittlung praktischer Gesundheitstips auf der Basis fundierter Grundkenntnisse der Anatomie und Physiologie des menschlichen Körpers, z. B.
   - Gut gekaut ist halb verdaut!
   - 3–5 Mahlzeiten am Tag sind besser und gesünder als zwei.
   - Anheben schwerer Lasten unter Vermeidung von Wirbelsäulenschäden (vgl. Abb. 16).
   - Übergewichtige werden nicht geboren, sondern erzogen.

Traditionelle Gesundheitserziehung	Zeitgemäße Gesundheitserziehung
– betreibt medizinische Informationsvermittlung in Form von Monografien der menschlichen Organe und Organsysteme – wird im Biologieunterricht im Anschluß an die Behandlung des Baues und der Funktionen von Organen und Organsystemen betrieben (z. B. Thema Rauchen im Anschluß an die Erarbeitung der Atmungsorgane) – spart die Umwelt des Menschen gänzlich oder nahezu aus – faßt Gesundheit als (Ideal-)**Zustand** auf – erzeugt Angstgefühle **(fear-appeal)** – übt hygienische Maßnahmen ein (»gesundheitliche Volksbelehrung«)	– behandelt gesundheitsrelevante Fragen unabhängig davon, ob sie sich aus dem Unterrichtsgegenstand oder aus einem aktuellen Anlaß heraus ergeben – bezieht experimentelle und messende Unterrichtsverfahren mit ein – bezieht die Umwelt des Menschen in die gesundheitsrelevanten Betrachtungen mit ein – integriert Gesundheit und Krankheit in den Rahmen ihrer sozialen Bedingungen – akzentuiert Gesundheit als **Verhalten** – geht aus von Realsituationen des täglichen Lebens, Störungen, Fehlfunktionen und behandelt Problemsituationen

Tab. 12: Kennzeichnende Merkmale der traditionellen Gesundheitserziehung und einer zeitgemäßen Gesundheitserziehung

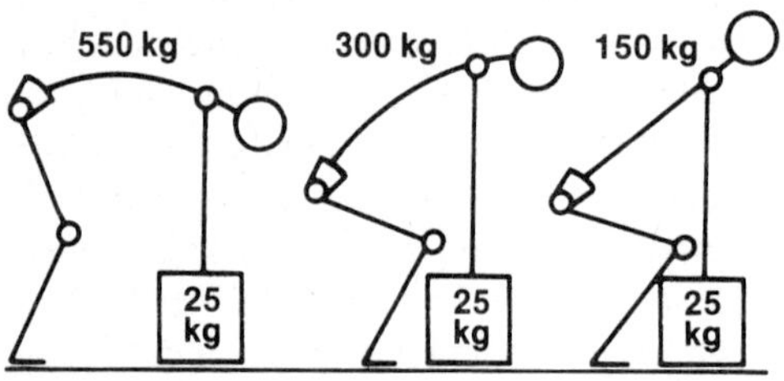

Abb. 16: Beim Heben muß die Wirbelsäule gestreckt bleiben, um ein Herausquellen der Zwischenwirbelscheiben zu vermeiden. Je weiter die Last vom Drehpunkt Oberschenkel/Wirbelsäule entfernt ist, desto größer wird die Belastung der Wirbelsäule (verändert nach POMMERENING 1978, 132)

– Der Mensch ist wie er ißt!
– Das Tragen flacher Schuhe ist bequem und gesund (vgl. Abb. 17).

In der Tabelle 12 sollen die kennzeichnenden didaktischen und methodischen Merkmale der traditionellen Gesundheitserziehung und einer zeitgemäßen Gesundheitserziehung zusammengefaßt und gegenübergestellt werden.
Einige Beispiele für die Struktur von Unterrichtseinheiten nach herkömmlichem bzw. nach zeitgemäßem Verständnis sollen die Gegensätzlichkeit beider Ansätze verdeutlichen.

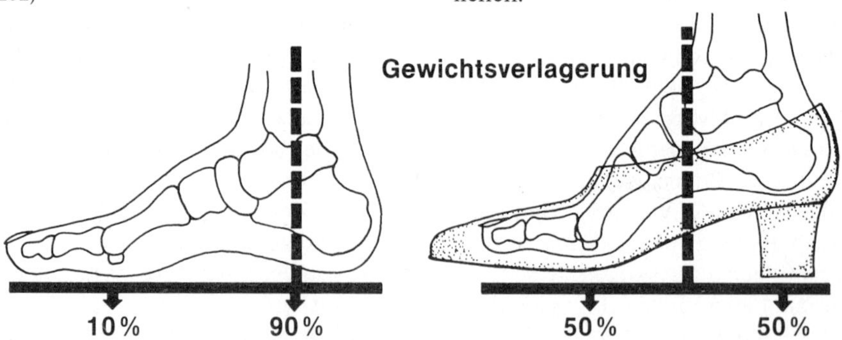

Abb. 17: Gewichtsverlagerung durch hochhackige Schuhe führt zu Fehlausbildungen des Fußes (Senk- und Plattfuß, aus: BIRKENSTOCK 1972, 20)

Zeitgemäßes Verständnis	Herkömmliches Verständnis
UE Übergewicht als Folge einer nicht bedarfsgerechten Ernährung	UE Grundtatsachen einer vollwertigen Ernährung
1. Ursachen des Übergewichts im persönlichen und gesellschaftlichen Bereich 2. Die Nährstoffe und ihre Aufgaben 3./4. Energiegehalt der Nahrung und Energiebedarf des Menschen 5. Ideal-, Normal- und Übergewicht in der Klasse . . . (Gewichtsbestimmung der Schüler) 6. Folgen des Übergewichts für die Gesellschaft 7. Maßnahmen zur Erhaltung bzw. Wiederherstellung des Idealgewichts	1. Analyse eines Speiseplans 2./3. Nährstoffe und deren Nachweis in unserer Nahrung 4. Energieumsatz des Körpers 5. Vitamine und Mangelkrankheiten 6. Vollwertige Mischkost
UE Rauchen und Gesundheit	UE Das Atmungssystem des Menschen
1. Wirkung des Zigarettenrauchs auf den Organismus u. b. B. des Nikotins 2. Teerstoffe im Zigarettenrauch: Experimenteller Nachweis und Auswirkungen auf den Organismus 3. Kohlenmonoxid und seine Auswirkungen auf den Organismus 4. Gesundheitliche Auswirkungen nikotinarmer Zigaretten 5. Zusammenfassende Darstellung der kurz- und langfristigen Auswirkungen des Rauchens auf den Organismus 6. Gründe für den Nikotinkonsum der Jugendlichen – Aufzeigen von Verhaltensalternativen 7. Körperliche Leistungsfähigkeit bei Rauchern und Nichtrauchern 8. Aktion Nichtrauchen	1. Der Sauerstoff, ein lebensnotwendiger Bestandteil der Atemluft 2./3. Lage, Bau und Funktion der Atmungsorgane 4. Atemmechanik: Zwerchfell- und Brustatmung 5. Atemfrequenz und Atemvolumen 6. Gasaustausch in den Lungen 7. Leistungsfähigkeit des Atemapparates u. b. B. der Abhängigkeit des Trainingszustands 8. Erkrankungen der Atemwege
UE Risikofaktoren für Herz-Kreislauf-Erkrankungen	UE Blut und Blutkreislauf als Grundfunktion des Organismus
1. Todesursachen in der Bundesrepublik Deutschland 2. Stellenwert der Herz-Kreislauf-Erkrankungen in der Industriegesellschaft 3. Verlauf und Ursachen eines Herzinfarkts am Beispiel einer Fallschilderung 4./5. Ernährungsbedingte Risikofaktoren für Herz-Kreislauf-Erkrankungen sowie ernährungsunabhängige Risikofaktoren für Herz-Kreislauf-Erkrankungen 6. Entwicklungsstadien der Arteriosklerose 7. Maßnahmen zur Vermeidung von Risikofaktoren	1. Blut transportiert Atemgase (Experimentierstunde) 2. Zusammensetzung des Bluts u. b. B. der Aufgabe von weißen und roten Blutkörperchen 3. Blutgerinnung 4. Überblick über den Blutkreislauf 5./6. Bau und Arbeitsweise des Herzens; – Sezierübungen am Schweineherzen

4.3.9 Defizite der gegenwärtigen Gesundheitserziehung

Wenngleich die Gesundheitserziehung als Unterrichtsprinzip den gesamten Unterricht begleiten soll, wobei die primäre Zuständigkeit allgemein dem Biologieunterricht zugestanden wird, gibt es doch in unserem derzeitigen Unterrichtssystem eine Reihe von Faktoren, die die Effizienz einer Gesundheitserziehung im Hinblick auf die Beibehaltung bzw. Initiierung eines gesundheitsfördernden Verhaltens behindern. Die Defizite liegen jedoch nicht nur im inhaltlichen und methodischen Bereich. Es liegt nahe, daß auch brauchbare schulische Medien für gesundheitserzieherische Themenbereiche nur in geringem Umfang für den Lehrer verfügbar sind. Die Bundesvereinigung für Gesundheitserziehung hat zwar in ihrem Medienkatalog eine Reihe von Filmen zur Gesundheitserziehung aufgeführt, doch sind diese nur ganz vereinzelt über die jeweilige Kreis- oder Landesbildstelle bzw. über den zuständigen Landesfilmdienst zu beziehen (vgl. BUNDESVEREINIGUNG 1977). Zumeist müßten die interessierenden Filme erst über den Postweg von den verschiedensten Institutionen [30] aus dem ganzen Bundesgebiet besorgt werden, was einen Arbeitsaufwand bedeuten würde, den der Lehrer bei seiner hohen Arbeitsbelastung in der Regel kaum leisten kann.

Angesichts dieser Situation sollte der Lehrer auf die in den Illustrierten und Magazinen reichlich angebotenen Beiträge zurückgreifen und diese für den eigenen Unterricht aufbereiten (siehe Abb. 18 auf folgender Doppelseite).

Weiterhin sind die biologischen Stoffpläne durch die in vielen Bundesländern zusätzlich gekürzten Stundentafeln für den Biologieunterricht derartig mit Themen überlastet, daß kaum Zeit für Unterrichtseinheiten bleibt, die einen zeitgemäßen Ansatz verfolgen. In welch geringem Umfang im Biologieunterricht Gesundheitserziehung betrieben wird, zeigt im übrigen sehr drastisch die von POMMERENING im Regierungsbezirk Köln bei 355 an Hauptschulen tätigen Lehrern durchgeführte Umfrage (1978, 53):

So fand die Gesundheitserziehung eine bevorzugte und schwerpunktmäßige Berücksichtigung bei nur 10,8 % der Befragten und lediglich weitere 16,9 % gaben an, sich im Rahmen des Biologieunterrichts mit Gesundheitserziehung gelegentlich bei aktuellen Anlässen zu beschäftigen. Für nahezu drei Viertel der befragten Lehrer ist demnach entweder im Biologieunterricht für die Gesundheitserziehung kein Platz oder es besteht hierfür keine Notwendigkeit.

Ein weiterer Mangel, der einer erfolgreichen Gesundheitserziehung im Wege steht, besteht darin, daß mit gesundheitserzieherischen Projekten im Schulunterricht noch immer viel zu spät begonnen wird. So ist aus der Sozialisationstheorie bereits lange bekannt, daß Kinder schon frühzeitig das Verhalten der Eltern übernehmen – und damit auch gesundheitlich bedenkliche Gewohnheiten. Ein Berliner Pilotprojekt des Bundesgesundheitsamtes stellte in diesem Zusammenhang fest, daß in der Altersgruppe der 12- und 13jährigen Hauptschüler bereits ca. 30 % als regelmäßige Raucher zu bewerten sind (vgl. LIPPERT u. a. (1980), die 818 Berliner Hauptschüler und Gymnasiasten befragten). Der Beginn einer gesundheitserzieherischen Intervention ist damit im 7. Schuljahr bereits als zu spät anzusehen. Um Nicht-Raucher in ihrem Verhalten zu bestätigen, müßte der Beginn eines interventiven Vorhabens bereits im 5./6. Schuljahr liegen. Bei vielen anderen Themen (vgl. Tab. 13) müßte die gesundheitserzieherische Intervention ebenfalls erheblich vorverlegt werden. Allgemein muß deshalb die Forderung erhoben werden, gesundheitsbewußtes Verhalten bereits im frühen Grundschulalter einzuüben, um spätere chronische Krankheiten zu verhüten (vgl. LIPPERT/HOFFMEISTER 1979). Im Sinne des Spiralprinzips sind dann in regelmäßigen Zeitintervallen gesundheitserzieherische Projekte vorzusehen, die auf dem Anfangsunterricht aufbauen.

Diese Ausführungen machen deutlich, daß in der Bundesrepublik Deutschland bislang ein geordnetes Konzept zur Gesundheitserziehung von der Primarstufe bis zur Sekundarstufe II fehlt, das als Gesamtcurriculum eine sinnvolle Abfolge verschiedener von Fachleuten als bedeutsam angesehener und ausgearbeiteter Themenkreise zusammenstellt. Diese wichtige Aufgabe sollten die Kultusbehörden der Länder im Einvernehmen mit der Bundeszentrale für gesundheitliche Aufklärung (Köln) unbedingt in Angriff nehmen, zumal auch die Kultusministerkonferenz auf ihrer 218. Sitzung am 22./23. März 1979 beschlossen hat:

»*Die Kultusministerkonferenz widmet der Gesundheitserziehung in allen dafür geeigneten Unterrichtsfächern aller allgemeinbildenden und berufsbildenden Schulen weiterhin die gebotene Aufmerksamkeit mit dem Ziel, bei den Schülern so früh wie möglich auf der Grundlage ausreichenden Wissens unter Berücksichtigung der psychischen und sozialen Aspekte gesundheitsgerechtes Verhalten anzubahnen, das von einem Verantwortungsbewußtsein sich selbst und der Gesellschaft gegenüber getragen ist. Hierzu wird eine enge Zusammenarbeit der Schule mit den Eltern, Ärzten und Psychologen für wünschenswert gehalten.*«

Als zweite tragende Säule einer effizienteren Gesundheitserziehung erscheint dem Verfasser neben der Entwicklung eines gesundheitserzieherischen Curriculums für die allgemeinbildende Schule die Entwicklung von fundierten **Leitsätzen** für die schulische Gesundheitserziehung erforderlich, die den Bundesländern als Basis für eigene gesundheitserzieherische Teilkonzepte dienen können. Auf einer gemeinsamen Tagung der Bundesvereinigung für Gesundheitserziehung (Bonn) und des VdB wurden im Mai 1980 in Bad Karlshafen 10 Thesen vorgetragen, die bei der Aufstellung derartiger Richtlinien zur Gesundheitserziehung hilfreich sein könnten. Im folgenden sollen auszugsweise einige bedeutsame Thesen wiedergegeben werden (BUNDESVEREINIGUNG 1980):

These: Im Biologieunterricht sollte Gesundheitserziehung in doppelter Weise geschehen:
1. als Unterrichtsprinzip bei der Behandlung aller humanbiologischen Themen,
2. in Form eigenständiger Unterrichtseinheiten zu größeren Themen der Gesundheitserziehung (z.B. Rauchen, Alkohol- und Drogenkonsum).

These: Wissensvermittlung ist eine zwar notwendige, aber nicht hinreichende Form der Gesundheitserziehung. Wenn beim Schüler Verhaltensänderungen erreicht werden sollen, muß der Schüler auch emotional betroffen sein.

These: Die Aufgabe des Gesundheitserziehers ist eine primär pädagogische Aufgabe, bei der es darum geht, die Bereitschaft des Schülers zum gesundheitsfördernden Verhalten zu entwickeln. Der Biologielehrer kann dieser Aufgabe nur gerecht werden, wenn andere Kollegen und Eltern zur Zusammenarbeit bei gesundheitserzieherischen Fragen gewonnen werden (z.B. Diskussion von aktuellen Fällen in der Elternversammlung).

These: Es hat sich im Hinblick auf Motivation und Betroffenheit der Schüler als günstig erwiesen, durch eine Fallstudie (Erfahrungsbericht bzw. Lebenslauf eines Betroffenen) ein Problem der Gesundheitsgefährdung im Unterricht darzustellen bzw. einzuführen (Beispiel: Auszüge

Biologie	Rauchen und Gesundheit	Datum:

Krebsforscher warnt vor Gefahren durch »leichte« Zigaretten

Zweifel an angeblich geringerer Schädlichkeit angemeldet

Bonn (AP). **All jene, die glauben, durch das Rauchen »leichter« Zigaretten mit weniger Schadstoffen das Risiko für ihre Gesundheit verringern zu können, hat der Heidelberger Krebsforscher Ferdinand Schmidt jetzt gewarnt. Professor Schmidt, Leiter der Forschungsstelle für präventive Onkologie der Universität Heidelberg und Mitglied des Sachverständigenbeirates »Rauchen und Gesundheit« der Weltgesundheitsorganisation (WHO) kommt in der neusten Ausgabe der Zeitschrift »Bild der Wissenschaft« zu dem Schluß: »Die leichte Zigarette dient der Gesundheit der Zigarettenindustrie, bisher aber nicht der Gesundheit des Rauchers.«**

Als schon im Ansatz falsch kritisiert Schmidt die Ergebnisse von Untersuchungen, nach denen ein verringerter Schadstoffgehalt in Zigaretten auch eine geringere Gesundheitsschädlichkeit bedeuten soll. Der Schadstoffgehalt in Zigaretten sei nur einer von fünf Faktoren, die für die Gesundheitsschädlichkeit bestimmend seien – und er sei »mit Abstand der unwichtigste«. Andere Faktoren seien die Höhe des Tageskonsums, die Dauer des Rauchens, der Zeitpunkt des Beginns des Rauchens und die Inhalationstiefe.

Als wesentlichen Faktor für die Aufnahme von Schadstoffen beim Rauchen nennt Schmidt die Inhalationstiefe: Je nachdem, wie tief der Zigarettenrauch in die Lunge inhaliert werde, schwanke die Schadstoffaufnahme in einem Verhältnis von 1:350. Selbst wenn man annehme, daß die Gift-Inhalation beim Rauchen »auf Lunge« nur 100mal höher sei als beim »Paffen«, wäre die beobachtete Verringerung des Schadstoffgehaltes von Filterzigaretten um 30 bis 40 Prozent praktisch völlig bedeutungslos. Auch wenn die Behauptungen der Zigarettenindustrie richtig wären, daß bei vielen Marken der Gehalt an Nikotin und Teerkondensat um weit über die Hälfte zurückgegangen sei, würde wegen der mehr als hundertfach größeren Bedeutung der Inhalationstiefe eine verstärkte Inhalation von weniger als ein Prozent ausreichen, um dies zu kompensieren.

In diesem Zusammenhang weist Professor Schmidt auch darauf hin, daß die Zahl der Lungenkrebstoten in der Bundesrepublik noch immer Jahr für Jahr steige, obwohl die heutigen Zigaretten angeblich nur noch halb so schädlich seien wie vor 15 Jahren und obwohl diese angeblich entschärften Filterzigaretten inzwischen einen Marktanteil von mehr als 86 Prozent erreicht hätten. Wären die »leichten« Zigaretten wirklich weniger schädlich, hätte längst ein Stillstand oder ein Rückgang der Lungenkrebssterblichkeit eintreten müssen, schreibt Schmidt.

Hinweis auf britische Statistik

Gegen den Einwand, daß Lungenkrebs eine lange Latenzzeit habe, führt Schmidt eine britische Untersuchung an 40 000 Ärzten an. Dabei hätten sich von 1951 bis 1966 3500 Ärzte das Rauchen abgewöhnt und so den Anteil der Raucher unter den britischen Ärzten von 44,1 auf 22 Prozent gesenkt. Parallel dazu sei die Lungenkrebsrate britischer Ärzte um rund ein Viertel gefallen, während sie bei der übrigen Bevölkerung gestiegen sei.

Noch problematischer wird die nach Ansicht des Heidelberger Wissenschaftlers unzulässige Reklame für leichte Zigaretten, wenn man die Giftwirkung des Kohlenmonoxids berücksichtige. Kohlenmonoxid blockiere bei Kettenrauchern bis zu 18 Prozent der roten Blutkörperchen und sei einer Reihe von Hinweisen zufolge speziell am Herzinfarkt von Rauchern maßgeblich beteiligt. Durch den erhöhten Zugwiderstand des Zigarettenfilters aber erhöhe sich der Gehalt an Kohlenmonoxid in Filterzigaretten gegenüber Filterlosen um fast ein Drittel. Eine amerikanische Untersuchung an 2000 Rauchern sei im vergangenen Jahr zu dem Ergebnis gekommen, daß die Lebenserwartung der Raucher »leichter Filterzigaretten« gegenüber Rauchern filterloser Zigaretten über deren ohnehin verkürzte Lebenserwartung hinaus um weitere 3,7 Jahre verkürzt sei.

(aus: DER TAGESSPIEGEL *v. 17. 3. 79)*

präventiv	=	vorbeugend
Onkologie	=	Lehre von den Geschwulstkrankheiten
Inhalation	=	Einatmung
Teerkondensat	=	Teerbestandteil
kompensieren	=	ausgleichen
Latenzzeit	=	Zeit zwischen Ansteckung und Ausbruch der Krankheit

1. Zähle die fünf Faktoren beim Rauchen einer Zigarette auf, die für eine Gesundheitsschädigung maßgebend sind!

2. Wodurch nimmt die Schadstoffaufnahme durch den Körper auch beim Rauchen einer "leichten" Zigarette um mehr als das 100-fache zu?

3. Woran kann man ablesen, daß die Gefahren einer Lungenkrebserkrankung auch durch das Rauchen "leichter" Zigaretten nicht abnimmt?

4. Wodurch sind Filterzigaretten noch gefährlicher als filterlose Zigaretten?

5. Gib ein Beispiel an, das den Zusammenhang zwischen Rauchen und Lungenkrebserkrankung aufzeigt!

Abb. 18: Beispiel eines als Arbeitsbogen genutzten Zeitungsartikels im Rahmen einer UE zum Thema »Rauchen und Gesundheit« (7. Klasse) aus dem Buch von Christiane F. »Wir Kinder vom Bahnhof Zoo«).

These: Wenn Biologielehrer Gesundheitserziehung im Biologieunterricht betreiben wollen, dann ist eine Erhöhung der Stundenzahl für das Fach Biologie erforderlich. Die Unterrichtszeit, die gegenwärtig für Humanbiologie zur Verfügung steht, wird allein schon benötigt, um die fachlichen Voraussetzungen für die Themen der Gesundheitserziehung zu behandeln. Für die eigentliche Gesundheitserziehung ist in manchen Jahrgangsstufen im Rahmen der wenigen gegenwärtig zur Verfügung stehenden Biologiestunden keine Zeit vorhanden.

These: Voraussetzung für eine effektive Gesundheitserziehung ist die Erfüllung bestimmter Randbedingungen:

- Gesundheitserziehung muß im pädagogischen Grundstudium in Form obligatorischer Seminare und als möglicher Studienschwerpunkt verankert werden.
- In allen Bundesländern sind für alle Lehrer verbindliche Fortbildungskurse zur Gesundheitserziehung durchzuführen.
- Einhaltung gesundheitsrelevanter gesetzlicher Bestimmungen (z.B. Jugendschutzgesetz).
- Einschränkung bzw. Beseitigung öffentlicher Werbung gesundheitsschädlicher Produkte (Tabakwaren, Alkohol).
- Die Schule soll eine rauchfreie Zone sein (Abschaffung von Raucherzimmern).
- Verbot des Verkaufs von Genußmitteln während der Schulpausen im Schulgelände.
- Gesundheitsfördernde Gestaltung des Schulhofs.

4.3.10 Zusammenstellung von Themenbereichen einer zeitgemäßen Gesundheitserziehung

Abschließend soll eine Zusammenstellung von wichtigen Themenbereichen einer zeitgemäßen Gesundheitserziehung in der allgemeinbildenden Schule versucht werden, die jedoch angesichts der ohnehin überfüllten Stoffpläne für den Biologieunterricht nur »Angebotscharakter« haben kann (vgl. Tab. 13). Diese Aufstellung versteht sich – ohne den Anspruch auf Vollständigkeit erheben zu wollen – als Gegenvorschlag zu den traditionellen Stoffplänen und Themenkatalogen der biologischen Lehrpläne und Richtlinien sowie zahlreicher biologischer Schulbücher. Eine ausführliche Darstellung einschließlich instruktiver didaktischer Anregungen zu einer Reihe der angeführten Themenbereiche gibt KLEIN (1976).

4.4 Strukturierungsansätze in der biologiedidaktischen Diskussion

Die Biologie ist im Lauf der letzten Jahrzehnte so komplex und vielgestaltig geworden, und die Fragestellungen der verschiedenen Gesellschaftssysteme auf unserer Erde haben sich darüber hinaus derartig verändert, daß die Bewältigung der Disziplinen, Themen und Problemvielfalt und damit die Auswahl der Unterrichtsinhalte im gegenwärtigen Biologieunterricht sowie auch in neuzuerstellenden Lehrplänen ohne die Entwicklung eines stringenten biologiedidaktischen Konzepts nicht mehr geleistet werden kann. Als Ausweg aus dieser schwierigen Situation wird allenthalben auf bewährte Unterrichtsgegenstände und Fragestellungen zurückgegriffen. Bei dieser Vorgehensweise wird allerdings in Kauf genommen, daß traditionelle Strukturen des Biologieunterrichts zwangsläufig weiter verwendet werden, während neue Zusammenhänge und Erkenntnisse als Ausfluß der biologischen, sozialwissenschaftlichen und erziehungswissenschaftlichen Forschung nur sporadisch in den Biologieunterricht Eingang finden.

Vor diesem Hintergrund wird seit Anfang der 70er Jahre eine teilweise vehemente Diskussion darüber geführt, wie der Biolo-

Der Gesundheitsbegriff in unserer Gesellschaft
Individualhygiene, Körperpflege, einschließlich Zahnpflege, Schutz und Pflege der Sinnesorgane, Gesundheit und Freizeit
Gesundheitserhaltende bzw. -fördernde Freizeitgestaltung
Individualentwicklung, Pubertät (einschließlich der Entwicklung der Leistungsfähigkeit im Jugendalter)
Sexualprobleme Jugendlicher/Sexualerziehung
Schwangerschaft und genetische Beratung (einschließlich Bevölkerungswachstum, Erbkrankheiten); Schwangerschaftsverhütung
Umwelthygiene (Belastung durch Luftverschmutzung, Abwasser, Lärm, harte Strahlen)
Arbeitsplatz Schule als soziales Umfeld und Bedingungsfeld für Gesundheit
Bedarfsgerechte Ernährung
Überernährung als gesundheitliches Hauptproblem unserer Gesellschaft (einschließlich Diabetes)
Sozialhygiene (z. B. Verhalten beim Arzt, im Krankenhaus; Unfallverhütung; Erste Hilfe)
Auswirkungen des Bewegungsmangels auf den Organismus (z. B. Folgen für das Skelettsystem (Haltungsschäden), für Herz-Kreislauf-Erkrankungen; Übergewicht)
Zivilisationskrankheiten unter besonderer Berücksichtigung der Risikofaktoren für Herz-Kreislauf-Erkrankungen
Prophylaxe der Stoffwechselerkrankungen
Infektionskrankheiten (einschließlich Früherkennung, Impfung, Krankheitsvorsorge und -fürsorge)
Krebsvorsorge
Mißbrauch von Nikotin, Alkohol, Tabletten, Psychodrogen (einschließlich Psychohygiene, also z. B. Schlaf und Schlafstörungen)
Humanparasitismus unter besonderer Berücksichtigung hygienischer Maßnahmen
Verhalten im Straßenverkehr

Tab. 13: Zusammenstellung von Themenbereichen einer zeitgemäßen Gesundheitserziehung

gieunterricht der allgemeinbildenden Schule zumindest bis zum Abschluß der Sekundarstufe I durchgängig **strukturiert** werden kann. Diese Diskussion ist bis heute nicht abgeschlossen, wie Veranstaltungen der jüngsten Vergangenheit (z. B. das IPN-Seminar vom September 1977 in **Wendtorf**, die Tagungen der Sektion Fachdidaktik im Verband Deutscher Biologen vom September 1979 in **Bad Boll** und Oktober 1981 in **Hofgeismar**) sowie entsprechende Veröffentlichungen zeigen (vgl. z. B. WERNER 1980b, FELS 1978).

Folgende Fragestellungen ergeben sich in diesem Zusammenhang bezüglich der Lerninhalte im Biologieunterricht für die Klassen 1–10:

- Nach welchen Kriterien sind die Lerninhalte auszuwählen?
- Wie sind diese Lerninhalte im Verlauf einer Jahrgangsstufe sowie in der Abfolge der einzelnen Schuljahre sinnvoll anzuordnen und miteinander zu verbinden?
- Wie sind die Lerninhalte zu gewichten?
- Wie ist ihre Fülle zu reduzieren?
- Wie sind die Lerninhalte in Übereinstimmung mit bestimmten übergeordneten Leitlinien zu bringen (vgl. hierzu Kap. 3.2.2.2)?

und andere mehr.

4.4.1 Der Strukturbegriff aus terminologischer Sicht

Der Begriff »Struktur« wird in der didaktischen Literatur keineswegs einheitlich verwendet. Deshalb soll zunächst dieser Begriff abgeklärt werden, bevor weitere Überlegungen zur Strukturierungsproblematik folgen.

Ausgehend von einem allgemeinen Verständnis des Strukturbegriffes im Sinne »innerer Aufbau« bzw. »Bezugssystem eines komplexen Ganzen«[31] (vgl. RÜTHER 1979) soll unter einer fachdidaktischen Strukturierung das Herstellen einer begründeten Ordnung zwischen den nach bestimmten Auswahlprinzipien festgelegten Unterrichtsinhalten verstanden werden (vgl. STAECK 1979, 89). Strukturierung meint demnach die Auswahl, Legitimation, Verknüpfung und Abfolge der als wesentlich angesehenen Unterrichtsinhalte (vgl. auch KATTMANN 1977, 5), so daß jedweder Strukturierungsansatz eng mit der Auswahlproblematik verbunden ist. Die Zielsetzung der Strukturierungsdebatte besteht zum einen darin, die Struktur bislang geltender Lehrpläne zu hinterfragen und längerfristig zu revidieren. Mit der Vorlage eines durchgängigen Strukturierungsansatzes für die Sekundarstufe I würde ein Bezugsrahmen für die Entscheidungen von **Lehrplankommissionen** sowie für die didaktischen Entscheidungen des **Lehrers** geschaffen werden. Außerdem würde damit für die **Schüler** der Gesamtzusammenhang des Biologieunterrichts durchsichtig werden, innerhalb dessen die jeweiligen Unterrichtsinhalte verstanden und beurteilt werden können. Überlegungen zu diesem Problembereich sind auch in der Biologiedidaktik im Grunde nicht neu, sondern wurden schon zu Zeiten JUNGEs (1885) und SCHMEILs (1896) heftig und kontrovers diskutiert. Im Kontext dieses Kapitels sollen lediglich solche umfassenderen Strukturierungsprinzipien vorgestellt werden, die geeignet erscheinen, einem zeitgemäßen Biologieunterricht wesentliche Impulse zu geben. Ausgespart aus der Erörterung bleiben hingegen solche Ordnungsprinzipien, die entweder

a) nur einen Beitrag zur Methodendiskussion leisten bzw. nur formal bestimmt sind wie z. B.
   - der prozeßorientierte Ansatz (vgl. MEIER 1975),
   - der systemtheoretische Ansatz (vgl. BAYRHUBER 1975; SCHAEFER 1975)

   oder

b) die aus heutiger Sicht als überholt gelten wie z. B.
   - der nach Lebensräumen gegliederte Ansatz (vgl. KULTUSMINISTER 1967),
   - der fachwissenschaftlich-systematische Ansatz (vgl. die Mehrzahl der bislang publizierten »Biologie-Didaktiken« wie z. B. STICHMANN 1970; ESSER 1969; SIEDENTOP 1971[3]; MOSTLER u. a. 1975).

4.4.2 Der humanzentrierte Ansatz

Der von KATTMANN vorgelegte, durch eine Reihe von Arbeiten ausführlich beschriebene **humanzentrierte Strukturierungsansatz** stellt den bislang konsequentesten Versuch dar, Biologieunterricht von einem bestimmten Grundgedanken her zu verklammern und zu sequenzieren und damit eine Gesamtkonzeption für den Biologieunterricht vorzulegen (vgl. KATTMANN 1974, 1975, 1977, 1978a, 1978b). KATTMANN wurde bei der Entwicklung seines Ansatzes zweifellos von dem sich seit Anfang der 70er Jahre im biologiedidaktischen Bereich abzeichnenden Trend beeinflußt, die Ziele und Inhalte des Biologieunterrichts von

Leitfragen / Ebenen biologischer Organisation	Frage 1: Welchen biologischen Grundlagen und Bedingungen verdankt der Mensch seine Existenz?	Frage 2: Worin besteht die Eigenart des Menschen und was bedeutet sie für die Biosphäre?	Frage 3: Welche Bedeutung hat die Variabilität des Menschen?
Biosphäre	Evolution des Menschen Organismus-Umwelt-Beziehung (Umweltaspekte)	Mensch als Teil und Gegenüber der Biosphäre Umweltbeeinflussung	zukünftige Evolution des Menschen
Population (Zusammenleben der Menschen in einer Fortpflanzungsgemeinschaft)	Verhalten Variabilität und Vererbung Sexualität und Fortpflanzung	menschliche Gesellschaftsformen Entwicklung und Altern des Menschen Kommunikation des Menschen Merkmale menschlicher Sexualität	menschliche Rassen verschiedenartige soziale Gruppen Geschlechtsunterschiede
Organismus	Gliederung des menschlichen Organismus Reizbarkeit, Transinformation, Regulation Fortpflanzung, Wachstum, Entwicklung Stoff- und Energiewechsel Aktive Bewegung	das differenzierte Gehirn und die besondere Bedeutung der Hand das menschliche Gesicht der aufrechte Gang	individuelle Unterschiede des Menschen

Tab. 14: Thematisches Konzept des humanzentrierten Ansatzes (gekürzt und veränd. n. KATTMANN 1977, 244)

den Anforderungen in der Gesellschaft und den Bedürfnissen der Schüler her zu rechtfertigen (vgl. HEDEWIG 1979). Vor diesem Hintergrund versuchte KATTMANN – sehr verkürzt ausgedrückt –, die Auswahl, Anordnung und Legitimation der biologischen Unterrichtsinhalte am Menschen als zentralem Bezugspunkt auszurichten.

KATTMANN begründet diese Sichtweise, indem er zum einen den Menschen als Teil der Biosphäre[32] (Gesamtheit der Ökosysteme der Erde) hinstellt, der mit den Tieren zwar eine Fülle von Merkmalen und Verhaltensweisen gemeinsam hat, die jedoch bei ihm in artspezifischer, eben typisch menschlicher Ausprägung vorhanden sind. Hinzu kommen weitere Kennzeichen des Menschen, die sich vor allem in seinem Vermögen, die Biosphäre verändernd zu gestalten sowie in seiner Variabilität (d.h. Vielfalt und Individualität) dokumentieren (Mensch als Teil und gegenüber der Biosphäre; vgl. KATTMANN 1978a, 275).

Der humanzentrierte Ansatz strukturiert den Biologieunterricht mit Hilfe dreier Leitfragen (KATTMANN 1977, 229):

1. Welchen biologischen Grundlagen und Bedingungen verdankt der Mensch seine Existenz?
2. Worin besteht die Eigenart des Menschen und was bedeutet sie für die Biosphäre?
3. Welche Bedeutung hat die Variabilität des Menschen?

Diese drei sehr umfassenden Fragen betreffen ein und denselben Bereich, nämlich den Menschen, der von drei verschiedenen Ebenen her analysiert werden soll. Mit diesen Leitfragen soll also erreicht werden, daß bei einer unterrichtsplanerischen Konkretisierung stets der Mensch Ausgangs- und Zielpunkt der Betrachtung bleibt. Allerdings fehlen bei den Fragen 1 und 2 sozialwissenschaftliche Bezüge[33], wodurch der Gesellschaftsbezug dieses Ansatzes insgesamt zu kurz kommt[34], so daß der von KATTMANN für sein Konzept aufgestellte Anspruch, die Ziele und Inhalte von den Anforderungen der Gesellschaft her zu rechtfertigen, nur sporadisch erfüllt scheint. Der humanzentrierte Ansatz weist damit letztendlich insgesamt doch deutliche fachsystematische Schwerpunkte auf.[35]
In einer weiteren Ausschärfung der drei Leitfragen entwickelt KATTMANN sodann ein thematisches Konzept, das freilich auf einer sehr allgemeinen und unverbindlichen Ebene verbleibt (vgl. Tab. 14).

Die vielen meist nur mit einem Begriff bezeichneten Lerninhalte der Kattmannschen Themenlisten (siehe auch KATTMANN 1977, 256ff) vermitteln den Lehrplanentwicklern sowie den planenden Biologielehrern nur vage Vorstellungen über den Ablauf von Unterrichtssequenzen nach einem humanzentrierten Strukturierungsansatz. Hier fehlt bislang die planerische Umsetzung des Konzeptes in konkrete Unterrichtseinheiten[36] mit anschließender empirischer Erprobung. Erst dann läßt sich im übrigen eine Einschätzung der Brauchbarkeit des humanzentrierten Ansatzes im Rahmen einer Gesamtkonzeption von Biologieunterricht abgeben.

4.4.3 Der ökologische Ansatz

Bedingt durch die sich seit dem letzten Jahrzehnt immer schärfer abzeichnende globale Umweltkrise gewann auch im bundesrepublikanischen Biologieunterricht der letzten Jahre die ökologische Betrachtungsweise ein zunehmend größeres Gewicht (vgl. Kap. 2).[37] Vor diesem Hintergrund haben verschiedene Autoren seit 1975 von unterschiedlichen Positionen aus ökologische Strukturierungsansätze entwickelt – vgl. vor allem EULEFELD 1975; 1979b sowie BAY u.a. (1979), RODI (1975) und SCHULTE (1975).
Die stärker erziehungswissenschaftlich-didaktische und fächerüberschreitende Position (vgl. EULEFELD 1975) versucht, unter Überschreitung der engen Grenzen der klassischen Botanik und Zoologie vor allem solche Themenbereiche der Biologie auszuwählen, zu begründen und zu sequenzieren, die eine starke **individuelle** und **soziale** Komponente aufweisen. Der solchermaßen ausgerichtete ökologische Strukturierungsansatz orientiert sich demnach in starkem Maße an der Analyse der Wechselbeziehungen von Mensch und Umwelt, wobei insbesondere die Existenzbedingungen der Lebewesen in einer vom Menschen veränderten Welt sowie die Existenzbedingungen des Menschen

- in ihrer Abhängigkeit von den verschiedenartigen – auch anthropogenen – Umwelteinflüssen (autökologische Betrachtungsweise) sowie
- unter Berücksichtigung des Beziehungsgefüges aller in ihrem jeweiligen Lebensraum zusammenlebenden pflanzlichen und tierischen Organismen (synökologischen Betrachtungsweise)

analysiert werden.
Ein solches ökologisches Konzept ist – wie die vorangegangenen Ausführungen zeigen

Erhaltungskonzept	Reproduktionskonzept	Anpassungskonzept
Individuen und Populationen bleiben in ständiger Auseinandersetzung mit der Umwelt — selbständig regulierend — für einen bestimmten Zeitraum erhalten.	Individuen erneuern sich u. pflanzen sich fort.	Individuen und Populationen passen sich veränderten Umweltgegebenheiten an.
Wechselbeziehungskonzept (Grundkonzept)		
In einer Verbindung aller Aspekte der oben stehenden Konzepte steht jedes Individuum in permanenter Wechselbeziehung mit seiner Umwelt.		

Abb. 19: Das Vier-Faktoren-Konzept EULEFELDs als Grundlage für die Auswahl von Unterrichtsinhalten im ökologischen Strukturierungsansatz

– stark **humanökologisch** orientiert (vgl. Kap. 4.3.3), indem es von einem Ökologieverständnis ausgeht, das sich nicht nur auf die Bereiche der klassischen Biologie beschränkt, sondern ebenso Bereiche der Sozialwissenschaften miteinbezieht. Bei diesem Strukturierungsansatz steht also ganz ähnlich wie beim humanzentrierten Konzept der Mensch im Mittelpunkt der Erörterung, wobei jedoch beim ökologischen Ansatz zusätzlich die **Sozial-** und **Problembezogenheit** und die **Umweltdynamik** [38] kennzeichnende Kriterien der Inhaltsauswahl darstellen.

Die der Fachwissenschaft Biologie im stärkeren Maße verbundenen Positionen (vgl. RODI 1975, SCHULTE 1975, ZACHARIAS 1978) gehen demgegenüber von einem Ökosystemkonzept aus, das in einer strukturierenden Art und Weise die vielfältigen Wechselbeziehungen in Ökosystemen analysierend entflicht und in Gesamtzusammenhänge einordnet (vgl. ZACHARIAS 1978). Dieses Konzept bietet die Möglichkeit, aus dem riesigen Themenangebot der Biologie diejenigen auszuwählen und angemessen zusammenzustellen, die geeignet sind, Schülern die Struktur und Dynamik sowie auch die anthropogenen Belastungen von Ökosystemen zu vermitteln (vgl. EULEFELD 1979b, 123). Eine unterrichtsplanerische Umsetzung dieser fachwissenschaftlichen Position ist bisher jedoch noch nicht geleistet worden. Da jedoch das Ökosystemkonzept im starken Maße an den Fachstrukturen der Biologie orientiert ist, vertritt EULEFELD die Meinung, daß ein ökologisches Strukturierungsprinzip nicht auf diesem Konzept aufbauen sollte, sondern im Sinne des erziehungswissenschaftlich-didaktisch orientierten Ansatzes *»die Problemorientierung in den Vordergrund und damit die Existenz des Menschen in den Mittelpunkt rücken« muß* (EULEFELD 1979, 124).

Eulefeld schärft seinen fächerübergreifenden ökologischen Strukturierungsansatz weiter aus, indem er die dynamischen Um-

weltbeziehungen des Menschen (vgl. [38]) gleichsetzt mit seinen Fähigkeiten, als Reaktionen auf einwirkende Außenfaktoren seine Existenz zu gewährleisten, sich fortzupflanzen und sich anzupassen.
Ausgehend von dieser Prämisse entwickelt EULEFELD (1975, 139 ff) insgesamt 4 Konzepte, mit deren Hilfe die Unterrichtsinhalte ausgewählt werden sollen (vgl. Abb. 19). Auf der Grundlage des 4-Faktoren-Konzepts entwirft EULEFELD insgesamt 33 Themenskizzen, die nach den Kriterien Leitfragen, Thema, Begriffe, Intentionen und Methode gegliedert sind (vgl. 1975, 144 ff). Diese Themenskizzen zeigen, daß der von EULEFELD entwickelte ökologische Strukturierungsansatz sich nicht ausschließlich auf die Einzeldisziplin Ökologie stützt, sondern vor allem humanbiologische und sozialwissenschaftliche Aspekte in sein Konzept miteinbezieht. Eine detaillierte unterrichtsplanerische Umsetzung des ökologischen Ansatzes wurde von EULEFELD u. a. (1979a) zum Thema »Wasserverschmutzung« in Form von ausführlichen curricularen Unterrichtseinheiten einschließlich einer ersten empirischen Erprobung (als Pilotstudie) im Rahmen der IPN-Einheitenbank Curriculum Biologie (vgl. auch Kapitel 3.3.2) geleistet.

4.4.4 Der situationsanalytische Ansatz

Der situationsanalytische Ansatz ist im wesentlichen das Ergebnis des im Jahre 1968 begonnenen Bemühens einer großen Zahl vor allem hessischer Lehrer, die Hessischen Rahmenrichtlinien für Biologie nach zeitgemäßen Kriterien von Grund auf neu zu konzipieren. Stellvertretend für den angesprochenen Lehrerkreis stehen Namen wie BOJUNGA, DYLLA, FAHRENBERGER, FOKKEN, KÄSTLE und ZANNIER. Der Entwicklung dieses situationsanalytischen Ansatzes liegt die Auffassung zugrunde, daß die folgenden drei Sachverhalte als Ausgangspunkt für die biologischen Unterrichtsgegenstände der Sekundarstufe I zu begreifen sind [39] (vgl. auch Kap. 2.2.5.1):

1. Der Mensch ist als Lebewesen **biologischen Gesetzmäßigkeiten** unterworfen.
2. Der Mensch ist in ein Gefüge **gesellschaftlicher Beziehungen** eingegliedert.
3. Der Mensch und die Gesellschaft stehen in Abhängigkeit von den **Umweltsystemen**, in die sie integriert sind (vgl. RAHMENRICHTLINIEN 1980^2, 15).

Innerhalb der Überschneidungsbereiche der drei diese Sachverhalte kennzeichnenden Parameter (vgl. Abb. 20)
- Mensch als biologisches Einzelwesen,
- Mensch als soziales Wesen (Gesellschaft) und
- Umwelt

sind nun eine Fülle von Lebenssituationen denkbar, in denen Entscheidungen von biologischer Relevanz notwendig werden können, z. B.
- zwei 16 bzw. 17 Jahre alte Partner wollen miteinander geschlechtlich verkehren (Problem: Empfängnisverhütung);
- eine Behörde plant eine Autobahntrasse durch ein Nah-Erholungsgebiet (Problem: ökologische Auswirkungen);
- ein Kunde steht in einer Drogerie vor der Wahl, ein Parfum mit Treibgas oder mit mechanischem Zerstäuber zu kaufen (Problem: Umweltbelastung);
- auf Parties wird ein Gast fortgesetzt ermuntert, Alkohol zu trinken und von den reichlich vorhandenen Speisen zu essen (Problem: gesundheitliche Gefährdung);
- der sehnlichste Geburtstagswunsch einer 12jährigen ist ein Hund (Problem: artgerechte Tierpflege).

Diese Situationen sind deshalb nach Meinung der Autoren (vgl. DYLLA u. a. 1974;

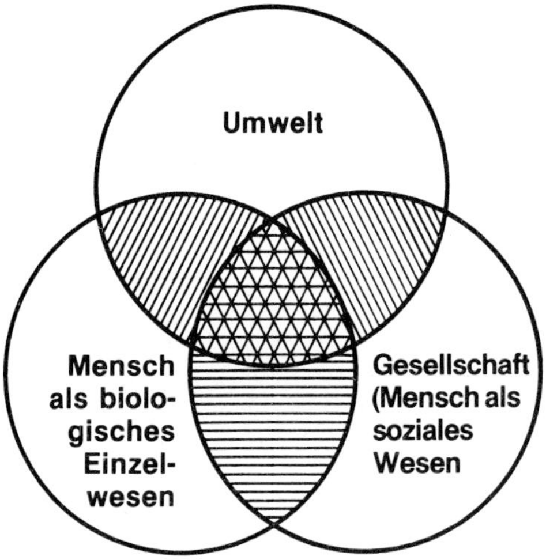

Abb. 20. Die Überschneidungsbereiche der drei Parameter Mensch – Umwelt – Gesellschaft – als Ausgangspunkt für die Gewinnung von Situationsfeldern (vgl. RAHMENRICHTLINIEN 1980², 19)

BOJUNGA/KÄSTLE 1975; RAHMENRICHTLINIEN 1980²; BOJUNGA 1978) zu Schwerpunkten des Biologieunterrichts zu machen, wenn als oberstes Ziel dieses Unterrichts gilt, die Schüler zu befähigen,
»jetzt und später im privaten und öffentlichen Bereich in solchen Situationen sachbezogen und verantwortungsbewußt zu entscheiden und zu handeln, in denen Entscheidungen und Handlungsweisen biologisches Verständnis und problemlösendes Denken erfordern« (RAHMENRICHTLINIEN 1980², 7).
In einem weiteren Schritt werden einander ähnliche Situationen in Gruppen zu **Situationsfeldern** zusammengefaßt. Diese Vorgehensweise macht deutlich, daß es sich bei den Situationsfeldern um keine wissenschaftlich-deduzierten Kategorien handelt, sondern um didaktische Gegenstandskomplexe, die aus der Unterrichtspraxis heraus entwickelt wurden (vgl. RAHMENRICHTLINIEN 1980², 20).

Insgesamt hat die Hessische Arbeitsgruppe sieben verschiedene für den Biologieunterricht relevante Situationsfelder beschrieben (vgl. auch Abb. 4), wobei betont wird, daß diese Zahl nicht festgeschrieben ist, sondern aufgrund vielfältiger Überschneidungen sowohl Erweiterungen als auch Reduzierungen denkbar sind (vgl. BOJUNGA 1978, 75). Bei diesen Situationsfeldern handelt es sich um

1. Umweltplanung
2. Rückwirkungen der Technik
3. Zivilisation und Entwicklung der Menschheit
4. zwischenmenschliche Beziehungen
5. Sexualität
6. körperlich-seelische Gesundheit
7. persönlicher Freiraum

In Tabelle 15 ist eine Zuordnung dieser Situationsfelder zu möglichen Themenbereichen einschließlich der diesen entsprechenden biologischen Disziplinen vorgenommen worden.
Die aus der Analyse der Stellung des Menschen als integrierter Bestandteil und desintegrierendes Gegenüber der Biosphäre gewonnenen Situationsfelder dienen nun in einem weiteren Schritt unter Expertenbeteiligung als Relevanzfilter für die Auswahl von Lernzielen und praxisnahen Unterrichtsgegenständen (vgl. STAECK 1977). [40] Die Autoren des situationsanalytischen Ansatzes sind in diesem Zusammenhang der Meinung, daß eine Bewältigung der Fragestellungen und Problembereiche der Situationsfelder nur geleistet werden kann, wenn einerseits **allgemeinbiologische** [41] Sachverhalte und andererseits **gesellschaftliche** Gegebenheiten im Vordergrund der unterrichtlichen Behandlung stehen (vgl. DYLLA u.a. 1974, 139; RAHMENRICHTLINIEN 1980², 33).

Disziplinen und Themenbereiche / Situationsfelder	angesprochene biologische Disziplinen	mögliche Themenbereiche
1. Umweltplanung	Morphologie Physiologie Ökologie Genetik Ethologie (Systematik)	Eingriffe des Menschen in seine Umwelt; Umweltgefährdung; ökologische Grundbegriffe
2. Rückwirkungen der Technik	Morphologie Physiologie Ökologie Genetik Phylogenie	Positive und negative Folgen der Zivilisationsgesellschaft für den Menschen
3. Zivilisation und Entwickung der Menschheit	Morphologie Physiologie Ökologie Genetik Phylogenetik Ethologie (Systematik)	Evolution des Menschen und der Wirbeltiere; Tier- und Pflanzenzüchtung; Eugenik
4. Zwischenmenschliche Beziehungen	Genetik Ethologie	Gemeinsamkeiten und Unterschiede im Verhalten von Mensch und Tier; Grundlagen der Genetik und Verhaltenslehre
5. Sexualität	Morphologie Physiologie Genetik Ethologie	Sexualverhalten bei Tier und Mensch; physiologische und psychische Ursachen ausgewählter sexueller Verhaltensweisen
6. körperlich-seelische Gesundheit	Morphologie Physiologie Genetik	Krankheiten, Altern, Tod; Grundkenntnisse der Organe und Organsysteme (Gesundheitserziehung); Grundlagen der Vererbung
7. Persönlicher Freiraum	keine unmittelbare Zuordnung möglich	biologische Freizeitgestaltung durch Beschäftigung mit Tieren und Pflanzen; Einsatz für den Natur- und Umweltschutz

Tab. 15: Zuordnung der Situationsfelder zu biologischen Disziplinen und Themenbereichen

Die beiden biologiedidaktischen Grundsäulen dieses Ansatzes stellen damit zum einen die biologische Fachstruktur und zum anderen die Humanzentrierung unter besonderer Berücksichtigung gesellschaftlicher Bezüge dar. Der situationsanalytische Ansatz wurde in den Hessischen Rahmenrichtlinien unterrichtsplanerisch umgesetzt, indem knapp 30 verschiedene Unterrichtseinheiten für die Klassen 5–10 skizzenhaft im Sinne eines **offenen** Planungskonzeptes beschrieben werden (Umfang und Reihenfolge der Unterrichtseinheiten, ausführliche Lernzielangaben, Medienhinweise, Themenbeispiele). Seit 1. 2. 1979 werden diese Unterrichtseinheiten in allen hessischen Schulen verbindlich erprobt.

4.4.5 Der anwendungsbezogene Ansatz

Ausgehend von der Feststellung, daß der Fachunterricht bis zur Beendigung der Sekundarstufe I keinen speziellen berufs- oder studienvorbereitenden Charakter hat, sondern die Schüler mit Kenntnissen, Fähigkeiten, Fertigkeiten und Handlungskompetenz ausstatten soll, die zur Bewältigung der vielfältigen Lebenssituationen dienen können, soll im folgenden die Konzeption eines anwendungsbezogenen Biologieunterrichts entwickelt werden. Dieser Ansatz soll dabei nicht in Konkurrenz treten mit dem humanzentrierten, dem ökologischen sowie dem situationsanalytischen Konzept. Hiermit soll vielmehr versucht werden, die mit den einzelnen Strukturierungsvorschlägen verknüpften zeitgemäßen Leitgedanken

- Mensch als zentraler Bezugspunkt,
- fächerübergreifende Kombination ökologischer, individueller und sozialer Aspekte,
- Akzentuierung allgemeinbiologischer Sachverhalte und
- Einbeziehung konkreter Lebenssituationen

aufzugreifen und in den anwendungsbezogenen Ansatz einzuarbeiten.

Jeder (Biologie-)Lehrer kennt die Erfahrung, daß Grundschüler noch voller Fragen und Wissensdurst – also im pädagogischen Sinn »lernwillig« – sind. Spätestens in Klasse 7 oder 8 erscheinen die Schüler in zunehmendem Maße desinteressiert, unmotiviert und vor allem in der Hauptschule gegen die Schule eingestellt (vgl. hierzu beispielsweise die Beobachtungen aus dem Biologieunterricht bei Beyer 1980). Ein wichtiger Grund für diese Entwicklung liegt darin, daß der Schüler im Laufe seiner schulischen Sozialisation die Erfahrung macht, daß die meisten seiner Fragen unbeantwortet und seine Interessen unbefriedigt bleiben. Für ihn ergibt sich – meist unbewußt und unreflektiert – als Funktion von Schule (hier Biologieunterricht) eine Vorbereitung auf das spätere fremdbestimmte Leben durch einen fremdbestimmten (Biologie-)Unterricht.

Dieser Prozeß vollzieht sich, obwohl es in der Lernpsychologie seit langem als Binsenweisheit gilt, daß Wissen vor allem dann **bildungswirksam** wird, also Bewußtsein und Verhalten verändern kann, wenn es in Beziehung zum Lernenden tritt – wenn es **Subjektivität ergreift**. Hier muß die (biologie)unterrichtliche Gesamtstrategie des Lehrers einsetzen: Der Biologieunterricht, der vor allem im Gymnasium noch immer als Entsprechung der biologischen Universitätsdisziplinen mißverstanden wird, dient weder der Ausbildung von Wissenschaftlern noch der von biologischen Spezialisten und damit der Vermittlung einer Scheinkompetenz, sondern der Bewältigung der belebten Umwelt und des sozialen Alltags des Menschen. Die Schulbiologie trägt demnach keinen wissenschaftspropädeutischen Charakter, sondern soll weitaus breiter qualifizieren. Deshalb muß sie andersartige Schwerpunkte aufweisen.

Beginnend im vorfachlichen Grundschulunterricht und weiterführend im biologischen Fachunterricht müssen die thematisierten Fragestellungen die Lebensbedürfnisse, Interessen und Probleme der Schüler zentral berücksichtigen.

Das diesen Ansatz kennzeichnende Prinzip läßt sich als **utilitaristisch** charakterisieren, d. h. der Nutzwert der Biologie einschließlich der Humanbiologie stellte das erkenntnisleitende Interesse für die Auswahl der häufig Zubringerfunktion leistenden Unterrichtsinhalte dar. Der Biologieunterricht wird demnach als **anwendungsbezogen** verstanden, und der Lehrstoff nach seiner **Anwendungsrelevanz** ausgewählt. Ein derartiges Verständnis von Biologie ist keineswegs eine grundsätzlich neue didaktische Sichtweise, vielmehr finden sich Ansätze für diese Konzeption sowohl in verschiedenen allgemein-pädagogischen und fachdidaktischen Entwürfen wie im praktizierten Biologieunterricht mancher – vieler? – Biologielehrer (vgl. auch BÖHLMANN 1974, GAHL 1974, DRUTJONS 1973). Allerdings erscheint die angewandte Biologie in vielen Biologielehrplänen derzeit unterrepräsentiert (vgl. HEDEWIG 1980b, 26, SKAUMAL/STAECK 1980).

Neuartig ist vor allem der Versuch einer **konsequenten unterrichtlichen Umsetzung** einer solchen Konzeption sowie ihre enge transdisziplinäre Verknüpfung mit gesellschaftlichen Fragestellungen. Ein solcher Ansatz argumentiert also nicht fachwissenschaftlich, sondern pädagogisch, zumal die Schüler heutzutage öffentlich nach dem Sinn des Unterrichts fragen.

Die in zahlreichen biologiedidaktischen Ansätzen als Entscheidungsfilter für die Inhaltsauswahl angesehenen Determinanten »Fach«-, »Schüler«- und »Gesellschaftsrelevanz« (vgl. auch Kap. 3.2.2.1) gehen in das vorliegende Konzept in ihrer Gesamtheit auf, zumal nunmehr als direktes Auswahlkriterium gilt, was für die Schüler direkt bedeutsam (anwendbar) und für das Leben des Menschen in seiner Umwelt allgemein bedeutsam (anwendbar) ist.

Die hier skizzierte Konzeption versteht sich demnach im höchsten Maße als ein gesellschaftsrelevanter Ansatz. Wenn dennoch auf die explizite Verwendung des Begriffes »gesellschaftsbezogen« zur Kennzeichnung des vorliegenden Ansatzes verzichtet wird, so geschieht dies zum einen deshalb, weil es in der Vergangenheit häufiger zu Mißverständnissen und ideologisch-motivierter Abwehrhaltung geführt hat (vgl. hierzu KUHN 1974, PALM 1976, STAECK 1976). Zum anderen soll auch durch die Wahl des Begriffes »anwendungsbezogen« deutlich werden, daß dieses Konzept vom sogenannten **Bedürfnisansatz** ausgeht und somit in erster Linie *durch den Schüler* und nicht durch eine bestimmte Ideologie oder wissenschaftliche Systematik legitimiert wird.

Die Legitimationsbasis eines anwendungsbezogenen Strukturierungsansatzes ist also der Schüler als Subjekt und Adressat aller Bildungsbemühungen des Biologieunterrichts, d. h. das permanente Bemühen um Schülermotivation und Schülerinteresse stellt für den Lehrer nicht bloß eine methodische Verpflichtung dar, vielmehr sind die Unterrichtsinhalte unter dem Gesichtspunkt auszuwählen, welchen persönlichen und interpersonellen Gebrauchswert sie für den Schüler in Gegenwart und absehbarer Zukunft haben. Hierfür genügt es nicht, die von den Schülern artikulierten »subjektiven Bedürfnisse und Interessen« zum Ausgangspunkt zu nehmen und sie in komplexere Zusammenhänge zu stellen. Daneben gilt es auch, die »objektiven« Schülerbedürfnisse und Interessen zu ermitteln und im Unterricht zu berücksichtigen. Hier ergibt sich allerdings das Problem, daß über die »objektiven Interessen und Bedürfnisse« der Heranwachsenden nur wenig bekannt ist und sich der Lehrer deshalb zwangsweise derzeit noch an der Erwachsenengesellschaft orientieren muß.

Folgende allgemeine Zielsetzungen verdeutlichen die hier vorgestellte Konzeption:

1. Der Biologieunterricht soll dem Schüler Grundlagen für seine Daseinsvorsorge und Existenzsicherung liefern.
2. Der Biologieunterricht soll dem Schüler die für ihn gegenwärtig und zukünftig bedeutsame unmittelbar und mittelbar zugängliche biologische und biologisch-gesellschaftliche Lebenswirklichkeit erschließen.
3. Der Biologieunterricht vermittelt somit Kenntnisse, Fähigkeiten und Fertigkeiten sowie Verhaltensweisen, die es dem Schüler ermöglichen, biologisch bedeutsame Lebenssituationen denkend und handelnd zu bewältigen sowie seinem Alter entsprechend an der Gestaltung seiner Umwelt mitzuwirken.

Diese allgemeinen Zielbestimmungen müssen nun materiell – zuerst in Form eines Grobrasters und später in Form thematischer Schwerpunktsetzungen – ausgefüllt und damit aussagefähig gemacht werden:
Der anwendungszentrierte Ansatz versucht – wie eingangs ausgeführt –, biologische Sachverhalte in Beziehung zu setzen mit individuell, sozial und gesellschaftlich wichtigen Fragen. Hierfür gibt es eine Fülle von Anknüpfungspunkten, z. B.
- in der Ökologie (Umwelt, Natur, Landschaftsschutz, Großstadtbiologie; Lebensräume als Wirtschaftsräume);
- in der Humanbiologie und Gesundheitserziehung (Gesunderhaltung der Organe und Organsysteme, Zivilisationskrankheiten);
- in der Genetik (Bedrohung des Erbgutes durch chemische und radioaktive Einwirkungen; genetische Manipulation);
- in der Ethologie (Übertragungsmöglichkeiten tierethologisch gewonnener Erkenntnisse auf den Menschen; Hinterfragung des ethologischen Begriffsvokabulars);

	1917	1977
geleistete Arbeitstage im Jahr	305	216
durchschnittliche Krankheitstage	5	12,6
Arbeitsstunden je Arbeitstag	10	8
Arbeitsstunden je Arbeitsjahr	3000	1624
Arbeitsjahre	45	38

Tab. 16: Vergleich der Arbeitszeit in den Jahren 1917 und 1977

- in der angewandten Zoologie (Zootiere, Domestikation);
- in der angewandten Botanik (Schädlingsbekämpfung);
- in der Mikrobiologie (Bakterien als Nützlinge oder Schädlinge);
- in der Wirtschaftsbiologie (Verständnis der Produktionsabläufe von Betrieben, die Naturprodukte erzeugen bzw. sich mit deren Verarbeitung beschäftigen, z. B. Brauerei, Margarinefabrik, Großgärtnerei, Baumschule, Imkerei, Schlachthof, Intensivtierhaltung).

Weiterhin versucht der anwendungsbezogene Ansatz, Möglichkeiten für eine sinnvolle Freizeitbeschäftigung aufzuzeigen, z. B. Tier- und Pflanzenpflege und Naturfotografie. Wie wichtig gerade die Einbringung des letztgenannten Aspekts in den Biologieunterricht ist, zeigt beispielsweise ein Vergleich der Arbeitszeit in den letzten 65 Jahren auf (vgl. Tab. 16).

So arbeitet der Mensch heute fast 30 % weniger als vor 65 Jahren, wobei gleichzeitig seine Freizeit entsprechend zugenommen hat. [42] Als Folge davon gibt es in unserem Land Millionen von sogenannten »Freitzeitbiologen«, die sich im Verein oder unorganisiert mit Pflanzen und Tieren beschäftigen. So gehört in der Bundesrepublik im Jahr 1979 beispielsweise zu 55 % der Haushalte ein Garten (Nutz- oder Ziergarten) und über 48 % aller bundesdeutschen Haushalte besitzen ein Haustier, z. B. hält sich jede fünfte deutsche Familie einen Vogel, 17 % besitzen einen Hund und über 10 % ein Aquarium, (vgl. INDUSTRIEVERBAND 1979). Der Biologieunterricht sollte dieser Gegebenheit Rechnung tragen und den Schülern neben der Vermittlung von biologischen Kenntnissen im Alltagsleben (z. B. in Familie, Arbeitsplatz, Urlaub, Verkehr) auch ein Grundwissen über Tier- und Pflanzenpflege nahebringen. So können schon bei Kindern und Jugendlichen Bedürfnisse für eine befriedigende Beschäftigung mit der Natur geweckt bzw. unterstützt werden, wodurch im übrigen auch positive Einflüsse auf ihr übriges Leben und Handeln zu erwarten sind (z. B. Eintreten für Natur- und Landschaftsschutz).

Für die unterrichtspraktische Umsetzung des anwendungsbezogenen Ansatzes bedeutet dies, daß der Lehrer zur Erhöhung der Lernmotivation von konkreten Lebensfragen des einzelnen und der Gesellschaft ausgehen sollte, so wie sie sich in der täglich erlebten Umwelt des Schülers darstellen. Als Einstieg in eine nach dem anwendungsbezogenen Konzept entwickelte Unterrichtseinheit bieten sich Phänomene, fragwürdige Situationen, Falldarstellungen und Problemstellungen an, die sich aus einer genauen Beobachtung der Lebewesen oder aus aktuellen Anlässen ergeben, die von seiten der Schüler kommen oder auch durch den Lehrer eingebracht werden. Anschließend werden (Arbeits-)Hypothesen zur Klärung der Ursachen des Ausgangsproblems aufgestellt. Mit Hilfe entsprechender fachwissenschaftlicher Fakten (z. B. aus der Morphologie, Anatomie, Physiologie) – und ggf. in experimenteller Vorgehensweise – werden die Hypothesen überprüft und die Problemsituation geklärt. Abschließend werden die aufgestellten Hypothesen bestätigt bzw. verworfen, eventuelle Maßnahmen und Problemlösungsstrategien diskutiert sowie die sich ergebenden Grenzen aufgezeigt. Diese Beschreibung macht deutlich, daß der anwendungszentrierte Ansatz methodisch-pragmatische und gesellschaftspolitische Prioritäten setzt.

Das folgende Schema faßt die beschriebene Vorgehensweise zusammen:

Problemstellung,
auffallendes Phänomen, fragwürdige Situation (z.B. Störung, Fehlfunktion)

↓

Hypothesenbildung

↓

Überprüfung der Hypothesen
mit Hilfe fachwissenschaftlich fundierter Fakten — ggf. experimentelle Überprüfung —

↓

Hypothesenbewertung
eventuell: Problemlösungsstrategien und Maßnahmen; Aufzeigen der Grenzen

Ein konkretes Beispiel einer Stundenabfolge in einem 9. Schuljahr/Realschule zum Thema »Straßenbaum« soll dieses Schema verdeutlichen:

UE: **Bedeutung und Funktion von Straßenbäumen und Parkanlagen in der Umwelt des Großstädters**
1. Stunde: Warum sterben Straßenbäume in Berlin? (Erkundung von der Schule mit Beschreibung des Problemkomplexes) 2. Stunde: Charakterisierung des Biotops Großstadt 3. Stunde: Wechselwirkung zwischen ökologischem Standort (Hauptstraße) und Organismus (Straßenbaum) 4. Stunde: Schadfaktoren für den Straßenbaum: im Boden 5. Stunde: Schadfaktoren für den Straßenbaum: in der Luft 6. Stunde: Tausalzschäden als Spezialproblem 7. Stunde: Bedeutung des Straßengrüns in Großstädten für den Menschen 8. Stunde: Maßnahmenkatalog zur Verbesserung der ökologischen Bedingungen der Straßenbäume.

Trotz der beschriebenen Vorzüge des anwendungszentrierten Ansatzes – vor allem im motivationalen Bereich – lassen sich doch eine Reihe von Schwierigkeiten bei der unterrichtspraktischen Umsetzung dieses Konzepts nicht leugnen:
Vor allem ist die Erfüllung der gegenwärtigen Biologielehrpläne erschwert, die noch überwiegend von der biologischen Fachstruktur ausgehen (vgl. Kap. 2 und 3.5).
Auch der im Rahmen einer biologischen **Grundbildung** erforderliche **systematische Aufbau** bestimmter allgemeinbiologischer Grundlagen erscheint nicht ohne weiteres möglich. Schließlich sind auch angesichts der Komplexität vieler anwendungsbezogener Problembereiche Schwierigkeiten bei der Lernorganisation insgesamt nicht von der Hand zu weisen, da sich die aufeinanderfolgenden Unterrichtseinheiten häufig nur lose aufeinander beziehen lassen und in ihrer Summation – auf das gesamte Schuljahr verteilt – für Schüler nicht jederzeit eine ersichtliche Bedeutung in einem übergreifenden biologischen Gesamtrahmen zu haben scheinen.

Abschließend sollen thesenartig die Kennzeichen eines anwendungsbezogenen Biologieunterrichtes zusammengestellt werden:

1. Ausgangs- und Zielpunkt der Überlegungen zur Inhaltsauswahl für den Biologieunterricht ist der Mensch (Mensch als zentraler Bezugspunkt), wobei in unterschiedlichen thematischen Schwerpunkten seine biologische und gesellschaftliche Wirklichkeit, wie sie sich in bestimmten Lebens-, Erfahrungs-, Situations- und Handlungsfeldern zeigt (z. B. sein Eingebundensein in eine bestimmte Umwelt, seine Existenz als Geschlechtswesen, sein persönlicher Freiraum), behandelt wird.
2. Im Mittelpunkt stehen solche Unterrichtsinhalte, die für die Schüler im engeren wie im weiteren Sinne mit existentiellen Problemen verbunden sind.
3. Hierfür sind ökologische, individuelle und soziale Themenbereiche miteinander zu verknüpfen.
4. Grundlage für einen anwendungsbezogenen Biologieunterricht sind die Gesetzmäßigkeiten des Lebendigen (Akzentuierung allgemeinbiologischer Sachverhalte), die an exemplarisch ausgewählten, für den Schüler in Gegenwart und Zukunft in irgendeiner Hinsicht bedeutsamen Lebewesen erarbeitet werden.
5. Die zur Auswahl stehenden Lerninhalte sind vor dem Hintergrund ihres Ver-

wertungszusammenhangs zu reflektieren und entsprechend unterrichtlich umzusetzen.

6. Biologisches Faktenwissen ist damit in der vorgestellten Konzeption niemals Selbstzweck, sondern dient ausschließlich dazu, dem Schüler in verschiedenartigen Lebenssituationen konkrete Entscheidungs- und Handlungshilfen bereitzustellen.
7. Die für eine biologische Grundbildung fachwissenschaftlich bedeutsamen Inhalte sind dabei didaktisch so zu reduzieren, daß ihre Relevanz für den Menschen deutlich wird.
8. Gesellschaftsrelevante Probleme stellen einen integralen Bestandteil aller Unterrichtseinheiten dar.
9. Die individuell bzw. gesellschaftlich anwendbaren biologischen Erkenntnisse, Fähigkeiten und Fertigkeiten sind unterrichtlich zu erschließen, indem von subjektiv oder objektiv interessanten oder fragwürdigen Phänomenen, Problemen, Falldarstellungen ausgegangen wird.

4.4.6 Zusammenfassung

Die Tabelle 17 gibt einen Überblick über die Merkmale der vier vorgestellten Strukturierungsansätze.

Das Problem aller bislang vorgelegten Strukturierungsansätze zeigt sich insbesondere an den folgenden beiden Punkten:

1. Zum einen hat sich das inzwischen angesammelte fachliche Wissen derartig angehäuft, daß eine Reduktion und Neuorganisation des Wissens im Hinblick auf die Bedürfnisse der Adressaten in der heutigen (und noch viel schwieriger: in der künftigen) Gesellschaft kaum zu bewältigen ist.
2. Damit verbunden ist es bisher nicht gelungen, eine für die Mehrheit der gesellschaftlichen Gruppierungen einsichtige und durchgängige curriculare Struktur zu entwickeln, die einerseits der Vielfalt und Variabilität aller biologischen Erscheinungsformen und Problembereiche in der heutigen Gesellschaft gerecht wird und die andererseits für die Mehrheit der gesellschaftlichen Gruppierungen akzeptabel ist.

Im gegenwärtigen Stand der Strukturierungsdiskussion bleibt festzuhalten, daß die hier vorgestellten Strukturierungsansätze an zahlreichen Stellen Berührungspunkte aufweisen. Hier bietet sich auch die Chance, ein mehrdimensionales und mehrspektivisches Gesamtkonzept zu entwickeln, das so angelegt ist, daß es den Zielsetzungen eines zeitgemäßen Biologieunterrichts entsprechen kann. Auch der Biologiedidaktiker RÜTHER (Bonn) vertritt diese Ansicht, wenn er fragt:

»*Fordert die Vielfältigkeit des Lebendigen nicht zwingend eine Vielfältigkeit in Strukturierung von Biologie, Biologiedidaktik und Biologieunterricht?*« (RÜTHER 1979, 102)

und auch der Biologe MEMMERT (Erlangen) empfiehlt:

»*Die Komplexität der Welt* [...] *und die stets sich wandelnden gesellschaftlichen Anforderungen lassen die Annahme mehrerer Strukturierungskriterien ratsam erscheimen [...]*« (MEMMERT *1957, 109).*

Eine solche Auffassung entspricht im übrigen auch der Gesamtheit des Biologieunterrichts, denn das Schulfach Biologie stellt ja – ebenso wie die Fachwissenschaft Biologie – keine in sich geschlossene Disziplin dar, sondern entnimmt seinen Unterrichtsstoff aus mehr als 40 verschiedenen biologischen, biologieverwandten und biologieübergreifenden Wissenschaftsgebieten. Als verbindliches fachimmanentes Auswahlprinzip gelten mittlerweile lediglich

Strukturierungsansatz	Hauptvertreter Autoren	Kennzeichen	Unterrichtspraktische Umsetzung
Humanzentrierter Ansatz	KATTMANN	– Mensch als zentraler Bezugspunkt – deutliche fachsystematische Schwerpunkte (»structure of the discipline«) – wenig Gesellschaftsbezug	UE »Der Mensch und die Tiere« (KATTMANN/STANGE-STICH 1974)
Ökologischer Ansatz a) fächerübergreifend	EULEFELD	– Kombination von ökologischen, individuellen und sozialen Komponenten – ökologische Zusammenhänge im gesellschaftlichen Kontext – Wechselbeziehungen Mensch-Umwelt (→humanökologische Orientierung) – Problembezogenheit – Umweltdynamik	UE »Probleme der Wasserverschmutzung« (EULEFELD u. a. 1979)
b) Ökosystemkonzept	BAY u. a.; RODI; SCHULTE; ZACHARIAS	– Analyse der Wechselbeziehungen in Ökosystemen – deutliche fachwissenschaftliche Orientierung	bisher keine
Situationsanalytischer Ansatz	BOJUNGA; DYLLA; HESS. RAHMENRICHTLINIEN	– Akzentuierung von Lebenssituationen mit Entscheidungen von biologischer Relevanz – Kombination von allgemeinbiologischen Sachverhalten und gesellschaftlichen Gegebenheiten – Integration von biologischer Fachstruktur, Humanbiologie und sozialwissenschaftlichen Bezügen	RAHMENRICHTLINIEN in Hessen (1980^2); BLUME u. a. (1976)
Anwendungsbezogener Ansatz	DRUTJONS; STAECK	– utilitaristische Sichtweise, d. h. Nutzwert der Biologie einschließlich Humanbiologie als erkenntnisleitendes Interesse – Einbeziehung sozialer Bezüge – Problembezogenheit	bisher keine

Tab. 17: Strukturierungsansätze in der biologiedidaktischen Diskussion

die Grundmerkmale und Funktionen des Lebendigen (vgl. Kap. 3.2.2.2).

Ein »pluralistisches«, das heißt mehrere unterschiedliche Ansätze umfassendes Gesamt-Strukturierungskonzept müßte unter dem erkenntnisleitenden Interesse eines auf den Menschen bezogenen Biologieunterrichts eine Vermaschung der verschiedenen einem zeitgemäßen Biologieunterricht (vgl. Tab. 10) gemäßen Strukturierungspunkte vornehmen, wie es das anwendungszentrierte Konzept ansatzweise versucht. Bei einer solchen Vermaschung kommt es jedoch aus pragmatischen Gründen darauf an, einen tragfähigen Kompromiß zu schließen, zwischen

- einer **durchgängig** fachwissenschaftlichen Struktur (»structure of the discipline«), die gesellschaftsrelevante Fragen nur zuläßt, wo sich diese von der fachlichen Ebene direkt anbieten, und

- einer fächerübergreifenden, an gesellschaftsrelevanten Problem- und Situationsfeldern sich orientierenden Struktur, die ausschließlich fachliche Themen lediglich danach zuordnet (und damit zuläßt), ob sie mit dem jeweiligen Problembereich korrespondieren. Auf jeden Fall sollte ein Strukturierungsansatz entwickelt werden, dem auch Nicht-Biologen zustimmen können, denn dadurch kann längerfristig die dringend erforderliche Anhebung des Stellenwertes des Biologieunterrichts im gesamten Spektrum der Unterrichtsfächer erreicht werden (vgl. auch Kap. 2.2.2).

Im übrigen ist auf dem Hintergrund welchen Konzeptes auch immer keine unmittelbare unterrichtspraktische Realisierung im Sinne einer logischen Deduktion möglich. Hier sind vielmehr im Rahmen von Curriculum- und Lehrplankommissionen Experten einzuschalten, die konkrete Einzelentscheidungen fällen und diese dann anschließend empirisch überprüfen.

4.5 Grundsätzliche Überlegungen zum Lernprozeß im Biologieunterricht

Der Beliebtheitsgrad des Biologieunterrichts im Vergleich zu anderen Fächern wird von Biologielehrern gewöhnlich hoch eingeschätzt. Eine bemerkenswerte Untersuchung von TODT (1977) an 420 Jungen und 498 Mädchen der 6. bis 9. Jahrgangsstufe an Gesamtschulen brachte indes ein Ergebnis, das wohl kaum den oben beschriebenen Wunschvorstellungen der Biologen entspricht: Von insgesamt zehn angeführten Fächern[43] erhielt das Fach Biologie bei den Jungen den Rangplatz 5 und bei den Mädchen den Rangplatz 5,25 (Median-Wert). Für den einzelnen Schüler scheint demnach der Biologieunterricht kein irgendwie herausragendes Fach zu sein, sondern ein recht bedeutungsloses (Neben-)Fach, das wie eine Reihe von anderen Fächern, ein- bis zweimal in der Woche von einem bestimmten Fachlehrer (Spezialisten) unterrichtet wird. Die Kontinuität bestimmter biologischer Fragestellungen oder gar die Identifizierung des Schülers mit bestimmten Problembereichen ist somit – noch dazu in Konkurrenz mit den übrigen Fächern – nicht ohne weiteres zu erwarten.

Eine wichtige Aufgabe des Biologielehrers besteht deshalb darin, seine Schüler in jeder Biologiestunde von neuem und von Grund auf für den anstehenden Unterrichtsgegenstand *zu interessieren.* Hinter dieser Überlegung steht die hinlänglich bekannte Erfahrung eines jeden Unterrichtenden, daß der Unterrichtserfolg weitgehend vom multifaktoriell bedingten Interesse des Schülers abhängt.[44] Dieses Interesse bewirkt eine Konzentration der Aufmerksamkeit, eine Anspannung der Kräfte, ein verständnisvolles Mitgehen und ein gewisses Maß an Arbeitsbereitschaft. Interesse ist demnach eine wichtige Voraussetzung dafür, daß im Schüler ein Bedürfnis entsteht, eine Aufgabe, eine Fragestellung oder ein Problem gedanklich zu durchdringen.

Wie unterschiedlich das Interesse der Schüler für verschiedene Teilbereiche des Biologieunterrichtes ist, zeigen die aufschlußreichen empirischen Untersuchungen von ARBINGER u.a. (1976, 130) sowie von TODT (1977, 206ff.).[45]

Die wichtigsten Ergebnisse der Abbildung 21 stellen sich wie folgt dar:

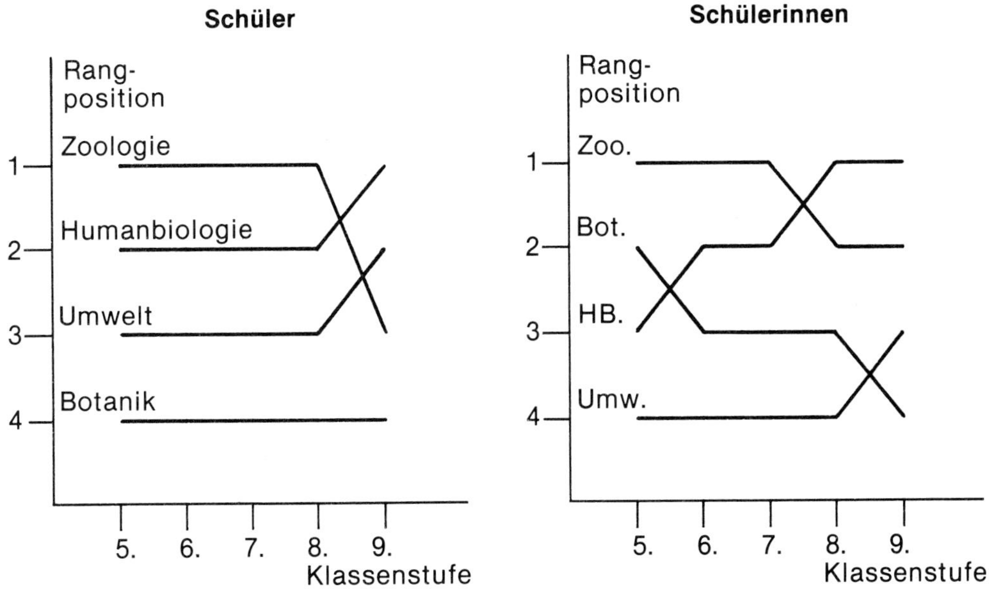

Abb. 21: Rangpositionen (Mittelwerte) der Interessenäußerungen für biologische Teilbereiche (N = 5600 Gesamtschüler des Schulbezirks Wetzlar)

- Das Interesse, das Jugendliche den Bereichen Pflanzen-, Tier- und Menschenkunde sowie Umweltthemen entgegenbringen, variiert in Abhängigkeit von ihrem Alter und Geschlecht.
- Die Tierkunde stellt bei Jungen bis Klasse 8 und bei den Mädchen bis Klasse 7 den am meisten bevorzugten biologischen Teilbereich dar; danach läßt die Beliebtheit etwas nach.
- Das Interesse an Humanbiologie ist bei den Jungen von Anfang an und bei den Mädchen ab Klasse 6 groß, wobei die Beliebtheit bis zum 9. Schuljahr noch steigt.
- Themen der Pflanzenkunde sind über alle Klassenstufen hinweg bei den Jungen am unbeliebtesten; auch bei den Mädchen sinkt das zu Anfang große Interesse schnell ab und erreicht in Klasse 9 ebenfalls die Rangposition 4.
- Umweltthemen stoßen bis zum 8. Schuljahr auf ein nur geringes bis mäßiges Interesse; danach nimmt der Lerneifer für diesen Teilbereich bei beiden Geschlechtern etwas zu.

Zahlreiche biologische Themen – in einigen Bundesländern mehr, in anderen weniger, je nach Konzeption der Lehrpläne (vgl. hierzu auch Kap. 2) – müssen demnach in den Fragehorizont der Kinder und Jugendlichen gebracht werden, um bei ihnen Interesse zu erzeugen. Die hierfür notwendigen Maßnahmen des Lehrers werden mit dem Begriff **Motivation** bzw. **Lernmotivierung** zusammengefaßt. Motivation bezeichnet im schulischen Bereich den Prozeß, den der Lehrer anregt, um Lernvorgänge zu initiieren. Motivation enthält damit im pädagogischen Feld einen instrumentellen Charakter.

Die klassische Psychologie unterscheidet in diesem Zusammenhang zwei Motivationsformen:

1. Die **intrinsische** (sachbezogene, primäre) Motivation, die bei einem Lernenden anzutreffen ist, »*der ein Problem oder eine Lernsituation in sich als spannend, herausfordernd erlebt und der seine Befriedigung schließlich in der Bewältigung oder Lösung der Aufgabe findet*« (SKOWRONEK 1970, 16).
   Die Beschäftigung mit lebenden Tieren oder Pflanzen im Klassenraum oder auch auf einer Exkursion kann eine solche sachbezogene Motivation auslösen.
2. Die **extrinsische** (sachfremde, sekundäre) Motivation wird demgegenüber von außen (z. B. durch Eltern, Lehrer, Mitschüler) an den Lernenden herangetragen. Lernfördernde Faktoren sind hierbei z. B. Streben nach Leistung und Anerkennung, Zielorientierung, Belohnung, Vorbilder, unter Umständen auch Strafandrohung.

Die intrinsische Motivation genießt in diesem Zusammenhang bei Pädagogen eine fast uneingeschränkte Wertschätzung, der hier widersprochen werden soll. Wenn bei den ausschließlich extrinsisch motivierten Lernvorgängen zu Recht die autoritär gesteuerte und fremdbestimmte Tätigkeit des Lernenden kritisiert wird, so ist bei einem rein intrinsisch Motivierten die zweckblinde Hingabe an die Sache, die totale Faszination durch den Stoff – wobei häufig die Frage nach der Relevanz völlig untergeht – zu mißbilligen (vgl. auch KRIEGER 1976, 293 und ROSEMANN 1974, 68). Bezogen auf den Biologieunterricht bedeutet das zum Beispiel:

Schulgartenarbeit, das Sammeln und Konservieren von Pflanzen und Tieren sowie das Hegen und Pflegen lebender Organismen im Unterricht ohne wohldefiniertes Ziel und nur um der Tätigkeit selbst willen erscheint pseudo-zeitgemäß und pädagogisch höchst problematisch, da solche Lerntätigkeiten von allen Problemzusammenhängen weitgehend gelöst sind. Zudem sind bei derartigen Schüleraktivitäten, die allein auf »Funktionslustmotiven« beruhen, erhebliche Diskontinuitäten der Lernhaltung, bedingt durch Sättigungserscheinungen und Abwechslungsbedürfnisse, zu erwarten.

Statt dessen sollte eine Lernmotivation bei den Schülern erreicht werden, indem am Anfang der unterrichtlichen Aktivitäten die **Relevanz eines Problems** aufgezeigt wird, wodurch neben kognitiven auch **affektive** Bereiche der Lernenden angesprochen werden. Hierdurch wird eine im augenblicklichen Interesse der Schüler liegende Wißbegier ausgelöst, die ausreicht, um sich mit dem bezeichneten Unterrichtsgegenstand eingehend und gründlich zu beschäftigen (vgl. hierzu die Untersuchung von KRIEGER (1976) zur spontanen Auslösung von Wißbegier).

Es erscheint fast unglaublich, doch die wissenschaftliche Biologiedidaktik hat sich seit ihrer Etablierung in den Pädagogischen Hochschulen und Universitäten vor etwa 20 Jahren so gut wie gar nicht mit diesem Problemkreis beschäftigt (vgl. die einschlägigen Biologiedidaktiken sowie PAPROTTÉ 1977, 300). [46]

So zählen auch empirische Untersuchungen zur Lernmotivation im Biologieunterricht bislang zu den Ausnahmen (vgl. z. B. KOCH 1977, LÖWE 1977, 1979, 1980 sowie TODT u. a. 1978). Die schulische Praxis offenbart dementsprechend – vor allem im Gymnasium – eine nur zögernd größer werdende Bereitschaft der Lehrerschaft, die Lernprozesse im Biologieunterricht nach motivationspsychologischen Erkenntnissen zu gestalten. Dabei liegen eine Reihe einschlägiger pädagogischer und psychologischer Arbeiten vor (z. B. von CORRELL 1971, FOPPA 1968^4, GAGNÉ 1980^5,

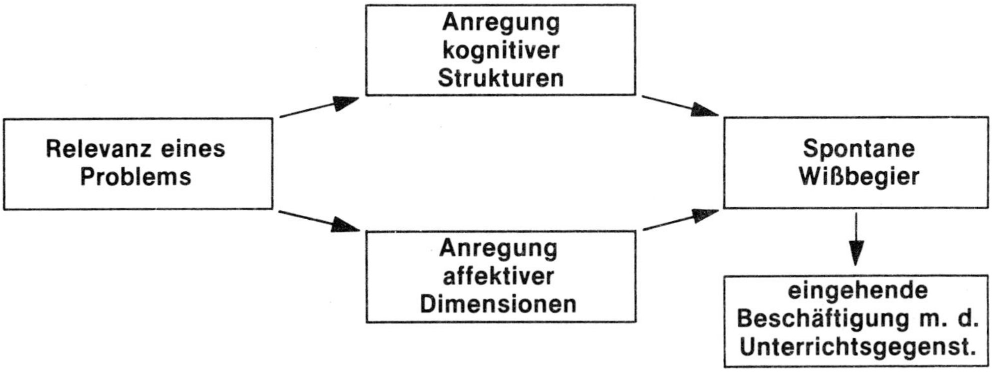

Abb. 22: Modell der Lernmotivation über die spontane Auslösung von Wißbegier (vgl. KRIEGER 1976, 295f und 306)

HILGARD/BOWER 1971, NAEF 1975[6], ROTH 1971[13], SKOWRONEK 1970[2], VESTER 1980[5]), die es ermöglichen, die grundlegenden lernpsychologischen Erkenntnisse auf den Biologieunterricht zu übertragen.

Vor allem die folgenden vier Aspekte stehen bislang einer durchgreifenden Modernisierung der Lernprozesse im Biologieunterricht entgegen (vgl. auch WERNER 1973):

1. Die weitgehende Vernachlässigung lernpsychologischer Forschungsergebnisse durch die derzeitige Biologiedidaktik;
2. das Mißverständnis des biologischen Lernvorgangs als Faktenreproduktionsprozeß;
3. die unzureichende Operationalisierung biologischer Lehrplaninhalte und
4. die übertriebene Betonung des schwer motivierbaren und oft unzeitgemäßen Lernens von Einzelfakten (vgl. Kap. 2).

Im folgenden sollen deshalb dem gegenwärtigen Erkenntnisstand der Lernpsychologie entsprechend eine Reihe von grundlegenden Maßnahmen zusammengestellt werden, die bei ihrer unterrichtlichen Umsetzung insgesamt dazu beitragen können, das Lernen im Biologieunterricht zu verbessern:

1. **Zur Erhöhung der primären Lernbereitschaft der Schüler ist der Unterricht nach Möglichkeit durch einen motivierenden Einstieg zu beginnen.**
   Insbesondere dem Unterrichtsbeginn wird im Biologieunterricht viel zu wenig Bedeutung beigemessen. Zahllose Unterrichtsprotokolle sowie Unterrichtsentwürfe von Lehramtskandidaten und Praktikumstudenten belegen, daß eine biologische Unterrichtsstunde noch immer häufig lediglich durch Wiederholung oder Anknüpfung an den Stoff der vorangegangenen Stunde begonnen wird. Dabei belegen empirische Untersuchungen – z.B. die von KOCH (1977, 140) – ganz eindeutig, daß motivierende Fragestellungen zu Beginn eines neuen Unterrichtsabschnittes – und ein solcher ist jede neue Biologiestunde – sich günstig auf das Lernen und Behalten von Unterrichtsstoff auswirken.
   Es kommt deshalb darauf an, nicht nur zu Beginn einer neuen Unterrichtseinheit, sondern möglichst auch zu Beginn

eines jeden neuen Stundenthemas zur Erzeugung einer »lernpositiven Hormonlage« (VESTER 1980[5], 142) das Interesse, die Aufmerksamkeit, die Neugier und den Lernspaß der Schüler für den Unterrichtsgegenstand zu erregen (vgl. Abb. 22), z. B. durch

- die Schilderung von solchen (Konflikt-)Situationen oder Phänomenen, die die Schüler mit ihrer eigenen Lebenswirklichkeit in Verbindung bringen können oder die sie auf Unklarheiten, Widersprüche und Lücken in ihren Kenntnissen hinweisen. [47] Damit verbunden ist
- die Auslösung eines »kognitiven Konfliktes« (BERLYNE 1974); d. h. die Fragwürdigkeit, Widersprüchlichkeit, Besonderheit eines Sachverhaltes regt zur Auseinandersetzung mit dieser Sachlage an. Ein solcher kognitiver Konflikt kann z. B. schon durch eine gute Problemstellung ausgelöst werden (vgl. hierzu auch Kap. 9.1).

Ein Beispiel soll dies verdeutlichen: Im Rahmen der Unterrichtseinheit Herz-Kreislauf-System des Menschen (7. Schuljahr) lautet ein Stundenthema »Bestandteile des Blutes«. Zu Beginn der Stunde berichtet der Lehrer, daß vor den Olympischen Spielen in Mexiko City (2300 m Höhe) die deutsche Olympiamannschaft in den Hochalpen trainierte. Über die Feststellung, daß in großen Höhenlagen ein vermindertes Sauerstoffangebot besteht (z. B. in 5000 m Höhe nur etwa 10,5 %), erkennen die Schüler, daß sich der Mensch durch das Training darauf einstellt. Durch den Impuls, daß sich ein Blutbestandteil im Höhentraining verändert, kommen die Schüler darauf, daß die roten Blutkörperchen für die Sauerstoffaufnahme und den Sauerstofftransport verantwortlich sind. Sie erfahren, daß die Zahl der roten Blutkörperchen nach drei Wochen Training in solchen Höhen um ca. 10 % ansteigt (von ca. 5 Millionen pro mm^3 auf 5,5 Mio/mm^3).

- größtmögliche Anschaulichkeit und Lebensnähe des gewählten Unterrichtsgegenstandes, z. B. mit Hilfe des Einsatzes entsprechender Medien sowie unter Verwendung von Beispielen aus dem unmittelbaren Umfeld der Schüler. Optische und akustische Aufhänger, die auch affektive Bereiche ansprechen, sind dabei häufig günstiger als rational greifende Einstiege.
- konkrete Fragestellungen des täglichen Lebens oder aktuelle Probleme, die den Rahmen bzw. Zielpunkt dessen umreißen, was im Verlauf der Unterrichtsstunde(n) geklärt werden soll.

Nachfolgend werden zwei unterrichtliche Einstiege beschrieben, die die theoretischen Ausführungen verdeutlichen sollen. Das erste Beispiel, das einen Einstieg in die Unterrichtseinheit »Innenschmarotzer des Menschen am Beispiel der Malariaerreger« (9. Schuljahr) beschreibt, veranschaulicht, wie ein biologisches Unterrichtsthema, das für 14jährige Schüler eigentlich wenig Bezugspunkte hat und kaum dem eigenen Erfahrungsbereich zuzuordnen ist, motivational aufbereitet werden kann:

Unterrichtsthema: Malaria – eine Krankheit, die auch für Mitteleuropäer bedeutsam ist.

Einstieg: Der Lehrer liest die folgende, einem AOK-Gesundheitsblatt entnommene und stärker veränderte Fallstudie vor, die die Erkrankung eines Touristen an Malaria wiedergibt:

Gefährliche Souvenirs

»Wenn einer eine Reise tut, dann kann er was erzählen« dachte Peter M., als er seine

Freunde einlud, um ihnen die Fotos seiner Reise in die Osttürkei vorzuführen. Aber der Abend wurde nicht so fröhlich und heiter, wie man erwartet hatte. Der Hausherr fühlte sich nicht recht wohl, er hatte Kopfschmerzen, fröstelte ein wenig und seine Erzählungen waren nicht so temperamentvoll, wie man das bei ihm gewöhnt war. Zur Nacht nahm Herr M. eine Schmerztablette, doch er schlief unruhig und am nächsten Morgen, Montag, hatte er 38,4 °C Temperatur. Er nahm an, er habe sich eben erkältet, denn vor einer Woche war er ja bei 30 °C in Ankara abgeflogen und 5 Stunden später, nur mit einem leichten Sommeranzug bekleidet, bei Regen und kaltem Wind in Berlin gelandet. Er blieb daher tagsüber im Bett, nahm ein Grippemittel und schlief sich einmal richtig aus.

Dienstag fühlte er sich wieder etwas besser, ging ins Büro, hatte aber keine rechte Lust zur Arbeit. Nachmittags trat dann ein richtiger Schüttelfrost auf, er fühlte sich nun doch ernsthaft krank und ließ sich von einem Kollegen nach Hause bringen.

Am Mittwoch ging er zu seinem Hausarzt, der aber nichts Besonderes feststellen konnte. Er vermutete auch eine Grippe, schrieb ihn krank und verordnete Medikamente.

Am Donnerstag fühlte sich Herr M. zunächst besser, doch nachmittags trat wieder Schüttelfrost auf. Der Hausarzt war nicht zu erreichen, den Notarzt wollte er nicht holen, weil er dachte, so schlimm sei es nun auch nicht.

Am Freitag rief er dann seinen Hausarzt an, der ihn aber erst gegen Abend besuchen konnte. Der Patient machte jetzt einen schwerkranken Eindruck, wirkte sehr müde und man konnte sich nur schwer mit ihm verständigen.

Der Hausarzt veranlaßte eine Krankenhauseinweisung wegen Verdacht auf Hirnhautentzündung. Noch in der Nacht wurde eine intensive Behandlung eingeleitet. Doch der Zustand von Peter M. verschlechterte sich rapide. Er fiel in tiefe Bewußtlosigkeit und starb Samstag früh. *(Bis hierher vorlesen!)*

Erst bei der Sektion wurde der wahre Grund der Krankheit festgestellt: Es hatte sich um die bösartigste Form der tropischen Malaria gehandelt, bei der sich die Erreger besonders in den kleinen Blutgefäßen des Gehirns konzentrieren und dort zu Durchblutungsstörungen, zum Funktionsausfall der Gehirnzellen und schließlich zum Tod führen.

Anschließend sollen die Schüler vermuten, um welche Krankheit es sich handelt. Von der Worterklärung des Begriffes Malaria her (mala, ital.: schlecht; aria, ital.: Luft) erkennen die Schüler, daß der Ursprung dieser Krankheit in Sümpfen zu finden ist, wo sich die Brutstätten der Stechmücken befinden. (Bis zum 19. Jahrhundert führte man die Krankheit auf die Ausdünstungen der Sumpfgebiete zurück, in deren Umkreis sie besonders häufig auftrat.)

Daraufhin wird geklärt, warum das Thema auch für die Schüler bedeutsam ist (Malariaeinschleppungen durch Zunahme des Ferntourismus). In diesem Zusammenhang wird ein Arbeitstransparent projiziert, das in einer grafischen Darstellung die Zunahme des Flugreiseverkehrs aus tropischen Gebieten in die Bundesrepublik Deutschland zeigt sowie in einer Tabelle eine Übersicht über die Zunahme der Malaria-Erkrankungen bringt (vgl. Abb. 23).

Die Schüler erläutern den Zusammenhang zwischen den beiden Darstellungen und erkennen, daß durch die enorme Zunahme des Flugreiseverkehrs aus tropischen Gebieten ein starker Anstieg der Malariafälle auch in der Bundesrepublik Deutschland zu verzeichnen ist.

Im weiteren Stundenverlauf werden noch die Verbreitungsgebiete und die Erkrankungsziffern der Malaria – bezogen auf die Weltbevölkerung – sowie der Übertragungsmechanismus dieser Krankheit erarbeitet. Die Stunde endet

Flugreiseverkehr aus den Tropen in die Bundesrepublik Deutschland (Einreisende Passagiere)

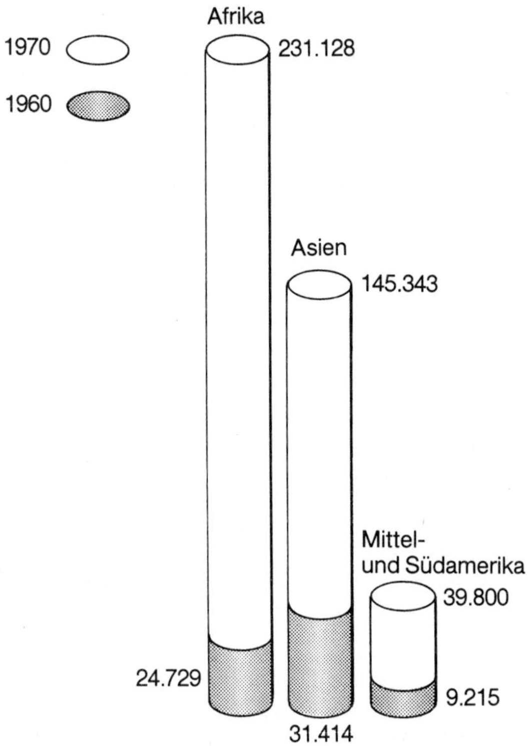

Malariaeinschleppungen in die Bundesrepublik Deutschland

Jahr	Erkrankungen	Sterbefälle
1967	48	5
1968	55	5
1969	59	8
1970	54	3
1971	86	2
1972	112	5
1973	173	17
1977	260	24
1978	558	11
1979	494	5
1980	570	4

Abb. 23: Arbeitstransparent zur Unterrichtsstunde »Malaria – eine Krankheit, die auch für Mitteleuropäer bedeutsam ist«

mit der Klärung des Erregers der Malaria (einzellige Lebewesen, die zu den Protozoen gehören: *Plasmodien*/Sporentierchen).

Das zweite Beispiel (entnommen aus STORK 1980) soll verdeutlichen, wie eine Unterrichtsreihe durch lückenhafte und gegensätzliche Darstellung des Unterrichtsgegenstandes problematisiert werden kann, woraus sich eine Reihe von Fragen ergeben, die dann im weiteren Verlauf der Einheit geklärt werden:

Unterrichtseinheit: Untersuchungen zur Siedlungsdichte der innerstädtischen Vogelwelt (9. Schuljahr/Gymnasium)

Unterrichtsthema: Gefährden Elstern und Krähen den Singvogelbestand in der Stadt? – Notwendigkeit einer Untersuchung

Einstieg: Den Schülern wird folgender in Anlehnung an einen Zeitungsartikel formulierter Brief des Herrn F. vorgelegt, der drastische Maßnahmen gegen Elstern und Krähen fordert. Dieser Text erscheint Schülern dieser Altersstufe bei kritischer Analyse fragwürdig und regt

Fritz Finkenberger
(Name geändert)

Berlin, den 5. Juni 1979

An den
Deutschen Bund für Vogelschutz
Landesverband Berlin

Betrifft: Abschuß von Elstern und Krähen

Sehr geehrte Vogelfreunde!

Seit Jahren haben Sie sich gegen eine radikale Bestandsregulierung bei Elstern und Krähen gewehrt und beim Berliner Senat auch erreicht, daß die Verfolgung dieser Vögel eingestellt wurde. Jetzt erhalten wir dafür die Quittung: Es besteht die Gefahr, daß unsere Singvögel so nach und nach verstummen. Elstern und Krähen werden immer mehr und plündern die Nester unserer Singvögel.

Ich wohne in Reinickendorf (Alt-Reinickendorf in der Nähe des Paddenpuhls). Hier haben die Singvögel, die nicht in Höhlen brüten, in den letzten 6 Jahren ihre Jungvögel nicht mehr aufziehen können. Die Nachbarn bestätigen meine Meinung: Es soll kaum noch Amseln, Grünfinken, Girlitze, Rotschwänze und Grasmücken in unseren Anlagen und Gärten geben.

Und jetzt habe ich es selbst beobachtet: Seit zwei Wochen hat ein Vogel im Blumenkasten auf unserem Balkon gebrütet. Ich glaube, es war ein Grünfink. Ich habe jeden Tag mehrfach kontrolliert, und gestern waren die Jungvögelchen geschlüpft. Wir haben uns sehr darüber gefreut.

Zu unserem Schreck war das Nest heute früh leer - ausgeraubt! Auf dem Baum vor unserem Haus krächzte eine Elster. Ich habe sie schon seit langem in Verdacht, daß sie unserem Singvogel nachstellte.

Elstern und Krähen müssen wieder bekämpft werden, sonst können wir uns bald nicht mehr am Lied der Singvögel erfreuen. Abschießen - das ist wohl die einfachste und schnellste Lösung!

Hochachtungsvoll

PS Diesen Brief habe ich zur Information und als Aufforderung etwas zu tun, an den Senator für Bau- und Wohnungswesen -Abt. Naturschutz - geschickt.

zu neuen Lösungsvorschlägen an, die allerdings – biologisch fundiert – begründet werden müssen. Die sich hier eröffnende Wissenslücke wirkt sich motivierend für den weiteren Verlauf der Unterrichtssequenz aus.
Die Aufgabenstellung lautet: Prüft den Inhalt des Briefes auf seine Aussage- und Beweiskraft! Nehmt Stellung!
In der anschließenden Auswertungsphase stellen die Schüler fest, daß sich Herr F. nur auf wenige Beobachtungen stützt und überwiegend nur Vermutungen äußert. Der Lehrer fragt, welche Maßnahmen vorgeschlagen werden dürften, wenn ein solcher Brief an die Behörde geschickt würde, wo Beamte sitzen, die in der Regel kaum Kenntnisse über Vogelverhalten besitzen, jedoch Maßnahmen anordnen, die auch Vögel betreffen. Die Schüler stellen zwei verschiedene Haltungen der Beamten gegenüber:

1. Der Inhalt des Briefes wird für wahr gehalten und durch eine entsprechende Maßnahme unterstützt.
2. Der Inhalt des Briefes wird skeptisch beurteilt, und die zu treffenden Maßnahmen werden vorerst aufgeschoben.

Die Schüler werden zu einer Wertung beider möglichen Entscheidungen aufgefordert und erkennen, daß eventuelle Maßnahmen erst nach Vorliegen einer Bestandsaufnahme der Brutvögel in Alt-Reinickendorf erfolgen können.
Damit sind die Schüler genügend motiviert, um im weiteren Verlauf der Unterrichtseinheit die Untersuchungen des Vogelbestandes in einem bestimmten schulnahen Gebiet planen und durchführen zu können.
Insbesondere der Lehranfänger hat meist große Schwierigkeiten, für seine Biologiestunden einen motivierenden unterrichtlichen Einstieg zu finden. Viele Anregungen für einen aktuellen, problemhaltigen und schülerbezogenen Stundenbeginn kann er indes der Presse entnehmen. Sowohl die Tageszeitungen als auch Wochenmagazine und Illustrierte weisen eine Fülle interessanter Beiträge auf, die die verschiedensten Themenbereiche des Biologieunterrichts betreffen, von denen sich manches Mal die plakative Überschrift oder die Fotos, ein anderes Mal der ganze Artikel oder auch nur Textpassagen für den unterrichtlichen Einstieg ausgezeichnet eignen (vgl. hierzu im übrigen auch Kap. 8).
Ein weiterer Weg, Interesse weckende Einstiege zu finden, besteht darin, die Interessenlage der Schüler zu erkunden sowie auch ihre Vorstellungen und Denkhorizonte zu erkennen, zu analysieren und dann die Lernsituation so zu arrangieren, daß eine Vermittlung zwischen vorhandenen, persönlichen Interessen und zeitgemäßen biologischen Themen gelingt.

2. **Durch ein entsprechendes Methodenkonzept ist den Schülern eine aktiv-handelnde Auseinandersetzung mit den inhaltlichen Strukturen des Unterrichtsgegenstandes zu ermöglichen (learning by doing).**
   Dies kann insbesondere dadurch erreicht werden, daß der frontal ausgerichtete Klassenverband aufgelöst wird zugunsten einer Kleingruppen-, Partner- oder Einzelarbeit. Durch entsprechende präzise Arbeitsaufträge bzw. Aufgabenstellungen werden die Schüler angeregt, sich über einen bestimmten Themenbereich zu informieren und darüber ein schriftliches Arbeitsergebnis vorzulegen.

Aber auch bei frontaler Vorgehensweise kann der Lehrer durch gezielte Impulstätigkeit sowie durch Aufforderungen zum Vermuten, Betrachten, Beobachten, Mitteilen, Beurteilen, Vergleichen – bei einem entsprechenden zeitlichen Freiraum – erreichen, daß die Schüler zu einer aktiv-handelnden Auseinandersetzung mit dem Unterrichtsstoff gelangen. [48]

3. **Die unterrichtlichen Medien sind stets als Operationsobjekte zu verstehen, die die Lernenden durch ihre spezifisch didaktische Aufbereitung zu bestimmten Lernaktivitäten (Operationen) anregen.**
Operationsobjekte sind nach diesem Verständnis geeignet zum Stimulieren, Auslösen und zum Lenken von Handlungsabläufen bzw. unterrichtlichen Operationsfolgen. Diese didaktischen Funktionen können sie jedoch nur in Verbindung mit entsprechenden Lehreraktivitäten erfüllen (Konzept des **Kontext-Modells**); (vgl. Staeck 1980).
Bei einem derartigen Verständnis der unterrichtlichen Medien kommt dem Lehrer die wichtige Aufgabe zu, die Schüler zu einer möglichst aktiven Auseinandersetzung mit den im jeweiligen Medium übermittelten Sachverhalten, Problemstellungen und Aufgaben anzuregen, ohne ihn in seiner Denktätigkeit zu kanalisieren. [49] Dies kann beispielsweise in dem **manuellen Nachvollziehen** des Bewegungsablaufes, des Bestäubungsmechanismus bei einer Blüte (z. B. Wiesen-Salbei) anhand eines Funktionsmodelles ebenso geschehen wie in der **kognitiven Beschäftigung** mit einem Unterrichtsprogramm (z. B. über Blutkreislauf und Herztätigkeit).
Die gezielte Aufmerksamkeitssteuerung des Lernenden als Voraussetzung für die Auseinandersetzung mit dem eingesetzten Medium kann dadurch erreicht werden, daß der Lehrer den Einsatz eines Mediums mit präzisen Arbeitsanweisungen an die Schüler koppelt. Weitere gezielte Lernhilfen sind z. B. Impulsfragen, Denkanstöße, Fragen über den Unterrichtsgegenstand, Beobachtungsaufgaben.
Schließlich sollte im Unterrichtsverlauf darauf geachtet werden, daß die eingesetzten Medien verschiedenartige Sinneskanäle ansprechen, um den unterschiedlichen Wahrnehmungs- bzw. Lerntypen bei den Schülern gerecht zu werden.

Durch das Arbeiten mit derartig unterschiedlichen Medien wird erreicht, daß der Biologieunterricht nicht mehr überwiegend begrifflich-theoretisch ausgerichtet ist (bedingt durch den enormen Arbeitsbogeneinsatz), wodurch bislang der abstrakt-verbale Lerntyp bevorzugt wurde. Durch den intensiven und wechselnden Einsatz von realen Gegenständen, Dias, Tonfilmen, Tonbändern, Modellen und Texten wird vielmehr erreicht, daß neben

- visuellen Lerntypen, die sich besonders gut Einzelheiten des Gesehenen merken, auch
- auditive Lerntypen, die den Lerninhalt am leichtesten durch Hören und Sprechen aufnehmen und
- haptische Lerntypen, die vor allem mit Bewegungsvorstellungen arbeiten und sich den Unterrichtsgegenstand dann besonders leicht einprägen, wenn sie ihn anfassen und fühlen bzw. sich in praktischer Anwendung mit ihm auseinandersetzen können, verstärkt angesprochen wer-

den (vgl. VESTER 1980[5], 123 sowie Kap. 8).

In diesem Zusammenhang erscheint noch der Hinweis wichtig, daß den Schülern im Rahmen ihrer Beschäftigung mit den Medien Gelegenheit gegeben wird, ihr Arbeitstempo für einen bestimmten Unterrichtsabschnitt individuell zu bestimmen.

4. **In den Unterrichtsablauf sind Rückkoppelungs- und Festigungsphasen mitaufzunehmen.**

Für die Erhöhung des unterrichtlichen Lernerfolgs erscheint es lernpsychologisch empfehlenswert, auf die Lernbemühungen der Schüler durch Rückmeldung bzw. Erfolgsbestätigung zu reagieren. Dies kann beispielsweise durch einen Arbeits- oder Testbogen erfolgen, indem über entsprechende Arbeitsaufgaben Reproduktions- und Aktualisierungsprozesse ausgelöst werden, die die gewünschte Rückkoppelungsfunktion erfüllen. Durch die in der Regel geforderte schriftliche Fixierung der Antworten wird der Schüler zudem veranlaßt, bestimmte Teilbereiche der noch im Gedächtnis-Kurzspeicher befindlichen Informationen wiederholend zusammenzufassen, wodurch der Stoff noch einmal prägnant ins Bewußtsein gelangt und dadurch besser behalten wird (vgl. hierzu die Untersuchungsergebnisse von HOFER 1974, 840 sowie von HOFER u. a. 1974, 7). Weiterhin kann eine Rückmeldung bzw. Erfolgsbestätigung auch durch eine entsprechende Unterrichtsführung des Lehrers erreicht werden, d. h. die im Rahmen der Erarbeitungsphase vorgebrachten Schülerbeiträge erfahren eine informative Rückmeldung, indem der Lehrer richtige Äußerungen bekräftigt und falsch gelerntes korrigiert. Hierdurch wird sich der einzelne Schüler über seinen Lernerfolg klar, wodurch ein Verstärkungs- und damit Motivationseffekt erreicht wird (vgl. SCHWARZE 1975, 12).

Schließlich sollte je nach Quantum des erarbeiteten Stoffes in einer oder mehreren Festigungsphasen eine aktive Teilwiederholung der inhaltlichen Schwerpunkte der Unterrichtsstunde durch die Schüler erfolgen. Durch dieses bewußte Hervorheben, Strukturieren und Schaffen von Zusammenhängen wird der gerade aufgenommene Lerninhalt in das längerfristige Gedächtnis übernommen und dadurch ein besseres Behalten des Stoffes erreicht (vgl. VESTER 1980[5]).

So könnte beispielsweise nach Beendigung einer Erarbeitungsphase ein Textauszug ausgeteilt werden, der die zuvor vermittelten Einzelbeispiele verallgemeinert oder einen Transfer auf einen ähnlichen Sachverhalt beinhaltet: Im Rahmen einer Unterrichtseinheit zum Thema »Ökosystem See« (7. Schuljahr) werden nach einem Lehrspaziergang zu einem schulnahen Kleingewässer die beobachteten Organismen aufgezählt. Es wird zusammengetragen: Wasserflöhe, Stockenten, Mückenlarven, Schilfrohr, Plötzen (Rotaugen), Grünalgen, wobei die jeweiligen zwischenartlichen Beziehungen herausgestellt werden, z. B. Wasserflöhe fressen Grünalgen, Plötze frißt Wasserflöhe usw. Der Begriff Konsument (Verbraucher) wird eingeführt, und die Schüler erkennen, daß ein Konsument häufig zugleich wieder die Nahrung für einen weiteren Konsumenten darstellen kann. Anschließend erhalten die Schüler einen Arbeitsbogen mit der folgenden Aufgabe:

Biologie	Thema: Ökosystem See	Datum

1. Stelle von den nachfolgend aufgezählten Organismen diejenigen zusammen, die untereinander eine Nahrungsbeziehung aufweisen:

____

____

2. Trage die Namen so in die Kästchen ein, daß eine mögliche Reihenfolge von Fressen und Gefressenwerden entsteht. Gib durch Wirkungspfeile (→) an, zwischen welchen Organismenarten eine direkte Beziehung besteht (Pfeilspitze zeigt - dem Weg der Nahrung folgend - zum Verzehrer.).
   Organismenarten: Hecht, Möwe, Grünalgen, Gründling, Wasserfloh, Barsch, Gelbrandkäferlarve, Sperling

Grünalge	→		→		→		→		→	
[50]		(Wasserfloh)		(Gelbrandkäferlarve)		(Gründling)		(Hecht)		(Möwe)

3. Ordne die folgenden Organismen so, daß ein Beziehungsgefüge in Form eines Pfeildiagrammes entsteht.
   Organismen: Meise, Blatt, Greifvogel, Raupe [50]

(Blatt)	(→)	(Raupe)	(→)	(Meise)	(→)	(Greifvogel)

4. Welche Lebewesen stellen immer die "Endverbraucher" von Beziehungsgefügen dar? (Beutegreifer)

5. Welches ist ein Beziehungsgefüge in der richtigen Reihenfolge?

a) Kiefer	Eichhörnchen	Specht	Pilz	O	
b) Forelle	Hecht	Karpfen	Ente	O	
c) Möhre	Feldmaus	Wiesel	Bussard	O	(x)

In der anschließenden Auswertung des Arbeitsbogens werden dann die Begriffe Produzenten (Erzeuger) und Nahrungskette eingeführt.
Die Schüler erhalten durch die beschriebenen Maßnahmen Gelegenheit, im Stundenverlauf Übersehenes zu erfassen und gedankliche Querverbindungen zwischen verschiedenen zuvor erörterten Gedankengängen und Problembereichen erneut herzustellen.

5. **Die Lerninhalte sind – auch innerhalb einer oder mehrerer Unterrichtsreihen – gemäß dem Spiralprinzip anzuordnen** (vgl. hierzu auch Kap. 3.2.1).
Die in der Einführungssequenz einer Unterrichtseinheit vermittelten Grundbegriffe und fundamentalen Beziehungsgefüge werden im weiteren Verlauf der Einheit wieder aufgegriffen und in neuen komplexeren Sachzusammenhängen vertieft. Dieser Vorgehensweise liegen die lernpsychologischen Erkenntnisse zugrunde, daß
   - durch die Wiederholung und Anwendung des Gelernten die Behaltenseffekte vergrößert werden;
   - durch das Herstellen von Bezügen und Querverbindungen zu bekannten Gedankeninhalten neue Informationen leichter assoziativ verankert werden (vgl. VESTER 1980[5], 141ff; GAGNÉ 1980[5], 63f);
   - der Lernstoff den Schülern strukturiert dargeboten werden soll, wobei stets von bekannten und einfachen Aspekten/Sachverhalten auszugehen ist, auf denen dann neuartige und komplexere Gedankengänge aufbauen können (vgl. VESTER 1980[5], 141).

6. **Der angestrebte kognitive Lernerfolg der Schüler ist möglichst eindeutig und überprüfbar – d.h. in Form operationalisierter Lernziele – zu beschreiben.** [51]
Die Zielorientierung des Unterrichts trägt dazu bei, die Unterrichtsstunde insgesamt deutlicher zu strukturieren und die Notwendigkeit der vorgesehenen verschiedenen inhaltlichen Schwerpunkte, methodischen Maßnahmen, Medien und Organisationsformen und damit der Artikulation der Stunde [52] insgesamt zu begründen und auf ihre lernprozeßfördernde Wirkung zu hinterfragen. Weiterhin kann der Unterrichtsstoff bei entsprechender Operationalisierung der Lernziele abschnittsweise gegliedert und erarbeitet werden. Schließlich soll die in den Lernzielformulierungen zum Ausdruck gebrachte absichtliche Vereinfachung der komplexen Unterrichtswirklichkeit die Aufmerksamkeit des **Lehrers** auf bestimmte übergeordnete und für den Gesamtzusammenhang der Unterrichtseinheit bedeutsame Intentionen lenken. Durch die Präzisierung der eigenen Zielvorstellungen wird es somit leichter möglich, die zur Erreichung der angestrebten Lernziele notwendigen Lernprozesse bei den Schülern durch entsprechende methodische und mediale Maßnahmen zu steuern (vgl. hierzu auch Kap. 9.3).
Für die **Schüler** bekommen derartige Lernziele eine lernprozeßfördernde Bedeutung, wenn sie ihnen vor Beginn einer Stunde mitgeteilt werden. Sie können dadurch zu jedem Zeitpunkt des Unterrichts Wert und Bedeutung des Lernstoffes persönlich einschätzen sowie die Struktur und die Schwerpunkte des Unterrichts leichter erfassen und entsprechend ihre Aufmerksamkeit und Mitarbeit selbst steuern (vgl. auch VESTER 1980[5], 141).

Eine Modernisierung des Biologieunterrichts wird es ohne die Berücksichtigung der Ergebnisse der Lernpsychologie nicht geben. Da Lernprozesse nie ohne Motivation ablaufen, muß insbesondere dem Problem der Lernmotivierung im Biologieunterricht – auch über entsprechende empirische Arbeiten – endlich größere Aufmerksamkeit gewidmet werden. Der in der Unterrichtspraxis stehende Biologielehrer kann jedoch schon durch ein lernpsychologisch orientiertes einfaches Methodenkonzept Lernaktivitäten und Lernprozesse bei seinen Schülern anregen und intensivieren.

Die nachfolgende Aufstellung faßt die beschriebenen Maßnahmen noch einmal zusammen und ergänzt diese durch einige wirksame Lernaktivitäten.

Maßnahmen zur Verbesserung des Lernens im Biologieunterricht

1. Zur Erhöhung der primären Lernbereitschaft der Schüler sollte der Unterricht nach Möglichkeit stets mit einem motivierenden Einstieg beginnen.
2. Durch ein entsprechendes unterrichtliches Methodenkonzept ist den Schülern eine aktiv-handelnde Auseinandersetzung mit den inhaltlichen Strukturen des Unterrichtsgegenstandes zu ermöglichen (learning by doing).
3. Die unterrichtlichen Medien sind stets als Operationsobjekte zu verstehen, die die Lernenden durch ihre spezifische didaktische Aufbereitung zu bestimmten Lernaktivitäten (Operationen) anregen.
4. In den Unterrichtsablauf sind Rückkoppelungs- und Festigungsphasen mitaufzunehmen.
5. Die Lerninhalte sind – auch innerhalb einer oder mehrerer Unterrichtsreihen – gemäß dem Sprialprinzip anzuordnen.
6. Der angestrebte kognitive Lernerfolg ist möglichst eindeutig und überprüfbar – d.h. in Form operationalisierter Lernziele – zu beschreiben.

Auswahl von Lernaktivitäten

1. *Lernen durch praktische Tätigkeiten*
   - Betrachten, Beobachten, Untersuchen
   - Experimentieren
   - Üben
2. *Lernen durch kognitive Prozesse*
   - Informationen sammeln
   - Informationen verarbeiten
   - Informationen bewerten
   - Informationen übertragen
3. *Lernen durch handlungsbezogene Kommunikation*
   - durch Kooperieren
   - durch Diskutieren

5
Didaktische Aspekte zeitgemäßer Themenkreise

Viele Biologielehrer befinden sich hinsichtlich der unterrichtlichen Vermittlung neuerer biologischer Disziplinen, Stoffgebiete und Themenkomplexe in einer schwierigen Situation, da sie während ihrer Ausbildung mit diesen neuen Aspekten weder fachwissenschaftlich noch methodisch-didaktisch konfrontiert wurden.

In den folgenden vier Abschnitten werden die **Molekulargenetik**, die **Verhaltensbiologie**, die **Umweltbiologie** einschließlich der **Ökologie** und die **Sexualität des Menschen** als die Komplexe, die für einen modernen Biologieunterricht von großer Relevanz sind, aus didaktischer Sicht beschrieben.

Bei der Darstellung der fachwissenschaftlichen Grundinformationen wurde davon ausgegangen, daß unter den Lesern auch Studenten oder Lehrer sind, die über ein geringeres Fachwissen verfügen, insbesondere diejenigen, die das Fach Biologie nicht studiert haben.

Die Schwerpunkte der Erörterungen liegen bei der fachdidaktischen oder methodischen Problematik der jeweiligen Bereiche: Es werden beispielsweise Kriterien der Stoffauswahl, Zielsetzungen, bestimmte Schwierigkeiten bei der unterrichtlichen Umsetzung, Vorschläge zur methodischen Strukturierung, die altersgemäße Vermittlung und Probleme der Visualisierung herausgestellt. Die folgenden Abschnitte sollen in keinem Fall die Lektüre der fachwissenschaftlichen Literatur ersetzen. Es werden jedoch einige wichtige Veröffentlichungen zu dem jeweiligen Themenkomplex kurz diskutiert. Damit soll dem Leser angesichts des kaum noch zu überblickenden Angebots an erziehungswissenschaftlicher und fachwissenschaftlicher Literatur zum einen der Überblick über die für den Biologieunterricht wichtigsten und instruktivsten Veröffentlichungen erleichtert und zum anderen zu einer möglichst zeitsparenden Informationsbeschaffung verholfen werden.

5.1 Molekulargenetik

Die Erkenntnisse der Molekularbiologie, vor allem im Hinblick auf die Manipulation der Erbsubstanz, haben in jüngster Vergangenheit gewaltige Fortschritte gemacht (vgl. z.B. KLINGMÜLLER 1976; MICHELER 1978). Fachleute vermuten bereits, daß mit der Genchirurgie das **»goldene Zeitalter der Biologie«** begonnen hat. Der Biologieunterricht sollte deshalb auf den Themenkreis Molekularbiologie und Genetik nicht verzichten. Allerdings besteht für den Lehrer – abgesehen von fachlichen Problemen – die methodische Schwierigkeit, die komplizierten molekularbiologischen Strukturen und Vorgänge in einfache Verständniszusammenhänge umzusetzen, so daß sie auch von Schülern der Sekundarstufe I erfaßt werden können.

Die Molekularbiologie erforscht die Funktionsmechanismen von Zellen auf molekularer Ebene, wobei insbesondere die Zusammenhänge zwischen Struktur und Funktion von Makromolekülen der lebenden Zelle interessieren. Durch die Entwicklung des Elektronenmikroskops durch RUSKA (Berlin) im Jahre 1931 (vgl. Abb. 24) wurden erstmalig molekulare Strukturen der Zelle sichtbar gemacht.

5.1.1 Schwerpunkte molekularbiologischer und genetischer Betrachtungen

Zur Einführung in molekularbiologische Themenbereiche eignet sich der Feinbau der Zelle, wie er sich bei elektronenmikroskopischer Vergrößerung zeigt (vgl. Abb. 26). [53] Methodisch hat es sich hierbei als günstig erwiesen, die Realdarstellung sowie das Schema der Zelle bei lichtmikroskopischer (lichtoptischer) Vergrößerung vergleichend heranzuziehen (vgl. Abb. 25) und auch visuelle Hilfestellungen zum Verständnis der erzielten Vergrößerungsdimensionen zu geben (vgl. Abb. 27).

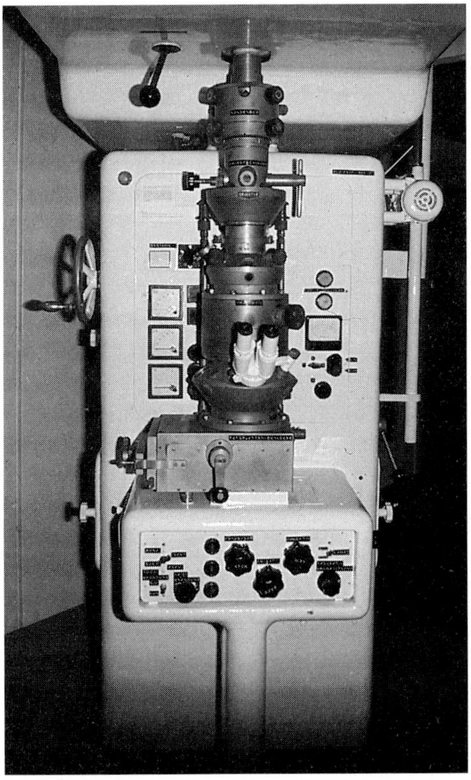

Abb. 24: Elektronenmikroskop (Siemens) aus der 1. Bauserie

Aufbauend auf dem morphologischen Zellbild könnten die Zusammenhänge zwischen Struktur und Funktion der **Makromoleküle** lebender Zellen geklärt werden. **Makromoleküle** sind komplexe Moleküle, die aus Tausenden von Atomen bestehen. Wichtige Arten von Riesenmolekülen in der Zelle sind zum Beispiel die Proteine und die Nukleinsäuren. Ihrer Struktur nach sind die Moleküle räumliche Gebilde. Insbesondere für den Einsatz im Unterricht stellen daher die **Kugel-** und **Speichen-Modelle** (zum Beispiel als Steckperlenmodelle), bei denen die Bindungen zwischen den Atomen durch kleine Fortsätze veranschaulicht sind, sehr brauchbare Denk- und Vorstellungshilfen dar (siehe auch weiter unten).

Die Desoxyribonucleinsäure (bisher DNS und nunmehr meist englisch DNA abgekürzt) stellt das wichtigste Makromolekül der Zelle dar, dessen wesentliche Strukturen und Funktionen bei entsprechender Didaktischer Reduktion (vgl. Kap. 9) bereits ab dem 9. Schuljahr erarbeitet werden können.

Die klassische Biologie unterschied lediglich zwischen **Chromosomen** und **Genen** (Erbfaktoren), die 1909 von dem Dänen JOHANNSEN so benannt wurden. Nach neuerer Auffassung wird jedoch folgendermaßen differenziert (vgl. auch DÜNCKMANN 1979, DAUMER 1972, HAFNER/HOFF 1977, LÜDCKE 1980, MEYER 1972, HESS 1978[7]): Die Chromosomen enthalten einen

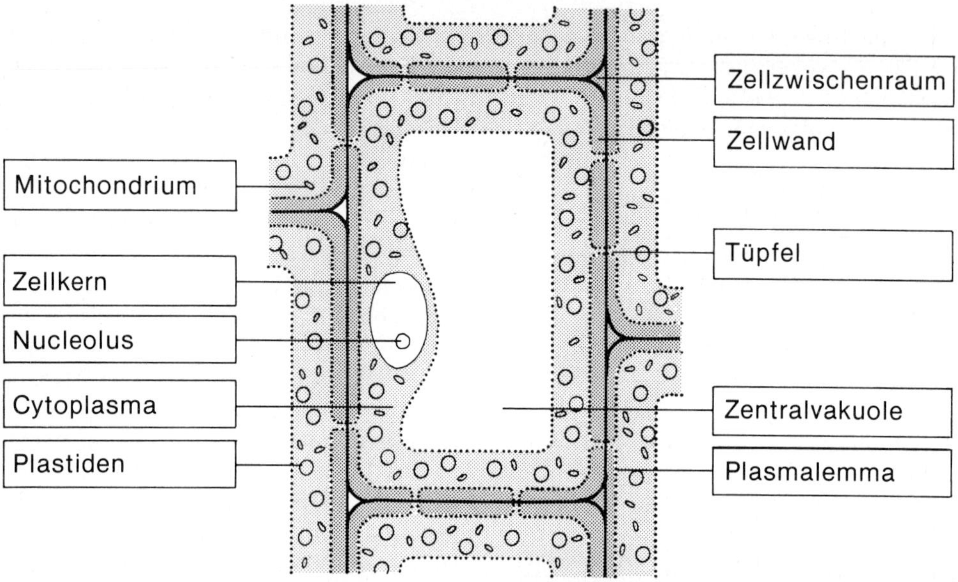

Abb. 25: Schema der pflanzlichen Zelle bei lichtmikroskopischer Vergrößerung

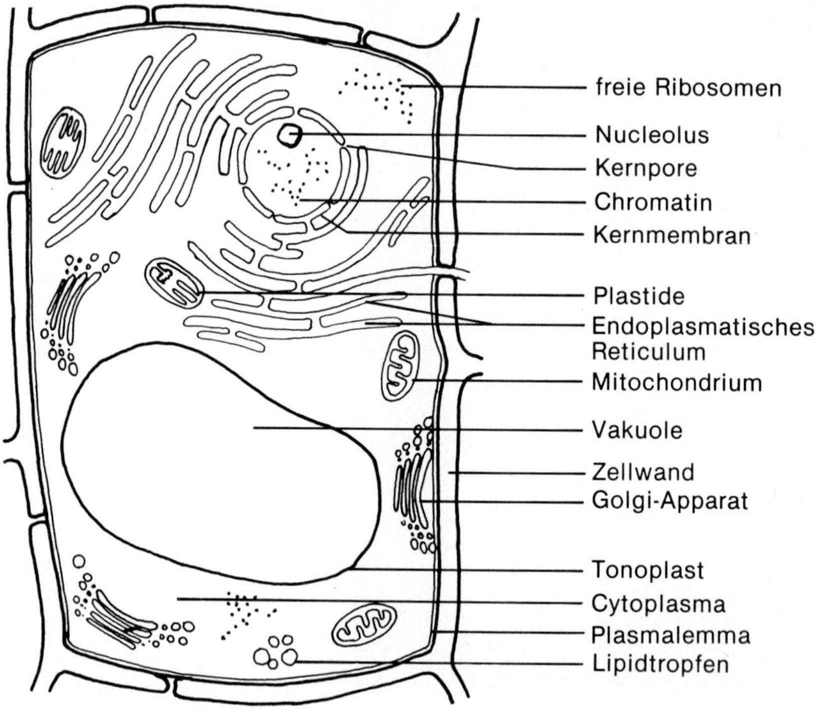

Abb. 26: Schematische Darstellung der Feinstruktur einer jungen pflanzlichen Zelle bei elektronenmikroskopischer Vergrößerung

2 Punkte werden noch wahrgenommen, wenn der Mindestabstand zwischen ihnen höchstens beträgt:		
0,1 mm = 100µm = 100000nm	z.B. menschliches Kopfhaar im Querschnitt; Länge der Epidermiszelle von Tradescantia	durch das bloße Auge
0,01 mm = 10µm = 10000nm	z.B. Chlorophyllkorn im Querschnitt	durch die Lupe
0,0002 mm = 0,2µm = 200nm	z.B. minimale Länge eines Chromosoms	durch das Lichtmikroskop
0,000001 mm = 0,001µm = 1nm	z.B. Wandstärke des Endoplasmatischen Retikulums (5 nm)	durch das Rasterelektronenmikroskop
1 mm = 1 Millimeter = 1×10^{-3} Meter 1 µm = 1 Mikrometer = 1×10^{-6} Meter 1 nm = 1 Nanometer = 1×10^{-9} Meter		

Abb. 27: Leistungen des Elektronenmikroskopes im Vergleich zum Auge, zur Lupe und zum Lichtmikroskop – gemessen am jeweiligen Auflösungsvermögen (das ist der Mindestabstand zwischen zwei Punkten, die als solche noch wahrgenommen werden)

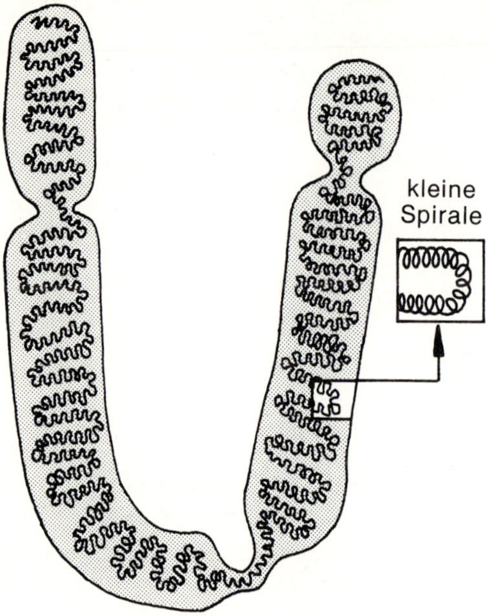

Abb. 28: Feinbau eines Chromosoms

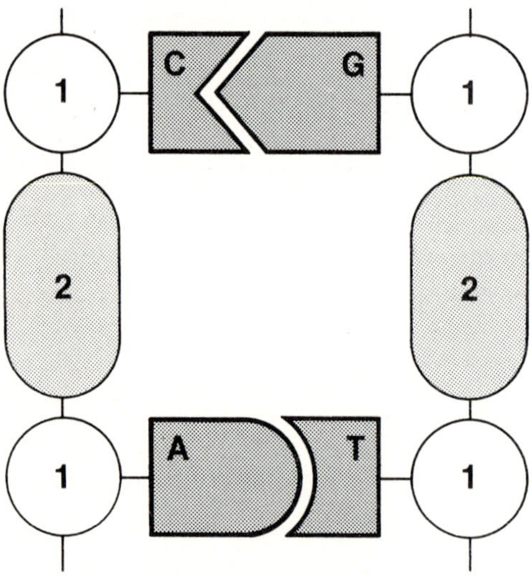

Abb. 29: Grundbausteine der Desoxyribonucleinsäure (DNA). 1 Zuckermolekül (Desoxyribose); 2 Phosphorsäuremolekül; A, T, G, C stickstoffhaltige Basen Adenin, Thymin, Guanin und Cytosin

durchgehenden mit Proteinen verpackten DNA-Doppelstrang, auf dem die genetische Erb-Information in Form von sogenannten **Genen** gespeichert ist (vgl. Abb. 28). Ein Gen ist demnach ein bestimmter Abschnitt der DNA.

Die DNA besteht aus langen Molekülketten, deren Einzelglieder als **Nukleotide** bezeichnet werden. Diese DNA-Einheiten bestehen aus je einem Zuckermolekül, einem Phosphorsäuremolekül und einer von vier möglichen organischen Substanzen (den stickstoffhaltigen Basen **Adenin** (A), **Guanin** (G), **Cytosin** (C) und **Thymin** (T), (vgl. Abb. 29).

Ein räumliches Modell der DNA wurde erstmalig 1953 von WATSON und CRICK vorgeschlagen, die für ihre Forschungen 1962 den Nobelpreis erhielten (vgl. WATSON 1973). Ein DNA-Molekül besteht danach aus zwei Ketten, die um eine gemeinsame Achse gewunden sind und eine **Doppelspirale** (Doppelhelix) bilden. Als Vorstellungshilfe für den Leser sei das DNA-Molekül mit einer verdrillten Strickleiter verglichen. Die Seitenstränge (Holme) der Doppelspirale werden von den Zucker- und Phosphatmolekülen, die Sprossen von den vier Basen gebildet, und zwar dadurch, daß jede Sprosse aus einem Basenpaar besteht (vgl. auch CZIHAK u.a. 1978², SCHARF/WEBER 1976).

Durch die Identifizierung der DNA-Struktur wird die unterrichtliche Erarbeitung ihrer Funktion möglich:

- Der entspiralisierte Doppelstrang öffnet sich während der Zellteilung wie ein Reißverschluß. Auf den dadurch zugänglich gewordenen Sprossen der Kette – den Basen – legen sich komplementär Nukleotide an, die zu einem DNA-Makromolekül (Doppelstrang) verbunden werden (**identische Reduplikation**, die die Konstanz der genetischen Erbinformation sichert).

- In dem DNA-Doppelstrang sind – hintereinander aufgereiht wie die Sätze eines Textes – die verschlüsselten Programme für die Bildung (Synthese) des spezifischen Eiweißmusters kodiert. Die Stränge der DNA weichen nun ähnlich wie bei der identischen Reduplikation auseinander. Daraufhin erfolgt an einem DNA-Strang die Bildung der Matrizen-Ribonucleinsäure (RNA). (Das ist eine Negativ-Kopie der entsprechenden DNA-Basen.) Diese Matrizen-RNA bildet den Informationsträger für die Eiweißsynthese, die mit Hilfe der Ribosomen im Zytoplasma erfolgt (vgl. HAFNER/HOFF 1977; siehe auch das Schulbuch von STRAUSS u. a. 1979).

Das folgende Beispiel soll zeigen, wie die DNA in die unterrichtliche Betrachtung des Biologieunterrichts in der Sekundarstufe I miteinbezogen werden kann:
Im Rahmen der Unterrichtseinheit »Die Zelle als Grundlage des Lebens« (9. Schuljahr) mit dem folgenden Stundenaufbau:

1. Räumlichkeit der Zelle – Protoplasmaströmungen
2. Zellbestandteile am Beispiel der Herstellung und Anfärbung eines Präparates (Mundschleimhaut)
3. Aufbau der Pflanzenzelle – Plasmolyse

4./5. Vergleich von Tier- und Pflanzenzelle in licht- und elektronenmikroskopischer Darstellung

6. Die DNA als materielle Grundlage für die Weitergabe von Erbinformationen

7.–9. Mitose und Meiose

wird die DNA in der 6. Unterrichtsstunde behandelt. Folgende Lernziele können in diesem Zusammenhang vorgesehen werden:

- Angeben können, daß sich die DNA im Kern befindet.
- Die sechs Bausteine der DNA benennen können.
- Begründen können, warum nur Adenin mit Thymin und Cytosin mit Guanin Verbindungen eingehen.
- Eine Kette komplementär vervollständigen können.
- Die DNA als Erbschrift interpretieren können.

Mit folgenden Erarbeitungsschritten können die angegebenen Lernziele erreicht werden:

- Lokalisierung der DNA anhand eines Dias, das die Mikro-Aufnahme einer Zelle mit deutlich erkennbaren Riesenchromosomen während der Kernteilung zeigt (z. B. aus der Diareihe »Vererbung II« des Hadü Verlages/Düsseldorf, Nr. 185 404).
- Klärung der Funktion des Kerns.
- Erläuterung der Begriffe »Information« und »verschlüsselte Information«.
- Entschlüsselung einiger einfacher in Morseschrift kodierter Worte.
- Klärung der sechs Bestandteile der DNA (Arbeitstransparent, s. Abb. 30) und Übertragung der Erkenntnisse in einen Arbeitsbogen (1. Teil).
- Klärung des Verdoppelungs- und Koppelungsmechanismus der vier Basen mit Hilfe des Arbeitstransparentes und Festigung des Erarbeiteten mit Hilfe des Arbeitsbogens (2. Teil).

Ein besonders handliches Modell der DNA hat BÖHLMANN (1967) für die Hand des Schülers entwickelt. Hierbei handelt es sich um ein einfaches, total zerlegbares, verschiedenfarbiges Steckperlenmodell, das in ausgezeichneter Weise die Struktur und die Funktion der DNA verdeutlicht. Abbildung 32 zeigt, daß die aus 10 Basenpaaren bzw. 18 Nukleotiden bestehende Perlenkette leicht vom Schüler eingedreht werden kann, so daß das charakteristische Bild der

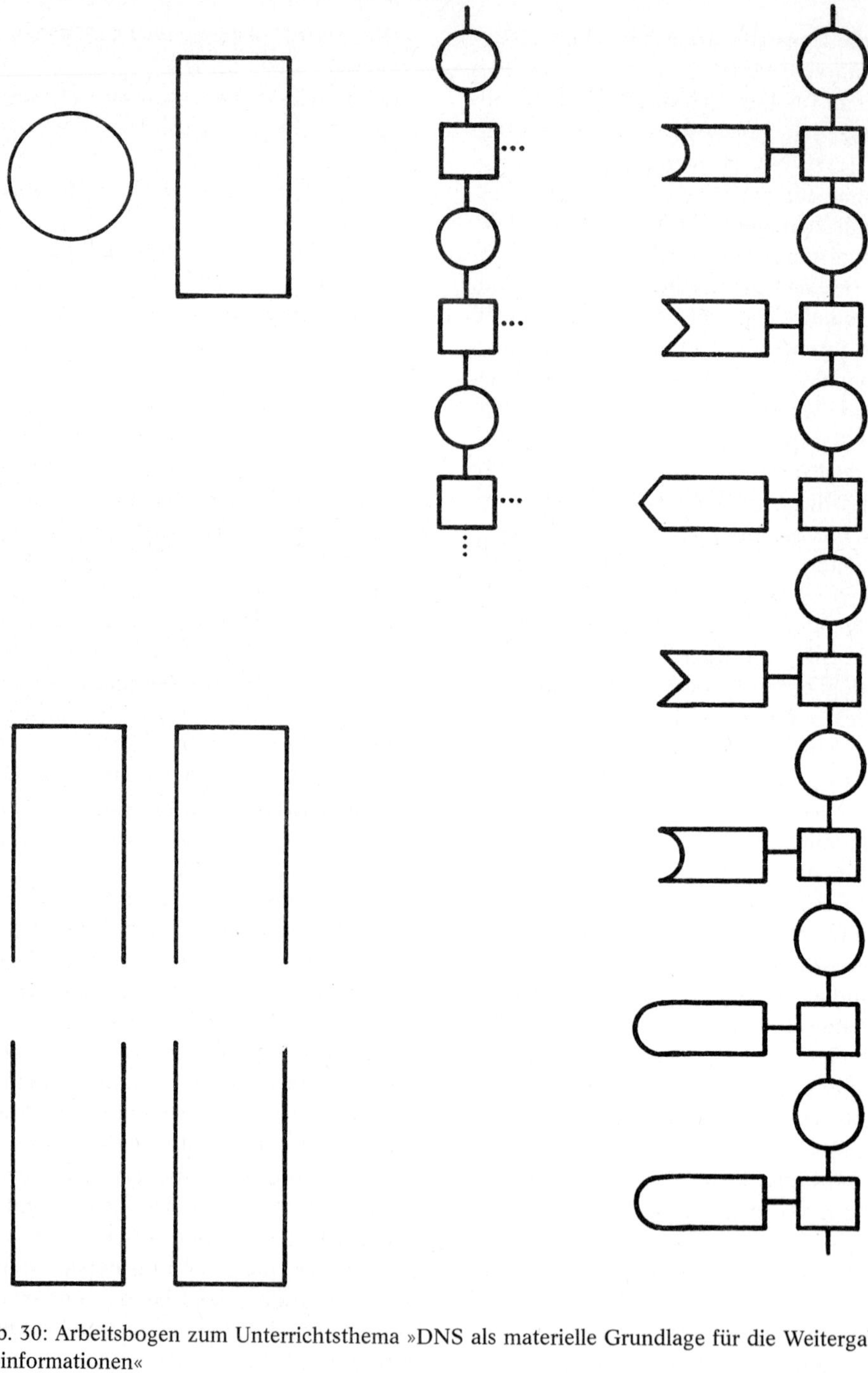

Abb. 30: Arbeitsbogen zum Unterrichtsthema »DNS als materielle Grundlage für die Weitergabe von Erbinformationen«

Abb. 31: Das entspiralisierte DNA-Molekül

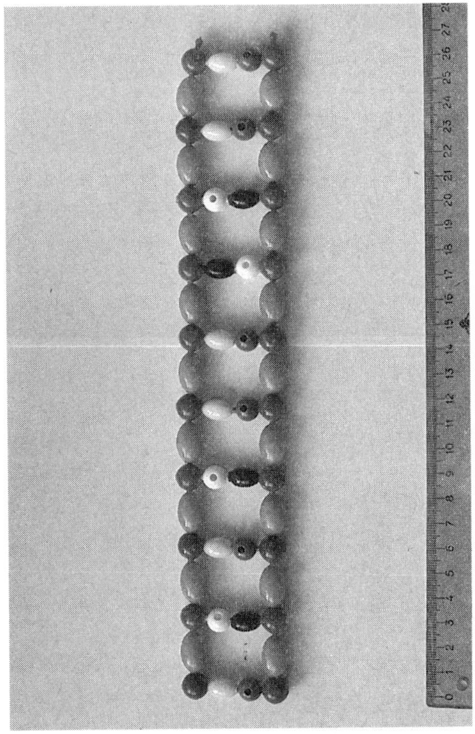

Abb. 32: Das Steckperlenmodell ermöglicht ein leichtes Eindrehen der DNA-Kette zur Doppel-Helix

Doppel-Helix (Doppelspirale) entsteht. In der Abbildung 31 ist der Aufbau der entspiralisierten DNA-Kette zu erkennen. Der Anordnung der verschiedenfarbigen Perlen der Querverstrebungen kann der Schüler entnehmen, daß sich stets nur bestimmte Paare (Basen) – allerdings in beliebiger Reihenfolge – miteinander verbinden.

An diesem Modell lassen sich ebenfalls ohne Schwierigkeiten die Nukleotide bestimmen, indem der Verbund eines Phosphorsäure- und Zuckermoleküls mit einem beliebigen Sprossenbaustein von der DNA-Kette entkoppelt wird. Schließlich kann man selbständig die identische Reduplikation der DNA-Moleküle nachahmen.

Für die unterrichtliche Arbeit empfiehlt es sich, einen Halbklassensatz dieses Modells anzuschaffen, so daß Partnerarbeit möglich ist. Das beschriebene Modell kann bei der Schlüter KG/Winnenden (bei Stuttgart) bezogen werden.

Schließlich sollten auch schon Schüler des Sekundarstufen-I-Bereichs – etwa vom 9. Schuljahr an – im Rahmen von molekulargenetischen Unterrichtssequenzen über die derzeitigen und zukünftig absehbaren Möglichkeiten der genetischen Manipulation von Erbanlagen und die damit verbundenen Gefahren informiert werden. Dies kann beispielsweise über folgende Schritte erfolgen:

Frankfurter Allgemeine Zeitung *18. 3. 1975*

Gefahr durch die Biologen

Gen-Forschung: Am Anfang der synthetischen Biologie — Wer schützt die Menschen?

BERLINER MORGENPOST *21.11. 1976*

Das unkalkulierbare Risiko ist die Züchtung neuer Krankheitserreger

BERINER MORGENPOST *30. 6. 1979*

Kommt der manipulierte Mensch?

Würzburger Mikrobiologe zeigt neue Dimensionen der Gen-Technik

BERLINER MORGENPOST *16. 9. 79*

Ein Mensch — vervielfältigt wie eine Fotokopie?

Wissenschaftler wagen das letzte Experiment: Der Stoff des Lebens wird formbar durch ''Klonen'' und Genchirurgie

Der geniale Albert Einstein — beliebig durch ''Klonen'' zu vervielfachen? Wissenschaftler halten Vergleichbares in Kürze für machbar.

DER TAGESSPIEGEL *10. 1. 80*

Die Genchirurgie heizt die spekulative Phantasie an

Auch die amerikanischen Universitäten wollen an den Ergebnissen ihrer Forschungen verdienen

Abb. 33: Auswahl von Überschriften aus Zeitungen der letzten Jahre zum Thema Genchirurgie

1. Erarbeitung des fachlichen Hintergrundes der Neukombination von Genen – d. h. von DNA-Abschnitten – indem z. B. mit Hilfe von Arbeitstransparenten der Einbau fremder DNA-Abschnitte (z. B. aus Rattenzellen, die für die Synthese von Insulin zuständig sind) in einen aufgetrennten DNA-Doppelstrang des Trägerorganismus (z. B. von menschlichen Darmbakterien des Typs *Escherichia coli)* dargestellt wird.
2. Überprüfung des vorhandenen Wissens anhand entsprechender Presseveröffentlichungen, die mögliche Gefahren durch die Gen-Chirurgie aufzeigen [54], mit anschließender Diskussion der Verantwortung der Biologen gegenüber der Gesellschaft (vgl. Abb. 33).

Schließlich enthalten auch Themen wie »künstliche Befruchtung« und »genetische Beratung«, die im Rahmen von Unterrichtseinheiten zur Vererbung oder aus dem Bereich der Sexualerziehung erarbeitet werden, molekulargenetische Fragestellungen. In diesem Zusammenhang sollte auch in einem zeitnahen Biologieunterricht die Erörterung des Themas Befruchtung im Reagenzglas (»Retorten-Baby«) nicht fehlen, seit im August 1978 mit der Geburt der Louise Brown in Oldham/England der erste Mensch existiert, der außerhalb des Mutterleibs in einem Glasschälchen (in vitro) gezeugt wurde. Vor dem Einsatz entsprechender Texte zu diesem Problemkreis sollte der Lehrer jedoch versuchen, durch entsprechende Kürzungen bzw. Zusammenschnitte sowie durch Fremdworterklärungen und strukturierende Fragestellungen das Verständnis der oftmals komplizierten Zusammenhänge zu erleichtern.

Für die Erarbeitung und Auswertung des folgenden recht anspruchsvollen Arbeitstextes, dessen unterrichtliche Verwendbarkeit in einem 10. Schuljahr/Gymnasium erprobt wurde, sollte der Lehrer sicher eine volle Unterrichtsstunde ansetzen (siehe hierzu den Arbeitsbogen auf den Seiten 126/127).

Zum Teilaspekt »genetische Beratung« (vgl. auch STENGEL 1980, WENDT/THEILE 1974, WITKOWSKI/PROKOP 1976[2]) gehören Informationen

- über das Risiko und das Ausmaß von erblichen Fehlbildungen (z. B. 5% aller Neugeborenen – das sind in der Bundesrepublik ca. 40 000 – haben eine angeborene geistige oder körperliche Behinderung);
- über Verfahren der vorgeburtlichen (pränatalen) Diagnostik (z. B. Chromosomen-Analyse, Ultraschall, Amniozentese, Fetoskop-Untersuchung);
- über genetische Beratungsstellen in der Bundesrepublik Deutschland;
- über Mechanismen der Entstehung von körperlichen Fehlbildungen und geistigen Behinderungen.

Als unterrichtlicher Einstieg bieten sich auch hierbei zahlreiche Textpassagen aus Presseveröffentlichungen zu diesem Thema an (vgl. z. B. Abb. 34), oder der Lehrer greift auf eindrucksvolle, die große Bedeutung der genetischen Beratung aufzeigende statistische Angaben zurück (vgl. Abb. 35), die ebenfalls in Zeitungen, im Statistischen Jahrbuch oder in neueren Publikationen zu finden sind (vgl. z. B. HAFNER/HOFF 1977, 114; LÜDCKE 1980, 34; STRAUSS u. a. 1979, 7).

Biologie	UE Genetik	Datum:

Befruchtung im Reagenzglas

Lieselotte Mettler

UMSCHAU 80 (1980) Heft 5, S. 138–142

Bereits im Jahre 1878 veröffentlichte der österreichische Wissenschaftler *Schenk* eine Arbeit, in der er über seine ersten Versuche der Vereinigung von Ei- und Samenzelle im Reagenzglas berichtete (In-vitro-Konjugation). Es handelte sich damals zwar noch um die Ei-und Samenzellen von Säugetieren, jedoch waren die menschlichen Geschlechtszellen (Gameten) zu diesem Zeitpunkt bereits von einigen Wissenschaftlern ziemlich genau beschrieben. Die angeblich erfolgreiche Reagenzglasbefruchtung eines Kaninchens durch *Pincus* im Jahre 1936 wäre also keinesfalls das erste Experiment auf diesem Sektor.

Inzwischen gibt es auch eine Reihe von Berichten über die In-vitro-Konjugation menschlicher Gameten und ihre erfolgreiche Kultivierung bis zum Blastozystenstadium (= noch undifferenzierte embryonale Zellen), über die gelungenen Versuche, sie in die Gebärmutter zu implantieren und die Beobachtungen ihrer Ausreifung zu menschlichen Embryonen bis zur Spontangeburt.

1978 ist es erstmals den beiden britischen Kollegen *Steptoe* und *Edwards* gelungen, nach über 800 Versuchen der Implantation von Eizellen Schwangerschaften zu erzielen. In drei Fällen wurden gesunde Kinder geboren, andere endeten mit Aborten.

Drei verschiedene Aspekte charakterisieren die Erforschung der extrakorporalen oder Reagenzglasbefruchtung:

1. Beobachtung des Konjugationsprozesses, also der Vereinigung von Ei- und Samenzelle als Modell zum Studium von Störungen der Vereinigung von Keimzellen.
2. Therapeutischer Einsatz bei weiblicher Sterilität infolge von Eileiterverschlüssen oder fehlenden Eileitern und bei eingeschränkter männlicher Fertilität.
3. Kommerzieller Einsatz bei landwirtschaftlichen Nutztieren.

Entwicklung menschlicher Embryonen nach In-vitro-Befruchtung

Die Kinderlosigkeit aufgrund von verschlossenen oder fehlenden Eileitern ist für viele Ehepaare ein ernstes Problem. Sie sind in der Regel neuen Methoden, wie z.B. der Reagenzglasbefruchtung gegenüber sehr aufgeschlossen. Bevor man jedoch eine extrakorporale Befruchtung in Erwägung zieht, muß geklärt sein, daß die Ursache für die Kinderlosigkeit tatsächlich auf einer auch mit mikrochirurgischen Methoden nicht zu behebenden Tubenunwegsamkeit beruht. Natürlich müssen dann auch die Eierstockfunktionen überprüft werden sowie die Fähigkeit der Eierstöcke, Eizellen zu bilden.

Seit Beginn des Jahres 1979 haben wir eine große Anzahl von Patientinnen diesen Untersuchungen unterzogen, um eine extrakorporale Befruchtung in Erwägung zu ziehen. Da normalerweise von den Eierstöcken nur eine Eizelle pro Zyklus gebildet wird, haben wir die Superovulation angewandt, um mehrere Eizellen pro Zyklus zum Wachstum anzuregen. Nur bei etwa 30% aller Patientinnen ist es uns schließlich gelungen, Eizellen zu gewinnen und mit Spendersamen zu befruchten. Die entstehenden frühen Zellstadien wurden fixiert eingefärbt, chromosomal und elektronenmikroskopisch untersucht, also im Wachstum unterbrochen.

Erst in einem zweiten Schritt wollen wir dann die extrakorporale Befruchtung mit Samen des Ehemannes und die Transplantation in die Gebärmutter durchführen. Der Zeitpunkt hängt von dem Erfolg der Chromosomenuntersuchungen ab.

Obwohl den Engländern *Steptoe* und *Edwards* die Transplantation eines Embryos wiederholt gelungen ist, kann man noch nicht von einer Routinemethode sprechen. Trotz des engen Kontaktes, den die in vielen Teilen der Welt auf diesem Gebiet arbeitenden Wissenschaftler untereinander haben, ist noch keiner anderen Arbeitsgruppe gelungen, diese Technik erfolgreich einzusetzen. Den vielen bisherigen Mißerfolgen muß man jedoch den möglichen Erfolg einer Befruchtung unter normalen Bedingungen gegenübersetzen.
Aufgrund der wissenschaftlichen Untersuchungen wissen wir, daß ein Embryotransfer niemals hundertprozentig zum Erfolg führen kann. Die tierexperimentellen Ergebnisse zeigen, daß der Erfolg einer transplantierten Blastozyste bei 4:1 liegt. Wenn also drei Blastozysten transplantiert werden, steigt der Erfolg auch dementsprechend an, allerdings in gleicher Weise auch das Risiko der Geburt von Zwillingen oder Drillingen.
Uns gelingt heute die Vereinigung von Eizellen und Samenzellen beim Menschen. Die Weiterentwicklung zum 2-4-8-16-32-64-Zellstadium bereitet jedoch noch Schwierigkeiten und ist nicht immer erfolgreich.

Eine Transplantation planen wir im 8-16-Zellstadium.

Ethische Bedenken bei der Reagenzglasbefruchtung?

Bei der extrakorporalen Befruchtung und Transplantation der befruchteten Eizelle wird weder an der Eizelle selbst noch an der Samenzelle genetisch manipuliert. Eine intakte Eizelle wird dem Eierstock entnommen und mit intakten Samenzellen zusammengebracht.
Bei der extrakorporalen Befruchtung – das Wort Retortenbaby möchten wir bewußt nicht verwenden, da diese Bezeichnung impliziert, es handele sich um einen Homunkulus, um ein ganz und gar im Reagenzglas synthetisch hergestelltes menschliches Wesen – handelt es sich um einen natürlichen, gänzlich unmanipulierten Vorgang. Lediglich die Befruchtung und erste Zellteilung findet außerhalb des mütterlichen Organismus statt.

Reagenzglasbefruchtung

Seit der Geburt des ersten Retortenbabys reißt die Diskussion über dieses Thema nicht ab. In der Bundesrepublik Deutschland gibt es etwa 100 000 Frauen mit verschlossenen oder doch schwer veränderten Tuben, wie auch solche, deren Eileiter nach Entzündungen usw. entfernt werden mußten.

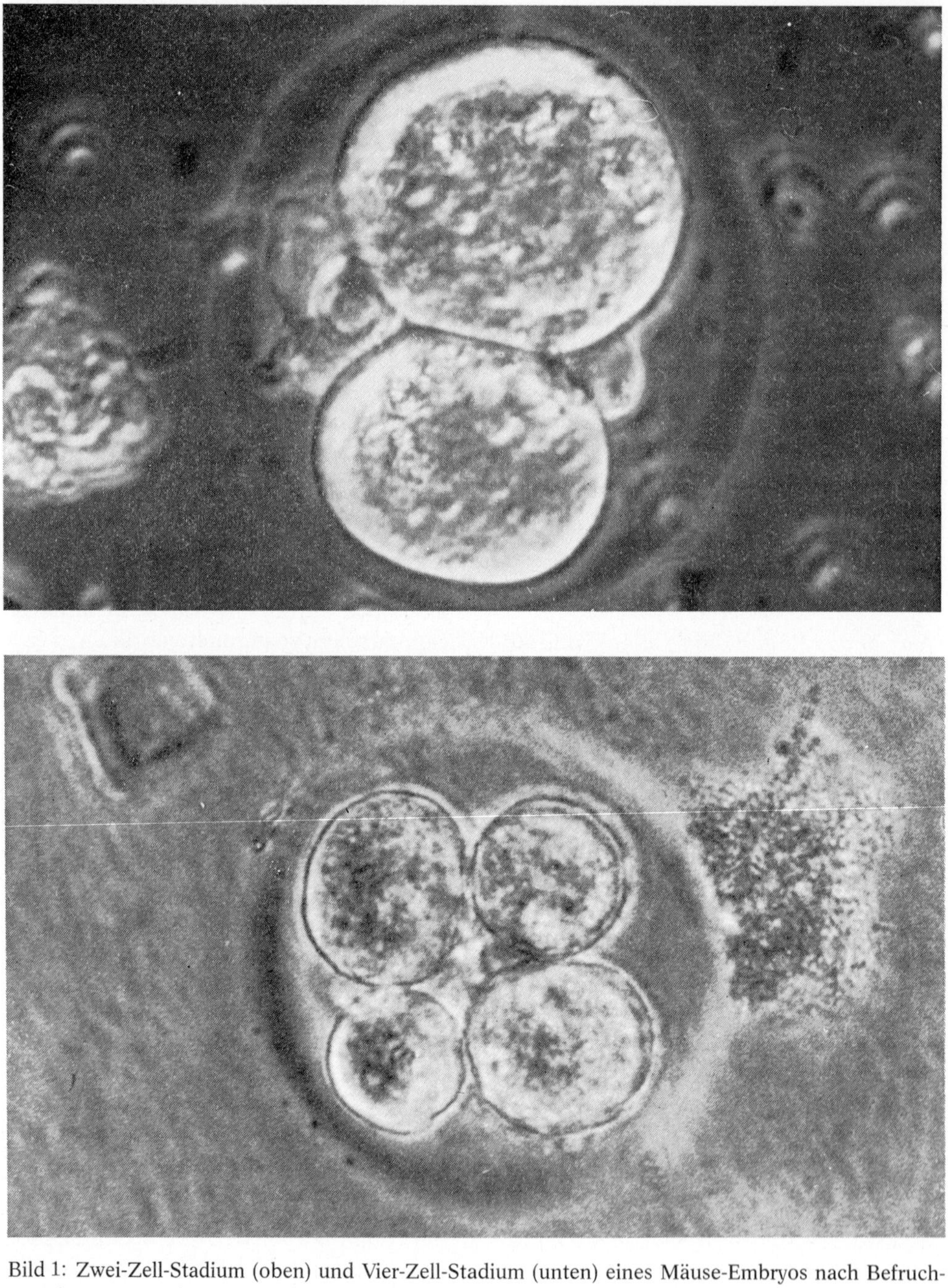

Bild 1: Zwei-Zell-Stadium (oben) und Vier-Zell-Stadium (unten) eines Mäuse-Embryos nach Befruchtung im Reagenzglas.

Wie *Ch. Lauritzen,* Universitäts-Frauenklinik Ulm, in Nr. 51/1979 der Deutschen Medizinischen Wochenschrift berichtet, ist die Erfolgsrate der In-vitro-Befruchtung beim Menschen noch niedrig. Ohnehin gehen knapp die Hälfte aller befruchteten Eier auch nach natürlicher Konzeption verloren. Es kommt hinzu, daß die meisten Patientinnen, die eine In-vitro-Befruchtung wünschen, über dreißig Jahre alt sind. Die Chance für eine normale Schwangerschaft ist daher ohnehin niedriger zu veranschlagen und das Risiko von Mißbildungen sowieso leicht erhöht. Nach den Erfahrungen in Tierversuchen muß eine weitere Verlustrate von fast 50% aus rein technischen Gründen angenommen werden.

Lieselotte Mettler
(gekürzt aus UMSCHAU *80*
(1980) Heft 5)

In-vitro-Konjugation	=	Vereinigung im Reagenzglas
Blastozystenstadium	=	befruchtete Eizelle nach 4 Tagen
Implantation, implantieren	=	Einpflanzung, einpflanzen
Transplantation	=	Verpflanzung
Abort	=	Fehlgeburt
Veterinärmedizin	=	Tiermedizin
extrakorporale Befruchtung	=	Reagenzglasbefruchtung
Tubenunwegsamkeit	=	Verschluß der Eileiter
Ovulation; Superovulation	=	Eisprung; durch Medikamente bewirkte gleichzeitige Reifung mehrerer Eizellen
Embryotransfer	=	Embryoverpflanzung
Homunkulus	=	ein von Goethes Faust im Reagenzglas künstlich hergestelltes menschliches Wesen
Konzeption	=	Empfängnis
heterolog	=	fremd

1. Versuche, in eigenen Worten die drei Gründe für die Notwendigkeit der Weiterentwicklung der "Reagenzglasbefruchtung" zu beschreiben!
2. Beschreibe, wie eine extrakorporale Befruchtung vorgenommen wird!
3. Weshalb bestehen keine ethischen Bedenken bei der Reagenzglasbefruchtung?
4. In welchem Zellstadium wird die befruchtete Eizelle in die mütterliche Gebärmutter übertragen?
5. Wieviel Prozent der befruchteten Eizellen gehen nach natürlicher Empfängnis und Befruchtung zugrunde?
6. Warum ist das Risiko von Mißbildungen bei Frauen über 30 leicht erhöht?

Mutter will Kinder sterilisieren

Aus Furcht vor der Übertragung unheilbarer Erbkrankheit

London (dpa) 13.3.1979 – Eine verzweifelte englische Mutter, die an der unheilbaren Erbkrankheit »Huntingtonsche Chorea« leidet, möchte ihre drei Kinder im Alter von 9 bis 14 Jahren bald sterilisieren lassen. Die 33jährige Pamela G. aus Staffordshire hat nach Schätzungen der Ärzte nur noch fünf Jahre zu leben. Auch ihr Vater war an dieser Krankheit, die mit Muskelzuckungen und einer Degenerierung der Gehirnzellen verbunden ist, im Alter von 45 Jahren gestorben.

Frau G. und ihr Mann Anthony (40) glauben, daß nur durch eine Sterilisierung ihrer Kinder weiteres Leid in der Familie verhindert werden kann. Die beiden Töchter Diane (14) und Tina (12) sowie der Sohn Scott (9) haben eine 50prozentige Chance, die Krankheit nicht geerbt zu haben. Die »Huntingtonsche Chorea« macht sich erst im Erwachsenenalter bemerkbar. Bei Pamela G. wurde sie vor vier Jahren festgestellt.

»Ich kann den Gedanken nicht ertragen, daß meine Kinder die Krankheit weitervererben«, sagte Frau G. »Wir haben einen Killer in uns, und den müssen wir töten.«

Die Genehmigung für eine Sterilisierung von Kindern ist in Großbritannien nur sehr schwer zu erhalten.

(aus: UB *5 (1981) 54, 33)*

Voller Enttäuschung verläßt eine junge Frau die Klinik: Seit Monaten hatte sie sich darauf gefreut, demnächst einem Kind das Leben schenken zu können. Nun war diese Hoffnung plötzlich zunichte geworden. Warum? Auch die Ärzte hatten nur die Achseln gezuckt, hatten von einem »spontanen Abort« gesprochen. Vielleicht, so hatte man sie getröstet, wäre sie ja schon im nächsten Jahr um die gleiche Zeit Mutter eines strammen Babys.

Doch zwölf Monate danach konnte sie keineswegs einen gesunden Säugling an ihre Brust legen: Wieder waren ihre Hoffnungen – und diesmal bereits im ersten Aufkeimen – zerstört worden. Diesmal trugen die Ärzte bereits einen anderen medizinischen Terminus in die Krankengeschichte ein und sprachen von einem »habituellen« Abort, was nichts anderes besagt, als daß bei dieser Patientin allem Anschein nach eine gewisse »Anlage« zum Ausstoßen eines in der Entwicklung befindlichen und noch nicht lebensfähigen Embryos besteht. Aber wieder machte man den Eltern Hoffnung, das nächste Mal werde es »schon gutgehen«.

Doch noch ein drittes Mal mußte diese Frau in der gleichen Klinik von den gleichen Ärzten die gleichen wenig trostreichen Ratschläge entgegennehmen, ehe die Freude auf dieses so sehnlich erwartete Kind berechtigt schien. Aber als das Kind dann endlich geboren wurde, gab es statt der Freude einen Schock: Der Säugling war durch eine Fehlentwicklung gekennzeichnet, die man als »Mongolismus« zu bezeichnen pflegt.

(Die Zeit, *26. 7. 1969)*

Vier Monate lang ist für die 38jährige Ilona S. und ihren Mann das Elternglück perfekt. Ihr Sohn Oliver entwickelt sich zu einem strammen Baby, kräht bald, gibt sich fasziniert vom Spiel seiner kleinen Hände, zeigt Interesse für die Umgebung – nichts Auffälliges. Dann kommt der Schock: Verdacht auf Down-Syndrom, auf Mongolismus. Die Ahnung des Kinderarztes wird nach eingehender Untersuchung zur Gewißheit.
Das Ehepaar S. gehört zu den derzeit 30 000 Eltern in der Bundesrepublik, die lernen mußten, mit einem mongoloiden Kind zu leben. Etwa 1200 Fälle kommen in jedem Jahr dazu, die Tendenz ist steigend.
(Die Zeit, *3.11.1978)*

Abb. 34: Presseveröffentlichungen als motivierende Einstiegsmöglichkeiten zum Thema »Erbkrankheiten und Möglichkeiten der genetischen Beratung«

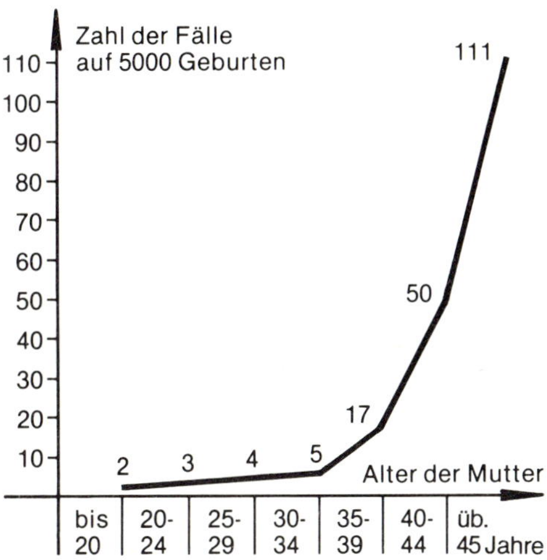

Abb. 35: Häufigkeit des Mongolismus (Down-Syndrom) in Abhängigkeit vom Alter der Mutter [55]

5.1.2 Der Stellenwert der Molekulargenetik im modernen Biologieunterricht

Die Notwendigkeit der Behandlung molekulargenetischer Fragestellungen im Biologieunterricht ergibt sich sowohl aus der exemplarischen Fachstruktur dieses Themengebiets wie auch aus der großen Zahl stark gesellschaftsbezogener Aspekte. Weiterhin werden den Schülern durch molekulargenetische Kenntnisse bereits bekannte und bedeutsame Themen (z.B. die Vererbungsgesetze, der Genbegriff, die Zellbiologie) neu erschlossen (vgl. auch Ehrhardt 1977, Schulte 1978). So sollen die Schüler durch molekulargenetische Kenntnisse und Erkenntnisse

- ein fundiertes und unmittelbares Verständnis der Funktionsmechanismen der lebenden Zelle (insbesondere über den Auf- und Abbau von Substanzen) entwickeln;
- den Ablauf der Vererbungsmechanismen verstehen, was zum eigenen Selbstverständnis beiträgt;
- die Evolutionstheorien und das Mutationsgeschehen besser verstehen;
- das Phänomen der bösartigen Entartungen der Zellen (Krebs) als fundamentale Störungen im DNA-Gefüge verstehen lernen;
- das **genetic engineering,** also die technische Manipulation an der genetischen Substanz (z.B. an angeborenen Defekten der Erbmasse), als Aspekt künftiger Wissenschaftsanwendung begreifen;
- die genetische Beratung als wirksame Vorsorge vor Erbschäden anführen;
- die gesellschaftliche Verantwortung des Biologen bei genetischen Manipulationen erkennen.

Darüber hinaus ergeben sich bei der Erarbeitung molekulargenetischer Themen ausgezeichnete Ansatzpunkte zu einem integrierten naturwissenschaftlichen Unterricht einschließlich seiner charakteristischen Arbeitsverfahren.

Wie die vom Verfasser durchgeführte Synopse aller bundesdeutschen Richtlinien und Lehrpläne für den Biologieunterricht der Sekundarstufe I zeigt, wird die Molekulargenetik längst nicht in allen Plänen zu den verbindlich zu behandelnden Unterrichtsinhalten gerechnet. Die Ursache hierfür liegt zweifellos in der noch vielerorts gesehenen großen Komplexität und Kompliziertheit dieses Gebietes für Schüler dieser Altersstufe. Ansätze zur Reform des Biologieunterrichtes deuten jedoch darauf hin (vgl. z. B. EHRHARDT 1977 und DÜNCKMANN/EHRHARDT 1978; UNTERRICHT BIOLOGIE 1977), daß angesichts der großen Bedeutsamkeit dieser Thematik für den einzelnen und die Gesellschaft die Genetik, einschließlich molekularbiologischer Aspekte, auch zum Bestandteil eines zukünftigen Biologiecurriculums der Sekundarstufe I zählen wird. Die neukonzipierten Bücher für den Biologieunterricht verschiedener Verlage tragen dieser Erkenntnis bereits Rechnung (vgl. z. B. BAUER 1976[2], BRUGGAIER/KALLUS 1976[2], FELS u. a. 1976[2], GARMS 1979, KATTMANN u. a. 1980, STRAUSS u. a. 1979, SCHULTE 1978).

5.1.3 Zur Visualisierung molekulargenetischer Fragestellungen

Die sachlichen und didaktischen Schwierigkeiten bei der Behandlung molekulargenetischer Themen im 9./10. Schuljahr sind zweifellos beträchtlich. Insbesondere die große Komplexität und das hohe Abstraktionsniveau des Stoffes hindern noch immer viele Lehrer daran, die Molekulargenetik bereits in der Sekundarstufe I zu behandeln. Gerade bei diesem Stoffgebiet kommt es deshalb auf eine besonders sorgfältige und altersgemäße Aufbereitung der Inhalte an, d. h. die mediale Darstellung des Lehrstoffes erscheint außerordentlich wichtig.

Die Sichtbarmachung der Chromosomen am Realobjekt motiviert Schüler sehr und läßt sich mit wenig Material- und Geräteaufwand recht einfach bewerkstelligen. Hierzu ist vom Lehrer Thymus (Bries) vom Kalb frisch oder tiefgefroren zu besorgen. Folgende Arbeitsschritte sind dann von den Schülern – am besten in Gruppenarbeit – durchzuführen (vgl. auch DAUMER 1975, 319 f):

1. Den aufgetauten Thymus in einem Mörser mit einer kleinen Schere in Stücke von etwa 1 cm Kantenlänge zerschneiden.
2. Die breiartige Masse mit 3–5 ml Wasser verdünnen und gründlich mit dem Pistill/Mörserkeule zerreiben.
3. Nach Absetzen der gröberen Teile die trübe Lösung in ein Becherglas umfüllen und 20 ml einer 1,7 %igen Natriumdesoxycholat-Lösung hinzufügen.
4. 1–2 Minuten mit einem Glasstab vorsichtig in gleichbleibender Richtung umrühren.
5. Dem Becherglas 20 ml 96 %igen Ethylalkohol hinzufügen, bei weiterem vorsichtigem Umrühren.
6. Die ausgefällte DNA setzt sich in weißlichen Fäden am Glasstab ab.
7. Aufbringen einiger DNA-Fäden auf einen Objektträger, Anfärben des Präparats mit 2–3 Tropfen Acridinorange, Auflegen eines Deckglases und Beschreibung, was man bei schwacher und starker Vergrößerung sieht (die DNA-Moleküle sind als gelblich gefärbte, parallel zueinander angeordnete Längselemente zu erkennen).

Um eine Vorstellung der Moleküle unserer Erbsubstanz zu erhalten, sind in den letzten Jahren eine Reihe von Modellen der DNA entwickelt worden. Ein einfaches Strukturmodell aus Pappe, das von den Schülern im Unterricht selbst angefertigt werden kann, hat REICHART (1978) in der Zeitschrift LEHRMITTEL AKTUELL vorgestellt. Ein Exemplar des Modellbogens liegt der Zeitschrift bei, Klassensätze können als Leser-Service beim Verlag der Zeitschrift (Westermann) kostenlos bezogen werden. Weitere Baupläne zur Herstellung des DNA-Modells werden von SCHMITZ (1977, 24) beschrieben.

Schließlich werden verschiedene mehr oder weniger aufwendige Funktionsmodelle angeboten, die über morphologische Studien hinaus das Verständnis der identischen Reduplikation ermöglichen. Neben dem bereits in Kap. 5.1.1 beschriebenen einfachen Handmodell aus Steckperlen für den einzelnen Schüler von BÖHLMANN (1967) gibt es auch aufwendigere, großflächigere Demonstrationsmodelle, die noch aus größerer Entfernung gut zu erkennen sind (z. B. bei MAUER LEHRMITTEL/Hofheim-Lorsbach; vgl. hierzu FISCHER 1978).

Zur Erarbeitung der komplexen molekulargenetischen Zusammenhänge sind darüber hinaus Unterrichtsfilme gut geeignet. Vor allem eine Reihe von kurzen Arbeitsstreifen (Super 8), die über die Landesbildstellen bestellt werden können oder besser noch von den Schulen selbst zur ständigen Verfügbarkeit angeschafft werden sollten, werden zum Verständnis der molekularen Grundlagen der Genetik angeboten wie z. B.

- Aufbau der DNA, 3 min (36 0051),
- Reduplikation der DNS, 2 min (36 0052),
- DNS-Gewinnung, 5 min (36 0829),
- Gewinnung von Zellbestandteilen Teil 1, 5 min (36 0754.1),
- Gewinnung von Zellbestandteilen Teil 2, 5 min (36 0754.2),
- Proteinbiosynthese, 4 min (36 0053),
- Aufbau und Struktur eines Proteins, 2,5 min (36 0055),
- Sequenzanalyse eines Proteins, 3 min (36 0054),
- Bakteriophage T_4, 3,5 min (36 0080).

Die Darstellung menschlicher Chromosomen aus Blut wird entweder, in Teilaspekte aufgegliedert, in den drei S-8-Filmen

- Das Ansetzen der Zellkultur, 3,5 min (36 0747),
- Das Aufarbeiten der Zellkultur, 4,5 min (36 0048),
- Das Aufstellen des Karyogrammes, 3,5 min (36 0049)

visualisiert oder im ganzen als 16-mm-Film, 11 min (32 2619) angeboten. Als weitere Tonfilme, die die molekulargenetischen Grundlagen auf breitem Raum und in komplexerer Darbietung behandeln, liegen vor

- Die Funktion der DNS und RNS bei der Proteinbiosynthese, 15 min (32 0926),
- Struktur der Proteine und Nukleinsäuren, 21 min (32 0925), Untersuchung von Zellen im Elektronenmikroskop, 14 min (32 2789).

Der Lehrer sollte sich diese Filme vor dem unterrichtlichen Einsatz unbedingt ansehen, um zu entscheiden, ob er nur bestimmte Sequenzen zeigt oder die Sequenzen ohne Ton (wegen der teilweise sehr anspruchsvollen Kommentare) vorführt.

Zum Einstieg in molekulargenetische Fragestellungen bzw. zu ihrer Ergänzung und Vertiefung eignen sich noch neben den häufig vorgefundenen Zeitungsartikeln (vgl. Abb. 33 und 34) sowie den Lernprogrammen (vgl. z. B. SCHMITZ 1977, MOISL 1976) auch verschiedene Diareihen:

- Feinstruktur der Zelle, 18 Bilder (10 0830),
- Chemie der Zelle, 15 Bilder (10 0934),
- Die Chromosomen des Menschen, 17 Bilder (10 2037),
- Drosophilagenetik I (10 2424),
- Drosophilagenetik II (10 2425)

sowie weitere Lichtbildreihen einiger Verlage z. B. V-DIA/Heidelberg (D 25020 Stoffliche Grundlagen der Vererbung; D 25021 Wirkungsweise der Gene und Steuerung der Genaktivität; D 25022 Anordnung der Gene, Erbänderungen) sowie HADÜ/Düsseldorf (Nr. 185 404 Vererbung II) u. a. m.
ferner einige Arbeitstransparente:

- Aufbau der DNA (CVK, Hagemann, Höpfel, V-Dia),
- Chromosomen (Diesterweg, Hagemann, Höpfel),
- identische Reduplikation (Hagemann, Höpfel),
- RNS (Hagemann, Höpfel),
- Informationsübertragung und Proteinsynthese (Höpfel),
- Entzifferung des genetischen Kodes (V-Dia),
- Feinbau der Zelle (Westermann).

5.2 *Verhaltensbiologie*

Die Beobachtung, Analyse und Deutung tierischen Verhaltens gehört heutzutage zur Freizeitbeschäftigung auch vieler Nichtbiologen aller Altersgruppen. So schlägt beispielsweise die Tierhaltung in Deutschland mittlerweile alle Rekorde: Nach einer Statistik des Industrieverbandes Heimtierbedarf (Düsseldorf) besaßen im Jahre 1978 über 10 Millionen deutsche Haushalte – das sind über 48 % aller Haushalte in der Bundesrepublik Deutschland – Heimtiere, wobei pro Jahr 3–4 Milliarden DM für die Tierhaltung ausgegeben werden. Die Tabelle 18 zeigt in diesem Zusammenhang auf, welche Tiere als Haustiere bevorzugt werden.

Haustiere in der Bundesrepublik Deutschland	Vorhandensein in Haushalten (in Millionen)	als Haustiere gehaltene Tiere insgesamt (in Millionen)
Ziervögel	4,2	6,9
Hunde	2,5	2,9
Katzen	1,6	2,5
Zierfische	1,1	ca. 50
Nage- und Terrarientiere	0,7	2,8
Aquarien	1,1	1,2

Tab. 18: Haustierhaltung in der Bundesrepublik Deutschland (1978) nach Angaben des Industrieverbandes Heimtierbedarf

Hinzu kommen Freizeitaktivitäten von biologischen Laiengruppen in den vielfältigsten Clubs, Vereinen und Gesellschaften (z. B. Aquarien-, Terrarienvereine, Bund der Vogelfreunde, Edelkatzen-Club, Gesellschaft für Herpetologie) sowie in Ausstellungen (z. B. »Hobby, Tier und Pflanze« in Berlin oder die Interzoo in Wiesbaden).
Schließlich zeigt auch ein Blick in die Wochenprogramme des Fernsehens, der Wochen-Journale sowie in die Regale der Buchläden, daß Berichte über tierisches Verhalten in großer Zahl gesendet bzw. publiziert werden. Namen wie COUSTEAU, GRZIMEK, LORENZ, SCHUHMACHER, SIELMANN und STERN sind vielen Erwachsenen und selbst jüngeren Schulkindern insbesondere durch ihre zahlreichen Film- und Textbeiträge über tierisches Verhalten bekannt.
Diese erstaunliche Popularität, die die Biologie besonders durch diesen Seitenzweig zunehmend auch in breiteren Gesellschaftskreisen gewonnen hat [56], geht auch auf die beiden Verhaltensforscher LO-

RENZ und TINBERGEN zurück, die allgemein als Begründer der **Ethologie** angesehen werden und die diese Wissenschaft in den letzten 25 Jahren entscheidend weiterentwickelt haben.
Der Begriff **Ethologie** (éthos = Gewohnheit, Sitte), der sich als Fachbezeichnung für die **Vergleichende Verhaltensforschung** seit Anfang der 50er Jahre eingebürgert hat (vgl. EIBL-EIBESFELDT 1978[5], 27f), grenzt sich damit eindeutig von der überkommenen Bezeichnung **Tierpsychologie** ab, die sich über das objektive Registrieren tierischen Verhaltens hinaus mit einfühlenden Interpretationen (Empfinden und Erleben des Tieres) befaßte. Die **Ethologie** hingegen versucht, die Verhaltensweisen des Tieres in seiner natürlichen Umwelt vergleichend zu erforschen, indem das Verhalten objektiv beschrieben und mit Hilfe von Experimenten gedeutet wird. Menschliche Maßstäbe werden zur Erklärung tierischen Verhaltens nicht angelegt, wenngleich das verwendete Begriffsvokabular häufig nicht objektiv ist, sondern vor allem für den Laien schon eine gewisse Deutung mit einschließt [57] (vgl. z.B. die Begriffe Triumphgeschrei, Imponiergehabe, Hochzeitskleid, sozial; s. hierzu z.B. IMMELMANN 1975). Als vorläufiger Höhepunkt der vergleichenden Verhaltensforschung als wissenschaftlicher Disziplin kann das Jahr 1973 angesehen werden, in dem den Ethologen v. FRISCH, LORENZ und TINBERGEN für ihre Forschungsergebnisse der Nobelpreis für Medizin verliehen wurde.
Wie die vom Verfasser durchgeführte vergleichende Übersicht über alle bundesdeutschen Biologie-Lehrpläne zeigt (vgl. SKAUMAL/STAECK 1980), trägt der Biologieunterricht mittlerweile den Erkenntnissen und auch der verbreiteten Popularität der Ethologie Rechnung. In zunehmendem Maße werden Tiermonographien (also Einzeldarstellungen, die den gesamten Lebenslauf eines bestimmten Tieres einschließlich seiner Morphologie und Anatomie beinhalten) durch verhaltenskundliche Schwerpunkte ersetzt. Für den Schulbuchsektor läßt sich eine vergleichbare Tendenz feststellen.
Die Verhaltenslehre nimmt im zeitgemäßen Biologieunterricht einen ähnlich wichtigen Stellenwert ein wie die Humanbiologie und der Umweltschutz einschließlich der Ökologie. Hierfür ist nicht nur ihre Beliebtheit verantwortlich – so kamen z.B. bei einer von LEICHT durchgeführten Untersuchung (10- bis 14jährige Schüler, N = 5000) 78% aller spontanen Schülerfragen zu biologischen Themen aus dem Bereich der Verhaltenslehre (vgl. KILLERMANN 1978[4], 82 sowie auch die empirischen Arbeiten von DUMPERT (1976) und HEMMER/WERNER (1976) –, sondern auch ihre fachbiologische und gesellschaftliche Relevanz (vgl. Kap. 5.2.2).
Der Biologie unterrichtende Lehrer hat angesichts der Fülle von ethologischen Problemen und Begriffen die schwierige Aufgabe, sich auf die unterrichtliche Erarbeitung bestimmter einfacher Verhaltensweisen zu beschränken, wobei er sich insbesondere von den folgenden drei Gesichtspunkten leiten lassen sollte:
1. von den intendierten Unterrichtszielen,
2. von den Interessen und dem Alter der Schüler,
3. von den zur Verfügung stehenden Unterrichtsmedien.

Im folgenden werden einige Anregungen zur Auswahl ethologischer Unterrichtsinhalte gegeben, wobei zum einen die Intentionen, die dahinter stehen könnten, herausgestellt werden und zum anderen auch auf methodische Probleme aufmerksam gemacht werden soll.

5.2.1 Schwerpunkte der Verhaltensbiologie im Unterricht

Eine Voraussetzung für die richtige Analyse und Deutung tierischen Verhaltens bildet die Kenntnis der wichtigsten Fakten und Probleme ihrer Sinnesleistungen. Erst wenn wir Kenntnisse darüber haben, wie Lebewesen mechanische, thermische, chemische, akustische und optische Reize wahrnehmen, wird es möglich zu entscheiden, auf welche Gegebenheiten ihrer Umwelt sie überhaupt reagieren können. Der Biologieunterricht sollte in Konsequenz dieser Erkenntnis wenigstens das Leistungsvermögen *eines Sinnesorgans* sowie zentrale Probleme der Nervenphysiologie (zum Beispiel Reiz-Reaktion) behandelt haben, bevor entsprechende ethologische Sachverhalte erarbeitet werden. Bei vielen Fischen z. B. spielt der Gesichtssinn eine besonders wichtige Rolle. Die Buntbarsche (**Cichliden**) – eine häufig im Aquarium gehaltene Fischfamilie – besitzen zumeist überaus lebhafte und auffällige Färbungen, woraus zu schließen ist, daß diesen Merkmalen eine biologische Bedeutung in der innerartlichen Kommunikation zukommt. Fische als wechselwarme Tiere besitzen darüber hinaus die Fähigkeit der Farbveränderung [58], wodurch – unter Kontrolle des Nervensystems – schnelle Farbwechsel zustandekommen können, die kurzfristige Stimmungen (etwa starke Kampfstimmung, maximale Aggressivität, Fluchtstimmung ohne Versteckmöglichkeit, Brutpflegestimmung) signalisieren.

Die Vermutung, daß Cichliden zum Farbsehen fähig sind, kann im übrigen durch einen einfachen Versuch bestätigt werden, indem man einen Buntbarsch (z. B. der Gattung *Haplochromis* oder *Tropheus*) in ein wassergefülltes Plastikbecken ohne Fluchtmöglichkeit setzt, wobei man eine helle Unterlage wählt. Der Fisch paßt sich innerhalb kurzer Zeit an den hellen Untergrund an (vgl. hierzu auch die Dressurversuche zum Farbsehen der Fische bei HERTER 1953 und DAUMER/HAINZ 1979).

Eines der unterrichtlich interessantesten – gleichzeitig jedoch auch schwierigsten – Probleme der Ethologie ist die Klärung der Frage, inwieweit die beobachteten Verhaltensweisen **angeboren** oder **erworben** sind. Der Ausdruck »angeboren« ist im übrigen in der Ethologie nicht unumstritten. Er besagt, daß ein bestimmtes Verhaltensmerkmal (z. B. die Fluchtreaktion von Hühnerküken beim Herannahen eines Greifvogels bzw. beim Zeigen einer entsprechenden Attrappe) auf erblicher Grundlage beruht, d. h. daß die betreffende Anpassung sich im Laufe der Stammesgeschichte entwikkelt hat (vgl. LAMPRECHT 1978[8]). Insbesondere bei Wildtieren ist es nun oft unmöglich zu entscheiden, ob ihre Handlungen ererbt oder durch Lernvorgänge bedingt sind, noch dazu beide Möglichkeiten häufig miteinander verschränkt sind. Diese auch mit Schülern zu diskutierende Problematik führt zu Überlegungen über die Methoden der Ethologie, die die Methoden der Naturwissenschaften schlechthin sind:

1. **Die gezielte detaillierte Beobachtung tierischer Verhaltensweisen**
   Bei Schülern, die in der Erarbeitung ethologischer Sachverhalte noch unerfahren sind, kommt es zunächst darauf an, ihnen bewußt zu machen, wie und was überhaupt an Tieren beobachtet werden kann. Hierzu sind vom Lehrer möglichst einfache Beispiele auszuwählen (vgl. Kap. 5.2.4).

2. **Das Protokollieren von Verhaltensweisen**
   Neben allgemeinen schriftlichen No-

tizen in freier Form hat sich insbesondere die Verwendung von Tabellen-Rastern bewährt, die als strukturierende Vorgaben Zeit sparen und die Schüler zu exakter Beobachtung und Dokumentation veranlassen (vgl. hierzu die Tab. 18 und 19).

3. **Die Durchführung einfacher Experimente, die zur Klärung zahlreicher ethologischer Fragestellungen unentbehrlich sind** (vgl. Kap. 5.2.4).
Neben der Beobachtung, Analyse und Deutung von **Instinkthandlungen** sollte ein weiterer unterrichtlicher Schwerpunkt in der Beschäftigung mit **erlernten Verhaltensweisen** liegen. Lernen bedeutet hierbei die Aufnahme und Speicherung von Informationen im (Zentral-)Nervensystem und der daraus resultierende situationsgerechte Ablauf von bestimmten Verhaltensweisen (vgl. z. B. DAUMER/HAINZ 1979; LAMPRECHT 1978[8], 31; MEYER 1976, 121f). Im Unterricht der Sekundarstufe I sollten zum einen solche Lernvorgänge zur Sprache kommen, bei denen das Tier etwas lernen *muß*, damit die angeborenen Verhaltensanteile überhaupt sinnvoll ablaufen können. Derartige Lernvorgänge werden heute als **obligatorisches Lernen** bezeichnet (vgl. z. B. DAUMER/HAINZ 1979, 105; DYLLA 1977[5], 40). Alle individuellen Verhaltensanpassungen, die über das obligatorische Lernen hinausgehen (z. B. Dressur), werden entsprechend als **fakultatives Lernen** charakterisiert, das im Unterricht ebenfalls behandelt werden sollte.

Eine Sonderform des obligatorischen Lernens ist die **Prägung** (vgl. hierzu KLOPPER 1971). Hierbei handelt es sich insofern um eine spezielle Form des zwanghaften Lernens, als die Prägung immer nur während einer kurzen Zeitspanne besonderer Lernfähigkeit innerhalb der ontogenetischen Entwicklung des Organismus stattfinden kann (sogenannte »sensible Phase«, sie liegt zum Beispiel bei Graugänsen zwischen der 8. und 20. Stunde). Kennzeichnend für die Prägung ist, daß die Kenntnis des Auslösers für eine Instinkthandlung erworben werden muß. Dieser Informationserwerb ist irreversibel, das heißt, die einmal erworbene Kenntnis des auslösenden Objekts wird im allgemeinen zeitlebens nicht mehr vergessen.
Bei BUNK/TAUSCH (1980, 200ff.) werden sehr eindrucksvolle, auch mit Schülern durchzuführende Prägungsversuche mit Enten- bzw. Hühnerküken beschrieben.
Bei den Fischen lassen sich zwar auch geprägte Verhaltensweisen aufzeigen (zum Beispiel die Bindung der Jungfische an das brutpflegende Elterntier), doch gibt es darüber kein geeignetes Unterrichtsmaterial.
Die klassischen Unterrichtsobjekte für die Prägung sind die Graugänse, die LORENZ intensiv erforscht hat. Der sehr ansprechende und motivierende Film »Vom angeborenen und geprägten Verhalten« (32 0652), der eine Laufzeit von 19 Minuten hat, läßt sich gut in zwei Abschnitten erarbeiten. Der erste Teil eignet sich insbesondere zur Klärung der Unterschiede zwischen Instinkthandlungen und erlernten Verhaltensweisen bei Nestflüchtern (bis zu der Sequenz: »Flucht der Entenküken beim Erscheinen des Wanderfalken«). Mit Hilfe der im zweiten Teil gezeigten ausgezeichneten Attrappenversuche erkennen die Schüler, daß die Küken zwar über ein **angeborenes allgemeines Mutterschema** verfügen, indem sie nämlich jedem Gegenstand, der sich *bewegt* und eine *Stimme* hat, folgen (zum Beispiel Fußball oder Holzente mit eingebautem Lautsprecher,

aber auch dem Menschen). Die Bewegung und Stimme stellen jedoch nur die optischen und rhythmisch-akustischen Schlüsselreize für die Prägung auf ein bestimmtes Elternbild (mit einer bestimmten Form, Farbe und Art der Stimme) dar, das bis zur Selbständigkeit der Tiere beibehalten wird. Die Schüler entnehmen diesem Film bzw. entsprechenden Prägungsversuchen im Unterricht, daß es sich bei der Prägung um einen vom Instinkt eingeleiteten Lernvorgang handelt, der für Nestflüchter einen **arterhaltenden** Sinn hat (Voraussetzung für das Überleben).

Der Unterrichtsfilm über das angeborene und geprägte Verhalten kann je nach Intensität der Erarbeitung der ethologischen Problemstellungen sowohl in der Sekundarstufe I als auch in der Sekundarstufe II eingesetzt werden. Er kann darüber hinaus als ausgezeichnete Grundlage für weiterführende Betrachtungen dienen, etwa für das Thema »sexuelle Prägung« oder für die Frage, inwieweit man beim Säugling auch von Mutter-Prägung sprechen kann (vgl. hierzu BUNK/TAUSCH (1980[6]), DAUMER/HAINZ (1979), EIBL-EIBESFELDT (1978[5]).

Die Untersuchung von Instinkthandlungen und erlernten Verhaltensweisen im Biologieunterricht bliebe lückenhaft, wenn nicht Aspekte der **Humanethologie** mit berücksichtigt würden. Allerdings ist die Humanethologie – EIBL-EIBESFELDT hat diese Bezeichnung erst 1966 eingeführt – eine relativ junge und methodisch zweifellos nicht sehr ausgereifte Forschungsdisziplin (vgl. hierzu VOGEL 1981), bei der die Gefahr besteht, daß voreilig und unkritisch tierethologische Erkenntnisse und Aussagen sowie vorläufige Arbeitshypothesen und bislang ungesicherte Untersuchungsergebnisse bezüglich des Menschen vorschnell generalisiert und als feststehende Erkenntnis in die Lerninhalte des Biologieunterrichts mit aufgenommen werden. Dadurch ergeben sich sehr schnell »biologistische« Fehlinterpretationen, die häufig noch mit eigenen Ideologievorstellungen vermengt werden.

Bei allen humanethologischen Betrachtungen gilt es deshalb zu berücksichtigen

- daß menschliches Handeln zumeist kulturspezifisch mit bedingt wird, d.h. menschliche Verhaltensweisen in kulturell-traditionelle Bedeutungszusammenhänge und Wertsysteme – wie sie sich z.B. durch Arbeit, Sprache und Religion ergeben – eingebettet sind, und
- daß die an Tieren gewonnenen Erkenntnisse für den Menschen in erster Linie ihren Wert als **Arbeitshypothesen** haben, deren Überprüfung beim Menschen unabhängig von den bei Tieren erforschten funktionalen Zusammenhängen erfolgen muß, um Trugschlüsse zu vermeiden.

Eine wissenschaftlichen Ansprüchen genügende Verhaltensanalyse des Menschen ist nach VOGEL am ehesten noch auf dem Sektor der sogenannten »Baby-Forschung« – Babies befinden sich noch in einem symbolsprachlosen ontogenetischen Vorstadium – möglich (vgl. VOGEL 1981, 1275).

Für den Schulunterricht eignen sich jedoch eine Reihe einfacher Versuche, die aufzeigen, daß auch beim Menschen angeborene Verhaltensdispositionen in Form von typischen Reiz-Reaktionsweisen vorliegen: So können z.B. im 9. Schuljahr – anknüpfend an optische Signale im Tierreich (z.B. der rote Brustbereich des Stichlings) – Reaktionen des Menschen auf **optische Reize** analysiert werden.

Die Schüler können so mit Hilfe einfacher Versuchsanordnungen zu den Erkenntnissen gelangen, daß die Reaktion auf optische Reize beim Menschen folgende Ursachen haben kann:

- **einfacher Reflex** (z. B. Erschrecken vor plötzlich eingeschaltetem, grellem Licht),
- **angeborenes Verhalten,** z. B. emotionale Äußerungen auf das Kindchen-Schema (vgl. weiter unten sowie Abb. 36),
- **erworbenes (erlerntes) Verhalten** (zum Beispiel übernimmt die rote Farbe in unserer Kultur die Funktion einer Warnfarbe: Beispiel Straßenverkehr).

Der im dritten Beispiel angesprochene Sachverhalt kann auch im Rahmen des Biologieunterrichts aufgegriffen werden, um die von der Werbung verwendeten Mittel aufzudecken. Mit Hilfe einfacher Beispiele erkennen die Schüler, daß die bewußte Ausnutzung der Fähigkeit des Menschen, auf die erlernte Bedeutung optischer (und anderer) Reize zu reagieren, von der Werbung zur absichtlichen Verhaltenssteuerung (Manipulation) mißbraucht wird: Verwendung von Farbstoffen, Fluor-Leuchten in der Fleischwarenabteilung, Weißlicht im Gemüseladen usw. sollen die Kundschaft zum Kauf animieren (vgl. hierzu HANDREICHUNGEN 1971, MENGE 1971).

Auch das von LORENZ im Jahre 1943 erstmalig beschriebene **Kindchenschema** kann zum Anlaß genommen werden, um mit Schülern über angeborene Verhaltensweisen des Menschen zu sprechen. Wie viele Versuche gezeigt haben, werden bestimmte Proportionen, wie

- rundliche Pausbacken,
- rundliche Körperformen,
- großer Kopf im Verhältnis zum Gesamtkörper,
- stark vorgewölbte Stirn,
- Stupsnase,
- weiche Haut

als niedlich empfunden und lösen bei Kindern und Erwachsenen gleichermaßen ein Pflegeverhalten (⟶ Säuglingsfürsorge) aus. (Vgl. BUNK/TAUSCH 1980[6], DAUMER/HAINZ 1979, DYLLA 1977[5], EIBL-EIBESFELDT 1976, 1978[5], LAMPRECHT 1978[8]). Erstaunlich ist in diesem Zusammenhang, daß dieses Pflegebedürfnis durch alle Objekte angesprochen wird, die die genannten Merkmale aufweisen (z. B. viele Säugetier- und Vogeljungen, aber auch Nachbildungen wie Puppen und Zeichnungen). Das beschriebene Verhalten ist stammesgeschichtlich sinnvoll zu erklären als Pflege- und Fürsorgeverhalten des Gesamtverbandes gegenüber dem Nachwuchs.

Interessant ist in diesem Zusammenhang, daß auch die Bezeichnungen für Tierarten, die Merkmale des Kindchenschemas aufweisen, häufig in ihrem Namen die Endsilbe *-chen* aufweisen (zum Beispiel Kaninchen, Eichhörnchen, Meerschweinchen, Rotkehlchen). Darüber hinaus deutet auch die Beliebtheit der zahlreich auf dem Markt befindlichen Stofftiere der Spielzeug- und Souvenierindustrie (zum Beispiel Bambi, der Koalabär und die vielen Disney-Figuren), die ethologisch zweifellos als übernatürliche Attrappen zu deuten sind, auf die Gültigkeit des Kindchenschemas als Schlüsselreiz hin.

Im Rahmen einer Unterrichtseinheit im 7. Schuljahr zum Thema »Verhaltensbeobachtungen an ausgewählten Beispielen der Wirbeltierklassen unter Berücksichtigung des Menschen« könnte das Kindchenschema nach folgender Vorgehensweise experimentell behandelt werden (vgl. auch ZÖLLER 1972):

Thema der Stunde:
Das Kindchenschema als Beispiel für die Wirksamkeit von Schlüsselreizen beim Menschen

Stundenverlauf:

1. Lehrer kündigt ein Experiment an: 5 Schüler werden dazu hinausgeschickt. Anschließend werden der Klasse die beiden zuvor mit Tüchern verdeckten Versuchstiere (Meerschweinchen, Frosch) gezeigt. Aufgabe an die Klasse: Beobachtet und vergleicht in einer tabellarischen Auflistung die Reaktionen der Versuchspersonen. (Es wird darauf hingewiesen, daß die Versuchspersonen auf keinen Fall durch Kommentare beeinflußt werden dürfen.)
2. Durchführung des Experimentes: Die Schüler werden einzeln hereingebeten und nacheinander mit dem Meerschweinchen und dem Frosch konfrontiert. Dazu wird folgende Frage gestellt: »Angenommen, Du hättest eine kleine Schwester, welches Tier würdest Du ihr schenken wollen?«
3. Auswertung des Experiments: Die Gründe für die Bevorzugung des Meerschweinchens werden zusammengetragen (sieht niedlich aus, läßt sich streicheln, hat warmes und weiches Fell).
4. Um die Reize, die für die Wahl des Meerschweinchens ausschlaggebend waren, zu verdeutlichen, wird ein zweites Experiment angeschlossen: Alle Schüler erhalten einen Arbeitsbogen mit dem Auftrag, in jeder Zeile jeweils den Kopf anzukreuzen, der sie mehr anspricht (vgl. Abb. 36).
5. Auf einem dem Arbeitsbogen entsprechenden Arbeitstransparent wird das Versuchsergebnis notiert, indem die Köpfe angekreuzt werden, für die sich die Mehrheit entschieden hat (die Kindchendarstellungen werden bevorzugt).
6. Der Zusammenhang zwischen erstem und zweitem Experiment wird hergestellt: Es werden jeweils die »niedlichen« Objekte gewählt.
7. Anschließend werden die Merkmale, die die Schülerentscheidungen herbeigeführt haben, erarbeitet (bei Zeitknappheit bzw. bei Klassen mit langsamem Arbeitstempo kann hierzu zur Verdeutlichung ein Overlay-Transparent gezeigt werden (Abb. 37): Pausbacken, runder Kopf, vorgewölbte Stirn, Stupsnase, große Augen, weiche Haut bzw. weiches Fell.
8. Nach der Einführung des Begriffes »Kindchenschema« wird geklärt, daß beim Menschen das Kindchenschema als Schlüsselreiz wirkt und Zuwendung dem Baby gegenüber auslöst. Danach wird erarbeitet, warum wir Menschen auf die beschriebenen Merkmale mit Zuneigung reagieren (Verhalten, das dem Säugling eine Versorgung sichert = instinktives Pflegeverhalten gegenüber dem Kleinkind).

Abb. 36: Arbeitsbogen zur Unterrichtsstunde »Das Kindchenschema als Beispiel für die Wirksamkeit von Schlüsselreizen beim Menschen« (veränd. nach EIBL-EIBESFELDT 1978[5]) – Bei den Tieren entsprechen von oben nach unten Wüstenspringmaus, Pekinese und Kanarienvogel – obgleich ausgewachsen – dem Kindchenschema

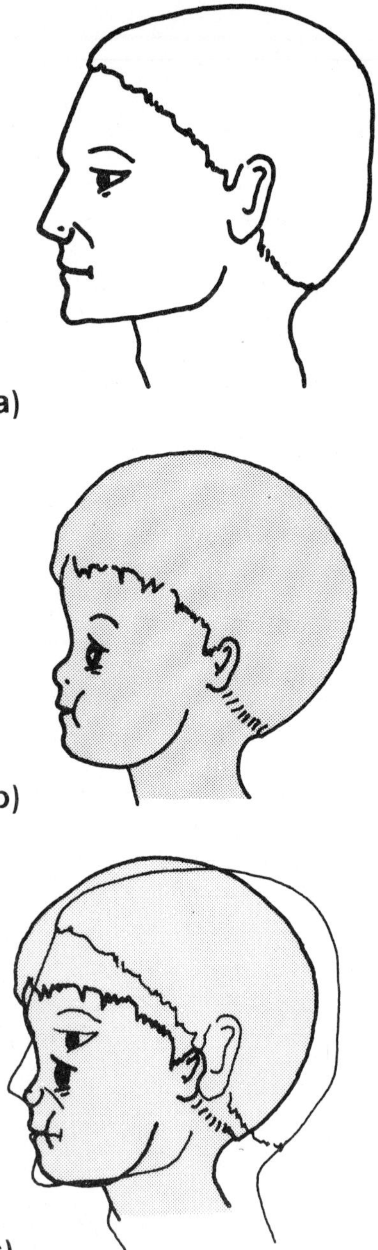

a)

b)

c)

Abb. 37: Arbeitstransparente A und B sowie die Kombination beider (AB) zur Erarbeitung der Merkmale des Kindchenschemas

5.2.2 Zielsetzungen und didaktische Begründungen verhaltensbiologischer Inhalte im Biologieunterricht

Neben der nachhaltigen Motivationswirkung verhaltenskundlicher Themenbereiche auf Schüler wird ihre Behandlung im Biologieunterricht auch durch ihre fachwissenschaftliche Bedeutung (Fachrelevanz) gerechtfertigt. So lassen sich vielfältige Verknüpfungen mit zahlreichen anderen biologischen Teilbereichen herstellen, z.B. mit der Evolution (Durchführung von Kaspar-Hauser-Versuchen), mit der Systematik (Aufzeigen von Verwandtschaftsbeziehungen über Verhaltensähnlichkeiten), mit der Morphologie (Beziehungen zwischen gestaltlichen Merkmalen und Verhaltensweisen). Viele biologische Einzelthemen lassen sich demnach in ethologische Betrachtungen integrieren. Die Beobachtung, Analyse und Deutung tierischer Verhaltensweisen ermöglicht also grundlegende Einsichten in die biologische Fachstruktur.

Weiterhin tragen ethologische Erkenntnisse zur Selbsterkenntnis des Menschen im Hinblick auf sein Eingebundensein in die Natur aber zugleich auch bezüglich seiner Sonderstellung bei. So werden sich die Schüler beispielsweise der eigenen angeborenen Reaktionsweisen bewußt; dadurch lernen sie, diese zu kontrollieren und erkennen darüber hinaus die Möglichkeiten und Gefahren der durch Instinktreduktion gewonnenen Handlungsfreiheit. Durch den im Rahmen verhaltensbiologischer Unterrichtssequenzen erfolgenden sachgerechten Umgang mit Tieren werden wichtige affektive Bereiche der Schüler angesprochen, woraus sich eine bleibende Tier- und Naturschutzhaltung manifestieren kann, bis hin zu einem engagierten Eintreten für gefährdete Organismenarten: So kann sich beispielsweise aus der unterrichtlichen Be-

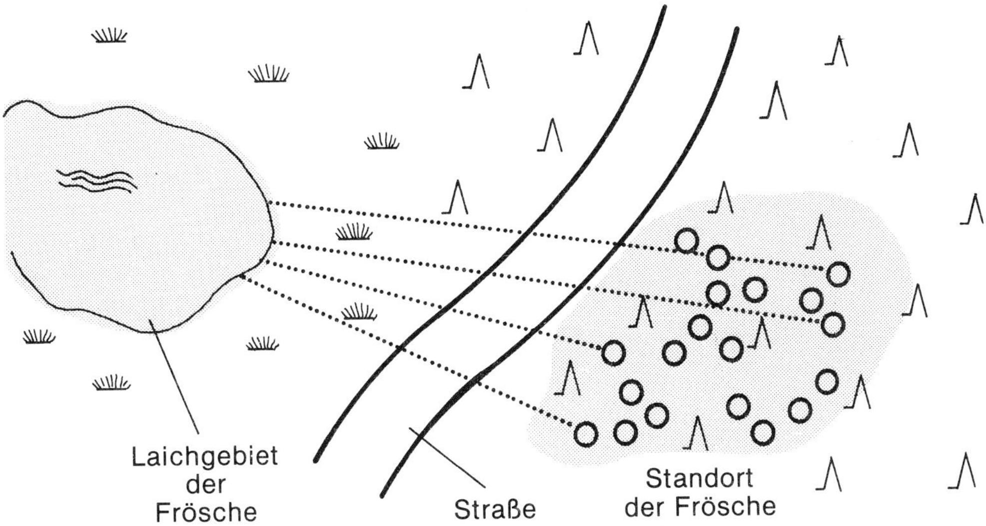

Abb. 38: Trassenführung einer Straße im Einzugsbereich der Jahreslebensräume einer Froschpopulation

trachtung der Amphibien (Ansprüche an ihr Biotop, Funktionen im Naturhaushalt, Aufzucht von Kaulquappen) ein resolutes Eintreten der Schüler für diese gefährdete Wirbeltierklasse ergeben, das bis zur Gründung einer Bürgerinitiative gegen die geplante Trassenführung einer Straße führen kann (vgl. Abb. 38).

Schließlich trägt die unterrichtliche Behandlung der Verhaltensbiologie dazu bei, den Schülern direkt oder über Transferlernen wichtige Kenntnisse über die artgemäße Haltung und Zucht von Haustieren zu vermitteln. Weiterhin lernen die Schüler wichtige biologische Arbeitstechniken kennen (vgl. Kap. 7), und die erarbeiteten ethologischen Kenntnisse führen zu einem Abbau sowohl von Tierangst [59] als auch von Anthropomorphismen, die in Fernsehsendungen (z. B. Simba der Löwe, Daktari, Flipper usw.), in der Jugendliteratur und selbst in biologischen Unterrichtsfilmen (z. B. Quick, das Eichhörnchen; Nr. 32 0367) und modernen Lehrerhandbüchern (»Der Guppy kann das Flirten schon«; vgl. KATTMANN u. a. 1980c, 144) noch immer verbreitet sind. Den Schülern muß in diesem Zusammenhang deutlich werden, daß unsere Aussagen über das subjektive Erleben von Tieren (z. B. Angst, Lust, Freude, Schmerz) lediglich analoge Schlüsse sind, die als vermenschlichende Deutungen in den Bereich der Spekulationen gehören.

Anschließend sind einige Intentionen zusammengestellt, die die unterrichtliche Beschäftigung mit ethologischen Fragestellungen rechtfertigen:

- Die Schüler lernen Tiere in ihren charakteristischen Bezugssystemen kennen.
- Die Schüler lernen das Verhalten der Tiere vergleichend zu betrachten. Dabei erkennen sie, daß Verhalten artspezifisch ist und insbesondere die Lernfähigkeit der Tiere mit der Höhe des Entwicklungsstandes ihres zentralen Nervensystems steigt.

- Die Schüler erfassen, daß Tiere durch angeborenes Verhalten optimal an ihre Umwelt angepaßt sind, sie sich aber auch bis zu einem bestimmten Ausmaß veränderten Bedingungen ihres Lebensraumes durch Verhaltensänderung anpassen können.
- Bei der Analyse von Verhaltensweisen lernen die Schüler, Fragen nach den Ursachen von Fragen nach der biologischen Bedeutung streng zu trennen.
- Die Schüler sollen zur sachlichen Einstellung gegenüber Tieren gelangen und Verständnis für die Eigenart und Eigenwelt der Tiere gewinnen.
- Dadurch sollen sie von der anthropomorphisierten Betrachtungsweise und Personifizierung von Tieren, wie sie insbesondere in den Massenmedien verbreitet ist, befreit werden.
- Die Schüler lernen, aus eigenen Beobachtungen tierischer und menschlicher Verhaltensweisen Schlüsse zu ziehen und daraus Erkenntnisse für sich selbst abzuleiten.
- Die Schüler lernen, daß menschliche Maßstäbe und Moralbegriffe nicht zur Deutung tierischen Verhaltens herangezogen werden dürfen.
- Die Schüler erkennen durch den Vergleich tierischer und menschlicher Verhaltensweisen Parallelen und Unterschiede.
- Die Schüler gewinnen einen Einblick in die experimentellen Arbeitsmethoden der Naturwissenschaften.

5.2.3 Methodische Hinweise

Die Tatsache, daß 10jährige in außerordentlichem Maße an Tieren interessiert sind (vgl. auch RUPPOLT 1967), sollte der Biologie unterrichtende Lehrer dahingehend ausnutzen, spätestens im 5. Schuljahr

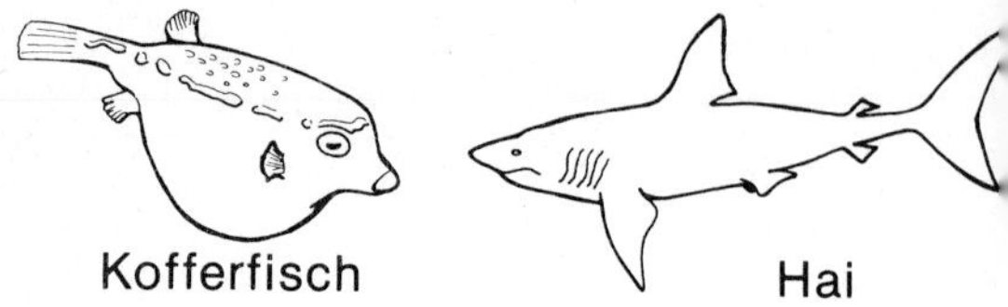

Abb. 39: Arbeitstransparent zur Unterrichtsstunde »Anpassung der Fische an den Lebensraum Wasser«

die Schüler zur *planmäßigen Tierbeobachtung* und *Tierpflege* anzuleiten. Insbesondere differenzierte Beobachtungsbögen, die den Schülern deutlich machen, daß es auf die möglichst exakte Beobachtung ankommt, erleichtern hierbei die Arbeit.
Bei der Entwicklung solcher Beobachtungsbögen ist zu vermeiden, daß zu allgemein gehaltene Anleitungen gegeben werden. Die Anweisungen sollten vielmehr konkrete Beobachtungshinweise enthalten. Den Aufbau eines solchen Beobachtungsbogens sowie seine Einbindung in den unterrichtlichen Kontext zeigt das anschließend wiedergegebene Unterrichtsbeispiel:
Als Einstieg in das Unterrichtsthema »Anpassung der Fische an den Lebensraum Wasser« (5.–7. Schuljahr) projiziert oder zeichnet der Lehrer die typische Gestalt eines Haies und eines Kugelfisches (vgl. Abb. 39) und läßt Gründe für die derartig unterschiedlichen Körperformen dieser beiden Fischarten finden. (Der Hai als Jäger weist eine Stromlinienform auf zur Erzielung eines möglichst geringen Strömungswiderstandes, während sich der Kugelfisch zur Feindabwehr kugelförmig aufbläst, wodurch seine Stacheln aufgerichtet werden.)
Zur Erarbeitung weiterer Informationen über die Fische erhalten die Schüler den folgenden Arbeitsbogen.

Biologie	UE Fische in ihrem Lebensraum u.b.B. ihrer Anpassung an das Medium Wasser, ihrer Bedeutung für den Menschen und ihrer Bedrohung durch den Menschen	Arbeitsbogen

Bitte das Glas nicht bewegen und nicht an die Scheibe klopfen!
(ungestörte Beobachtung)

Beobachtungsaufgaben (Beispiel Guppy)

A. Bau des Fisches

1. Zeichne den Fisch so genau wie möglich (mit Bleistift; Größe der Zeichnung mindestens 10 cm!)

2. Zähle die Merkmale auf, die auf die Anpassung des Fisches an seinen Lebensraum hindeuten!

3. Stelle fest, welche Sinnesorgane der Fisch besitzt. Schreibe auf!

B. Bewegung des Fisches

1. Welche Flossen bewegt der Fisch?
   a) beim Vorwärtsschwimmen
   b) beim "Stehen" im Wasser
   c) beim Bremsen

2. Beobachte genau den Kopf des Fisches!
   a) Welche Teile bewegen sich?
   b) Was kannst Du zum Ablauf der ständig zu beobachtenden Bewegung sagen?

Anschließend werden die Behälter (kleine Plastikaquarien) mit jeweils einem weiblichen *Guppy* [60] *(Lebistes reticulatus)* an jeweils zwei Schüler verteilt, wobei für die Bearbeitung der Aufgaben 15 Minuten zur Verfügung stehen.

Nach Beendigung der Partnerarbeit wird die äußere Gestalt des Fisches von mehreren Schülern an die Tafel gezeichnet, die beste beschriftet, und die übrigen Fragen des Arbeitsbogens werden besprochen.

Eine weitere Möglichkeit zur Aufzeichnung von Verhaltensreaktionen mit dem Ziel, einen Teil des Verhaltensinventars eines bestimmten Tieres kennenzulernen, besteht in der Erstellung von exakten Beobachtungsprotokollen, wobei darauf zu achten ist, daß die **Beobachtung** von Verhaltensweisen und die **Deutung** von Verhaltensweisen strikt voneinander unterschieden wird.

Zur Ermöglichung einer umfassenden Dokumentation eignen sich die **Zeitleistentabelle** sowie das **Ethogramm.**

In die Zeitleistentabelle (vgl. auch BUNK/TAUSCH 1980) werden z.B. alle fünf Sekunden die beobachteten Verhaltensweisen in Form von Abkürzungen eingetragen (vgl. Tab. 19a), oder die Häufigkeit vorher festgelegter Verhaltensweisen wird – z.B. je Beobachtungsminute – in Form einer Strichliste protokolliert (vgl. Tab. 19b).

Vor dem Einsatz solcher Tabellen sollte jedoch die Benennung wichtiger Körperhaltungen und Verhaltensweisen an entsprechenden Skizzen (vgl. Abb. 40) geübt und eingeprägt werden (z.B. in Form von gegenseitiger Überprüfung im Gruppengespräch).

Zur Erstellung der beschriebenen Beobachtungsprotokolle ist es empfehlenswert, daß eine Schülergruppe jeweils aus 3–4 Mitgliedern besteht, wobei ein Schüler die Zeit ansagt (ähnlich wie die telefonische Zeitansage), ein bis zwei Schüler die beobachteten Verhaltensweisen zurufen und ein Schüler das registrierte Verhalten protokolliert. Nach fünf Minuten sollte dann ein Wechsel in der Aufgabenverteilung erfolgen.

Das Ethogramm (Verhaltenskatalog) schließlich stellt die qualitative Bestandsaufnahme des Verhaltensrepertoires einer Tierart dar, indem in Form eines Katalogs alle beobachteten Verhaltensweisen zusammengestellt und im weiteren Verlauf des Unterrichts gedeutet werden (vgl. Tab. 20).

Ethogramme lassen sich sowohl an lebenden Organismen (z.B. an der in den Klassenraum mitgebrachten Labormaus im Plastikbecken) wie an Filmen (z.B. »Schlüsselreize beim Maulbrüter« – 32 0641 – oder »Die Amsel« – 32 2049) gut zusammenstellen.

In der Sekundarstufe II tritt im übrigen neben die deskriptive und experimentell-analytische Methode noch die Erarbeitung ethologischer Probleme mit Hilfe von verhaltensbiologischen Texten, Grafiken und Tabellen.

Über das **gezielte Beobachten** kommen die Schüler zum protokollarischen **Beschreiben** der Verhaltensweisen (deskriptive Methode) und schließlich zur **Analyse und Deutung** der registrierten Reaktionen (**kausalanalytische Methode**). Diese Reihenfolge

1. Beobachtung
2. Beschreibung (Dokumentation)
3. Analyse und Deutung

sollte den Schülern bereits zu Beginn verhaltensbiologischer Untersuchungen nachdrücklich klargemacht werden, da nicht nur in der Verhaltensbeobachtung ungeübte Schüler sehr häufig dazu neigen, **Beobachtung** und **Deutung** miteinander zu vermengen.

Min. / Sek.	1. Minute	2. Minute	3. Minute	4. Minute	5. Minute	6. Minute	7. Minute
5 Sek.	Wi	usw.					
10	Be						
15	Be						
20	Wi						
25	Wi						
30	Fi						
35	Sch						
40	Pu						
45	Be						
50	Be						
55	Fi						
60	Sk						

Tab. 19a: Zeitleisten-Beobachtungsprotokoll in Form einer Verhaltensbeschreibung (am Beispiel der Labormaus *Mus musculus*)

1. Fixieren	Fi	5. Putzen	Pu
2. Beschnuppern	Be	6. sich kratzen	Sk
3. Wittern	Wi	7. Scharren	Sch
4. Nahrungsaufnahme	Na	(vgl. TEMBROCK 1971)	

Min. / Verhaltensweisen	1.	2.	3.	4.	5.	6.
An Pflanzen knabbern	|			|		
Algen vom Stein abweiden	|			|		
Aufnahme von Sand/Kiesteilchen vom Boden und anschließendes Ausspucken						|
Aufsuchen einer Höhle (Verstecken)		|			|	
Angreifen mit Abspreizen der Flossen (Drohen)	|					
nach Schwebeteilchen schnappen						|
Breitseit-Imponieren			|			
Kreiseln (Karussellschwimmen)			|			
Rütteln			|			
An der Scheibe hoch- und runterschwimmen (abnorm)						|

Tab. 19b: Zeitleisten-Beobachtungsprotokoll als Strichliste (am Beispiel eines α-Tieres in einer Gruppe von Brabantbuntbarschen *(Tropheus moorii)* (vgl. WICKLER 1969)

Abb. 40: Ausschnitt aus dem Ethogramm der *Labormaus (Mus musculus)* (nach TEMBROCK 1971)

lfd. Nr. der Beobachtung	beobachtetes Verhalten	Deutung
Kampfverhalten		
1	Spreizen der Flossen	Drohen
2	Parallelschwimmen, dabei Erzeugen von Druckwellen	Drohen
3	Abspreizen der Kiemendeckel	Drohen
4	Rammstöße	Drohen
5	Vor- und Zurückschwimmen	Zeigen der Reviergrenze
Sexualverhalten		
6	Transportieren von Sand/Steinchen	Vorbereitung der Paarung
7	Männchen spreizt Flossen	Werben
8	Führungsschwimmen	Balzverhalten
9	Weibchen folgt Männchen	Balzverhalten
10	Weibchen laicht ab	Fortpflanzung
11	Weibchen nimmt Eier auf (Abgabe der Spermien)	Brutpflege
Brutpflegeverhalten		
12	Weibchen schichtet Eier im Maul um	Brutpflege
13	Weibchen spuckt die Jungen aus	Brutpflege
14	Aufnahme der Jungen durch die Mutter bei Gefahr	Brutpflege
15	Einsammeln der Jungen am Abend	Brutpflege

Tab. 20: Ethogramm des *Orangefleckmaulbrüters (Haplochromis burtoni)* mit anschließender Deutung unter Verwendung des Films »Schlüsselreize des Maulbrüters« [61] (zweimaliges Vorführen, ohne Ton)

Im Sinne der Spiralanordnung der Unterrichtsinhalte wird in der frühen Sekundarstufe I (Klasse 5/6) der Schwerpunkt auf die deskriptive Verhaltenslehre, also auf die Beobachtung und Beschreibung tierischen Verhaltens gelegt werden (Bewegung, Nahrungsaufnahme, Feind-Freund-Verhalten usw.). In einem zweiten Durchgang (Klasse 7/8) werden komplexere Verhaltensweisen erarbeitet (Verständigung, Orientierung, soziales Verhalten, zum Beispiel Revier-, Balz-, Brutverhalten) sowie Instinkt- und Lernvorgänge an Beispielen geklärt. Ab Klasse 9/10 können schließlich humanethologische Aspekte und komplexere Verhaltensbeziehungen in die unterrichtliche Behandlung einbezogen werden.

5.2.4 Verschiedenartige Möglichkeiten der Verhaltensbeobachtung im biologischen Unterricht

Um das Verhalten von Tieren beobachten und analysieren sowie anschließend beschreiben und interpretieren zu können, müssen vom Lehrer geeignete Objekte bereitgestellt werden. Folgende Darbietungsweisen lassen sich in diesem Zusammenhang unterscheiden:

A. Reale Gegenstände [62]

1. losgelöst von ihrer natürlichen Umwelt im Klassenraum;
2. gefangene Tiere im Zoologischen Garten, im Zirkus, in Gattern, Freianlagen und dergleichen;

3. freilebende Tiere in urbanen Biotopen oder im natürlichen Lebensraum.

B. Unterrichtsfilme und Diareihen

1. Überblick über die Lebensweise einschließlich der wichtigsten Verhaltensweisen in längeren 16 mm-Tonfilmen (mehr als 10 min);
2. Analyse ausgewählter Verhaltensweisen in kurzen 8 mm-Arbeitsstreifen (ca. 2–5 min);
3. Analyse ausgewählter Verhaltensweisen in chronologischen, aufeinanderfolgenden typischen Einzelaufnahmen (Diareihe).

C. Arbeitsbögen

1. Verhaltensbeschreibungen in Texten;
2. Verhaltensabläufe und Zusammenstellung zeit- und artverschiedener Verhaltensweisen in Grafiken und Tabellen.

Ohne auf die Wirksamkeit verschiedener Medienarten an dieser Stelle eingehen zu wollen (vgl. hierzu jedoch Kap. 8), sollen im folgenden schlaglichtartig einige Möglichkeiten der Verhaltensbeobachtung näher beschrieben und am unterrichtspraktischen Beispiel erläutert werden.
Als *Einstieg* in verhaltensbiologische Untersuchungen eignen sich insbesondere Nagetiere (z.B. Meerschweinchen, Hamster, Mongolische Rennmaus, Labormaus, Laborratte) und verschiedene Fischarten (vor allem aus der Familie der Buntbarsche). Beide Tiergruppen sind leicht zu beschaffen und ohne größeren Aufwand zu pflegen. Ihr Verhalten läßt sich auch im Unterricht gut beobachten.

5.2.4.1 Beobachtungen an Mäusen

Als Einstieg in Unterrichtsreihen zum Thema »Ablauf und biologische Bedeutung instinktiver Verhaltensweisen« ist die *Labormaus (Mus musculus)* als Versuchstier aufgrund der leicht möglichen Beschaffung, der vielfältigen Verhaltensmuster und der großen Vermehrungsrate besonders gut geeignet (vgl. zur Haltung z.B. BUNK/TAUSCH 1980, 230f.). In einer einführenden Unterrichtsstunde (z.B. in Klasse 7) können beispielsweise die Morphologie und ein Ethogramm der Labormaus erarbeitet werden. Hierzu wird jeweils einer Schülergruppe ein frisch mit Säge- oder Hobelspänen eingestreuter Käfig (Plastikaquarium) mit einer Maus zur Verfügung gestellt. Der Arbeitsbogen könnte folgendermaßen gestaltet werden (vgl. Abb. 41).

Zur Untersuchung des Lernverhaltens bei Tieren hat sich die *Mongolische Rennmaus (Meriones unguiculatus)* als besonders geeignet erwiesen: Im Gegensatz zur Labormaus, zum Goldhamster, zur Laborratte und zum Meerschweinchen, die allesamt nachtaktiv sind und am Vormittag ausgeprägte Ruhephasen aufweisen (vgl. BUNK/TAUSCH 1980, SCHRÖPFER 1978, ZOLLHAUSER 1958), besitzt die Mongolische Rennmaus während der Vormittagsstunden eine große Aktivitätsbereitschaft. Hinzu kommt, daß auch die Haltung dieses Tieres sehr unproblematisch ist, wenn man ihr genügend Hobelspäne zur Befriedigung ihres Scharrtriebes und »Hamsterwolle« zum Nestbau in den Käfig gibt. Sie ist zudem geruchlos und nicht bissig. [63]
Es gibt die unterschiedlichsten Versuchsansätze, um auf experimentelle Weise angeborene Lerndispositionen (obligatorisches Lernen) bei Nagetieren aufzuzeigen (vgl. auch Kap. 5.2.1):

a) **Tieflabyrinthe,** bei denen die Versuchstiere in geschlossenen oder offenen Gängen zwischen zwei Wänden laufen, z.B. als

Biologie	UE Verhaltensbeobachtungen an der Labormaus	Arbeitsbogen

1. Beschreibt den Körperbau der Labormaus!

2. Beschriftet die Skizze!

3. Erstellt ein Beobachtungsprotokoll der Verhaltensweisen der Labormaus (Zeitdauer 10 Minuten) nach folgendem Muster:

Laufende Nr. der Beobachtung	Beobachtetes Verhalten
1	
2	
.	
.	
.	

Abb. 41: Arbeitsbogen zur Beobachtung der Labormaus

- T-Labyrinth (vgl. BERCK 1968) und
- variables Kastenlabyrinth nach BROWN/CREEDY (Einziehen von variablen Sperrholzwänden z.B. in alte Schubkästen; vgl. BETZ/ERBER 1975, BUNK/TAUSCH 1980),
- Sternlabyrinth (vgl. BUNK/TAUSCH 1980) sowie
- Y-Lauf (vgl. z.B. GOSPODAR 1981) mit geringem Schwierigkeitsgrad;

b) **Hochlabyrinthe,** bei denen die Versuchstiere über Leisten laufen, die auf Stützen stehen, wobei die Tiere einen Teil der Abzweigungen überblicken können (vgl. z.B. SKRZIPEK 1978). Diese Labyrinthform stellt höhere Anforderungen aufgrund vieler Sackgassen bzw. Blindgänge.

Die unterrichtliche Zielsetzung derartiger Experimente besteht darin, Schülern die biologische Bedeutung des Lernverhaltens aufzuzeigen: Nagetiere sind ortstreu. Deshalb ist eine gute Kenntnis ihrer Nesthöhle zwingend notwendig (hierzu gehört u.a. das Behalten bestimmter Wegstrecken und der Grenzen des eigenen Reviers). Darüber hinaus können zugleich Kenntnisse über wichtige Bedingungen für den Ablauf von Lernvorgängen ermittelt werden. Im folgenden soll der unterrichtliche Einsatz des Hochlabyrinths ausführlicher beschrieben werden, da dieses Labyrinthsystem

- das Sichtproblem optimal löst (die gesamte Schülergruppe kann gleichzeitig ein Versuchstier beobachten);
- durch seine Elementbauweise nach und nach erweitert werden kann;
- durch seinen Aufbau mit mehreren Entscheidungsmöglichkeiten im Verlauf des Experimentes eine deutliche Lernkurve entstehen läßt und damit das Lernen nach Versuch und Irrtum besser erkannt wird.

Die Herstellung eines Hochlabyrinths verursacht außerdem nur geringe Materialkosten und ist zudem auch von Schülern relativ leicht herzustellen. Folgendes Baumaterial wird benötigt (veränd. nach BAYRHUBER/VOSSKÄMPER 1976):

- 10 Holzlatten von 4 cm Höhe und 6 cm Breite mit folgenden Längsabmessungen:

1. 7 cm	2. 25 cm	3. 35 cm
4. 15 cm	5. 30 cm	6. 55 cm
7. 35 cm	8. 15 cm	9. 35 cm
10. 25 cm		

- 9 Flacheisen mit Bohrung
- 4 Holzstuhlbeine (Rundhölzer) mit einer Höhe von 60 cm,
- Vogelsand und Lackfarbe,
- diverse Schrauben.

Entsprechend Abbildung 42 werden bei den Latten 1, 3, 6 und 9 an den gekennzeichneten Stellen die Flacheisen befestigt und damit die Holzlatten miteinander verbunden. Das Grundprinzip beim Experimentieren mit derartigen Labyrinthen besteht darin, daß das Versuchstier von einem Startpunkt aus den richtigen Weg zum Ziel lernen muß, wobei es sich an Gabelungen zwischen einem richtigen und einem oder zwei falschen Wegen (Sackgassen) zu entscheiden hat. Am Ziel wird dem Versuchstier entweder ein Futterbehälter oder der eigene Käfig mit Nest dargeboten. Wichtig ist dabei, den Reiz, den die Tiere nach Beendigung der gestellten Aufgabe erhalten, eine bestimmte Zeit vor Versuchsbeginn zu entziehen (»Deprivation«), also z.B. das Tier ca. 24 Stunden zu isolieren oder es hungern zu lassen.

Im Experiment wird

- die Zeit gemessen, die das Tier für je einen Durchlauf (Start–Ziel) benötigt;
- die Anzahl der Fehler pro Durchlauf gezählt, wobei als Fehler jede Abweichung vom kürzesten Weg zwischen Start und

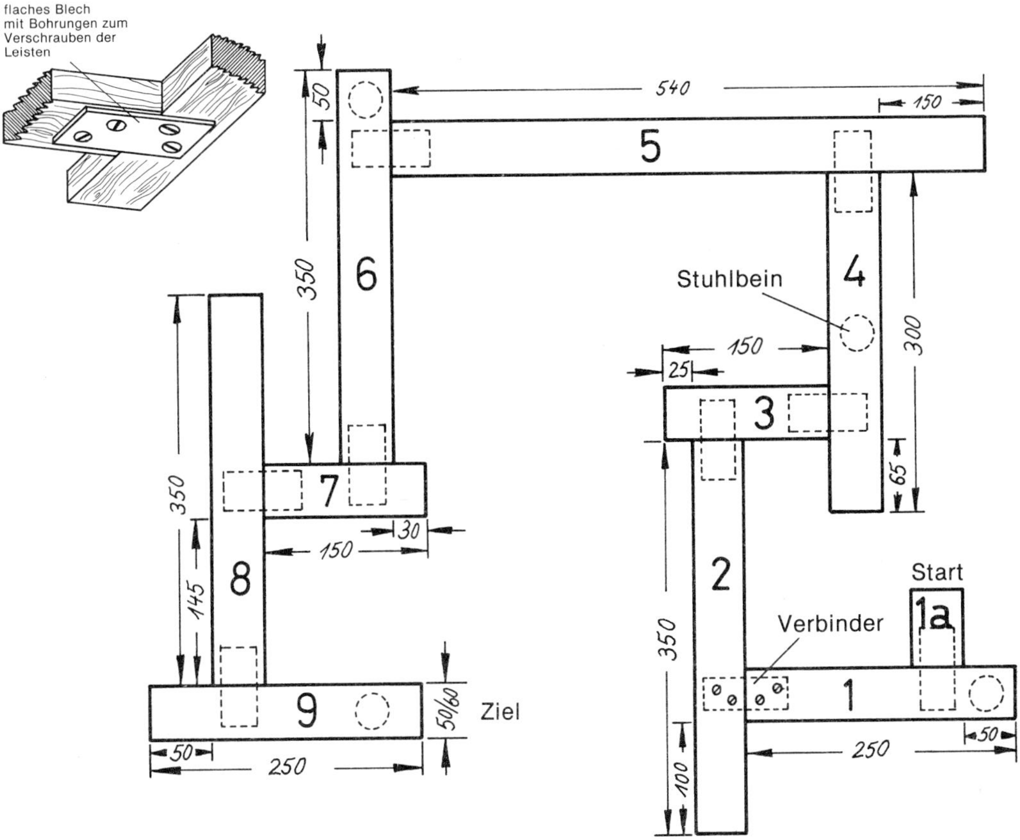

Abb. 42: Struktur des Hochlabyrinths (O Stelle, an der die Stützpfeiler befestigt werden)

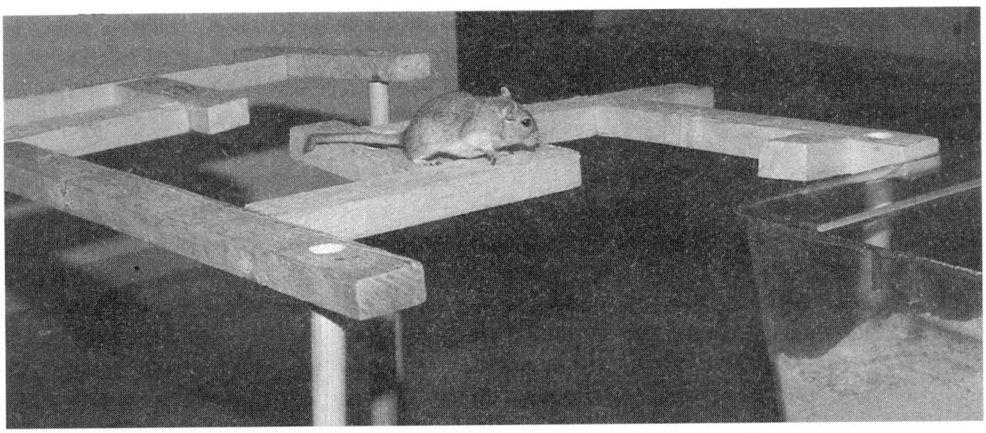

Abb. 43: Hochlabyrinth mit Mongolischer Rennmaus und Käfig am Zielpunkt

Ziel gilt (also z. B. Hineinlaufen in einen Blindgang, Zurücklaufen zum Start – jedes Durchlaufen eines Entscheidungspunktes zählt als Fehler! –, eventuell noch Hinabsehen auf den Boden).

Die Fehlerzahl ist sicherlich das bedeutendere Dressurmaß, da bei den Tieren während des Durchlaufs mitunter längere Putzphasen eingeschoben werden.

Im folgenden wird ein möglicher unterrichtlicher Einsatz des Hochlabyrinths (s. auch Abb. 43) im 9./10. Schuljahr beschrieben:

Unterrichtseinheit: Ablauf und biologische Bedeutung von Lernvorgängen bei Säugetieren einschließlich des Menschen

Stundenthema: Experimentelle Untersuchung von Lernvorgängen (Lernen durch Versuch und Irrtum [64] bei der Mongolischen Rennmaus auf dem Hochlabyrinth

Operationsobjekte [65]: 1 Arbeitstransparent, 2 Hochlabyrinthe, 2 Mongolische Rennmäuse, 2 Stoppuhren, 2 feuchte Lappen, 2 Käfige, Mischfutter für Kleinnager, Protokollbögen, Arbeitsbogen zum Erstellen der Lernkurve

1. Phase (Problemstellung und Hinführung zum Thema): Lehrer zeigt der Klasse die beiden Mongolischen Rennmäuse (eine im Käfig, die andere isoliert im Plastikaquarium) und projiziert anschließend ein Arbeitstransparent, das einen Sommerbau dieser Tiere zeigt (vgl. Abb. 44).

Frage: Wie finden Jungtiere, die zum ersten Mal ihren Bau verlassen haben, auch ohne ihre Eltern am schnellsten wieder zurück ins ausgepolsterte Nest (Wohnkammer)? (Schüler äußern, daß die jungen Rennmäuse das lernen müssen.)

2. Phase: Es wird geklärt, wie diese Hypothese überprüft werden kann. (Schüler nennen Labyrinthversuche.) Die beiden Labyrinthe werden hereingeholt. Es wird erarbeitet, wie die Tiere überhaupt dazu gebracht werden können, daß sie über das Labyrinth laufen. (Möglichkeiten der Belohnung und deren Bedeutung werden erörtert.) Die Schüler erfahren, daß Rennmaus 1 ca. 24 Stunden gehungert hat und Rennmaus 2 vom Partner und dem Nest ca. 24 Stunden getrennt wurde. Die Methode der Fehlerzählung wird vom Lehrer demonstriert und der sachgemäße Umgang mit den Versuchstieren erklärt (z. B. Tragen der Maus am ersten Schwanzdrittel).

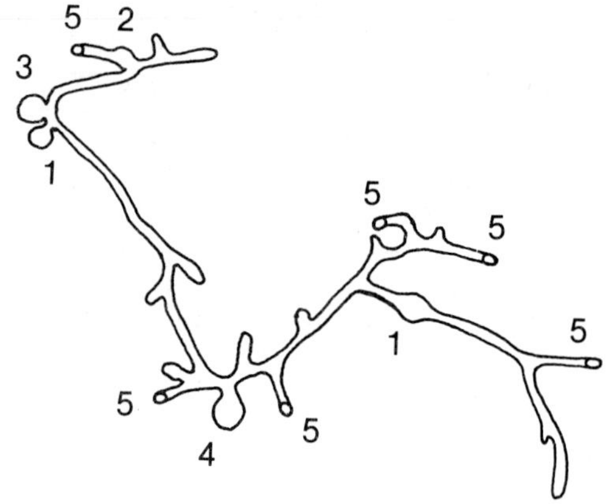

Abb. 44: Skizze eines Sommerbaus der Mongolischen Rennmaus. 1 Wohnkammer; 2 verlassenes Nest; 3 leere Kammer; 4 Nahrungsspeicher; 5 Eingänge (veränd. nach NAUMOV/LOBACHEV 1975)

3. Phase: Die Arbeitsanweisungen werden ausgeteilt und besprochen (Arbeitsbogen S. 156). Die Klasse wird in zwei Großgruppen geteilt. Anschließend setzt sich jede Gruppe in einem Kreis um die aufgestellten Labyrinthe, und die Experimente werden durchgeführt: Die Schüler beobachten, zählen die Fehler und stoppen die Zeit pro Durchlauf, wischen die Laufstege feucht ab und setzen die Versuchstiere jeweils neu auf den Startpunkt.

Biologie	UE Experimentelle Untersuchung von Lernvorgängen bei der Mongolischen Rennmaus auf dem Hochlabyrinth	Arbeitsbogen

Arbeitsanweisungen

1. Das Experiment besteht aus insgesamt 10 Durchläufen.
2. Setzt das Versuchstier auf den Startpunkt und stoppt die Dauer des Durchlaufs bis zum Zielpunkt!
3. Zählt die Anzahl der Fehler pro Durchlauf!
4. Tragt beide Ergebnisse in das unten aufgezeichnete Protokollschema ein!
5. Denkt daran, daß Eure Rennmaus nach jedem Durchlauf mit etwas Futter belohnt wird (Gruppe 1) bzw. etwas Zeit erhält, damit sie in ihr Nest schlüpfen kann (Gruppe 2)!
6. Wischt nach jedem Durchlauf den Laufsteg mit einem feuchten Lappen ab!

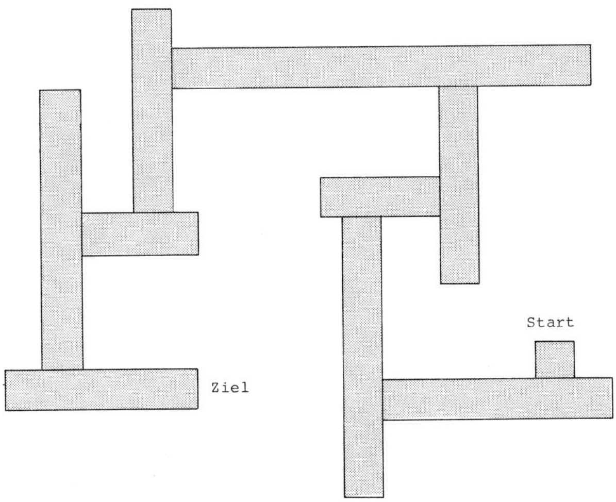

Versuchs-Nr.	1	2	3	4	5	6	7	8	9	10
Fehler	35	8	5	3	2	1	1	1	0	0
Zeit	2 min 14 s	0 48	0 34	0 23	0 19	0 13	0 12	0 08	0 10	0 12

Abb. 45: Ausgefüllter Arbeitsbogen 2 (Lernkurve) zur experimentellen Untersuchung von Lernvorgängen bei der Mongolischen Rennmaus auf dem Hochlabyrinth

Versuche

Nr.	1	2	3	4	5	6	7	8	9	10		
Fehler	35	8	5	3	2	1	1	1	0	0		
Zeit												
min	2	0	0	0	0	0	0	0	0	0		
s	14	48	34	23	19	13	12	08	10	12		

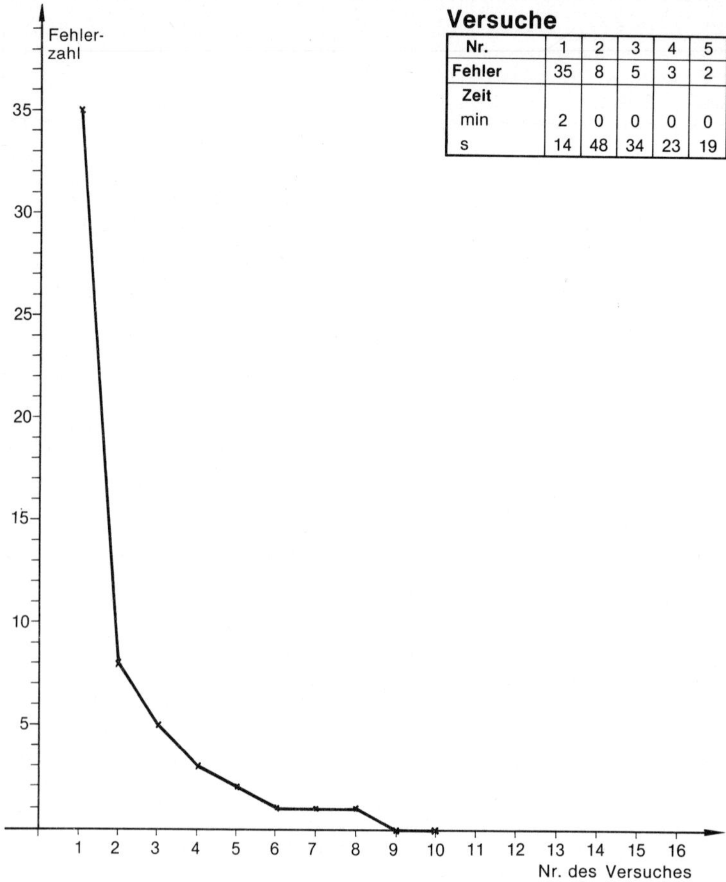

Abb. 46: Lernkurve der Mongolischen Rennmaus (Fehlerzahl pro Versuch) als Ergebnis eines Unterrichtsexperiments zum Lernen durch Versuch und Irrtum

4. Phase: Die Beobachtungen werden diskutiert und die Meßergebnisse ausgewertet. (Die Mongolischen Rennmäuse durchlaufen erst nach etlichen Durchgängen das Labyrinth fehlerfrei oder nahezu fehlerfrei. Der Laufgang wird in immer kürzeren Zeiten absolviert.) Die Schüler werden aufgefordert, diesen Lernvorgang zu beschreiben (Lernen durch Probieren). Der Fachausdruck »Lernen durch Versuch und Irrtum« wird eingeführt. Schließlich werden noch mögliche Unterschiede in den Untersuchungsergebnissen der beiden Versuchsgruppen diskutiert.

5. Phase (oder Hausaufgabe): Der Arbeitsbogen 2 wird ausgeteilt mit dem Arbeitsauftrag: Erstellt eine Lernkurve für Euer Versuchstier durch Eintragen der Fehleranzahl pro Versuch! (Vgl. Abb. 45)

Zum Verhaltensinventar der Mäuse gibt es noch eine Reihe von Medien, mit deren Hilfe sich auch ohne den Einsatz der Realobjekte eine Reihe von Verhaltensweisen dieser Tiere erarbeiten lassen:

- Einheimische Mäuse, 10 Dias (10 0103);
- Rangordnungsverhalten bei Labormäusen, 4 min (Super 8, 36 0665);
- Reviereinnahme, 5 min (36 0666);
- Klettern, 5 min (36 0667);
- Hungrige und satte Mäuse, 5 min (36 0668);
- Wandkontaktverhalten, 4 min (36 0669).

Zur unterrichtlichen Einführung des obligatorischen Lernens ist schließlich noch der Film »Was Tiere können und was sie lernen müssen«, der Kaspar-Hauser-Versuche mit jungen Eichhörnchen zeigt, gut geeignet (15 min, 16 mm, 32 0653).

5.2.4.2 Beobachtungen an Fischen

Neben den Nagetieren stellen auch die Fische ausgezeichnete verhaltensbiologische Versuchsobjekte dar, an denen sich wichtige ethologische Problemstellungen erarbeiten lassen (vgl. auch die Ausführungen in Kap. 5.2.1!).

Folgende Gründe sprechen insbesondere für die Fische als ideale unterrichtliche Versuchstiere:

1. Sie stehen ganzjährig zur Verfügung, sind billig zu beziehen und mit nur geringem pflegerischen Aufwand zu halten.
2. Sie sind in so großer Stückzahl verfügbar, daß Schülerversuche in Partner- oder Gruppenarbeit durchgeführt werden können.
3. Ihr Verhalten ist gut untersucht und mit Hilfe der Literatur leicht zu interpretieren.
4. Sie besitzen ein vielfältiges Verhaltensrepertoire.
5. Viele Verhaltensweisen sind meist deutlich erkennbar und damit auch von jüngeren Schülern der Sekundarstufe I gut zu beobachten.

Verhaltensbeobachtungen an Fischen setzen die Anschaffung von Schulaquarien voraus. Neben einem möglichst metallosen Beobachtungsaquarium aus Glas (Fassungsvermögen 100–200 l, Scheiben geklebt) sollten noch mindestens sechs Plastikaquarien (mit 30–40 cm Kantenlänge) für die Unterrichtsversuche angeschafft werden. Es ist auf jeden Fall ratsam, die Schulaquarien mit tropischen Fischen (Warmwasserfischen) zu besetzen, da unsere einheimischen Fische Anforderungen an die Haltung stellen (insbesondere bezüglich der niedrigeren Wassertemperatur und des höheren Sauerstoffbedarfes), die nicht leicht zu erfüllen sind. Diese Erkenntnis gewann schon ROSSMÄSSLER (1860), der bereits im Jahre 1856 zum Begründer unserer heutigen Aquaristik wurde, mit der Feststellung, daß ein »See im Glase« auf die Dauer kaum zu erhalten sei. Die demgegenüber im derzeitigen Fachhandel angebotenen tropischen Fische sind in der Regel Nachzuchten, die bereits ein hohes Maß an Anpassung an die veränderten Umweltverhältnisse zeigen – ohne dabei allerdings ihre natürlichen Verhaltensweisen aufzugeben – und noch dazu unser Leitungswasser (erwärmt auf ca. 22° bis 28° C) gut vertragen. Die richtige Haltung von Aquarienfischen bereitet demnach in den meisten Fällen weniger Schwierigkeiten als die vieler anderer Heimtiere! Brauchbare Hinweise zur Einrichtung von Aquarien und zur Haltung von Fischen gibt es vor allem bei MAYLAND (1977), STAECK (1975^2), SCHULBIOLOGIEZENTRUM (1976), KOSMOS (1977).

Besonders geeignet für verhaltensbiologische Beobachtungen und Experimente im Klassenzimmer sind *Guppys (Lebistes reticulatus)* und *Kampffische (Betta splendens)*, während zu den *Buntbarschen (Cichliden)* und zum *Dreistachligen Stichling*

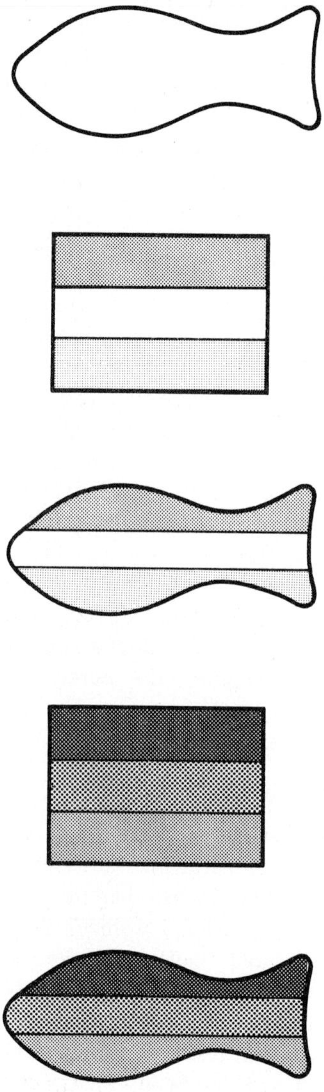

Abb. 47: Arbeitsbogen zu Attrappenversuchen mit männlichen *Kampffischen (Betta splendens)* – Die Attrappen werden am besten aus Knetgummi hergestellt, als Halter wird ein Metallstäbchen (z. B. das Ende einer Fahrradspeiche) in die Attrappe hineingedrückt.

(Gasterosteus aculeatus) ausgezeichnet aufbereitete Unterrichtsfilme vorliegen.

Mit Guppys lassen sich besonders leicht Kaspar-Hauser-Versuche, Leerlaufhandlungen männlicher Tiere, Balz-Verhaltensweisen und Dressurversuche (z. B. das klassische Konditionieren) erfolgreich im Unterricht durchführen (siehe hierzu auch BERCK/THEISS-SEUBERLING 1977, BUNK/TAUSCH 1980, KATTMANN u. a. 1980 b, LANGHANKE 1979 sowie Kap. 5.2.3).

Der männliche Kampffisch eignet sich besonders gut zur experimentellen Überprüfung der Auslösung des innerartlichen Kampfes durch Schlüsselreize (vgl. LAUDIEN 1965). Die unterrichtliche Klärung dieser Schlüsselreize, die das Kampfverhalten bei Betta splendens bewirken – nämlich die Farben blau, rot und grün –, läßt sich leicht mit Hilfe einfacher Attrappenversuche erreichen (vgl. Abb. 47).

Am Stichling läßt sich mit Hilfe eines 16-mm-Unterrichtsfilms (10 min, 32 0640) in ausgezeichneter Weise die gesamte Reiz-Reaktionskette im Paarungs- und Ablaichverhalten erarbeiten. Damit die Schüler aus der Komplexität des Verhaltens einzelne Verhaltenselemente als Teile der ganzen Handlungskette isolieren können, sollte der Lehrer vor der Filmprojektion detaillierte Beobachtungsanleitungen geben.

Folgende Arbeitsanweisungen sind zum Beispiel für die in Gruppen-, Partner- oder Einzelarbeit erfolgende Erarbeitung des Stichlingfilms denkbar (in Klammern die erwarteten Antworten):

1. In welche sechs Abschnitte läßt sich der Film gliedern? (Stichling als Schwarmfisch in seinem Lebensraum – Revierverhalten und Nestbau – Revierkämpfe – Balz (Werbung) – Laichen und Besamung – Brutpflege)
2. Was ist instinktives Verhalten? (Durch äußere wie innere Faktoren auslösbare angeborene Verhaltensweise, die unabänderlich abläuft und zur Arterhaltung beiträgt)

Biologie	Schema der Reiz-Reaktionskette beim Stichling	Arbeitsbogen

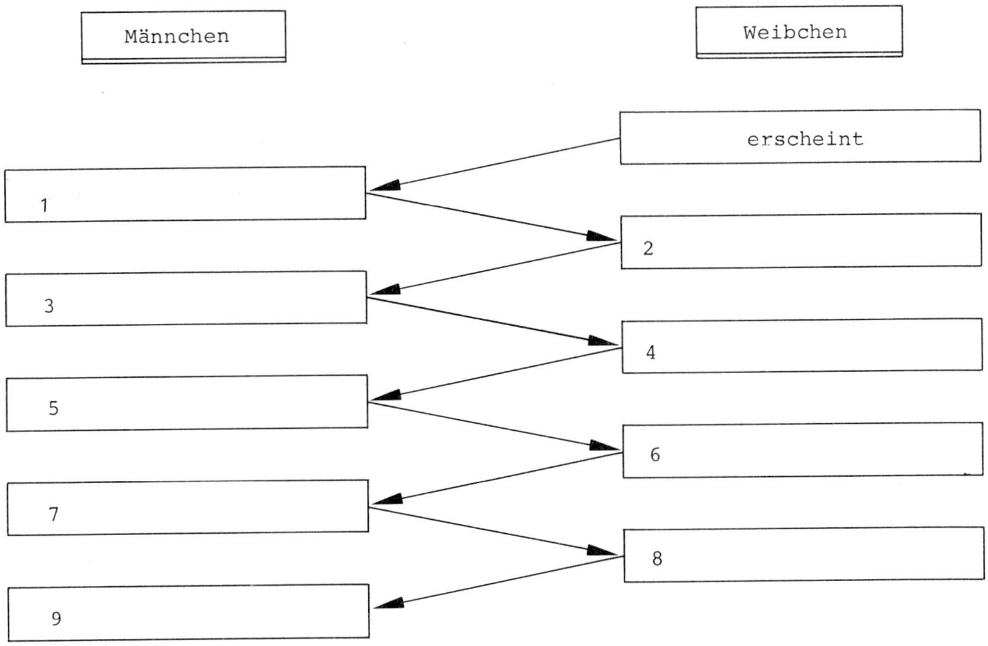

3. Was sind Schlüsselreize? (Auslöser von Instinkthandlungen)
4. Unter welchen Voraussetzungen kann die Instinkthaltung erst ablaufen? (Sie wird in Gang gesetzt, wenn der entsprechende Auslöser als Schlüsselreiz wahrgenommen wird)
5. In welcher Reihenfolge wirken die verschiedenen Schlüsselreize, so daß ein sinnvoller Instinktablauf erfolgen kann? Bitte das Schema vervollständigen! [66]

Weitere Sachinformationen und Anregungen zu Unterrichtsexperimenten zum Thema Stichling vermitteln z. B. die Arbeiten von MÜLLER-SCHWARZE (1971), BUNK/TAUSCH (1980[6]), BUNK/TAUSCH (1980), DYLLA (1977[5]) und SKRZIPEK (1978).

Schließlich lassen sich bei den Cichliden sehr eindrucksvoll vor allem die angeborenen Verhaltensweisen und Auslösemechanismen während des Revierkampfes, der Balz, der Befruchtung und Brutpflege beobachten.

Am interessantesten sind zweifellos bei vielen dieser Maulbrüter die regelmäßig gebauten, ovalen, gelben Farbflecken auf der Afterflosse des Männchens (vgl. Abb. 48). Diesen Mustern, die in Größe, Farbe und Form die Eier der Fische imitieren – aus diesem Grund nennt man sie auch Eiflekken –, kommt eine bedeutende **Signalfunktion** im Fortpflanzungsgeschehen zu: Zum einen locken die Männchen mit ihrer Ei-Attrappe das laichbereite Weibchen, das die vermeintlichen Eier aufsammeln möchte, zum Laichplatz. Darüber hinaus schnappen die Weibchen, nachdem die Eiablage erfolgt ist, sowohl nach ihren Eiern als auch nach den Ei-Attrappen, um das vermeintliche Gelege ins Maul aufzunehmen. Dadurch werden die vom Männchen vor der Afterflosse ausgestoßenen Spermien mit aufgenommen und die Eier im Maul des Weibchens befruchtet (vgl. auch WICKLER 1962).

Abb. 48: *Maulbrütender Buntbarsch (Pseudotropheus)* mit ausgeprägten Eiflecken auf der Afterflosse

Die besonders intensive Form der Brutpflege bei diesen Fischen kommt dadurch zum Ausdruck, daß das Weibchen das Gelege solange im Maul behält, bis die Jungen schwimmfähig sind, was je nach Art und Wassertemperatur 12 bis 28 Tage dauert.

Die zweite verhaltensbiologisch interessante Erscheinung stellt die angeborene Reaktionsbereitschaft der schwimmfähigen Jungfische dar, bei Beunruhigung und über Nacht im Maul des Muttertieres Schutz zu suchen (vgl. Abb. 49). Die Attrappenversuche zeigen, daß bei erfahrungsfreien Jungfischen eine stark vereinfachte Nachbildung genügt (zum Beispiel eine rundliche Plastilin-Attrappe mit zwei dunklen Augenflecken und einer dunklen Maulöffnung, durch die mittels Saugschlauch ein Wasserstrom erzeugt wird), um sie zu diesem »Kontaktverhalten« zu veranlassen. Die Versuche lassen erkennen, daß ein optischer und ein Strömungsreiz die Verhaltensweisen der Jungfische hervorrufen (vgl. PETERS 1963).

Die beschriebenen Phänomene lassen sich sehr gut mit Hilfe des Farbtonfilms

Abb. 49: Jungfische, die in das Maul der Mutter einströmen (*Tilapia mossambica*)

»Schlüsselreize beim Maulbrüter« (7 min, 32 0641) erarbeiten. Der Streifen zeigt in drei deutlich gegliederten Abschnitten das Kampf-, Sexual- und Brutpflegeverhalten des *Orangefleckmaulbrüters (Haplochromis burtoni)*. Zum Ethogramm dieses Fisches siehe Tabelle 19, Kap. 5.2.3.

Am Beispiel des Maulbrüterfilms können die Schüler zu der Erkenntnis gelangen, daß

- jede Tierart bestimmte artspezifische Schlüsselreize aufweist;
- als Voraussetzung zum Ablauf von Instinktketten ein bestimmtes **Appetenzverhalten** (Bereitschaftsverhalten) beim Tier erforderlich ist, das als ein endogen gesteuertes Suchen nach der auslösenden Situation in Form eines bestimmten Schlüsselreizes beschrieben werden kann;
- dasselbe Reizsignal (hier die Eiflecken) je nach der augenblicklichen Situation innerhalb der Instinktkette verschiedene Teilfunktionen erfüllen kann.

Darüber hinaus sind zahlreiche Feinlernziele denkbar, die sich mit Hilfe dieses Films verwirklichen lassen, zum Beispiel

- den Begriff Maulbrüter definieren können;
- Schlüsselreize nennen können, die das Kampfverhalten auslösen;
- das Ablaichen und Befruchten beschreiben können;
- die Brutpflege beschreiben können;
- den Attrappenversuch auswerten können. (Dieser beweist, daß das Verhalten der Jungfische keine Verstandesleistung darstellt, sondern die instinktgesteuerte Reaktion auf einen Auslösereiz.)

Da der Unterrichtsfilm gut in drei Sequenzen gegliedert ist und der Laich- und Besamungsvorgang zudem im Filmverlauf mehrfach wiederholt wird, erscheint die Schüler-Gruppenarbeit zur Erarbeitung des Inhalts besonders geeignet.

Je nach Alter, Vorkenntnissen, Erfahrungen, Interessenlage und Arbeitshaltung der Schüler sollte der Lehrer entscheiden, ob alle Gruppen dieselben Aufgaben bearbeiten oder ob unterschiedliche Themen verteilt werden.

Vorschlag zur arbeitsgleichen Gruppenarbeit:

1. Definiere Maulbrüter!
2. Beschreibe das Kampfverhalten!
3. Nenne Schlüsselreize, die das Kampfverhalten auslösen!
4. Warum folgt das laichbereite Weibchen dem Männchen zur Mulde?
5. Beschreibe das Ablaichen und die Befruchtung!
6. Wodurch ist die Befruchtung der Eier im Maul des Weibchens gesichert?
7. Nenne Vorteile dieser Art der Eiaufnahme!
8. Beschreibe die Brutpflege des Maulbrüterweibchens! [67]
9. Vergleiche die Zahl der Eier beim Stichling und Buntbarsch.
10. Welche Bedeutung kommt danach der Brutpflege zu?
11. Werte die Attrappenversuche aus!

Mögliche Antworten zu den Fragen:

(1) Maulbrüter nehmen ihre Eier ins Maul, wo sie erbrütet werden.

(2) Flossen werden gespreizt, um größer zu erscheinen; Abspreizen der Kiemendeckel zur Vergrößerung des Kopfes; Parallelschwimmen und Erzeugen von Wellen, die den Gegner vertreiben sollen; Maulzerren, das zu keiner Beschädigung führt (Kommentkampf).

(3) Schlüsselreize: leuchtende Farben des Männchens, Eindringen ins fremde Revier.

(4) Männchen spreizt balzend die Flossen, anschließend folgt Führungsschwimmen zur Laichgrube (dient als Schlüsselreiz für das Weibchen) bei gleichzeitigem Rütteln.

(5) Männchen berührt mit dem Maul die Flanke des Weibchens. W. legt einige Eier, dreht sich sofort um und nimmt diese ins Maul auf. M. besamt nun leeren Boden, wobei seine Eiattrappen deutlich gezeigt werden. W. schnappt nach den Eiattrappen und nimmt gleichzeitig die ausgestoßenen Spermien ins Maul (→ Befruchtung).

(6) Durch die Eiattrappe auf der Afterflosse beim Männchen, die als Schlüsselreiz wirkt.

(7) Schutz der Eier vor Feinden.

(8) Ständige Umschichtung der Eier, dient der Sauerstoffversorgung. Später nimmt sie die Jungfische bei Gefahr ins Maul auf.

(9) Stichling: mehrere Hundert; beim Buntbarsch: höchstens einige Dutzend, Junge werden intensiver gepflegt.

(10) Sie dient der Arterhaltung.

(11) Attrappenversuche beweisen, daß die Jungfische auf Wasserstrom und dunkle Öffnung reagieren, das bedeutet: ihr Verhalten ist keine Verstandesleistung, sondern ist instinktgesteuert und angeboren.

Vorschlag zur arbeitsteiligen Gruppenarbeit:

A *Beobachte und beschreibe das Kampfverhalten!*

1. Welche Kampfformen lassen sich unterscheiden, und welche Wirkungen haben sie auf den Gegner?
2. Welchem Ziel dient der Kommentkampf?
3. Welche Folgen hätte das Fehlen des Kampfverhaltens für die Fische?

B *Beobachte und beschreibe das Sexualverhalten!*

1. Warum folgt das laichbereite Weibchen dem Männchen zur Mulde?
2. Beschreibe das Ablaichen und die Befruchtung!
3. Wodurch ist die Befruchtung der Eier im Maul des Weibchens gesichert?
4. Welcher Schlüsselreiz sichert die Befruchtung?

C Beobachte und beschreibe das Brutpflegeverhalten!

1. Nenne zwei Vorteile, die die Eieraufnahme ins Maul mit sich bringt!
2. Welche Bedeutung kommt dieser Form der Brutpflege zu? (Vergleiche die Eizahl bei Stichling und Buntbarsch!)
3. Nenne instinktive Verhaltensweisen der Jungfische!
4. Was beweisen die erfolgreichen Attrappenversuche?
5. Definiere Maulbrüter!

Vor allem bei jüngeren Schülern (7. Schuljahr) erweist es sich als günstig, zur genaueren Erarbeitung bzw. zur Wiederholung der im Film gezeigten Reiz-Reaktions-Kette an die Schüler einen Arbeitsbogen zu verteilen, der die einzelnen Phasen des Ablaichvorgangs – entweder chronologisch oder ungeordnet – skizzenhaft wiedergibt (vgl. Abb. 50).

Biologie	UE Verhaltensbeobachtungen bei Fischen	Datum:

<u>Arbeitsauftrag:</u> Beschrifte stichpunktartig die dargestellten Vorgänge!

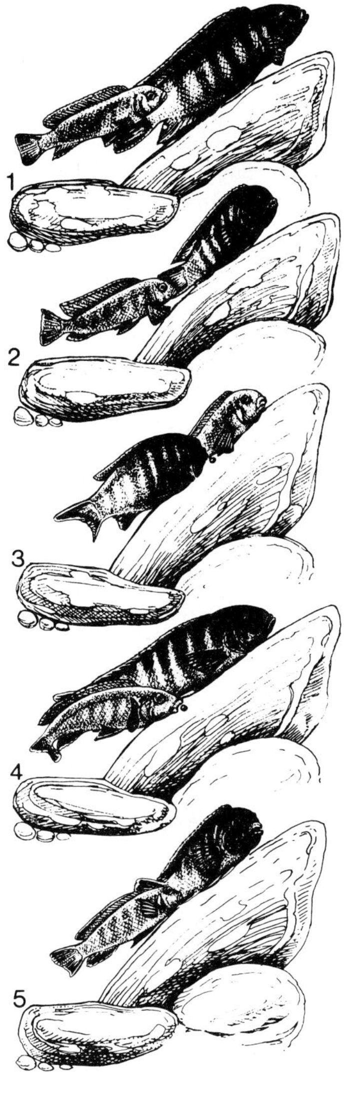

1. (Männchen zeigt Eiattrappe und schwimmt voran zum Laichplatz - Weibchen folgt.)

2. (Männchen leitet das Weibchen unter Körperzittern zum Stein.)

3. (Platzwechsel - Männchen stößt mit dem Maul gegen den Hinterleib des Weibchens - Weibchen legt Ei ab.)

4. (Erneuter Platzwechsel - Weibchen nimmt das unbefruchtete Ei ins Maul.)

5. (Männchen gibt Spermien ab - Weibchen schnappt nach dem Eifleck und nimmt dabei die Spermien auf (Befruchtung im Maul).)

Abb. 50: Arbeitsbogen zur Erarbeitung/Wiederholung des Laichvorgangs bei einem *maulbrütenden Buntbarsch (Pseudotropheus elongatus)*, Vorlage aus STAECK 1982

5.2.4.3 *Freilandbeobachtungen*

Abschließend sollen einige Bemerkungen zu Freilandbeobachtungen gemacht werden (vgl. auch DYLLA (1964/65), WEBER-RHODY (1977a; 1977b), KIRCHSHOFER/WEBER-RHODY (1979) sowie SCHURIG (1979). Wenngleich an anderer Stelle dieses Bandes von der großen Motivationskraft gesprochen wurde, die von Exkursionen und Lehrspaziergängen ausgeht (vgl. Kap. 4.5), so muß doch im vorliegenden Zusammenhang darauf hingewiesen werden, daß derartige Unterrichtsgänge, z. B. in den Zoologischen Garten oder in einen schulnahen Park, – von den oftmals großen organisatorischen Schwierigkeiten einmal abgesehen – ein großes Maß an Geduld erfordern, die nach den ersten Minuten allgemeiner Aufmerksamkeit nur wenige interessierte Schüler aufbringen. Hinzu kommt, daß viele Verhaltensweisen nur von erfahrenen Tierbeobachtern erkannt werden und daß von daher das erzielte Unterrichtsergebnis zumeist in einem ungünstigen Verhältnis zum Zeitaufwand steht. Diese Bemerkungen machen deutlich, daß der Gesichtspunkt der Originalität auch im Rahmen des Biologieunterrichts nicht überbewertet werden sollte (vgl. hierzu auch Kap. 8) und die originale Begegnung *nicht* gegenüber allen anderen Darstellungsformen absolute Priorität genießt.
Trotz dieser Ausführungen sollte der Biologielehrer auch im Rahmen verhaltensbiologischer Unterrichtseinheiten nicht auf Freilandbeobachtungen verzichten. Einige didaktische Hinweise für diese Unterrichtsform sollen dieses Kapitel abschließen:

1. Der Lehrer sollte unbedingt vor dem eigentlichen Unterricht eine Vor-Exkursion durchführen, wobei er sich über die örtlichen Verhältnisse, über die Realisierungsmöglichkeiten der geplanten Beobachtungsaufgaben und über mögliche Schwierigkeiten informiert.
2. Jede Unterrichtsstunde im Freiland erfordert eine hinreichende Vor- und Nachbereitung.
3. Die Aufgabenstellung sollte *eng begrenzt* sein und sich auf *eine* übergeordnete Fragestellung beschränken (z. B. Rangordnung auf dem Pavianfelsen oder Schnabelformen bei Vögeln).
4. Für die Freilandbeobachtungen sollte auf jeden Fall ein den Unterrichtsgang strukturierender Arbeitsbogen entworfen werden, der konkrete Beobachtungsaufgaben und Arbeitsaufträge zum Sammeln von Daten und Fakten enthält, die von den Schülern noch im Freigelände schriftlich zusammenzustellen sind.
5. Bei allen Freilandbeobachtungen ist eine *großzügige* Zeitkalkulation vorzunehmen, um in Ruhe arbeiten zu können.
6. Empfehlenswert ist die sofort an die Freilandbeobachtungen *anschließende Auswertung*, wofür allerdings ein Unterrichtsraum (z. B. im Zoologischen Garten) zur Verfügung stehen müßte.
7. Die unterrichtliche Nachbereitung muß von flankierenden Maßnahmen des Lehrers insbesondere im audiovisuellen Medienbereich begleitet werden.
8. Eine Anwesenheitskontrolle zu Beginn und am Ende des Unterrichtsganges ist erforderlich.

5.3 *Umwelterziehung im Biologieunterricht*

5.3.1 *Zur Situation der Umweltdiskussion*

Der Umwelt und ihrer Gefährdung gilt die verstärkte und gezielte Aufmerksamkeit in der Bundesrepublik Deutschland erst seit etwa 1970. Ausgelöst wurde die Diskussion um die Erhaltung und den Schutz der natürlichen Umwelt Anfang der 60er Jahre in den USA durch das Buch von Rachel CARSON (1964) »Der stumme Frühling«, in dem die Folgen der chemischen Vergiftung unserer Erde beschrieben werden. Seit Anfang der 70er Jahre taucht nun die Umweltproblematik in nahezu allen bundesdeutschen Lehrplänen und damit auch in den entsprechenden Schulbüchern auf (vgl. RAT DER SACHVERSTÄNDIGEN 1978, 460). Allerdings liegen die Schwerpunkte vor allem bei den Fächern Biologie und Erdkunde (vgl. MAASSEN, 1979, 148). Für den Biologieunterricht haben BOLSCHO (1979), MAASSEN (1979) und SKAUMAL/STAECK (1980) festgestellt, daß Umweltfragen mittlerweile in über 70 % der Lehrpläne aller Bundesländer behandelt werden. Allerdings wird die Kooperation mit anderen Fächern in nur wenigen Plänen empfohlen. [68]

Das Umweltbewußtsein ist in der Tat in den letzten Jahren bei uns sehr gewachsen. Hinzu kommt, daß sich ein zunehmendes gesellschaftspolitisches Unbehagen ausbreitet. Immer mehr Menschen empfinden die von unserer Industriegesellschaft vorgenommenen Eingriffe in Leben und Umwelt als direkte Bedrohung, und überall erheben sich warnende Stimmen (vor allem über sogenannte Grüne und Alternative Listen sowie Bürgerinitiativen), daß die Belastbarkeitsgrenze der Erde bald erreicht sein könnte. So gibt es beispielsweise ernsthafte Prognosen (vgl. z.B. GLOBAL 2000 1981[5]), daß weltweit betrachtet bis zum Jahr 2000 z.B.

- fast die Hälfte der heute noch existierenden Wälder verschwunden sein werden (bei einem Rückgang im Umfang der Fläche der Bundesrepublik Deutschland pro Jahr);
- in insgesamt 400 Städten jeweils mehr als 1 Million Menschen leben werden (mit den damit verbundenen enormen Problemen der Abwasserbeseitigung, der Luftbelastung, der Streßbelastung, der Versorgung mit Wasser und Nahrungsmitteln usw.);
- die Resistenz von Schädlingen gegen Pestizide drastisch zunehmen wird (schon jetzt sind z.B. in Kalifornien 17 von 25 Schädlingsarten gegen ein oder mehrere Insektizide immun) und
- der CO_2-Gehalt der Atmosphäre sich gegenüber dem heutigen Stand verdoppeln wird.

Die Kultusminister-Konferenz der Länder in der Bundesrepublik Deutschland versucht – diesem allgemeinen Trend folgend –, die Umweltproblematik im schulischen Unterricht stärker zu verankern. Nachdem sie bereits 1970 die Umwelterziehung innerhalb der schulischen Erziehung zum **Unterrichtsprinzip** erhob, verabschiedete sie im Oktober 1980 aus der Erkenntnis heraus, daß die Beziehungen zur Umwelt für den Einzelnen wie für die gesamte Menschheit zu einer Existenzfrage geworden sind, eine neue wichtige Empfehlung zur Umwelterziehung. Wesentliche Bestandteile dieser Empfehlung sind die **Ziele der Umwelterziehung,** die nachfolgend auszugsweise wiedergegeben werden (vgl. FEDKE 1981, 7f):

Der Schüler soll
- die durch Verfassung und Gesetz gegebenen Rechte und Pflichten des Bürgers kennenlernen und dadurch bereit werden, an den Aufgaben der Sorge für die Umwelt und des Umweltschutzes mitzuwirken;
- Einblick in ökologische Zusammenhänge gewinnen und die Wirkung von Störungen kennenlernen;

- Ursachen von Umweltbelastungen und teilweise nicht wieder rückgängig zu machenden Umweltveränderungen kennenlernen;
- erkennen, daß die Erhaltung der Vielgestaltigkeit von Lebewesen und Landschaft nicht nur zur Sicherung der natürlichen Lebensgrundlagen für die gegenwärtigen, sondern auch für die zukünftigen Generationen erforderlich ist;
- erkennen, daß Umweltbelastung ein internationales Problem und eine Existenzfrage für die gesamte Menschheit ist und daß Sorge für die Umwelt somit eine internationale Aufgabe darstellt, bei der den hochentwickelten Industriestaaten eine besondere Verantwortung zukommt;
- zur Einsicht gelangen, daß verantwortungsbewußtes Handeln des einzelnen und der Gesellschaft notwendig ist, um dem Menschen die Umwelt zu sichern, die er für ein gesundes und menschenwürdiges Dasein braucht;
- erkennen, daß Sorge für die Umwelt die Auseinandersetzung mit Interessengegensätzen einschließt und deshalb eine sorgfältige Abwägung von ökonomischen und ökologischen Gesichtspunkten notwendig ist.

Der Begriff **Umwelterziehung** als Übersetzung des englischen Begriffes »environmental education« meint in dem hier diskutierten Zusammenhang, die Schüler umweltbewußt zu machen und ihnen ihre Verantwortung für die Erhaltung einer Welt einsichtig zu machen, in der sie leben möchten (vgl. EULEFELDT 1978, 284). Umwelterziehung ist demnach fächerumspannend zu sehen, wobei Fragen der Ursachen, Erscheinungen und Folgen der Umweltbelastung sowie Möglichkeiten der Erhaltung und Wiederherstellung einer naturnahen Umwelt behandelt werden (vgl. auch EULEFELDT 1979 b).
Diese Ausführungen machen deutlich, daß Umwelterziehung *auf keinen Fall* vom Biologieunterricht allein sinnvoll durchgeführt und getragen werden kann, sondern einer Kooperation aller schulischen Fächer bedarf. Allerdings kann der Biologieunterricht dann einen wichtigen Beitrag zur Umwelterziehung leisten, wenn umweltbiologische bzw. ökologische Themen im engen Kontext mit gesellschaftlichen und gesellschaftspolitischen Fragestellungen behandelt werden.

5.3.2 Die Umwelt im gesamtgesellschaftlichen Zusammenhang

Kennzeichnend für weite Gebiete unserer Erde ist eine Umweltzerstörung immer gewaltigeren Ausmaßes, deren Ursachen insbesondere im **technischen Fortschritt** und im **wachsenden Wohlstand** liegen. In der Bundesrepublik Deutschland wird die Lage gekennzeichnet durch die Abhängigkeit des Bundes, der Länder und Kommunen von mächtigen Kapitalgebern aus Wirtschaft und Industrie. Viele umweltrelevante Bestimmungen (z.B. das Abwasserabgaben- und Naturschutzgesetz) mußten unter dem Einfluß einflußreicher Unternehmen und Verbände erheblich entschärft werden. Hinzu kommt noch ein großes Vollzugsdefizit in Sachen Umweltschutz. Häufig sind nicht bestimmte wissenschaftliche Erkenntnisse oder die lasche Gesetzgebung dafür ausschlaggebend, ob konkrete Maßnahmen zum Umweltschutz eingeleitet werden, sondern die Finanzkraft von Gemeinden oder großen Unternehmen.
Bereits in ihrem Umweltprogramm vom Herbst 1971 propagierte die Bundesregierung das **Verursacherprinzip,** wonach grundsätzlich jeder, der die Umwelt bela-

stet oder schädigt, für die daraus resultierenden Kosten selbst aufkommen soll (vgl. AHLHAUS u. a. 1979). Die Anwendung dieses Grundsatzes ist jedoch in vielen Fällen nicht möglich. Zum einen dürfte der einzelne Verursacher nur selten zweifelsfrei zu ermitteln sein, zum anderen werden Umweltschäden häufig erst als kollektive Effekte und nach längeren Zeiträumen wirksam. So bedeutet das Verursacherprinzip oftmals nur ein vordergründiges Kurieren an den Symptomen. Eine **vorbeugende** Vermeidung von Umweltbelastungen und -schäden wird durch dieses Prinzip jedoch kaum erreicht.

Man könnte meinen – und Schüler werden diese Vermutung sicherlich auch äußern –, daß der zunehmend bedrohlichere Ausmaße annehmenden Umweltkrise dann Einhalt geboten wird, wenn die gesamtgesellschaftlichen Bedürfnisse befriedigt sind (sogenanntes wirtschaftliches Null-Wachstum). Um eine derartige Konsumsättigung zu vermeiden, die für Industrie und Wirtschaft keine steigenden Gewinne mehr brächte, wurden in unserem Gesellschaftssystem in den vergangenen Jahren immer raffiniertere Methoden entwickelt, um weiterhin Gewinne zu erzielen, z. B.

- geplante Vergeudung (z. B. Wegwerfartikel wie batteriegespeiste Quartzuhren, Einwegflaschen aus Plastik);
- geplanter Verschleiß (z. B. kurzlebige Produkte wie Glühlampen oder dauernd wechselnde Modeartikel wie Schuhe mit Plateausohlen);
- manipulative Bedarfswerbung mit Hilfe von Marketing und Werbung zur Wekkung fremdbestimmter Bedürfnisse (z. B. »jeder sein eigener Heimwerker«), (vgl. MENGE 1971, GABOR 1976).

Die angeführten Beispiele zeigen, daß es sich bei Fragen des Umweltschutzes in starkem Maße auch um politische Problemstellungen handelt, wobei der Biologieunterricht die Belange des *Lebens* bzw. *Überlebens* zu vertreten hat. Die Besprechung umweltbiologischer Sachverhalte erfordert also Informationen aus naturwissenschaftlichen *und* sozialwissenschaftlichen Problembereichen, d. h. Kooperation von Biologie- und Sozialkundeunterricht.

5.3.3 Umweltbiologie als angewandte Ökologie

Die unterrichtliche Auseinandersetzung mit umweltbiologischen Fragestellungen muß sich auf den naturwissenschaftlichen Sinngehalt des Begriffes **Umwelt** beziehen. Unter Umwelt soll in diesem Zusammenhang die Gesamtheit der auf ein Lebewesen oder eine Lebensgemeinschaft wirkenden biotischen und abiotischen Außenfaktoren verstanden werden. Diese Definition macht deutlich, daß die **Ökologie** im Rahmen der Behandlung umweltbiologischer Themen eine tragende Rolle spielt. In der Tat wird die Ökologie heute mehr und mehr in eine interdisziplinäre Umweltwissenschaft integriert (vgl. EULEFELDT 1979 b, 672). Deshalb sollten in einem zeitnahen Biologieunterricht umweltbiologische Fragestellungen nur in Verbindung mit der Erarbeitung **ökologischer Grundtatsachen** besprochen werden. [69]

Die Ökologie untersucht nach diesem modernen Verständnis in einem ihrer zunehmend an Bedeutung gewinnenden Teilbereiche solche Wechselbeziehungen in Ökosystemen, *in denen der Mensch als Handelnder und als Betroffener existiert* [70] (vgl. EULEFELDT 1979 b, 671). Die Untersuchung der Umweltveränderungen durch menschliche Eingriffe und die damit verbundenen Rückwirkungen auf alle Lebewesen kann daher auch als **angewandte Ökologie** bezeichnet werden. Da es in der Bundesrepublik Deutschland der 80er Jahre – abgesehen von einigen wenigen der Öffentlichkeit zumeist nicht zugänglichen und streng geschützten Naturschutzgebieten – keine ursprünglichen Ökosysteme mehr gibt, sind im Biologieunterricht nunmehr in den vom Menschen beeinflußten Ökosystemen – z. B. Wald, Wiese, Acker – bis hin zur Stadt als künstlich geschaffenem Ökosystem die Wechselwirkungen zwischen Boden, Klima, Pflanzen unter Berücksichtigung der menschlichen Einflußnahme zu thematisieren. Bei einer solchen Sichtweise können die vom Menschen verursachte Luft- und Gewässerverschmutzung, Bodenbelastung, Landschaftszersiedelung, Klimaveränderung, Lärmbelästigung sowie Bedrohung/Ausrottung von zahlreichen Tier- und Pflanzenarten bis hin zur Rückwirkung auf die eigenen Lebensbedingungen integrativ behandelt werden.

5.3.4 Schwerpunkte umweltbiologischer Betrachtungen im Unterricht

Die Ökologie wird durch äußerst komplexe und vielschichtige Beziehungsgefüge gekennzeichnet. Deshalb muß sich der Biologieunterricht in der Sekundarstufe I auf methodisch einfach darzustellende ökologische Sachverhalte beschränken, die für die Umweltproblematik besonders relevant sind. Folgende Schwerpunkte erscheinen in diesem Zusammenhang denkbar:
Darstellung einfacher Ökosysteme, Regelung in Ökosystemen, Nahrungskette und Nahrungsnetz, Nahrungspyramide, Stoff- und Energiekreisläufe, biologisches Gleichgewicht.
In der Biologie verwendet man den Gleichgewichtsbegriff überall dort, wo bestimmte Zustände in Organismen durch Regelungsvorgänge konstant gehalten werden (zum Beispiel Kohlendioxidgehalt des Blutes oder Körpertemperatur).

Darüber hinaus führen auch Untersuchungen von Lebensgemeinschaften zum Begriff des **biozönotischen Gleichgewichts (Biozönose,** Lebensgemeinschaft). Ein derartiger Gleichgewichtszustand zwischen Vernichtung und Vermehrung, der den Bestand an Lebewesen einer bestimmten Art in einem bestimmten Raum für lange Zeitspannen nahezu gleich bleiben läßt, wird auch als **Fließgleichgewicht** (dynamisches Gleichgewicht) bezeichnet, d. h. die einzelnen Individuen lösen zwar einander ab, ihre Zahl bleibt aber konstant. Durch externe – in der Regel anthropogen bedingte – Faktoren können biologische Gleichgewichte so schwerwiegend gestört werden, daß irreversible Veränderungen eintreten, zum Beispiel

- bei Überdüngung eines Gewässers durch das Einleiten von Abwässern kommt es zur Massenvermehrung von Algen, die infolge ihres enormen Sauerstoffverbrauches den Fischen die Existenzgrundlage nehmen;
- beim Einsatz von Pestiziden in großflächigen Kulturen kommt es zur Vergiftung der Feldmauspopulation und dadurch bedingt zu einem fast völligen Aussterben der Greifvögel in dem betreffenden Ökosystem.

Zur Erarbeitung des Beziehungsgefüges ungestörter Lebensgemeinschaften eignen sich die anschaulichen und leicht verständlichen Modellvorstellungen der Nahrungspyramide und der Nahrungskette. Der Vorzug derartiger Vorstellungshilfen liegt zum einen darin, daß die Schüler dadurch zu der Einsicht gelangen, daß pflanzliche Stoffwechselprodukte die Basis für jede Nahrungskette bilden. Darüber hinaus lassen sich mit Hilfe der Nahrungspyramide die Massenbeziehungen zwischen den einzelnen Gliedern eines Nahrungskreises augenfällig darstellen (vgl. Abb. 51). Die ein-

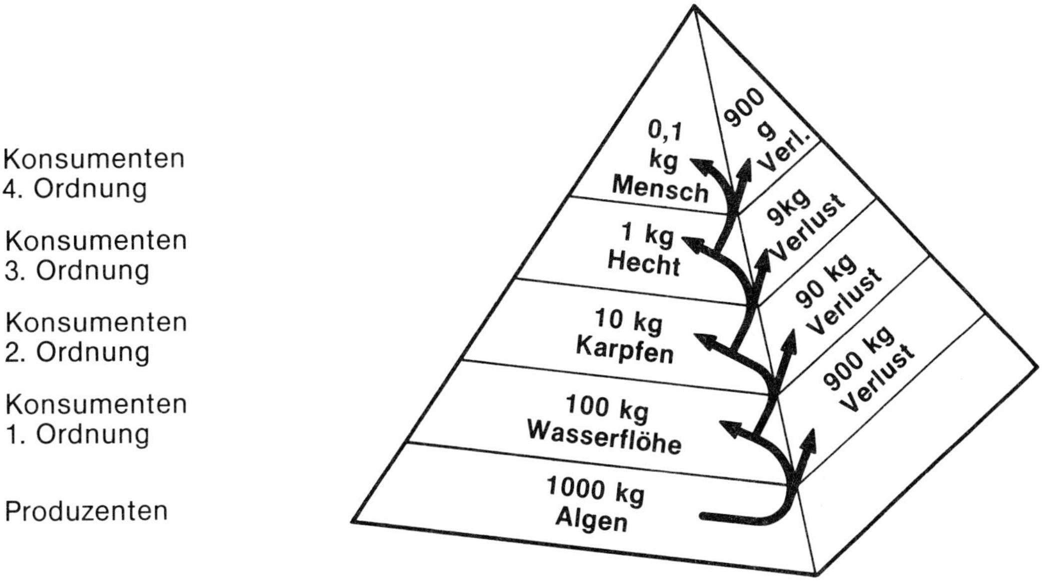

Abb. 51: Nahrungspyramide

zelnen Stufen einer solchen Nahrungspyramide werden dabei von Gliedern einer oder mehrerer Nahrungsketten gebildet. Als erstaunliches Phänomen gilt es hierbei festzuhalten, daß von jeder Stufe zur nächsten in der Nahrungskette beim Stoffumsatz nur 10 % der aufgenommenen Nahrungsmenge als Wachstumsmasse (Aufbau neuer Körpersubstanz) Verwendung finden, während etwa 90 % in Energie umgewandelt, d.h. zur Erhaltung der Lebensfunktionen verbraucht oder unverdaut ausgeschieden werden. Auf das in Abbildung 51 dargestellte Beispiel bezogen bedeutet das: 1000 kg Algen erzeugen etwa 100 kg Wasserflöhe, diese 10 kg Karpfen und diese schließlich 1 kg Hecht; und dieses eine Kilogramm kann den an der Spitze stehenden Menschen etwa um 100 g Gewicht zunehmen lassen.

Zur unterrichtlichen Erarbeitung des (energetischen) Verlusts an Biomasse von Stufe zu Stufe einer Nahrungskette können als Impuls die folgenden Informationen über die kleinkindliche Nahrungs- und Gewichtszunahme herangezogen werden:

- tägliche Nahrungsmenge beträgt 1525 g;
- tägliche Nährstoffmenge beträgt 400 g;
- tägliche Gewichtszunahme beträgt 10,7 g.

Zur unterrichtlichen Vertiefung der Nahrungspyramide kann schließlich das folgende Beispiel dienen:

Eine Thunfisch-Konserve von 200 g Inhalt (Fisch-Einwaage) wird den Schülern vorgezeigt. Diese haben nun die Aufgabe, die dazugehörige Nahrungspyramide zu berechnen:

→ Mensch	=	20	g
Dose Thunfisch	=	200	g
→ Makrelen	=	2	kg
→ Heringe	=	20	kg
→ Algen	=	200	kg

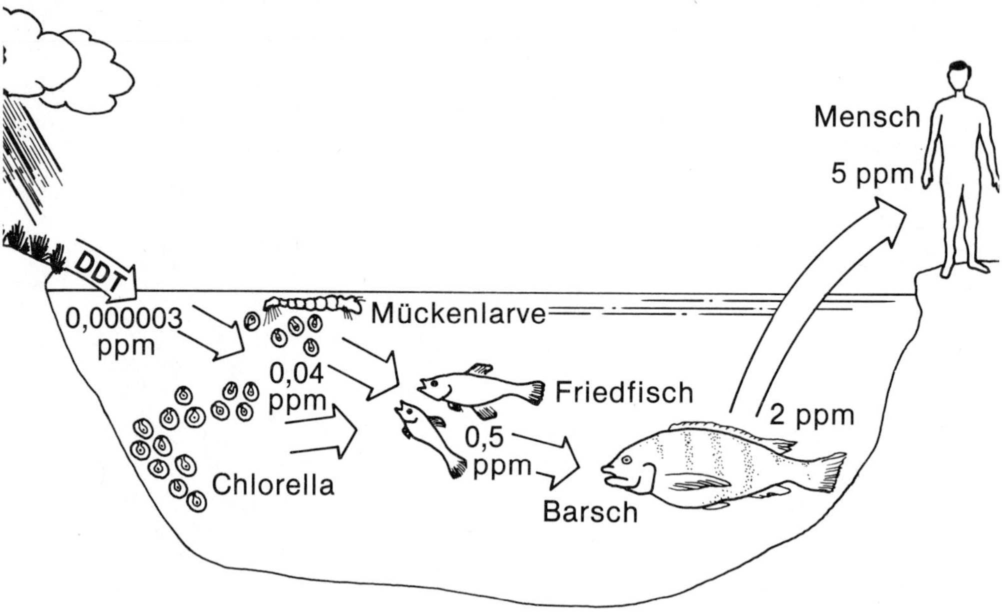

Abb. 52: Arbeitstransparent (bestehend aus Grund- und Deckfolie) zum Thema Nahrungskette im Ökosystem See sowie DDT-Anreicherung in dieser Nahrungskette; Grundfolie: Lebewesen im See, Deckfolie: Pfeile und ppm-Angaben.

Im Zusammenhang mit der unterrichtlichen Erörterung von Nahrungsketten und Nahrungspyramiden sollten die folgenden beiden Prinzipien festgehalten werden, die charakteristisch für das Aufeinanderfolgen der Glieder innerhalb eines solchen Nahrungsgefüges sind:

1. Jede Nahrungskette beginnt mit grünen Pflanzen.
2. In der Regel benötigt das Folgeglied innerhalb einer Nahrungskette zu seiner Ernährung ein Vielfaches an Nahrungsmenge des vorangegangenen Gliedes.

Aus diesen Erkenntnissen heraus wird auch Schülern der frühen Sekundarstufe I – etwa 7. Schuljahr – verständlich, daß sich nicht nur schwer abbaubare Pestizide (z. B. DDT, HCB oder PCB) im Fettgewebe von Glied zu Glied einer Nahrungskette zunehmend anhäufen und vor allem Organismen, die im oberen Bereich einer Nahrungspyramide bzw. in den letzten Gliedern einer Nahrungskette zu finden sind (Vögel, Säugetiere, Menschen), gesundheitlich stark gefährdet sind.
Derartige Sachzusammenhänge lassen sich beispielsweise mit zwei Arbeitstransparenten gut erarbeiten [71] (vgl. Abb. 52).

Wie gefährlich die Anreicherung von Pestiziden in Nahrungsketten zu beurteilen ist und zu welcher unmittelbaren Bedrohung des Menschen sie führen kann, wurde z. B. in den 50er Jahren sehr deutlich, als es zu einer großen Vergiftungskatastrophe kam:

Der Minamata-Fall

In der Fischerstadt Minamata auf Japans Südinsel Kiuschiu hatte die Chemie-Firma Chisso jahrelang Quecksilber-Rückstände aus ihrer Kunststoffproduktion ungereinigt in die Bucht von Minamata geleitet. Die in diesem Gebiet gefangenen Thunfische, die die Endglieder einer besonders langen Nahrungskette bilden, wiesen daraufhin einen derartig hohen Quecksilbergehalt auf, daß mehr als 1000 Menschen durch den Verzehr dieser verseuchten Fische erkrankten (insbesondere an schweren Nervenschäden) und 138 von ihnen im Verlauf der folgenden Jahre qualvoll starben.
[nach einem Bericht des TAGESSPIEGEL *Nr. 9310 (1976) S. 24]*

Ein weiterer Schwerpunkt umweltbiologischer Betrachtungen im Biologieunterricht sollte den drei funktional unterschiedlichen Gliedern eines im Gleichgewichtszustand befindlichen Ökosystems (z.B. Wald) gelten, nämlich

- den grünen Pflanzen, die mit Hilfe des Sonnenlichts aus anorganischen Grundstoffen organische Substanzen herstellen und deshalb als **Produzenten** (Erzeuger) bezeichnet werden;
- den Pflanzenfressern sowie deren Freßfeinden, die mit dem Begriff **Konsumenten** (Verbraucher) zusammengefaßt werden und
- den Organismen (z.B. Bakterien, Pilze), die tote pflanzliche und tierische Substanz als Nahrungsquelle nutzen und diese wieder zu anorganischen Grundstoffen abbauen und deshalb **Destruenten** (Zersetzer) genannt werden.

Dieser Sachverhalt läßt sich z.B. in der Auswertung eines Unterrichtsganges zu einem schulnahen Teich bzw. Pfuhl oder auch mit Hilfe einfacher Unterrichtsfilme (z.B. »Der biologisch gesunde Fluß«; Super-8-Klettfilm Nr. 9918) erarbeiten. Das in Abbildung 81 wiedergegebene Arbeitstransparent »Modell eines Nahrungskreislaufs in einem Land-Ökosystem« kann hierbei als Zusammenfassung verwendet werden. In eine solche Unterrichtssequenz sollten unbedingt auch menschbedingte Störfaktoren miteinbezogen werden, die das biologische Gleichgewicht eines Ökosystems zerstören können (z.B. anorganische und organische Verunreinigungen, die in ein Gewässer geleitet werden; siehe hierzu »Der biologisch kranke Fluß«, Super-8-Klettfilm Nr. 9919).
Die erwähnten Beispiele zeigen auf, daß umweltbiologische Betrachtungen nur im Zusammenhang mit ökologischen Grundtatsachen befriedigend durchgeführt werden können.

5.3.5 Leitideen für die Auseinandersetzung mit umweltbiologischen Themen

Die vorangegangenen Ausführungen machen deutlich, daß es bei der unterrichtlichen Behandlung der Umweltbiologie nicht um eine bloße statistische Erfassung der gegenwärtigen Umweltbelastung gehen kann. Es kommt vielmehr darauf an, durch die richtige Auswahl von Sachverhalten, Fragestellungen und Teilbereichen aus der Umweltbiologie bei den Schülern ein echtes **Problembewußtsein** zu schaffen, woraus ein umweltbewußtes Handeln resultieren kann.
Im Rahmen der Umwelterziehung sollte sich der Biologielehrer deshalb weder darauf beschränken, zusammenhanglose Handlungsanweisungen für individuelles Umweltverhalten zu erarbeiten noch versuchen, die Jugendlichen mit moralistischen Vorhaltungen zu einem »umweltfreundli-

cheren« Verhalten zu erziehen. Die unterrichtlichen Unternehmungen dürfen sich demnach nicht damit begnügen, lediglich zu hinterfragen, was der *einzelne* zu einer gesunden Umwelt beitragen kann. Abgesehen davon, daß gerade dem Jugendlichen durch eine intensive Werbung ständig Normen und Leitbilder suggeriert werden, die sich an einer maximalen Konsumbefriedigung orientieren, werden die Schüler selbst erkennen, daß man mit dem Verzicht auf die Benutzung von Einweg-Flaschen, Plastiktüten und bioaktiven Waschmitteln, durch das Abstellen des Automotors bei längeren Wartezeiten sowie durch das Sammeln seiner Abfälle nach einem Picknick *allein* das Problem der Umweltverschmutzung und des Umweltschutzes nicht lösen kann. Diese Annahme wäre absurd und zudem aussichtslos (vgl. hierzu ENZENSBERGER 1973, 38). Trotzdem sollten derartige Möglichkeiten im Unterricht aufgegriffen werden, zumal von ihnen eine hohe Motivationswirkung ausgeht.

Eine weitere wichtige Zielsetzung im Zusammenhang mit umweltbiologischen Fragestellungen stellt die Ausstattung der Schüler mit einem fundierten Begriffssystem und Instrumentarium dar, das es ihnen ermöglicht, Umweltschäden klar zu erkennen, sie dann zu bestimmen und schließlich präzise zu beschreiben. Ein typischer Denkfehler, der den Schülern – und nicht nur ihnen! – hierbei sehr häufig unterläuft, ist, daß lediglich in **einspurigen, linearen Wirkungsketten** gedacht wird und nicht – wie erforderlich – in **mehrdimensionalen Wirkungsnetzen** (vgl. SCHETAT 1980, VESTER 1978, WEDEKIND 1979, 63).

Ein wichtiger Aspekt der Umwelterziehung – auch im Rahmen des Biologieunterrichts – ist weiterhin die Erkenntnisvermittlung bei den Schülern, daß bei Umweltproblemen Interessen verschiedener Gruppen gegeneinander stehen (z. B. tanzende und lärmende Hausbewohner contra solche, die schlafen wollen oder Autofahrer, die den Bau einer Schnellstraße befürworten gegen Anwohner, die ihr Straßengrün und ihre Ruhe erhalten möchten). In diesem Sinne sollte ein zeitgemäßer Biologieunterricht, der ein umweltbewußtes Handeln erreichen will, über die biologischen Umweltaspekte hinaus auch die gesellschaftlichen Interessenkonflikte ansprechen. Konkret heißt das beispielsweise: Die Ursachen einer Gewässerverschmutzung sind nicht nur

- **biologisch-chemisch** zu erklären (Belastung der Vorfluter durch Phosphate, die zu einer starken Eutrophierung führen), sondern auch
- **sozial-gesellschaftskundlich** zu erarbeiten (Klärung der Verursacher, der bestehenden Gesetze einschließlich ihrer Befolgung sowie die Umweltprogramme von Bürgergruppierungen und Parteien).

Der zeitgemäße Biologieunterricht darf sich also um den gesellschaftlichen Kontext von umweltbiologischen Fragestellungen nicht herumdrücken, wenn er zu einem engagierten Eintreten für die Erhaltung unserer Umwelt erziehen will!

Wichtig ist schließlich, daß in einem solchen Unterricht auch nach Lösungsmöglichkeiten für die angesprochenen Umweltprobleme gesucht wird. Nachfolgend sind eine Reihe von Grobzielen zusammengestellt, die durch umweltbiologische Betrachtungen im Biologieunterricht angestrebt werden sollten:

Die Schüler sollen

- den Begriff »Umwelt« erklären können;
- Kreislaufprozesse beschreiben können, in denen die vom Menschen benötigten Stoffe – Wasser, Sauerstoff, Nährstoffe – ständig wiederhergestellt werden;

- ökologische Daten, Zusammenhänge, Methoden sowie experimentelle Fähigkeiten und Fertigkeiten lernen und anwenden können;
- ein ausgeprägtes Umweltbewußtsein entwickeln, das durch die Erarbeitung verschiedener Teilprobleme der Umweltgefährdung zu vertiefen ist;
- begründen können, warum die Grundsätze des ökologischen Gleichgewichts vorrangige Entscheidungskriterien gegenüber wirtschaftlichen Überlegungen darstellen sollten;
- in beispielhaften Konflikten die kontroversen Ansprüche der beteiligten Gruppen erkennen, sie auf ihre leitenden Interessen analysieren und sie im Hinblick auf ihre Konsequenzen für den einzelnen und die Gesellschaft beurteilen können;
- die Beziehungen zwischen wirtschaftlichen Gruppeninteressen und Umweltbelastungen aufzeigen können;
- die gegenwärtigen und zukünftigen Probleme ihrer Umwelt erkennen und die Aufgaben, die sich daraus ableiten, verbalisieren können;
- zur eigenen Urteilsbildung fähig werden und dadurch die Bereitschaft zum gesellschaftlichen Engagement entwickeln bei gleichzeitigem Bewußtsein, daß jegliche Maßnahmen politische Macht voraussetzen;
- erkennen, daß die Umweltkrise allein durch biologische Kompetenz nicht zu lösen ist;
- erkennen, daß der einzelne Bürger beispielsweise über die Arbeit in Bürgerinitiativen umwelterhaltende Maßnahmen initiieren kann;
- das vernetzte Denken (Denken in Wirkungsnetzen) als diejenige Vorgehensweise erkennen, die allein Projektionen in die nähere Zukunft zuläßt und damit einen längerfristigen Erfolg von Umweltmaßnahmen möglich macht.

Die aufgestellten Grobziele sollen dazu beitragen, dem Biologie unterrichtenden Lehrer den grundlegenden Wandel der Sichtweise aufzuzeigen, der von der traditionellen, disziplinorientierten *scheinbar wertfreien* Biologie zur heutigen integrierenden Darstellung größerer biologischer Verständniszusammenhänge unter bewußtem Einschluß gesellschaftlicher Aspekte eingetreten ist. Diese Leitideen machen nochmals deutlich, wenngleich sie nicht vollzählig sind und sicherlich der ständigen Reflexion und Überprüfung bedürfen, daß ökologische Zusammenhänge die Grundlage darstellen, mit deren Hilfe in den überfachlichen Problemkomplexen der Umweltkrise die biologischen Aspekte erfaßbar und erkenntniswirksam werden.

5.3.6 Verschiedene Teilbereiche der Umweltbiologie

Die Umwelterziehung im Rahmen des heutigen Biologieunterrichts umfaßt einen außerordentlich vielschichtigen Themenkomplex. Die Inhaltsauswahl des Lehrers stellt sich damit angesichts der geringen zur Verfügung stehenden Zeit als das primäre und gravierende Problem, an dem kein Unterrichtender reflexionslos vorbeikommt. Dem Lehrer obliegt es also, die getroffene Inhaltsauswahl gegenüber seinen Schülern, sich selbst und gegebenenfalls gegenüber seinen Ausbildern zu **begründen** (vgl. hierzu die Didaktische Analyse als Instrument der Legitimierung von Unterrichtsinhalten – Kap. 9). Die Begründungen für die Wahl eines bestimmten Schwerpunkts können vielfältig sein, z.B.

- Motivationslage der Klasse,
- aktuelle Problemsituation,
- Arbeitsschwerpunkt des Lehrers,

- die zur Verfügung stehenden Medien,
- Möglichkeiten der Problemkonfrontation vor Ort,
- Experimentier- bzw. Untersuchungsmöglichkeiten.

Prinzipiell lassen sich für alle Teilbereiche der Umweltbiologie diese oder ähnliche Begründungen finden. Die getroffene Entscheidung des Lehrers sollte jedoch letztendlich durch den Gesichtspunkt geleitet werden, daß der ausgewählte Umweltbereich für den Adressatenkreis auch im Sinne einer exemplarischen Vorgehensweise verallgemeinerungsfähig und übertragbar ist (vgl. auch Kap. 4.1). Schließlich ist noch der Hinweis wichtig, daß wegen der großen gesellschaftlichen und biologischen Bedeutung der Umweltthematik ein wiederholtes Aufgreifen der Problematik mit wechselnder Schwerpunktsetzung in den verschiedenen Jahrgangsstufen dringend erforderlich erscheint (Spiralprinzip). Wie diese Forderung allerdings angesichts der in der Mehrzahl der Bundesländer sinkenden Stundenzahlen im Fach Biologie realisiert werden soll, bleibt gegenwärtig offen, weshalb dieser Anspruch auch bei allen sich bietenden bildungspolitischen Möglichkeiten nachdrücklich vertreten werden muß.

Im folgenden werden einige Anregungen für eine zeitgemäße Unterrichtsgestaltung verschiedener umweltbiologischer Teilbereiche (Boden-, Wasser-, Luft-, Lärmbelastung) sowie zur Behandlung des Ökosystems Stadt aus umweltbiologischer Sicht gegeben.

5.3.6.1 Umweltproblem Abfallbeseitigung

Das Thema Abfallbeseitigung läßt sich im Rahmen der biologischen Umwelterziehung auf verschiedenartige Weise angehen. Folgende Schwerpunkte sind beispielsweise denkbar:

- Quellen der Bodenverunreinigung und Maßnahmen zu ihrer Beseitung (vgl. z. B. DRUTJONS 1973);
- Müllbeseitigung (vgl. z. B. BÖHLMANN 1971, WERNER 1979 b);
- Rohstoffe und Recycling (vgl. z. B. WERNER 1979 b);
- Bodenabbau und Erosion (vgl. z. B. ENGELHARDT 1980[4]);
- Natürliche und künstliche Düngung (vgl. z. B. BEGEROW u. a. 1978);
- chemische und biologische Schädlingsbekämpfung (vgl. z. B. LÜTKENS 1978, HEER 1979, BÖHLMANN 1971 a);
- Kompostierung und Biogasgewinnung aus Abfall (vgl. WERNER 1979 b).

Im Mittelpunkt des Unterrichts sollte die Erkundung der örtlichen Gegebenheiten (z. B. wilde und geordnete Mülldeponien, Müllverwertungsanlagen, Klärwerke) stehen. Hierbei erfahren die Schüler, worin die Umweltprobleme der Bodenbelastung bestehen.

Unterrichtsmaterial gibt es nicht nur in der didaktischen Literatur (s. o.), sondern auch bei den Landesbildstellen und -filmdiensten sowie in Zeitungen und Illustrierten. Insbesondere zur Wiederverwertung von Müll liefern Zeitungen fast täglich interessante Meldungen und Informationen, die im Unterricht erörtert werden können, z. B.

- durch das Aussortieren verwertbarer Abfallstoffe verringert sich die Müllmenge im Haushalt um ca. 30 %;
- jeder Kubikmeter Müll einer Müllkippe gibt in 30 Jahren ca. 200 m^3 Müllgas frei, dessen Heizwert im übrigen erheblich über dem von Stadtgas liegt;
- eine Tonne Altpapier reicht für die gleiche Papiermenge wie 14 mittelgroße Fichten;

- jeder Bundesbürger produziert pro Jahr 300 kg Abfälle;
- durch die Abfallverwertung insgesamt lassen sich jährlich durch Müllverbrennung oder zukünftig durch Müllvergasung 2 % des Energiebedarfs, 3/4 des Kupfer- und 50 % des Aluminium- und Bleibedarfs decken;
- zur Produktion einer 0,5 l-Einwegflasche wird etwa 1 kW Strom-Energie benötigt. Durch die Wiederverwendung von Altglas verringert sich die benötigte Energiemenge pro Flasche auf 0,25 kW (= 75 % Einsparung);
- Im Jahre 1976 wurden bereits mehr als 1600 Produktionsrückstände an der Abfallbörse gehandelt.

5.3.6.2 Umweltproblem Gewässerreinhaltung

Das Thema Wasser beinhaltet umweltbiologisch z. B. die folgenden Schwerpunkte:
- Quellen der Gewässerverschmutzung und -belastung (vgl. z. B. ENGELHARDT 1980[4], KNODEL/KULL 1981[2], FAHRENBERGER/MÜLLER 1972);
- Schädigung von Mensch, Tier und Pflanze durch Abwässer (Störung von Nahrungsketten und des biologischen Gleichgewichts), (vgl. z. B. HAFNER/PHILIPP 1978);
- Maßnahmen zur Wasseraufbereitung und Trinkwasserversorgung (vgl. z. B. NOACK/ROLAND 1974, NOLL/NOLL 1973);
- besondere Probleme durch die Verschmutzung der Meere (vgl. z. B. NOACK/ROLAND 1974, DRUTJONS 1973, ENGELHARDT 1980[4]).

Auch beim Thema Wasserverschmutzung/Wasseraufbereitung bzw. Gewässerreinhaltung sollten nach Möglichkeit die Probleme vor Ort aufgesucht und untersucht werden. Dabei könnten die folgenden Informationen für die Erörterung der Fragestellungen nützlich sein:
- Pro Spülvorgang im Wasserklosett werden in der Bundesrepublik Deutschland 7 bis 12 Liter reines Trinkwasser verwendet. – In Ghanas Hauptstadt (Westafrika) kostet demgegenüber ein Eimer Wasser (10 Liter) so viel wie ein Brot (vgl. die nachstehende Zeitungsmeldung).

Kein Wasser in Ghanas Hauptstadt

Accra (dpa). In der ghanesischen Hauptstadt Accra und in der benachbarten Hafenstadt Tema fließt seit Wochenanfang kein Wasser mehr. Männer, Frauen und Kinder irren mit Eimern, Schüsseln und Kanistern Tag und Nacht durch die Straßen auf der Suche nach einem Wasserhahn, aus dem vielleicht noch Wasser tröpfelt. Die Industrie in Accra und Tema steht still, die Schulen sind geschlossen. Verschiedentlich gehen die Menschen schon dazu über, Abwässer oder das Wasser aus stinkenden Teichen und Brunnen zu verwenden. Ursache der Katastrophe ist eine Verstopfung in der Hauptleitung, die Accra und Tema mit Wasser aus dem Volta-Stausee versorgt. Die ghanesische Zeitung »Daily Graphic« warnte bereits vor dem Ausbruch einer Epidemie unvorstellbaren Ausmaßes. Fachleute schätzen, daß es drei Wochen dauern wird, bis sich die Lage wieder halbwegs normalisiert. Ein Eimer Wasser kostet bereits so viel wie ein Brot. (3. 3. 1979)

- Nach Schätzungen der UN sterben täglich rund 30 000 Menschen an den Folgen einer Trinkwasserverseuchung (TAGESSPIEGEL v. 2. 4. 81) und 2,5 Milliar-

den Menschen sind nicht ausreichend mit Trinkwasser versorgt (TAGESSPIEGEL v. 12.11.80).
- Das Kieler Landwirtschaftsministerium hat festgestellt, daß der Gehalt an Quecksilber in den Elbaalen erheblich höher ist als vom Lebensmittelgesetz her erlaubt ist (TAGESSPIEGEL v. 13.2.81).

Neben einer Reihe von Unterrichtsfilmen der Landesbildstellen und -filmdiensten sowie dem von EULEFELDT u.a. (1979) veröffentlichten Curriculum »Probleme der Wasserverschmutzung« (vgl. hierzu auch Kap. 3.3.2) gibt es eine Reihe einfacher Experimentiermöglichkeiten zur Untersuchung der Wasserbelastung (vgl. die ausgezeichnete Zusammenstellung von Untersuchungsverfahren des SENATORS FÜR GESUNDHEIT UND UMWELTSCHUTZ (1981) sowie auch FAHRENBERGER/MÜLLER (1972), EHLERS u.a. (1973) und VERSUCHE (1972). Darüber hinaus gibt es inzwischen einfache Testbestecke für Wasseranalysen (z.B. der Visocolor-Analysenkoffer, Firma Macherey-Nagel/Düren). Auch Zeitungsartikel – wie der nachfolgend abgedruckte – eignen sich insbesondere zur Problematisierung des Unterrichtsgegenstandes:

Benzin in den Gully gekippt

Frankfurt a.M. (dpa). Zu 700 DM Geldstrafe verurteilte das Amtsgericht Bad Vilbel einen 25jährigen Kraftfahrer, der bei einem Umzug aus Vorsicht das Benzin, das noch im Tank eines zu verladenden Rasenmähers enthalten war, in einen nahen Gully gegossen hatte. Nachbarn hatten das Geschehen beobachtet und die Polizei verständigt. Die Staatsanwaltschaft betonte, ein halber Liter Benzin sei geeignet, eine Grundwassermenge von 100000 Kubikmeter unbrauchbar zu machen.

Ein Beispiel einer Unterrichtsstunde zum Thema »Eutrophierung – Der See kippt um« ist in Kapitel 9 wiedergegeben.

5.3.6.3 *Umweltproblem Luftreinhaltung*

Auch das Thema Luft bietet unterschiedliche Ansatzpunkte für umweltbiologische Betrachtungen, z.B.
- Quellen der Luftverschmutzung (vgl. z.B. DRUTJONS 1973, FAHRENBERGER/MÜLLER 1972);
- Auswirkungen der Luftverunreinigungen auf Pflanze, Tier und Mensch (vgl. z.B. BÖHLMANN 1971 b, ENGELHARDT 1980[4]);
- Maßnahmen zur Luftreinhaltung (vgl. z.B. LANDESVERBAND 1979).

Gerade beim Thema Luft zeigt sich im übrigen sehr deutlich, daß der einzelne durch »umweltgerechtes Handeln« gegen die massive Luftverschmutzung insbesondere der Industrie wenig ausrichtet. Wie das Thema Luftverschmutzung im Biologieunterricht behandelt werden kann, zeigt der folgende Arbeitsbogen (Abb. 53) exemplarisch auf.

5.3.6.4 *Umweltproblem Lärmbekämpfung*

Das Thema Lärm (vgl. hierzu z.B. HECTOR u.a. 1979, NOACK/ROLAND 1974, WIRTSCHAFTSRAT 1980) läßt sich auf vielfältige Weise unterrichtlich angehen, z.B.
- Arbeitsaufträge zur Lärmmessung z.B. mit Hilfe eines Lärmpegel-Meßgeräts;
- der Besuch einer Fabrik oder einer polizeigeregelten Straßenkreuzung (Lärm am Arbeitsplatz);
- Durchführung einer Lärmwanderung während des Unterrichts in der Umgebung der Schule mit Protokollierung und Bewertung der registrierten Geräusche;

»Inversion« nennen die Meteorologen das Wetter, bei dem eine warme Luftschicht kalte Luft am Boden festhält; die Umkehrung der Temperaturverhältnisse verhindert den sonst üblichen Aufstieg der wärmeren Luft am Boden in die kälteren Regionen in größerer Höhe. Hinzu kommen Windstille bzw. nur ganz geringe Windgeschwindigkeit und kein Niederschlag.

Praktisch sah das gestern so aus: Als um 11 Uhr 30 der Wetterballon mit der Meßsonde aufgelassen wurde, herrschten in 1,5 Meter Höhe + 4° C. In 155 Meter Höhe maß die Sonde + 2° C und in 430 Meter Höhe — der Obergrenze der wärmeren Inversionsschicht — + 5,5° C. In 600 Meter Höhe waren dann wieder nur + 1° C. Dazu wehte der Wind mit nur 0,7 m/s.

Dieses »Inversionswetter« herrscht bei bestimmten Kriterien wie Überlagerung der unteren Luftschichten durch eine wärmere Luftschicht und sehr schwachem Wind sowie fehlendem Niederschlag.

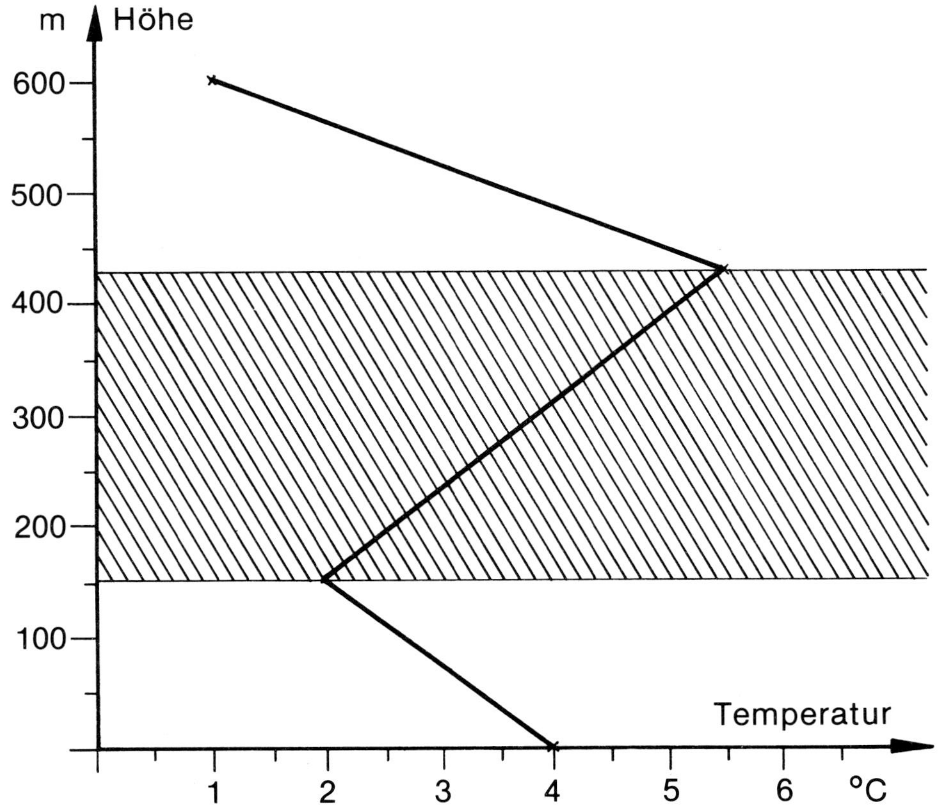

Abb. 53: Arbeitsbogen »Inversionswetterlage und Luftbelastung«

– Komponieren einer »Geräusch-Symphonie« (mit einem Tonbandgerät) bestehend aus Alltagsgeräuschen, z. B. Wekker – Vogelstimmen – laufendes Wasser – Absatzgeklapper auf einer Treppe – Telefon – Staubsauger – Auto – Flugzeug – Blätterrauschen usw. mit anschließender Auswertung.

Im Rahmen einer Unterrichtseinheit »Lärmbelastung des Menschen« kann darüber hinaus den Schülern experimentell in sehr drastischer Weise eine Vorstellung über Lärm und seine Auswirkungen vermittelt werden, womit eine Grundeinsicht über Lärmschäden erreicht werden kann (vgl. FAHRENBERGER/MÜLLER 1972):

Stundenthema

Lärm beeinträchtigt Lernverhalten

Lernziele

1. Die Schüler sollen die Hypothese, daß Lärm die Lernfähigkeit beeinflußt, aufstellen können.
2. Die Schüler sollen den Ablauf eines Versuchs zur Überprüfung der Hypothese vorplanen und begründen können.
3. Die Schüler sollen ihre Ergebnisse und die der Gruppe in einer Tabelle sichern können.
4. Die Schüler sollen das Ergebnis grafisch darstellen und auswerten können.

1. Phase: Lehrer schaltet ohne Kommentar ein Tonbandgerät ein, das Aufnahmen von sehr lauten Geräuschen (z. B. Rattern eines Preßlufthammers, Start eines Flugzeugs, Verkehrslärm) abspielt. Schüler beschreiben ihre Reaktionen auf den Lärm und berichten über eigene Lärmerfahrungen, vor allem beim Erledigen von Schul- und Hausaufgaben. Die Hypothese (vgl. Lernziel 1) wird aufgestellt und notiert.

2. Phase: Die Schüler planen einen möglichen Versuchsablauf zur Überprüfung der geäußerten Hypothese (Auswendiglernen von Begriffen mit Lärmkulisse und ohne – als Kontrollversuch). Hierbei sollte der Lehrer den Hinweis geben, daß *»sinnloses Lernen«* überprüft werden sollte, um individuelle Begabungen auszuschalten.

3. Phase: Der Lehrer formuliert die Versuchsanleitung: Die auf dem Arbeitstransparent 1 für eine Minute dargebotenen Wörter sollen leise in der richtigen Reihenfolge gelernt und anschließend notiert werden. In dem darauf folgenden zweiten Durchgang wird während des ebenfalls für eine Minute projizierten Arbeitstransparentes 2 (vgl. Tab. 21) und während der nachfolgenden Niederschrift das Tonbandgerät mit den Störgeräuschen eingeschaltet.

4. Phase Die Schüler errechnen und kontrollieren partnerweise ihren Lernerfolg bei Versuch 1 und 2. Die Ergebnisse werden in einen Arbeitsbogen sowie im strukturgleichen Arbeitstransparent 3 (Tab. 22) eingetragen. Anschließend wird die Differenz zwischen Lernen in Ruhe und bei Lärm für jeden einzelnen und die ganze Klasse (Durchschnittswert) berechnet.

5. Phase: Die Schüler diskutieren die Versuchsergebnisse. Eventuell können diese vorher noch grafisch dargestellt werden.

Mit einer solchen Unterrichtsstunde wird den Schülern bewußt, daß Lärmempfinden einen objektiven und einen subjektiven Wert beinhaltet, wodurch längerfristig Rücksichtnahme und Verständnis gegenüber den Mitmenschen angebahnt werden kann.

Versuch 1 (in Ruhe)		**Versuch 2** (mit Störgeräuschen)	
Stuhl	weit	Haus	neu
Baum	ängstlich	Stern	gerade
Katze	heiter	Auto	einfach
Kreide	trocken	Kerze	spitz
Hammer	laufen	Sand	lernen
Tasche	beschreiben	Wolke	schlafen
Nelke	warten	Biene	kochen
Ofen	hoffen	Schuh	reisen
Stein	kaufen	Wasser	vermuten
Sonne	singen	Papier	spielen
rot	hören	langsam	freuen
schnell	ziehen	hoch	holen
warm	rufen	gelb	schieben
eng	sagen	hart	atmen

Tab. 21: Die auf den Arbeitstransparenten 1 und 2 dargebotenen Wörter zum Lärmtest

AUSWERTUNGSBOGEN ZUM LÄRMTEST

Klasse: Zeit: Datum:

Schüler-Nr.	Anzahl der gelernten Wörter (in Ruhe)		Anzahl der gelernten Wörter (bei Lärm)		Differenz
1					
2					
3					
4					
5					
6					
7					
8					
9					
10					
11					
12					
13					
14					
15					
16 usw.					
Summe					
Durchschnitt					

5.3.6.5 Ökosystem Großstadt

Die Großstadt wird für immer mehr Menschen aus ökonomischen Gründen zum Lebensraum (vgl. auch Kap. 5.3.1). So leben beispielsweise über 50 % der ca. 60 Millionen Bürger der Bundesrepublik Deutschland zusammengedrängt auf 7 % des Bundesgebiets. [72] Dieses künstlich geschaffene Ökosystem Großstadt mit einem Mosaik an Kleinbiotopen beinhaltet eine Reihe von Problemstellungen, die im Biologieunterricht besprochen werden sollten (vgl. STAECK 1972), z. B.

- Stressoren [73] der Großstadt, z. B. Menschendichte, Verkehr, Lärm, optische Überreizung (vgl. hierzu VESTER 1980[2]);
- Grünanlagen in der Großstadt und ihre ökologische Bedeutung (vgl. hierzu KNOLL 1976 und HELLINGS/WENDL 1976);
- Anthropogene Veränderungen von Klima, Boden und Vegetation in der Großstadt (vgl. hierzu SUKOPP u. a. 1977, SUKOPP u. a. 1975);
- Bedeutung und Funktion von Straßenbäumen und Parkanlagen in der Umwelt des Städters (vgl. hierzu die Stundenkonzeption in Kap. 4.4.5);
- Streusalzwirkungen auf Bodenorganismen und Pflanzen (vgl. hierzu LEH 1973, STEUBING/KUNZE 1972).

Insbesondere den Straßenbäumen der Großstadt, die in Ballungsgebieten häufig die einzige Vegetation in der näheren Wohnumgebung darstellen, sollte im Rahmen eines umweltbezogenen Biologieunterrichts eine größere Aufmerksamkeit gewidmet werden (vgl. BERNATZKY 1978, HOFFMANN 1954, SUKOPP/KUNICK 1973, MEYER 1978). Hierdurch läßt sich erreichen, daß die Straßenvegetation stärker in das Bewußtsein der Schüler gebracht wird, wodurch sich ein stärkeres Eintreten für ihren Schutz und ihre Erhaltung ergeben kann.

Folgende, vor allem stadthygienische, klimatische und ästhetische Gründe sprechen für die Mitaufnahme einer Unterrichtseinheit »Bedeutung und Funktion der Straßenbäume in der Großstadt«:

- Bäume absorbieren im Sommer einfallende Sonnenenergie und tragen damit zu einer Temperaturerniedrigung von 2° – 3° C in der erwärmten City bei;
- Bäume reduzieren Verkehrslärm um bis zu 10 dB (A), was einer Halbierung des Lärmpegels entspricht;
- Bäume bewirken eine geringere Windgeschwindigkeit;
- Bäume binden Staubpartikel (Luftreinigungsfunktion);
- Bäume erhöhen die Luftfeuchtigkeit;
- Bäume dienen als Schattenspender;
- Bäume liefern bei windstillen Wetterlagen mit Sauerstoffdefiziten infolge des fehlenden Luftaustausches mit der Atmosphäre Sauerstoff an die unmittelbare Umgebung (vgl. hierzu BERNATZKY 1980);
- Bäume bereichern und gliedern den Straßenraum (ästhetischer Gesichtspunkt).

Folgende Schwerpunkte der biologieunterrichtlichen Behandlung der Straßenbäume sind denkbar:

- Funktion der Straßenbäume für den Großstädter;
- Ermittlung der Artenzusammensetzung im Schulbezirk;
- Lebensbedingungen des Straßenbaums (Ökologie des Straßenbaums);
- Gefährdung der Straßenbäume durch verschiedene Schadfaktoren (vgl. PIELA/LANGE 1980);
- Tausalzschäden als Spezialproblem;

- Folgen der Baumschäden für den Großstädter;
- Schutz- und Pflegemaßnahmen zur Verbesserung der ökologischen Bedingungen der Straßenbäume.

Wenn dem Biologieunterricht mit einem solchen Schwerpunkt eine Aussage über Möglichkeiten zur Verbesserung der Lebensqualität des Ökosystems Großstadt gelingt, dann können damit Grundlagen für zukünftige rationale Planungsentscheidungen gelegt werden.

Ein unterrichtspraktisches Beispiel (Thema: Salzschäden an Straßenbäumen) soll die vorangestellten theoretischen Ausführungen ergänzen (vgl. hierzu AUHAGEN/SUKOPP 1980):

Struktur der Unterrichtsreihe

1./2. Std.: Symptome eines streusalzgeschädigten Straßenbaums (z.B. Winterlinde)

3./4. Std.: Experimentelle Untersuchung der Ursachen der Schädigungen: Bereich Wurzel

5./6. Std.: Experimentelle Untersuchung der Ursachen der Schädigungen: Bereich Zelle (vor allem Diffusion, Osmose)

7./8. Std.: Maßnahmen zur Behebung der Tausalzschäden

Die hier skizzierte Unterrichtsreihe liefert zum einen Informationen über Umweltzerstörung und trägt damit bei den Schülern zu einer positiven Meinungsbildung zum Schutz der Umwelt bei. Zum anderen werden über die Erarbeitung der Mechanismen der Baumschädigung wichtige biologische Grundlagenkenntnisse und Arbeitstechniken vermittelt.

Stundenthema: Symptome eines streusalzgeschädigten Straßenbaumes [74] (Roßkastanie) – Doppelstunde (vgl. Abb. 54)

1. Phase: Fiktives Streitgespräch zweier Personen über das Problem, ob Streusalz Straßenbäume schädigt (Tonband).

2. Phase: Erste Klärung der Bedeutung der Bäume für die Großstädter.

3. Phase: Erarbeitung der Problemstellung, wie festgestellt werden kann, ob Bäume durch Tausalz geschädigt werden (Schüler schlagen vor: Vergleich von kranken und gesunden Bäumen).

4. Phase: Organisation des Unterrichtsgangs auf dem Schulhof (gesunder Baum) und zur Hauptstraße (kranker Baum). – Austeilen des Arbeitsbogens (vgl. Abb. 55).

5. Phase: Unterrichtsgang: Schüler diskutieren, notieren ihre Beobachtungen, nehmen Messungen vor, schneiden Blattproben ab (Materialien: Baumscheren, Zollstöcke).

6. Phase: (Fachraum): Durchführung der Arbeitsaufträge, Vervollständigung des Beobachtungsprotokolls (vgl. S. 182).

Abb. 54: Vergleich gesunder Roßkastanien (Parkanlage) mit streusalzgeschädigten in einer Hauptstraße mit typischen Absterbeerscheinungen (Gewebezerstörungen durch Salzanreicherungen in den am stärksten transpirierenden Teilen des Blattes)

Biologie	UE Salzschäden an Straßenbäumen	Datum:

Vergleich zweier Bäume unterschiedlicher Standorte

BEOBACHTUNGSPROTOKOLL

	Baum Nr. 1	Baum Nr. 2
1. Name der Baumart	Roßkastanie	Roßkastanie
2. Zeitpunkt der Untersuchung	3.7. 10.45 Uhr	3.7. 11.00 Uhr
3. Standortbeschreibung		
a) Lage	Bergstr. 3 auf dem Gehweg neben einer Haltestelle	Bergstr. 10; Grünanlage der Schule
b) Autoverkehr	sehr stark	-
c) unmittelbare Umgebung	um die Baumscheibe herum Boden verdichtet und sehr trocken; Erdbodenbereich 1,80 x 1,60 m	Rasen; dunkle und feuchte Erde
d) Entfernung zum Fahrbahnrand	0,80 m	-
4. Gesamteindruck des Baumes	Laub ziemlich verwelkt (gelblich), kümmerlich-kränklich	frische, grüne Blätter
5. allgemeine Kennzeichnung		
a) des Stammes	dicke Wurzelteile quellen aus dem Boden heraus; Rinde fest	Rinde fest
b) der Äste, Zweige	zum Teil kahle Äste	kräftige, ausladende Äste, keine kahlen Zweige
c) der Blätter	viele Blätter verwelkt, Ränder bräunlich	saftig grün
6. Zusammenfassung der Beobachtungsergebnisse	Blätter sind schon so welk wie im Herbst	keine negativen Beobachtungen

Abb. 55: Ausgefüllter Arbeitsbogen zum Thema »Symptome eines streusalzgeschädigten Straßenbaums«

5.3.7 Ergänzende Hinweise zur Unterrichtsgestaltung

Es gibt zweifellos gerade beim Thema Umwelt eine Fülle didaktischer Möglichkeiten, die geeignet sind, die Umweltkrise zu problematisieren und damit in den Bewußtseinshorizont der Schüler zu bringen. Neben der Verwendung aktueller Zeitungsmeldungen (siehe auch die Analyse eines Zeitungsartikels bei DAHL u.a. 1974, 72f sowie die vorangegangenen Abschnitte dieses Bandes) gibt es mittlerweile eine beachtliche Zahl von Unterrichtsfilmen und Diareihen zur Umwelterziehung. Eine Zusammenstellung dieses Medienangebots einschließlich einer Annotation gibt z.B. der Senator für Schulwesen (Berlin 1980). Schließlich werden in der Literatur inzwischen eine Reihe von Ökologie- bzw. Umweltspielen beschrieben, die der Lehrer mit seinen Schülern entweder mit einfachen Mitteln selbst herstellen oder über Verlage beziehen kann, z.B.

- Sumja, die Honigbiene (Ökologie der Honigbiene), geeignet für Grundschüler (vgl. SCHILKE 1981);
- Der Lebenszyklus des Kohlweißlings, geeignet für Grundschüler (vgl. DRUTJONS 1978);
- Ökospiel »Wer überlebt am blauen Meer?«, geeignet ab 7. Schuljahr (vgl. TROMMER 1978);
- Selektionsspiel: Anpassung von Populationen an Biotope, geeignet ab 7. Schuljahr (vgl. SCHILKE 1979);
- Ökoles (Verknüpfung der Nahrungskette des Ökosystems See), geeignet ab Klasse 10 (vgl. BRAUER/FISCHER 1979);
- Simulation der natürlichen Auslese, geeignet ab Klasse 10 (STEBBINS/ALLEN 1977);
- Räuber-Beute-Simulations-Spiel, geeignet ab Klasse 10 (vgl. DYLLA u.a. 1979 und TROMMER 1976);
- Simulationsspiel zur Populationsdynamik, geeignet für die Oberstufe (vgl. OHLY 1979).

Einen tabellarischen Überblick über weitere Umweltspiele gibt HÜBNER (1981).

Der Wert solcher Spiele liegt insbesondere darin, daß im Spiel kognitive und **affektive** Vermittlungsformen gleichzeitig angesprochen werden, und daß dem Spiel reale Handlungen zugrunde liegen. Dabei werden gleichzeitig durch die Schaffung vielfältiger Situationen Lösungsmöglichkeiten für Lebensgegebenheiten vorweggenommen und spielerisch erprobt (vgl. auch LEHMANN 1978).

Weiterhin legt SCHETAT (1980) eine Sammlung zahlreicher Quellentexte vor, die zur Auseinandersetzung mit der Umweltproblematik gut geeignet sind. In diesem Zusammenhang soll noch auf eine provozierende und zugleich problematisierende Einstiegsmöglichkeit in umweltbiologische Unterrichtseinheiten hingewiesen werden:

Als Arbeitstransparent könnte das in Abbildung 56 wiedergegebene Bild projiziert werden, das unter dem Motto steht »Wie giftig sind die Deutschen?« (oder »Kannibalen, eßt keine Bundesbürger! Es könnte Euer Tod sein!«) Die Anregung zu dieser Darstellung entstammt dem ZEITMAGAZIN Nr. 40/1971.

Bei der Auswahl von Teilaspekten aus der Gesamtproblematik der Umweltbiologie sollte der Lehrer die folgenden Kriterien berücksichtigen:

1. Nähe zur persönlichen Umwelt der Schüler;
2. Aktualität;
3. Ergiebigkeit im Hinblick auf die angestrebten Intentionen;
4. Überschaubarkeit;
5. Möglichkeiten der Durchführung von Untersuchungen und Versuchen durch die Schüler;

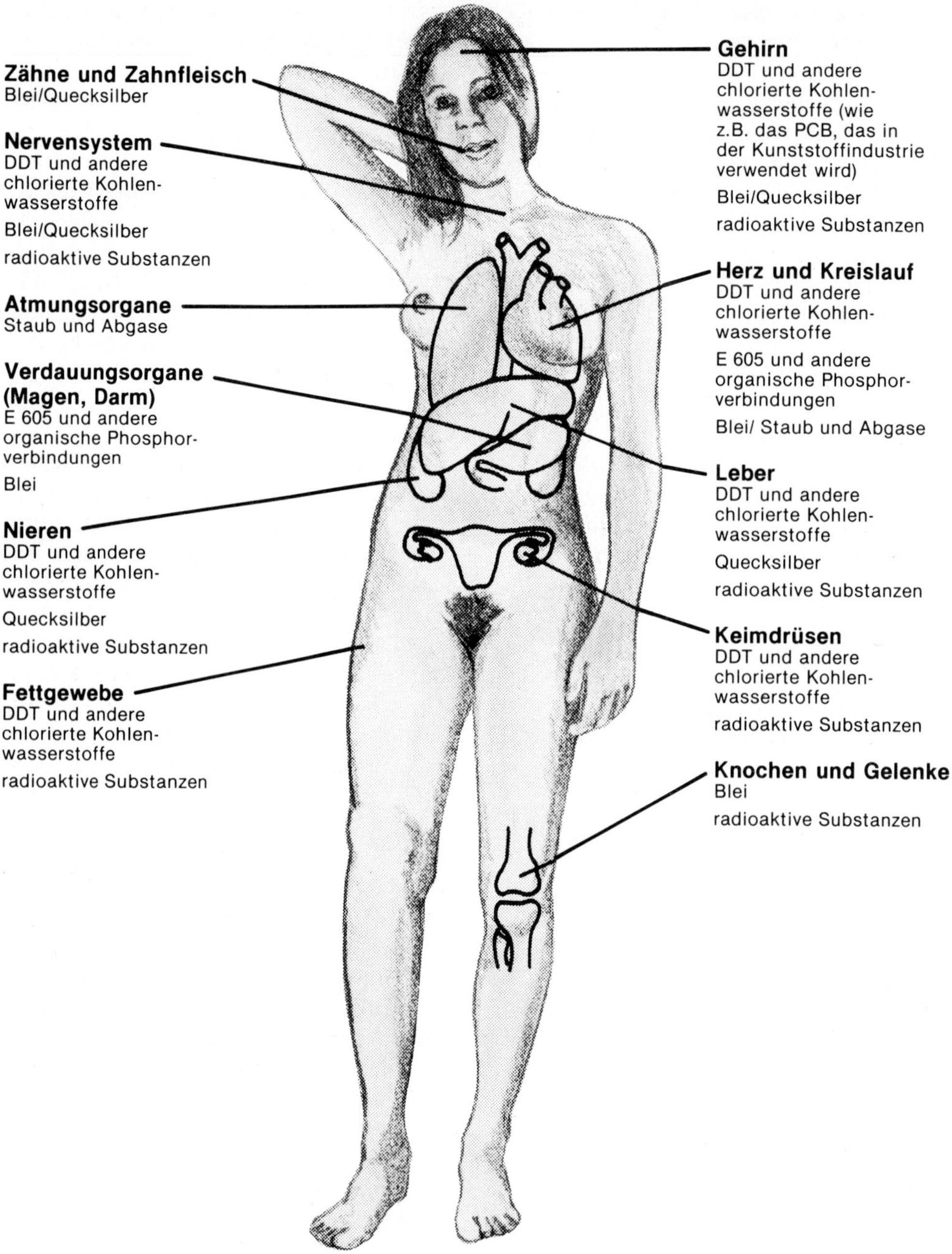

Abb. 56: Wie giftig sind die Deutschen? – Verbreitung der häufigsten Umweltgifte in unserem Körper

6. Möglichkeiten der Veranschaulichung durch Unterrichtsmedien;
7. Ergiebigkeit im Hinblick auf ideologiekritische Problemstellungen;
8. Möglichkeit der Vertiefung bereits erarbeiteter naturwissenschaftlicher Fragestellungen.

An dieser Stelle sei noch einmal darauf hingewiesen, daß die Motivation der Schüler zur Beschäftigung mit den Problemen ihrer Umwelt in starkem Maße abhängig ist von dem Ausmaß der Selbsttätigkeit, der Möglichkeit, sich durch Experimente selbständig Informationen zu verschaffen sowie von der eigenen Problemerkenntnis. Empfehlenswert erscheint bei Schülern der Sekundarstufe I, in jedem Fall von der Konfrontation mit einer augenfälligen die Umwelt belastenden Gegebenheit auszugehen.
Wichtig ist bei der weiteren Erarbeitung der Fakten, daß die Aktivität des einzelnen Schülers so weit wie möglich mobilisiert wird. Unterrichtlich bedeutet diese Konzeption, daß die Schüler zumeist in der Gruppen-, Partner- und Einzelarbeit Beobachtungen und Versuche durchführen, Filme inhaltlich und ideologiekritisch auswerten, Informationsmaterial sammeln und ordnen sowie Texte erarbeiten. Die Probleme sollen möglichst von den Schülern selbst erkannt und formuliert und dann im weiteren Verlauf analysiert und beurteilt werden. Problemlösendes Verhalten ist mit derartigen Lernformen gut zu üben. Als Arbeitsform hat sich hierfür der **Projektunterricht** erwiesen, der sich zur Darstellung umweltbiologischer Problemstellungen gut eignet.

5.3.8 Abschließende Betrachtung zur Umwelterziehung im Biologieunterricht

Aus den vorangegangenen Ausführungen wird deutlich, daß es insbesondere bei umweltbiologischen Fragestellungen nicht um eine fachliche Propädeutik geht, sondern um eine Verknüpfung biologisch-naturwissenschaftlicher Erkenntnisse und Gesetzmäßigkeiten mit gesellschaftlichen Problemen. Hierbei kommt es nicht auf eine Erziehung der Schüler zu schuldbewußten Staatsbürgern und zur individualistischen Saubermann-Mentalität an (im Sinne von Kampagnen wie »Sei kein Dreckspatz, sei ein Schutzfink!«), sondern auf das Schaffen eines umweltpolitischen (Problem-)Bewußtseins, das längerfristig vielleicht sogar die derzeitige Stagnation im Umweltdenken durch neuartige Lösungsansätze überwinden hilft.

Derzeit sind jedoch die Möglichkeiten des einzelnen Bürgers – also auch des Schülers – bezüglich umwelterhaltender bzw. umweltschützender Maßnahmen angesichts des täglich zu registrierenden gewaltigen Ausmaßes der Umweltzerstörung verschwindend gering. Deshalb erscheint dem Verfasser auch die immer noch übliche Verwendung des Begriffs **»Umweltschutz«** für umweltbiologische Unterrichtseinheiten völlig unzutreffend, da die Schule diese Aufgabe gar nicht zu vollbringen vermag. [75]

5.4 Sexualerziehung im Biologieunterricht

Von der gegenwärtigen umfassenden Diskussion der Inhalte für den Biologieunterricht ist der sexualpädagogische Bereich nicht ausgenommen. Zahlreiche neuere

Entwürfe und Richtlinien zur Sexualerziehung zeigen dies deutlich an.
In diesem Zusammenhang werden häufig die drei Begriffe **Sexualerziehung, Sexualkunde** und **Sexualaufklärung** synonym oder aber zumindest unreflektiert verwendet. Deshalb soll vorab eine Begriffsklärung vorgenommen werden:

1. **Sexualerziehung** [76] ist eingebettet in die Gesamterziehung von Elternhaus, Kindergarten und Schule. In diesen speziellen Erziehungsprozeß der sexuellen Sozialisation werden vor allem affektive und handlungsbezogene Komponenten (z. B. Gewinnen von emotionaler Sicherheit im sexuellen Bereich oder auch bestimmte Verhaltensweisen dem eigenen oder dem anderen Geschlecht gegenüber) miteinbezogen.
2. **Sexualkunde** wird in derselben Sinndeutung verstanden wie **Sexualaufklärung** und umfaßt die rein informatorisch-kognitive Ebene.

Der Biologieunterricht behandelt die Sexualität des Menschen im Rahmen der schulischen Sexualerziehung. Dabei wird – wie sich leicht an Stundenentwürfen, didaktischen Materialien, Klassenbucheintragungen nachweisen läßt – das biologische Fachwissen und damit der kognitive Bereich einseitig überbetont, während emotionale Aspekte zu kurz kommen. Diese zu kritisierende Gegebenheit erkennen bereits Schüler sehr klar, wie der folgende Leserbrief eines 14jährigen zeigt, der im Rahmen einer Diskussionsrunde, die die Wochenzeitung »DIE ZEIT« im April 1978 durchführte, geschrieben wurde:

»Die rein faktische Sexualerziehung im Rahmen des Biologieunterrichts ist nicht ausreichend. Die geschlechtliche Beziehung zweier Menschen wird dort nämlich rein sachlich und mit Fremdwörtern geschildert, so daß der Schüler den nur biologisch und ohne jedes Gefühl geschilderten Vorgang mit dem der Tiere verwechseln könnte. Es kann ja wohl auch kaum im Interesse unserer Regierung liegen, die Jugendlichen zu Tieren zu erziehen, die nur aus reinem Fortpflanzungstrieb miteinander schlafen, oder etwa zu verklemmten, verschüchterten Menschen, die unter einem Haufen medizinischer Fachausdrücke ihre Gefühle begraben haben.« *J. Sch. 14 Jahre*
[DIE ZEIT *17 (1978) v. 21. 4.]*

Im folgenden sollen einige Aspekte dieses Problemfeldes herausgestellt und an Beispielen erläutert werden, um dem Leser damit einige Anregungen für eine zeitgemäße, die Bedürfnislage der Schüler berücksichtigende Unterrichtung sexualerzieherischer Themen zu geben. Eine Reihe grundlegender Zielsetzungen einer emanzipatorisch verstandenen Sexualerziehung rundet diesen Beitrag ab.

5.4.1 Darstellung der gegenwärtigen Situation

»So wie Sexualaufklärung heute an unseren Schulen betrieben wird, geht sie an dem, was sie vermitteln soll, vorbei.« So stand es in der ZEIT zu lesen (vgl. FURTMAYR-SCHUH 1981, 66). Den Schülern fehlt offensichtlich auch in diesem Bereich ein **anwendungsbezogener** Biologieunterricht (vgl. Kap. 4.4.5), der ihre konkreten Lebensbedürfnisse thematisiert. Wie sonst sind beispielsweise derartig ausgeprägte Defizite und fahrlässige Verhaltensweisen bei 12- bis 18jährigen zu erklären, die WOLF in einer Befragung (N = 300) festgestellt hat (vgl. WOLF 1981) [77]:

- Unter 50 % der Befragten wußten, wie lange Spermien befruchtungsfähig bleiben;

- ca. zwei Drittel konnten die empfängnisfreien Tage innerhalb des monatlichen Zyklus der Frau nicht richtig einordnen;
- 16 % der Jungen und 20 % der Mädchen ergriffen bei ihrem ersten Geschlechtsverkehr keine empfängnisverhütenden Maßnahmen und
- weitere 16 % der Jungen und 20 % der Mädchen praktizierten den Coitus interruptus.

Tatsache ist, daß trotz eines verbreiteten Wissens über Verhütungsmittel, diese von Jugendlichen nicht konsequent verwendet werden: So setzen sich 30 % der Jugendlichen, die miteinander schlafen, ständig oder gelegentlich der Gefahr einer ungewollten Schwangerschaft aus (vgl. GRÖSCH 1978, FRICKE u.a. 1980). Die Zahlen schwangerer Mädchen in der Bundesrepublik Deutschland sprechen in diesem Zusammenhang für sich: 1978 wurde ein Anteil von 7 % »Teenager-Geburten« an der Gesamtzahl der Neugeborenen registriert [78], wobei die jüngste Mutter achteinhalb und der jüngste Vater zehn Jahre alt war (vgl. BPS 1981b, 9). Trotz aller theoretischer Kenntnisse über Funktionen und Sicherheitsquoten der verschiedenen Verhütungsmittel gibt es bei den Jugendlichen offenbar eine Reihe von Gründen, warum – wenn es soweit ist – keine Verhütungsmaßnahmen ergriffen werden, z.B.:

- Eigentlich wollten beide noch gar nicht miteinander schlafen.
- Sie hatten nicht daran gedacht, Verhütungsmittel zu besorgen (Planungsfehler).
- Sie hatten keine Gelegenheit, Verhütungsmittel zu besorgen bzw. wußten nicht, wo sie sie beschaffen können.
- Jungen meinen häufiger, es sei Aufgabe der Freundin, sich um Verhütungsmaßnahmen zu kümmern, und diese traut sich dann oft in der entscheidenden Situation nicht zu sagen, daß kein Schutz besteht.
- Bewußter Verzicht auf Verhütungsmittel, da vermeintlich die verliebte Stimmung sonst gestört würde – verbunden mit der Meinung »es wird schon nichts passieren«.
- Wenn Situationen spontan ausgenutzt werden (z.B. Eltern sind nicht zu Hause) und dadurch der Gedanke an eine mögliche Schwangerschaft verdrängt wird.

Solche Gründe sollten in einem anwendungsbezogenen Biologieunterricht vom Lehrer zur Sprache gebracht und im Unterricht diskutiert werden, damit sich die Schüler mit den praktischen und alltäglichen Schwierigkeiten der Empfängnisverhütung vor dem »Ernstfall« auseinandersetzen können und sie für derartige Situationen vorbereitet werden.
Seit den KMK-Empfehlungen des Jahres 1968 werden die Aufgaben der Sexualerziehung in der größten Zahl der bundesdeutschen Lehrpläne recht einheitlich beschrieben, wobei sich eine Überinformation an Sexualaufklärung deutlich abzeichnet (vgl. die nachfolgende Zusammenstellung, Tab. 23, S. 188; EMPFEHLUNGEN 1968).
Wie die Analyse der bundesdeutschen Biologie-Lehrpläne zeigt, (vgl. SKAUMAL/STAECK 1980), dominieren im Rahmen der Sexualerziehung noch immer biologische Themenbereiche, während der soziale Kontext weiterhin nahezu ausgespart bleibt.
Es erstaunt nicht, wenn sich dieselben Tendenzen in den biologischen Lehrbüchern widerspiegeln. Der überwiegende Teil dieser Bücher – auch jüngsten Datums – beschränkt sich im Rahmen der jeweiligen Kapitel zur »Sexualität des Menschen« auf die anatomisch-physiologische Aufklärung sowie auf die Vermittlung der traditionell

Lerninhalte	Klassenstufe
biologischer Unterschied der Geschlechter Schwangerschaft	1 1
biologische Grundtatsachen der Fortpflanzung (Zeugung, Schwangerschaft, Geburt) körperliche und seelische Vorgänge während der Pubertät Menstruation und Pollution	bis zum 6. Schj.
Zeugung, Schwangerschaft, Geburt geschlechtliche Probleme der Heranwachsenden soziale und rechtliche Grundlagen des Geschlechts- und Familienlebens Empfängnisverhütung sozialethische Probleme der menschlichen Sexualität strafrechtliche Bestimmungen zum Schutze der Jugend	bis zum 9./10. Schj.
Vertiefung der vorgenannten Themen ethische/rechtliche und soziale Probleme abnorme Formen menschlichen Sexualverhaltens	bis zum Ende der Sekundarstufe II

Tab. 23: Lerninhalte der Sexualerziehung in der allgemeinbildenden Schule nach den EMPFEHLUNGEN der KMK (1968)

überlieferten Normen (z. B. die Ehe), ohne diese auch nur im Ansatz zu problematisieren und zu diskutieren (z. B. in der Vorlage einschlägiger Scheidungsstatistiken in unserem Land [vgl. Tab. 24]).

Es ist allerdings auch verständlich, wenn Schulbuchautoren und -verlage in den entsprechenden Kapiteln zur Sexualerziehung eher zurückhaltend und vorsichtig formulieren und abbilden, da sie doch Gefahr laufen, daß ihre Werke sonst bei den Genehmigungsverfahren der Bundesländer auf der Strecke bleiben. So hat beispielsweise das Bundesland Bayern im Jahre 1980 eine große Rückrufaktion aller jener Biologie-Schulbücher gestartet, die im Sinne eines emanzipatorischen Ansatzes die psychischen Probleme im Sexualverhalten zu fortschrittlich angingen sowie fotografische Darstellungen nackter Menschen brachten. In diesem Zusammenhang wurden elf Biologiebücher auf Anordnung des bayerischen Kultusministers eingezogen mit der Auflage, sie in den entsprechenden Kapiteln zu entschärfen (vgl. KERSCHER 1981).

Jahr	Zahl der Eheschließungen	Zahl der gerichtlichen Scheidungen
1950	535 708	84 740
1960	521 445	48 874
1965	492 128	58 718
1970	444 510	76 520
1972	415 132	86 614
1974	377 265	98 584

Tab. 24: Eheschließungen und Ehescheidungen in der Bundesrepublik Deutschland im Zeitraum 1950 – 1974 (STAT. BUNDESAMT 1976)

Im Gegensatz zu dieser immer noch verbreitet anzutreffenden offen oder versteckt repressiven Sexualerziehung stehen einige emanzipatorische Ansätze, die allerdings bisher nur in einzelnen Bundesländern – z. B. Nordrhein-Westfalen, Berlin, Bremen – rechtlich abgesichert realisiert werden können. Derartige Unterrichtsmaterialien werden jedoch von verschiedenen Seiten heftig abgelehnt, wobei sogar den Autoren »einseitige Indoktrination« vorgeworfen wird. So faßte z. B. REHM (1978, 27) seine Kritik an dem Materialien-Band »Betrifft: Sexualität« zusammen, den der Verfasser im übrigen zu den interessantesten und empfehlenswertesten sexualdidaktischen Veröffentlichungen der letzten Jahre hält. Dieses Medienpaket (FIGGE u. a. 1977 a) wird von offen oder versteckt sexualfeindlich orientierten Positionen vor allem deshalb angegriffen, weil es heikle Themen offen anspricht und auf großformatigen Seiten als Poster, Comics und Fotos ins Bild setzt: Darstellung nackter Menschen, Abbildungen von Geschlechtsorganen, Informationen über Petting und Geschlechtsverkehr, zum Teil unter Verwendung sexueller Ausdrücke der Umgangssprache.

Die herkömmliche Lehrauffassung – einschließlich der vieler Schulbehörden – vertritt demgegenüber noch immer vielfach die Meinung, daß die Darstellung der menschlichen Sexualität frei von Wertung sein müsse und daß bei derartigen Themen nüchterne Sachlichkeit geboten sei, während Vertreter der nichtrepressiven Sexualerziehung absichtlich Stellung beziehen – unter Berücksichtigung der affektiven Dimension. Die Bejahung des sexuellen Lustgewinns wird dabei ebenso herausgestellt wie der gesellschaftliche Bezug der Sexualität.

Zusammenfassend läßt sich die gegenwärtige Situation in der Bundesrepublik Deutschland hinsichtlich der Sexualerziehung folgendermaßen charakterisieren:

- **Eine offen repressive Einstellung** wird insgesamt gesehen allmählich aufgegeben und ist in erster Linie noch in kirchlichen Kreisen und in einigen weltanschaulich ideologisierten Schulbüchern zu finden ist: Sie leugnet die kindliche Sexualität und sieht die Geschlechtlichkeit nur im Zusammenhang mit der Fortpflanzung. Ihre Zielsetzung besteht von daher vor allem darin, daß sexuelle Betätigungen Jugendlicher durch Verbote eingeschränkt werden. Sie betreibt ausschließlich anatomische Sexualaufklärung. Der gesellschaftliche Bezug der Sexualität wird völlig negiert.
- **Eine versteckt repressive Einstellung** wird in unserer Gesellschaft gegenwärtig am häufigsten angetroffen und kommt sowohl in den Empfehlungen der Kultusminister als auch in den meisten Lehrplänen der Bundesländer sowie in der überwiegenden Mehrheit der in den Schulen zugelassenen Biologiebücher zum Ausdruck: Dieser Standpunkt nimmt die Sexualität des Kindes und Jugendlichen zwar zur Kenntnis und bejaht sie auch (allerdings nicht immer explizit). Die versteckt repressive Einstellung versucht jedoch, jegliche sexuellen Betätigungen Jugendlicher möglichst lange hinauszuzögern und zu unterdrükken unter Hinweis auf die Diskrepanz von Geschlechtsreife und »Sozialstruktur«. Die Herausstellung des traditionellen Rollenverhaltens ist ebenfalls charakteristisch für diese Einstellung. Die Informationen, die den Jugendlichen gegeben werden, sind frei von affektiven Wertungen, so daß die Sexualität zu einem Gegenstand wird, über den entfremdet und unbetroffen geredet wird. Die Sexualität wird nicht in ihrem gesellschaftlichen Kontext dargestellt, und gleichzeitig werden bewußt oder unbewußt die Zusammenhänge zwischen Zwängen in der Sexualität und gesellschaftlichen Zwängen nicht zur Kenntnis genommen. Damit erweist sich eine repressive Sexualerziehung als Instrument zur Beherrschung des Menschen und zur Aufrechterhaltung überlieferter Autoritätsstrukturen (vgl. auch KENTLER 1975).

- **Eine emanzipatorische Einstellung** gewinnt seit Anfang der 70er Jahre im Zuge eines gesamtgesellschaftlichen sexuellen Liberalisierungsprozesses allmählich an Einfluß und wird u. a. durch folgende Faktoren gefördert:
  - Zusammenbruch der Zensur (»Sex- und Porno-Welle«);
  - Liberalisierung des Sexualstrafrechts (§ 175, Kuppeleiparagraph, Tolerierung der »weichen Pornographie«);
  - Zunehmende Verbreitung der oralen Kontrazeption (»Pille«).

Eine emanzipatorische Einstellung ist in ersten Ansätzen in einigen bundesdeutschen Rahmenplänen (zum Beispiel in Berlin) sowie vereinzelt in Büchern für Schüler und Lehrer zu finden. Eine nichtrepressive Denkweise setzt sich klar für eine positive Haltung gegenüber der Sexualität ein, indem sie explizit auch bei Kindern und Jugendlichen sexuellen Lustgewinn bejaht. Sie spricht nicht nur offen über die Freude, die sexuelle Betätigungen bereiten können, sondern auch über die daraus resultierenden Probleme. Ein weiteres Merkmal einer emanzipatorischen Auffassung stellt die Aufklärung des einzelnen über die gesellschaftliche Bedingtheit der Sexualität dar. Sie will damit erreichen, daß die bestehenden Normen erkannt und auf ihre Funktionen hin analysiert werden, damit der Heranwachsende sich frei für oder gegen sie entscheiden kann. Eine nichtrepressive Einstellung sieht die große Interdependenz zwischen sexueller und gesellschaftlich politischer Erziehung (vgl. KENTLER, 1980, 4).

5.4.2 Exkurs: Die rechtliche Situation des Lehrers in der schulischen Sexualerziehung

Angesichts der in der Öffentlichkeit häufig medienwirksam hochgespielten Überschreitung der Kompetenzen des Lehrers bei seinem Sexualunterricht erscheint es an dieser Stelle notwendig, auf einige Vorschriften hinzuweisen, die quer durch die Bundesländer zur eigenen rechtlichen Absicherung beachtet werden sollten, um Differenzen und Ärger mit Schulbehörden und Eltern zu vermeiden (vgl. KUNSTMANN 1973, KLUGE 1980).
Vorweg ist in diesem Zusammenhang zu bemerken, daß die unterrichtliche Vermittlung **biologischer Fakten** über die menschliche Sexualität zu den unbestrittenen Aufgaben der Schule gehört, wofür keine besondere gesetzliche Grundlage erforderlich ist. Problematisch wird es hingegen bei der darüber hinaus gehenden Sexual*erziehung*, die gemäß Urteil des Bundesverfassungsgerichtes (BVG/Karlsruhe) vom 21.12.1977 in erster Linie zu dem natürlichen Erziehungsrecht der Eltern gehört. Der Staat ist zwar nach diesem Urteil dazu berechtigt, aufgrund seines Erziehungs- und Bildungsauftrags Sexualerziehung in der Schule durchzuführen, hierfür müssen jedoch in den einzelnen Bundesländern gesetzliche Grundlagen geschaffen werden (vgl. DAS URTEIL 1978).
Für den Biologielehrer ist in diesem Zusammenhang das Studium der **Richtlinien zur Sexualerziehung** bzw. der **schulrechtlichen Bestimmungen** seines Bundeslandes wichtig, um die Frage zu klären, ob in seinem Bundesland für die Sexualerziehung eine gesetzliche Schul**pflicht** besteht (wie z. B. in Berlin und Nordrhein-Westfalen), oder aufgrund fehlender gesetzlicher Bestimmungen nur ein **Recht** zur Sexualer-

ziehung eingeräumt wird (wie z.B. in Baden-Württemberg). Im zweiten Fall können Eltern beispielsweise ihre Zustimmung zur Teilnahme ihres Kindes am Sexualunterricht verweigern.
Aber auch wenn die Schule gesetzlich berechtigt ist, Sexualunterricht zu erteilen, ist die **Mitwirkung der Eltern** aufgrund ihres Erziehungsrechts unverzichtbar! Diese Verpflichtung des Lehrers läßt sich am besten über Elternversammlungen erfüllen, in denen ausführlich und fair über Inhalte, Medien und Formen des beabsichtigten Unterrichts informiert und Gelegenheit zur Aussprache gegeben werden sollte. Ein Mitbestimmungsrecht bei der **Gestaltung** des Unterrichts (wozu auch der Medieneinsatz, die methodische Vorgehensweise und die Verwendung der Sprachebene gehört!) steht den Eltern jedoch nicht zu.

Auch die folgenden Vorschriften sollte der Lehrer bei seinem Sexualunterricht zur Vermeidung von Differenzen berücksichtigen:

- Das Bundesverfassungsgericht und die Richtlinien fordern, daß der Sexualunterricht zu keiner einseitigen Beeinflussung der Schüler führen darf, d.h. der Lehrer hat das sogenannte Pluralismus-Gebot zu beachten und eine Indoktrination der Schüler zu unterlassen. Diese Bestimmung weist demnach darauf hin, daß bestimmte Werthaltungen oder sexuelle Verhaltensweisen weder befürwortet noch abgelehnt werden dürfen; z.B. sollte der Lehrer zum Problem des vorehelichen Geschlechtsverkehrs seinen Schülern keine *verbindliche* Antwort geben. Vielmehr empfiehlt es sich, die verschiedenen Standpunkte innerhalb der Bevölkerung darzustellen und die Schüler auf ihre eigene Verantwortung hinzuweisen.
- Der Lehrer hat auf weltanschauliche oder religiöse Überzeugungen der Eltern Rücksicht zu nehmen, z.B. wenn eine Reihe türkischer Schüler in der Klasse sind, sollten die in Kap. 5.4.4 angeführten Themenschwerpunkte mit größerer Zurückhaltung angegangen werden.
- Die für die unterrichtliche Verwendung genehmigten **Schulbücher** zur Sexualerziehung sind den entsprechenden Amtsblättern über die Zulassung von Schulbüchern zu entnehmen. Textpassagen – beispielsweise aus irgendwelchen Aufklärungsbüchern –, die als Arbeitsbogen verwendet werden sollen, oder Medien, die der Lehrer selbst zusammengestellt hat (z.B. Abbildungen aus Zeitschriften, die mit sexuellen Auslösern werben oder bestimmte Verhütungsmittel), sind jedoch **nicht** genehmigungspflichtig, sondern sollten lediglich mit den Eltern abgestimmt werden.

Zur rechtlichen Situation des Lehrers im Rahmen des Sexualunterrichts bleiben zahlreiche Grenz- und Zweifelsfragen offen, zumal alle Richtlinien in hohem Maße unbestimmt, widersprüchlich und mehrdeutig sind. Daß es deshalb trotz entsprechender Maßnahmen des Lehrers – wie sie oben beschrieben wurden – zu Komplikationen kommen kann, zeigt der abgedruckte Brief eines Vaters an eine Biologielehrerin (vgl. S.192).

Eine gewisse Rechtsunsicherheit bleibt also, die dem Lehrer die Praktizierung einer verantwortungsvollen sexualerzieherischen Tätigkeit erschwert und ihn permanent zwingt, über die erlaubten Grenzen seines pädagogischen Tuns zu reflektieren. Der Gesetzgeber ist in diesem Zusammenhang aufgerufen, diese Rechtsunsicherheit umgehend zu beseitigen.

Sehr geehrte Frau A, 20.12.78

zu den beim letzten Elternabend genannten Problemen Ihrer Unterrichtsreihe "Sexualerziehung" möchte ich noch einmal schriftlich Stellung nehmen.
Zunächst einmal halte ich es für eine Überforderung der Eltern, wenn sie bei einer solchen Information, wie sie beim Elternabend gegeben wurde, spontan Stellung nehmen sollen. Ich halte es deshalb auch nicht einfach für eine Zustimmung zu Ihren Absichten, wenn sich praktisch niemand von den Eltern zu Wort meldete. Eher würde ich meinen, daß die Eltern weithin geschockt waren über die Absicht, unseren Kindern das 3. und 4. Bild zu zeigen, da solche Aufnahmen sonst wohl nur in Pornomagazinen zu finden sind. Daran ändert nach meiner Meinung auch nichts, wenn Sie wiederholt äußerten, daß Sie die Bilder ästhetisch finden. - Doch ich kann nicht für andere Eltern sprechen.

Für mein Teil aber muß ich sagen, daß ich dagegen bin, die beiden Bilder (von dem steifen Glied und von der mit den Händen gespreizten Scheide) zu zeigen. Diese beiden Bilder mit ihren übermäßigen Proportionen stehen in keinem Verhältnis zu den beiden Bildern von der körperlichen Entwicklung.

Ich möchte noch einmal betonen, was ich bereits bei der Elternversammlung sagte, daß diese Bilder genau das Gegenteil von dem bewirken können, was Sie erwarten. Und welche psychologischen Möglichkeiten sehen Sie, Angst oder Ekel bei den Schülern frühzeitig zu erkennen, bzw. abzubauen?

Ich wehre mich entschieden dagegen, daß meine Tochter, die in einer freien und sauberen Atmosphäre aufgewachsen ist, nunmehr eine Abscheu durch die schulische "Sexualerziehung" bekommen könnte. Andererseits aber ebenso, daß sie mit sexuellen Praktiken vertraut gemacht würde, die allzu häufig zur Perversität führen.
Zu allem zeigt die Erfahrung schulischer "Sexualerziehung" doch weithin, daß diese nicht zu natürlichem und sachlichem Gespräch (außerunterrichtlich) führt und daß schmutzige Redensarten auf diese Weise durchaus nicht verhindert werden.

Das hat m.E. seinen Grund darin, daß das Erlebnis Liebe weder auf seelischer Ebene noch als persönliche Erfahrung (Rahmenplan Absatz 5) vorhanden ist. Daher muß die reine Information ein Kind in Unruhe bringen, weil es damit überfordert ist.

Ganz von der Tatsache abgesehen, daß Kenntnis haben und solche optischen Darstellungen, wie anfangs genannt, etwas sehr Verschiedenes ist.

Sie haben erwähnt, daß Sie dankbar und offen für Äußerungen sind. Ich meine, daß ich auch mit Offenheit und Toleranz geschrieben habe. Gleichwohl muß ich Sie darauf aufmerksam machen, daß ich an dem Tag, an dem meine Tochter irgendwelche negativen Auffälligkeiten äußert oder zeigt, ich alle mir gegebenen Möglichkeiten wahrnehmen werde, der elterlichen Sexualerziehung eindeutig den Vorrang zu geben.

Mit freundlichem Gruß und guten Wünschen
für die Festtage und für das Neue Jahr

Ihr

Ø an Frau Z als Klassenlehrerin.

5.4.3 Zielsetzungen eines emanzipatorisch verstandenen Ansatzes

Angesichts der beträchtlichen Divergenzen in den Konzeptionen zur Sexualerziehung bei Schulverwaltungen, Lehrern und Eltern sowie der skizzierten rechtlichen Unsicherheit wird der Unterrichtende oftmals mit erheblichen Schwierigkeiten bei der Umsetzung seiner Intentionen zu rechnen haben.

Alle Anregungen, die in diesem Kapitel gegeben werden, muß der Leser vor dem Hintergrund sehen, daß die Schüler zunächst einmal in gewissem Maße auf unsere Gesellschaft vorbereitet werden müssen, da sie in einer vorgegebenen sozialen Umwelt leben. Mit diesen Bemerkungen soll keineswegs eine kritiklose Anpassung empfohlen werden, sondern ein pragmatisches Abwägen dessen, was unter den gegebenen Bedingungen realisierbar ist und was nicht.

Der Lehrer sollte bei der unterrichtlichen Behandlung der menschlichen Sexualität unabhängig von der jeweiligen Klassenstufe auf jeden Fall über die objektive Aufklärung hinaus personal bedeutsame Probleme – in der fortgeschrittenen Sekundarstufe auch vor dem Hintergrund zwischenmenschlicher Beziehungen – ansprechen. Mit anderen Worten: Die Sexualität der Schüler sollte in den Unterricht miteinbezogen werden (zum Beispiel indem die Schüler Fragen stellen). Themen wie Masturbation, Petting, vorehelicher Koitus, Empfängnisverhütung, Probleme jugendlicher Partnerbeziehungen (zum Beispiel Verhalten gegenüber sexuell stark fordernden Partnern) und Potenzprobleme sollten dabei über die rein sachlichen Informationen hinausgehen und auch affektive und soziale Aspekte berücksichtigen.

Diese Themenkreise sind für den praktischen Lebensvollzug innerhalb des sexuellen Bereichs der Schüler des 5. bis 10. Schuljahres weitaus wichtiger als Themen wie Schwangerschaft, Embryonalentwicklung und Geburt. Der Unterrichtende umgeht mögliche Schwierigkeiten in der Klärung und Festlegung eines bestimmten Standpunkts, indem er nicht die Rolle des Überlegenen und Wissenden, sondern die eines selbst Betroffenen einnimmt.

Weiterhin sollte die Diskussion darüber geführt werden, warum unsere Gesellschaft überhaupt im sexuellen Bereich restriktive Normen aufstellt, wobei zu hinterfragen wäre, welche dieser »ungeschriebenen Gesetze« für den einzelnen und die Gesellschaft förderlich, welche problematisch sind. In diesem Zusammenhang könnten auch gesellschaftliche Widersprüche herausgestellt werden, die beispielsweise darin bestehen, daß bestimmte Formen der Pornographie verurteilt und unter Strafe gestellt werden, obwohl ihre Verbreitung nur deshalb derartig große Ausmaße angenommen hat, weil viele Menschen in ihrer gesellschaftlichen Umgebung in ihren natürlichen sexuellen Bedürfnissen unterdrückt werden und mit Ersatzbefriedigung vorliebnehmen müssen.

Schließlich sollten die Schüler im Hinblick auf die noch immer praktizierte Benachteiligung der Frau in Verbindung mit der unterschiedlichen Rollenverteilung der Geschlechter in unserer Gesellschaft sensibilisiert werden (vgl. WAGNER u.a. 1978). Hierzu könnten elterliche Erziehungspraktiken, Beispiele aus der Arbeitswelt (zum Beispiel Berufswünsche von Schulabgängern), Darstellung von Mann und Frau in der Werbung (vgl. hierzu z.B. HERING 1979), Textstellen aus Biologiebüchern usw. herangezogen werden. Der folgende Arbeitsbogen gibt ein Beispiel wieder, das Rollenverhalten problematisiert:

Biologie	UE Sexualität in unserer Gesellschaft	Arbeitsbogen

Vertauschung von "er" und "sie" in einem Kriminalromantext

Tinas Sekretär, Robert, lächelte verschämt. "Ein gewisser Oskar rief eben an", sagte er zu seiner Chefin, "ob Sie auf dem Nachhause-Weg bei ihm vorbeischauen könnten."
"Danke Robert, ich werde daran denken!"
Robert war in der zweiten Hälfte der Vierziger, bezog aber seine Textilien ausschließlich aus Teenager-Shops. Freilich: Tina schätzte seine Tüchtigkeit.
"Ist das d e r Oskar?", fragte Tina. "Finden Sie ihn auch so gut?" - Robert verdrehte die Augen. "Himmlisch, Chefin. Ein toller Mann. Ich flehe Sie an: Bringen Sie mir ein Autogramm mit!"
"Gemacht!" - Mit verklärtem Lächeln huschte Robert hinaus; und Tina dachte: Oskars Charme müßte man haben. Für den schwärmen ja alle zwischen 16 und 60 ...

Quelle: A. Wagner u.a.: Mann - Frau. Rollenklischees im Unterricht. München 1978, S. 86

Alle Stellen, die plötzlich "komisch" wirken, sollen unter folgenden Fragestellungen analysiert werden:

1. Wie verändert sich eine Textstelle, wenn man "er" und "sie" vertauscht?
2. Was steht dahinter?

Durch die Erarbeitung des anerzogenen, unterschiedlichen Rollenverhaltens von Mann und Frau werden die Schüler längerfristig in die Lage versetzt, ihre eigene Rolle zu erkennen und gegebenenfalls ihr Verhalten zu ändern.

Ausgehend von den vorangegangenen Ausführungen lassen sich zu dem Themenkreis Sexualität und Gesellschaft eine Reihe von grundlegenden Grobzielen aufstellen, die dem Unterrichtenden helfen sollen, seine Überlegungen an emanzipatorischen Problemstellungen zu orientieren (vgl. KATTMANN 1975 b; ZITELMANN/CARL 1976[5]; FIGGE u. a. 1977 b; MÜLLER 1979):

Die Schüler sollen

- erkennen, daß das Sexualverhalten durch biologische, psychische und gesellschaftliche Gegebenheiten und Prozesse bestimmt wird;
- vorhandene Ängste, Schuldgefühle und Unsicherheiten bei sexuellen Betätigungen abbauen;
- die große Interdependenz zwischen der Sexualität und anderen Lebensbereichen erkennen;
- erkennen, daß Sexualität einen Bestandteil der Gesamtpersönlichkeit darstellt und sich nicht nur auf die Geschlechtsorgane und die Fortpflanzung beschränkt, sondern vielmehr mit Lust, Befriedigung, persönlichem Glück und dem Glück des Partners verbunden ist;
- Erscheinungsformen der eigenen Sexualität bejahen können (zum Beispiel die wichtige Rolle der Masturbation für das Bewußtwerden und Erlernen sexueller Verhaltensmuster erkennen);
- die Bereitschaft entwickeln, auf die sexuellen Bedürfnisse und Interessen des Partners Rücksicht zu nehmen;
- erkennen, daß volle Befriedigung und Lust nur empfunden werden kann, wenn die Partner bereit sind, aufeinander Rücksicht zu nehmen und sich aufeinander einzustellen;
- lernen, über sexuelle Fragen und Probleme unbefangen miteinander zu sprechen und ihre Meinungen zu äußern. Dadurch sollen sie befähigt werden, mögliche interpersonelle Spannungen durch Kommunikation abzubauen;
- über das Verbalisieren von sexuellen Problemen und Konflikten zu der Erkenntnis gelangen, daß Selbstbestimmung nicht durch Konfliktverdrängung, sondern durch Konfliktbewältigung erreicht wird;
- erkennen, daß die sexuellen Bedürfnisse individuell sehr unterschiedlich sein können;
- lernen, bestehende Unterschiede im Sexualverhalten zu akzeptieren und zu tolerieren;
- die sozialen Bedingungen sexueller Verhaltensweisen reflektieren; die Rollenfixierungen und ihre ethnologische Variabilität aufzeigen können;
- die durch die Gesellschaft bedingten Rollenfixierungen von Mann und Frau bewerten können;
- bei sich und anderen sexuelle Vorurteile, Rollenstereotypen erkennen und abbauen können;
- die Verwendung sexueller Schlüsselreize in der Mode und Werbung bewerten und ihre gesellschaftliche Funktion beschreiben können (vgl. Abb. 57);
- die Einstellung der Gesellschaft zur Homosexualität bewerten können;
- die gesellschaftliche Funktion von Striptease, Prostitution und Pornographie erkennen;
- die gesellschaftlichen Ursachen, die sich einer repressionsfreien Sexualität widersetzen, erkennen;
- erkennen, daß die Sexualmoral von den Wertmaßstäben der jeweiligen Gesell-

schaft abhängt; sie sollen begreifen, daß solche Normen veränderbar sind;
- befähigt werden zu entscheiden, welche Einschränkungen und Verbote abzubauen und welche als gesellschaftlich notwendig beizubehalten sind;
- durch die Kenntnis des sozialen Charakters der Sexualität zu verantwortlichem Handeln bereit sein;
- aufzeigen können, daß Sexualität eine soziale Aktivität ist, in der soziale Regeln gelten.

5.4.4 Themenschwerpunkte einer emanzipatorisch verstandenen Sexualerziehung

Auf die Vorlage eines detaillierten, jahrgangsmäßig spezifizierten Themenkatalogs wird bewußt verzichtet, da die Sexualthematik stärker als andere Unterrichtsinhalte auf die Einbeziehung soziologischer und psychologischer Voraussetzungen der zu unterrichtenden Gruppe angewiesen ist. Statt dessen sollen lediglich einige Themenbereiche zusammengestellt werden, die nach Meinung des Verfassers bei der unterrichtlichen Behandlung von Sexualität und Gesellschaft in der Sekundarstufe I angesprochen werden sollten. Es erscheint selbstverständlich, daß angesichts der großen Komplexität und gesellschaftlichen Bedeutung der Sexualthematik ein wiederholtes und vertiefendes Aufgreifen der Probleme der Sexualität in unserer Gesellschaft in den verschiedenen Klassenstufen im Sinne des *Spiralprinzips* notwendig ist:

Themenschwerpunkt:
Sexuelles Erleben von Kindern, Jugendlichen und Erwachsenen
Mögliche Unterrichtsinhalte: Selbstbefriedigung, Petting, Geschlechtsverkehr, sexuelle Ängste, Formen der sexuellen Partnerschaft. Als Anstoß zu einem Unterrichtsgespräch über Partnerschaft kann den Schülern z. B. das Ergebnis einer Befragung von 14- bis 17jährigen zum Problem »Was erwarte ich von meinem Freund bzw. von meiner Freundin?« vorgelegt werden (vgl. FRICKE u. a. 1980, 35 f):

Mädchenantworten	**Jungenantworten**
Was erwarte ich von meinem Freund?	*Was erwarte ich von meiner Freundin?*
– Erster Eindruck: Charakter	– Gleiche Größe,
– nicht zu angeberisch	– ein Jahr jünger,
– nett, freundlich, höflich	– Haare nicht zu kurz,
– zärtlich, gefühlsbetont	– Stupsnase,
– lustig	– nicht zuviel geschminkt,
– Kumpel, kameradschaftlich	– nicht zu großen, nicht zu kleinen Busen,
– soll sich nicht alles gefallen lassen	– empfindliche Brustwarzen,
– nicht brutal	– keine Hängebrüste,

Mädchenantworten	**Jungenantworten**
Was erwarte ich von meinem Freund?	*Was erwarte ich von meiner Freundin?*
– Beschützer – unternehmungslustig, temperamentvoll – Aussehen: groß, kräftig, egal, sympathisch – älter – nicht unterm Pantoffel stehen – Meinung der anderen akzeptieren – anpassungsfähig, kompromißbereit – Partnerschaft, Arbeitseinteilung – Vertrauen, alles mit ihm reden können – männlich – altersgerecht aussehen – tolerant – Fehler zugeben – ehrlich – häuslich – sportlich – selbständig – Grenzen kennen	– Arsch darf etwas dorthaben, – keinen dicken Bauch, aber auch nicht spindeldürr, – nicht zu dicke Schenkel, – schlanke Beine, – keine X-Haxen, – guten Charakter, – bei Schwierigkeiten zusammenhalten, – nicht schüchtern, – nicht zu wild, aber manchmal auch geil, – kein Auslachen im Bett, wenn es mal nicht auf Anhieb klappt, – Mutmachen in schwierigen Situationen, – bereit sein, mit dem Partner darüber zu reden, – sie soll nicht zu allem ja und amen sagen (Kompromisse schließen), – sie soll sagen, wenn sie allein sein will oder auch mal mit anderen ausgehen will, – sie darf etwas eifersüchtig sein, aber nicht zuviel, – sie soll nicht gleich eingeschnappt sein, wenn ich ihr sage, daß mir auch eine andere gefällt, – Aufrichtigkeit dem Partner gegenüber

In der anschließenden Diskussion können dann die Antworten nach Geschlechtern getrennt analysiert und verglichen werden (z. B. welche Bereiche werden von Jungen/ Mädchen genannt, woran kann das liegen?).

Weiterhin können solche Fragen behandelt werden, die Jugendliche im 7.–9. Schuljahr brennend interessieren, z. B.

- Ab wann sollte man eigentlich miteinander schlafen?
- Was gehört eigentlich dazu, wenn man miteinander geht?
- Kann man vom Petting schwanger werden?

In diesem Zusammenhang bieten sich für ein unterrichtliches Gespräch auch Zeitschriftenartikel (z. B. aus BRAVO, ELTERN, FREUNDIN) an:

Ich bin Jungfrau, weil ich mich schäme, noch Jungfrau zu sein

M. L., 18 Jahre, Schülerin

Wenn mich ein Junge fragt, ob ich noch Jungfrau bin – sage ich ihm: Ich bin Wassermann. Unter diesem Sternbild wurde ich geboren. Und alle Jungen halten das für eine geistreiche Antwort. Dabei ist sie eigentlich für mich nur ein Notbehelf. Denn ich bin wirklich noch Jungfrau. Und ich habe Angst, daß man mich für ein dummes Gänschen hält. Vor mir selbst schäme ich mich natürlich nicht, weil ich noch nicht mit einem Jungen geschlafen habe. Für mich ist Jungfräulichkeit ein Zustand, der sich irgendwann verändern wird. Religiöse und moralische Bedenken sind das nicht. Ich habe einen ganz anderen Grund. Ich sehe älter aus als 18. Manche Jungen haben mich schon auf 20 oder 22 geschätzt. Und in meiner Bekanntschaft hält man mich für ein Mädchen mit Erfahrung und Erfolg. Ich glaube, diese Leute setzen etwas bei mir voraus, was ich nicht bin: gut im Bett. Aber gerade das bin ich noch nicht. Und deshalb mag ich nicht mit einem Jungen schlafen. Ich weiß, daß ich im Grunde nur feige bin. Und wenn ich jetzt in einer Zeitschrift, die von Millionen gelesen wird, sage, daß ich noch mit keinem Jungen geschlafen habe, dann ist das für mich wie ein Sprung ins kalte Wasser. Jetzt brauche ich nicht mehr die Frau mit Erfahrung zu spielen. Aber wahrscheinlich bin ich sowieso keine Jungfrau mehr, wenn der Bericht erscheint ...

(aus ELTERN 7/1979)

Zu diesem Themenschwerpunkt können schließlich noch die folgenden Unterrichtsfilme empfohlen werden:

- Phoebe (beschreibt die Konflikte eines schwangeren Mädchens (32 0876);
- Der Augenblick (behandelt voreheliche Beziehungen), (Landesfilmdienste);
- Die Wette (behandelt eine sexuelle Partnerschaft (32 0914);
- Gefühle – was soll man groß darüber reden (32 1719).

Themenschwerpunkt:
Bedeutung der Sexualität für den Menschen
Mögliche Unterrichtsinhalte: Vorhandensein von sexuellen Auslösern (Schlüsselreize), Lustgewinn, Triebunterdrückung und Triebverzicht, Folgen sexueller Schwierigkeiten

Als Einstieg in diesen unterrichtlichen Schwerpunkt kann beispielsweise die Signalwirkung sexueller Symbole (Reklame, Mode) gewählt werden (vgl. Abb. 57). Bei ZITELMANN/CARL (1976[5]) finden sich darüber hinaus zu diesem Schwerpunkt Arbeitstexte.

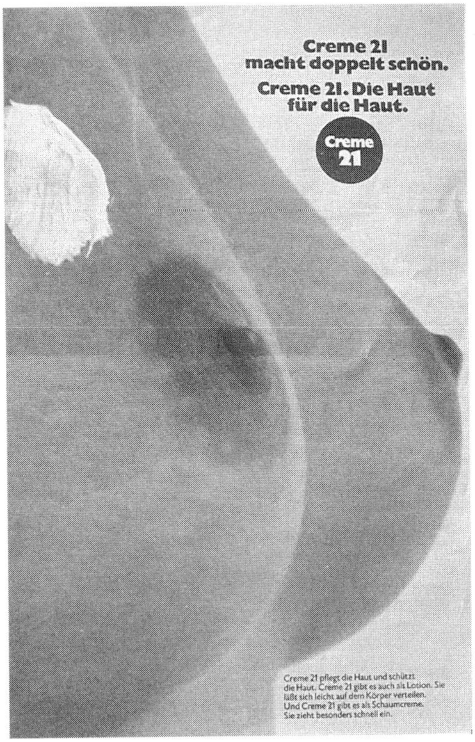

Abb. 57: Verwendung sexueller Schlüsselreize in der Werbung (Anzeige aus der Illustrierten STERN Nr. 26/1975)

Auch der Film »Maren wird ein heißer Typ« (321723, 13 min) eignet sich zur Darstellung dieser Problematik, indem die Enttäuschungen eines Mädchens durch die Versprechungen der Werbung beschrieben werden.

Themenschwerpunkt:
Formen des Zusammenlebens
Mögliche Unterrichtsinhalte: Ehe, Familie, Wohngemeinschaft, Alleinstehende

Themenschwerpunkt:
Sexualität und Fortpflanzung
Mögliche Unterrichtsinhalte: Empfängnisverhütung, Abtreibung, Schwangerschaft, Geburt (medizinische, psychische, soziale Probleme, insbesondere der Frau)
Als Einstieg in das Thema »Empfängnisverhütung« ist beispielsweise der Film »Sicherheit für 2« (321721, 15 min) gut geeignet, der die Schwierigkeiten eines jungen Pärchens beschreibt, sich Verhütungsmittel zu besorgen. Dieser Film besticht durch seine offene Darstellungsweise (z. B. wird gezeigt, wie der Junge ein Präservativ über sein steifes Glied zieht), weshalb er erst – vor allem von Junglehrern – nach einer didaktisch kommentierten Vorführung auf einem Elternabend eingesetzt werden sollte.
Der Lehrer sollte es bei einer schülernahen Behandlung des Themas »Empfängnisverhütung« auf keinen Fall versäumen, auf die Gefahren scheinbar zuverlässiger Verhütungsmittel einzugehen (vgl. Abb. 58 a und b). So halten viele weibliche Jugendliche – durch einschlägige Werbeanzeigen beeinflußt – das auf Toiletten von Diskotheken zu beziehende Schaum-Ovulum Patentex für ein absolut sicheres Mittel. Als Folge dieser irreführenden Werbung, »laufen immer mehr Patentex-Kinder herum« (vgl. den nachfolgenden Zeitungsartikel, der nach der Analyse einer Werbeanzeige für dieses Mittel zur Problematisierung gut geeignet ist, S. 200/201).

Im Zusammenhang mit dem Thema Empfängnisverhütung sollte schließlich eingehend die Frage erörtert werden, warum Jugendliche in bestimmten Situationen wider besseres Wissen keine empfängnisverhütenden Maßnahmen ergreifen.
Bei der Behandlung der »Schwangerschaft« kann der Lehrer von häufig gestellten Fragen von Jugendlichen ausgehen, z. B.

Biologie	Empfängnisverhütung	Datum:

Im Durchschnitt lieben sich Deutschlands Frauen und Männer zweimal in der Woche. Sie würden also bei einem Verhütungsmittel wie Patentex oval, das nur bei Bedarf angewendet wird, mit nur zwei Schaum-Ovula pro Woche zuverlässig geschützt sein.

Das Schaum-Ovulum wird tief in die Scheide eingeführt, wie ein Tampon. Durch die natürliche Körperwärme schmilzt es und bildet nach 10 Minuten einen feinen, dichten Schaum, der die Spermien durch einen speziellen Wirkstoff befruchtungsunfähig macht und gleichzeitig eine stabile Barriere in der Vagina bildet.

Durch diese doppelte Wirkung bietet Patentex oval bereits nach 10 Minuten zuverlässigen Schutz. Vor jedem weiteren Verkehr ist ein neues Ovulum einzuführen, um nach 10 Minuten wieder geschützt zu sein.

Für alle Frauen, die ein Verhütungsmittel nur dann anwenden wollen, wenn sie es wirklich brauchen, gibt es mit Patentex oval also eine angenehme Alternative.

Denn es schützt zuverlässig, ohne daß man es täglich anwenden muß.

Patentex oval®

Intravaginale Empfängnisverhütung. Patentex oval ist gut verträglich. In einzelnen Fällen kann es zu einem vorübergehenden Wärmegefühl kommen. Patentex GmbH., 6000 Frankfurt/Main 1

1. Beschreibe die Anwendung von Patentex oval!
2. Welche Aussagen über die Wirksamkeit von Patentex oval werden in der Anzeige gemacht?

---

intravaginal = in der Scheide drin

Ovulum = eigentlich Ei, Eizelle (hier jedoch in der Bedeutung "Zäpfchen")

Abb. 58 a: Arbeitsbogen Werbeanzeige für *Patentex oval* im STERN

Biologie	Empfängnisverhütung	Datum:

»Es laufen immer mehr Patentex-Kinder herum«

Berliner Verbraucher bezweifeln den Begriff »Zuverlässigkeit« in der Werbung mit dem Verhütungsmittel

Verena F. war angetan vom Werbetext in der Illustrierten, als sie nach Alternativen zur Anti-Baby-Pille Ausschau hielt. »In Ihrer Liebe sind Sie sicher. Und wählen Patentex oval. Zuverlässig wie die Pille.« Ein strahlendes Glück untermalte die Anzeige. Einundeinhalb Jahre benutzte die junge Frau »Patentex oval«, das Schaumovulum, »die bewährte Verhütungsmethode« der Patentex GmbH in Frankfurt. Bis vor einem Jahr. Dann wurde sie schwanger. Das vor wenigen Monaten geborene Kind gab sie zur Adoption frei.

Eine Regierungsrätin aus Westfalen beschrieb Dr. Möbius, dem verantwortlichen Redakteur des renommierten Berliner »arznei-telegramm« mit Sitz in der Zehlendorfer Albertinenstraße, exakt Anwendung und Häufigkeit ihres Gebrauchs von »Patentex oval«. Nicht, daß sie etwas falsch gemacht hätte, aber: »Vor fünf Wochen bin ich glücklich niedergekommen.«

Die Zeitschrift »Eltern« startete zu dem Thema eine Umfrage. Von 60 Briefschreiberinnen zeigten sieben an, trotz »Patentex oval« schwanger geworden zu sein.

Beschwerden sich betrogen fühlender Frauen begegnete die Patentex GmbH mit dem Hinweis, eine Schwangerschaft sei auf eine falsche Anwendung zurückzuführen. Nur daran könne ihrer Meinung nach ein eventuelles Versagen liegen. Sowohl die betroffene Frau eines westdeutschen Arztes als auch die westfälische Regierungsrätin verwahrten sich in Briefen energisch dagegen.

Für Dr. Möbius vom »arznei-telegramm« ist der Gebrauch des Ovulums ein »Roulettspiel«. Es sei unverantwortlich, mit dem Begriff »zuverlässig« zu werben, da »immer mehr Patentex-Kinder herumlaufen«. **höff**

[Der Tagesspiegel *Nr. 10040 v. 1.10.1978, S. 17]*

(Der Tagesspiegel Nr. 10040 v. 1.10.1978, S. 17)

1. Vergleiche die Aussagen des Zeitungsberichtes mit den Versprechungen in der Werbeanzeige!
2. Worauf ist die geringe Sicherheit chemischer Verhütungsmittel (Schaumsprays, Vaginalzäpfchen und Vaginalcremes) zurückzuführen?

Abb. 58 b: Arbeitsbogen »Es laufen immer mehr Patentex-Kinder herum«

- Wie wird eine Schwangerschaft festgestellt?
- Was ist für einen Schwangerschaftsabbruch notwendig? (vgl. hierzu die »Checkliste für einen Schwangerschaftsabbruch« bei FRICKE u. a. 1980, 218).
- Wie wird ein Schwangerschaftsabbruch gemacht? (vgl. FRICKE u. a. 1980, 219 ff., wo die wichtigsten Methoden – Ausschabung, Absaugen, Zwei-Phasen-Abbruch u. a. – übersichtlich beschrieben werden).
- Kann ein minderjähriges Mädchen über einen Schwangerschaftsabbruch selbst entscheiden?
- Welche Möglichkeiten des Abbruches gibt es in einem sehr frühen Stadium der Schwangerschaft?

Eine weitere Möglichkeit, dieses Thema schülerbezogen zu behandeln, besteht darin, die Schüler in Kleingruppen zu der Frage »Was wäre, wenn ich jetzt ein Kind hätte?« oder »Was wäre, wenn ich jetzt ungewollt schwanger wäre bzw. ungewollt an

Dies sind Marion (16) und ihr Freund Frank. Marion ist schwanger, weil die beiden keine Verhütungsmittel benutzt haben. Dabei wollten sie noch kein Kind. Marion und Frank wußten über Verhütungsmittel Bescheid. Trotzdem haben sie keine benutzt.

Die Bilder auf dieser Seite sollen eine Anregung sein, dieses Problem mit Freunden, in der Jugendgruppe oder in der Klasse zu besprechen. Denn so wie Marion und Frank geht es jährlich einigen tausend Jugendlichen bei uns. Sie kennen Pille, Präser und andere Verhütungsmittel aus Gesprächen, Zeitschriften und vielleicht auch aus dem Unterricht, und sie wissen auch, wo man Verhütungsmittel herbekommen kann. Sie wenden sie aber nicht an.

Mit den abgedruckten Bildern kann man (allein oder in Gruppen) darstellen, was Marion und Frank dazu meinen und welche Standpunkte sie von Eltern, Lehrern, Freunden usw. zu hören bekommen.

Abb. 59: Arbeitsanweisung zu einer 14teiligen Bildergeschichte zum Thema »Ungewollte Schwangerschaft« (aus: FIGGE u. a. 1977a)

Abb. 60, S. 203: Pornographie (aus KENTLER 1978). Das linke Bild wurde als unbedenklich eingestuft, das rechte dagegen verurteilt. Der Grund: »Hier ist es das deutliche Hervortreten der Geschlechtsteile, nämlich der Scham und der Brüste, die besonders stark sind, in Verbindung mit der gänzlich unmotivierten Haltung und dem auf den Beschauer gerichteten auffordernden Blick, der das Bild als unzüchtig erscheinen läßt.« (Urteil des Landgerichts Hamburg) einer Schwangerschaft beteiligt wäre?« Stellung beziehen zu lassen mit anschließender Diskussion. Hierbei sollten dann unrealistische und illusionäre Ausführungen und Pläne durch entsprechende Sachinformationen korrigiert werden. Auch die Bearbeitung der in »Betrifft: Sexualität« (FIGGE u. a. 1977a, 21 ff.) abgedruckten Bildergeschichte ist geeignet, das Thema »ungewollte Schwangerschaft« zu problematisieren (vgl. Abb. 59).

Themenschwerpunkt:
Gesellschaftliche Verformung sexueller Bedürfnisse
Mögliche Unterrichtsinhalte: Leistungszwang, Reizüberflutung und Werbung, Pornographie, Prostitution
Dieser unterrichtliche Schwerpunkt sollte nur nach rechtlicher Absicherung des Lehrers angegangen werden, wobei Zurückhaltung insbesondere beim verwendeten Bildmaterial empfohlen wird. Zur unterrichtlichen Klärung des Begriffes »Pornographie«

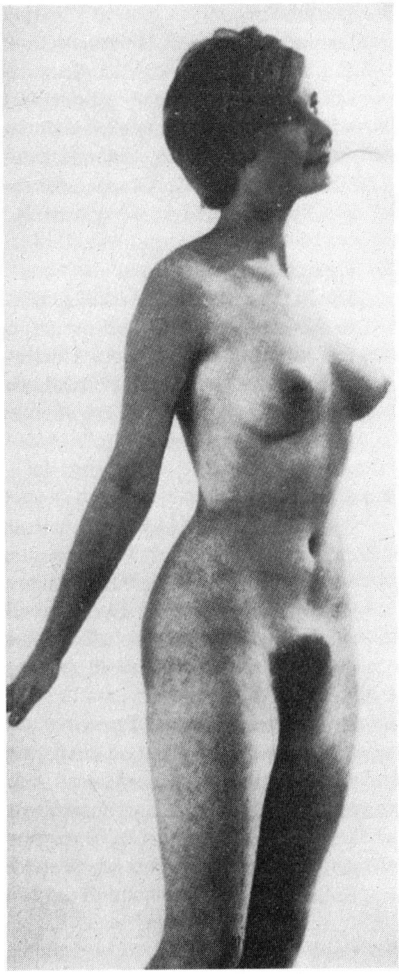

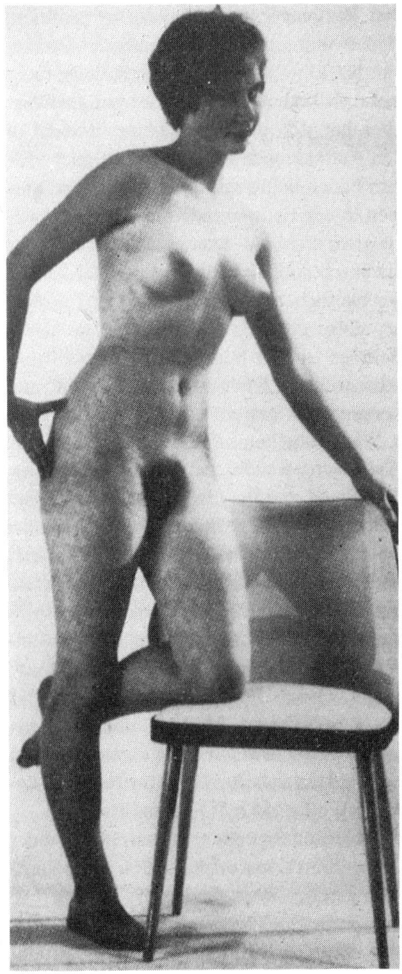

könnte beispielsweise die in Abbildung 60 wiedergegebene Darstellung als Arbeitstransparent projiziert werden, wobei sich etwa die folgende Definition des Pornographiebegriffs anschließen könnte: Pornographie ist die Darstellung sexueller Vorgänge in Wort, Bild, Ton, wobei von vornherein keine Wertung über ästhetisch/unästhetisch bzw. züchtig/unzüchtig vorgenommen wird. [79]
Auch der Unterrichtsfilm »So etwas gehört nicht in die Schule« (32 1724, 27 min), der den Ablauf eines Schulkonflikts um ein Pornoheft schildert, eignet sich zur Behandlung dieses Themas.

Themenschwerpunkt:
Sexuelle Minderheiten
Mögliche Unterrichtsinhalte: Homosexualität, Sexualverbrecher; Überblick über weitere Formen der Sexualität

Themenschwerpunkt:
Gesellschaftliche Rolle der Sexualität
Mögliche Unterrichtsinhalte: Was Sexualität bedeutet, Bewertung der Sexualität, Moralvorstellungen und Normen, Sexualität als Ware, Sprache und Sexualität (Hin-

Auswertung
(N 27 - 13 ♂; 14 ♀)

Bild-Nr.	zugeordnetes Geschlecht		
	Mädchen	Jungen	X
1 a)	26	1	
1 b)	1	26	
2 a)	4	23	
2 b)	21	6	
3 a)	9	18	
3 b)	18	9	
4 a)	27	0	
4 b)	0	27	
5 a)	2	25	
5 b)	25	0	2
6 a)	21	6	
6 b)	1	22	4

Abb. 61: Arbeitsbogen »Typisch männlich – typisch weiblich« – Bildreihe mit ausgefüllten Sprechblasen, die einem Jungen oder Mädchen zugeordnet werden sollen (nach FIGGE u. a. 1977a). Die Arbeitsergebnisse in einem 7. Schuljahr sind hinzugefügt.

terfragen der verschiedenen Sprachformen: Umgangs-, Fachsprache).
Insbesondere zum Thema Rollenverhalten gibt es zahlreiche Texte (vgl. den Arbeitsbogen in Kap. 5.4.2). Das mehr spielerische Angehen der Rollenklischees verdeutlichen die folgenden beiden Arbeitsbögen (vgl. Abb. 61 und 62).

Die Geschlechtsrollenprobleme von Jugendlichen in der Freizeit und am Arbeitsplatz behandelt der Film »Typisch Mann, typisch Frau« (32 1722, 17 min) auf schülergemäße Weise.

Themenschwerpunkt:
Analyse jugendspezifischer Sexualinformationen
Mögliche Unterrichtsinhalte: Aktfotos, Pornos, Witze, Jugendzeitschriften (z.B. Bravo, emanzipatorische Schriften für Jugendliche)
Zur Behandlung dieses Themenschwerpunkts sollte der Lehrer vor allem auf Tex-

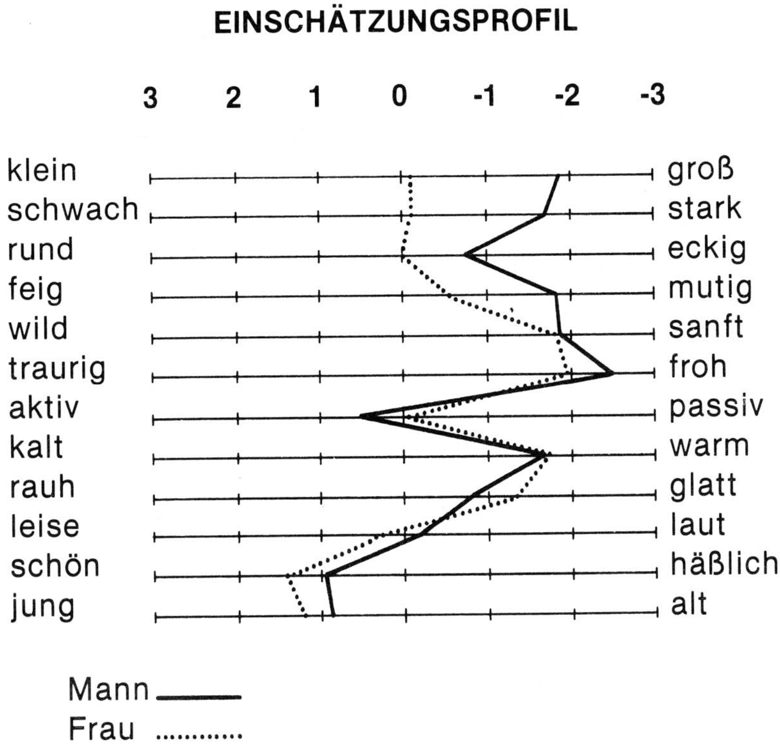

Abb. 62: Arbeitsbogen Einschätzungsprofil »Was ist männlich? – Was ist weiblich?« (veränd. nach FIGGE u. a. 1977a); die Durchschnittsergebnisse eines 7. Schuljahres sind als Profillinien eingezeichnet.

te, Werbeanzeigen und Fotos der Zeitschrift BRAVO zurückgreifen, die im Unterricht kritisch hinterfragt werden sollten. Diese Zeitschrift stellt mit 1 245 221 verkauften Exemplaren im 4. Quartal 1980 (vgl. BPS-REPORT 1981) zweifellos das am meisten gelesene Jugend-Journal in der Bundesrepublik Deutschland dar.

5.4.5 Ergänzende Hinweise zur Vorgehensweise

Aus der vorgenommenen Gewichtung der Grobziele und Themenbereiche ergeben sich bestimmte Vorgehensweisen, Unterrichtsorganisationsformen und Schwerpunkte in der Medienverwendung, die im folgenden skizziert werden sollen.
Besonders wichtig für das Gelingen eines sexualerzieherischen Unterrichtsvorhabens erscheint unabhängig von der Klassenstufe die Beachtung der folgenden Gesichtspunkte:

1. Bezug des Themenschwerpunkts zur Bedürfnislage der Schüler. (Die Schüler müssen merken, daß der Lehrer auf ihre Interessen und Probleme eingeht!)
2. Förderung der soziosexuellen Kommunikationsfähigkeit der Schüler durch Rollenspiele, Kontaktspiele, Diskussions- und Gesprächsrunden, Ergänzenlassen einer vor dem Ende abgebrochenen Geschichte, Thematisierung von Schülerfragen, z. B. aus dem Fragekasten; gruppen- und partnerweises Bearbeiten von Frage- und Problemstellungen.
3. Orientierung der unterrichtlichen Schwerpunkte an den Erfahrungen der Schüler, indem Erfahrungsmöglichkeiten für die Schüler bereitgestellt werden bzw. ihnen die Möglichkeit gegeben wird, eigene Erfahrungen einzubringen. (Am besten geschieht dies, indem Erfahrungen »stellvertretend« artikuliert werden, z. B. in der Lösung eines Konfliktfalles [Text], im Weitererzählen einer Geschichte usw.)
4. Mehrmaliges Vorsehen einer Unterrichtskritik im Verlauf sexualerzieherischer Unterrichtseinheiten (z. B. durch Unterrichtsbeurteilungsbogen, um auf diesem Weg den Schülern eine Rückmeldung zu ermöglichen).
5. Wahl eines an den Schülerbedürfnissen orientierten unterrichtlichen Einstiegs in die Sexualthematik.

Insbesondere dem letztgenannten Punkt sollte der Lehrer seine besondere Aufmerksamkeit widmen.
Es hat sich als günstig erwiesen, von Fragestellungen der Schüler auszugehen. Da die Schüler jedoch gerade auf diesem Gebiet – bedingt durch die oftmals gegensätzlichen familiären Sozialisationsprozesse – ein in Umfang und Qualität unterschiedliches Vorwissen mitbringen, sollte der Lehrer dieses in einem **einführenden Gespräch** zu ermitteln versuchen oder einen **Vortest** durchführen.
Ein derartiger Fragebogen sollte in jedem Fall anonym beantwortet werden. Darüber hinaus erscheint es günstig, die Schüler über den Sinn einer derartigen Befragung zu informieren. Wie der Fragebogen aufgebaut sein könnte, zeigt das nachfolgende Beispiel (S. 207).
Bei der Erstellung eines solchen Fragebogens sollte der Lehrer überlegen, ob nicht bei einigen Fragen (zum Beispiel 2 und 3) in bestimmten Altersgruppen Mehrfach-Wahlantworten formuliert werden sollten.
Empirische Daten über das Sexualverhalten von Kindern und Jugendlichen in der Bundesrepublik Deutschland, die dem Lehrer Hilfestellung für die Strukturierung seiner Unterrichtseinheiten geben würden, liegen bisher nur in geringem Umfang vor.

Fragebogen:	Mädchen O Junge O	Kreuze an!

1. Was verstehst Du unter dem Begriff "sexuell"?

2. Welche Teile gehören zu den Geschlechtsorganen des Mannes?
   a innere:
   b äußere:
3. Welche Teile gehören zu den Geschlechtsorganen der Frau?
   a innere:
   b äußere:
4. Unter welchem Namen sind Dir die Geschlechtsorgane bekannt?
   a des Mannes
   b der Frau
5. Ab welchem Alter erhält man die Pille?
6. Welche Bücher sind Dir bekannt, die über die menschliche Sexualität informieren?

7. Woran merkt ein Mädchen, daß es geschlechtsreif ist?

8. Woran merkt ein Junge, daß er geschlechtsreif ist?

9. Warum haben manche Menschen Schuldgefühle, wenn sie onanieren?

10. Bei welchem Verhütungsmittel kannst Du die Anwendung beschreiben?

11. Über welche Fragen der Sexualität, die Dich interessieren, möchtest Du im Rahmen des Unterrichts gern informiert werden?

Lediglich die Untersuchungen von SIGUSCH/SCHMIDT (1973) (vgl. Tab. 25), SCHLAEGEL u. a. (1975), WALCZAK u. a. (1975), SCHOOF-TAMS u. a. (1975) und BEKKER u. a. (1976) (vgl. Tab. 26), die in der Bundesrepublik Deutschland einige Daten zur Sexualpraxis und zur Sexualmoral von männlichen und weiblichen Heranwachsenden des 6.–10. Schuljahrs zusammengestellt haben, vermitteln erste Anhaltspunkte. Allerdings bleibt bei derartigen Statistiken stets zu berücksichtigen, daß Möchtegernverhalten und Aufschneidereien sich wissenschaftlich nicht ohne weiteres herausfiltern lassen.

Alter	männliche Jugend	weibliche Jugend
13 oder jünger	40 %	17 %
14	61 %	23 %
15	82 %	27 %
16	89 %	33 %
17	90 %	37 %
18	91 %	41 %
19	92 %	43 %
20	90 %	57 %
Median (Jahre)	14,5 %	20,5 %

Tab. 25: Alter bei der ersten Masturbation (alle Ergebnisse in Prozent) (SIGUSCH/SCHMIDT 1973)

Alle diese Zahlen deuten im übrigen keinesfalls auf eine besonders freizügige Sexualität hin, zumal von beiden Geschlechtern das Verhältnis zum ersten Partner als feste Bindung dargestellt wird (vgl. WOLF 1981).

Entgegen den Ansichten einer repressiven Sexualerziehung, die verfrühte Sexualinformationen als sexuelle Stimuli verstehen, ist der Verfasser der Meinung, daß Verfrühung einen Vorgriff auf noch nicht aktualisierte Leistungs- und Verhaltensmöglichkeiten einer Altersstufe darstellt, der für die Jugendlichen im Sinne einer vorweggenommenen Lebenshilfe nicht unwichtig ist.

Unterrichtsstunden im Rahmen der Sexualerziehung bleiben häufig so starr und steif, weil sich kein Dialog entwickelt und die Bereitschaft der Schüler und des Lehrers fehlt, die eigene Person miteinzubringen. Um diese Barriere zu überwinden, könnte der Lehrer mit den Schülern z. B. das **»Was wäre, wenn . . . – Spiel«** durchführen. Dieses Spiel beinhaltet die Möglichkeit, über das Ansprechen sehr konkreter Situationen (z. B. Was wäre, wenn du deine kleine Schwester beim »Doktorspielen« mit einem Freund siehst?) allmählich von sich selbst mitteilen zu können (vgl. FRICKE u. a. 1980, 298 ff.).

Alter	schon mal verabredet gewesen		schon mal verliebt gewesen		schon mal geküßt		schon fest befreundet gewesen		schon Koitus gehabt	
	Ju	Mä	Ju	Mä	Ju	Mä	Ju	Mä	Ju	Mä
11	69	55	64	67	56	47	60	51	0	0
12	75	74	80	85	70	77	60	61	0	0
13	81	81	79	87	78	78	65	64	3	2
14	84	85	78	90	77	78	61	66	6	5
15	88	93	86	92	82	84	64	71	14	22
16	92	95	90	98	91	89	73	76	22	40

Tab. 26: Alter bei der Aufnahme verschiedener heterosexueller Aktivitäten von bundesdeutschen Oberschülern (BECKER u. a. 1976)

Ein Lehrer, der im Sinne eines emanzipatorischen Ansatzes die menschliche Sexualität im Unterricht behandeln will, sollte als Unterrichtsform das Gespräch wählen. Diese Form der Kommunikation impliziert, daß das Schwergewicht des Unterrichts nicht auf der Vermittlung rein biologischer Fakten liegt, sondern daß Fragen, Einstellungen und Meinungen der am Gespräch Beteiligten erörtert werden. Das heißt nicht, daß Schüler und Lehrer ihr Intimleben preisgeben; die Gesprächspartner lernen jedoch, im emotional-affektiven Bereich angemessen zu kommunizieren.

Das in Abbildung 63 wiedergegebene Arbeitstransparent (auch als Arbeitsbogen für den einzelnen Schüler denkbar), hat in diesem Sinne in erster Linie die Funktion, einen Einstieg in ein Unterrichtsgespräch (z. B. einer 7. Klasse) zu finden.

Die auf das Arbeitstransparent geschriebenen Begriffe werden nacheinander aufgedeckt, wozu der Lehrer jeweils die Frage stellt: »Für wen ist dieser Körperteil sexuell attraktiv?« Im Anschluß an diese Phase werden die Ergebnisse ausgewertet (Welche Körperteile wurden vor allem genannt? – Warum? – Warum gibt es einige, die nur für Jungen/Mädchen attraktiv sind? usw.).

Auch der Begriff »Sexualität« kann in diesem Zusammenhang geklärt werden z. B. in der folgenden Weise: Im normalen Sprachgebrauch wird Sexualität eingeengt auf **Genital**sexualität. Demgegenüber umfaßt Sexualität (Geschlechtlichkeit) alle organischen und psychischen Vorgänge sowie Verhaltensweisen des Menschen, die mit der sexuellen Befriedigung und der Fortpflanzung zusammenhängen. Damit ist Sexualität ein wesentlicher Bestandteil der menschlichen Persönlichkeit (vgl. auch BURCKERT u. a. 1970).

Als Voraussetzung für derartige offene Gespräche über sexuelle Probleme ist allerdings ein gegenseitiges Akzeptieren und ein persönliches Vertrauen zwischen Lehrer und Schülern notwendig. Soweit der Lehrer als Fachkompetenz Informationen gibt, dienen diese hauptsächlich der Bereitstellung von Kenntnissen und Begriffen sowie zur Beseitigung von Ängsten. Wenn als Unterrichtsform das Gespräch angestrebt werden soll, dann kann die Zielsetzung des Lehrers nicht darin bestehen, dominierend und dozierend seine eigene Meinung durchzusetzen.

In diesem Zusammenhang sind zur **Wortwahl** in derartigen Unterrichtsstunden einige Bemerkungen erforderlich. Der über-

Welche Körperteile sind für Dich sexuell attraktiv ?

Mund ■ Hand ■ Oberarm ■ Fuß ■ Glied ■ Ohren ■ Unterschenkel ■ Schulter ■ Bauch ■ Scheide ■ Augen ■ Zunge ■ Hintern ■ Zeigefinger ■ Oberschenkel ■ Ellenbogen ■ Achselhöhle ■ Bauchnabel ■ Brust ■ Nase ■ Fußsohle ■ Hals ■ Haare ■

Abb. 63: Welche Körperteile sind für dich sexuell attraktiv? (als Arbeitstransparent oder Arbeitsbogen) wiegende Teil der Schüler kennt die volkstümlichen Ausdrücke für die Sexualorgane und -vorgänge. Viele Jugendliche haben jedoch gelernt, diese Bezeichnungen im Gespräch mit Erwachsenen nicht zu benutzen. Die schichtenspezifischen Sprachunterschiede werden insbesondere im sexuellen Bereich sehr deutlich. Der Lehrer muß sich daher zu Beginn des Unterrichts der erheblichen Verständigungsschwierigkeiten bewußt werden, die in der Verwendung unterschiedlicher Sprachformen zum Ausdruck kommen (zum Beispiel Fachsprache [koitieren], Hochsprache [beischlafen], Umgangssprache [bumsen]), (vgl. hierzu BORNEMANN, 1974). Er sollte die auftauchenden Schwierigkeiten sehr bald im Unterricht problematisieren und den Schülern zu verstehen geben, daß alle Gesprächspartner die unterschiedlichen Sprachen als legitimes Verständigungsmittel akzeptieren sollten, da sonst emotional-affektive Bereiche der menschlichen Sexualität nur unzureichend angesprochen werden könnten.

Der Lehrer sollte im Gespräch mit den Schülern versuchen, eine gemeinsame Verständigungsbasis zu finden, die allen Schülern gerecht wird. So erscheint eine restriktive Sprache bei 10- bis 15jährigen ebenso unangemessen wie eine klinisch-distanzierte oder eine geschwätzig-saloppe Sprache. Empfehlenswert wäre hingegen eine ungezwungene, positiv besetzte Sprache; auf jeden Fall sollte die Wahl der Sprachebene **pädagogisch** bestimmt sein. Als Kriterien hierfür könnten der **Bekanntheitsgrad,** die **Funktionalität,** der Grad der **allgemeinen Anerkanntheit** und die Möglichkeit der **positiven Besetzung** dienen.

In der Unterrichtspraxis wird allerdings die Entscheidung für oder gegen die Verwendung umgangssprachlicher Begriffe häufig keine pädagogisch zu verantwortende sein, da die Forderungen der Schulbehörde oder der Eltern dem Lehrer oft keinen Entscheidungsspielraum lassen.

Ähnliche Probleme wie beim Verbalisieren tauchen auch beim Visualisieren des sexuellen Bereiches auf. So wird das enorme Defizit, das bei den Unterrichtsmedien zur menschlichen Sexualität zu verzeichnen ist, verständlich.

Erst seit einigen Jahren gibt es in größer Anzahl Biologiebücher, Diareihen und Filme, die anstelle einer Veranschaulichung mittels Schemazeichnungen die menschliche Sexualität realitätsgetreu darstellen.

Eine emanzipatorisch verstandene Darstellung der Sexualität gibt dem Jugendlichen Gelegenheit, sich so weitgehend wie möglich zu informieren. Wenn den Schülern zum Beispiel Fotos über die sekundären Geschlechtsmerkmale des Menschen gezeigt werden (vgl. z.B. Abb. 64), dann erfolgt dies in der Absicht, richtige Vorstellungen zu vermitteln, und nicht, um das Schamgefühl zu verletzen oder aufzuheben. Der Lehrer sollte aber beim Einsatz derartiger Abbildungen im Unterricht zur eigenen Absicherung die in Kapitel 5.4.2 gegebenen Hinweise beachten.

Erst wenn die Schüler fotografische Darstellungen von nackten Menschen (Kinder und Erwachsene) gesehen und darüber offen gesprochen haben, können verkrampfte Einstellungen abgebaut und speziellere Themen vorurteilsfrei angesprochen werden. Eine derartige Visualisierung des sexuellen Bereiches ist schon in zahlreichen Unterrichtsstunden mit Erfolg erprobt worden, und einige Schulbücher[81] sowie andere Schriften für Jugendliche (z.B. SCHERING 1979^{2}) haben mittlerweile damit begonnen, die menschliche Sexualität so darzustellen, daß das Informationsbedürfnis der Jugendlichen befriedigt wird.

Damit wird die Absicht verfolgt, zu einem besseren Verständnis des menschlichen Ge-

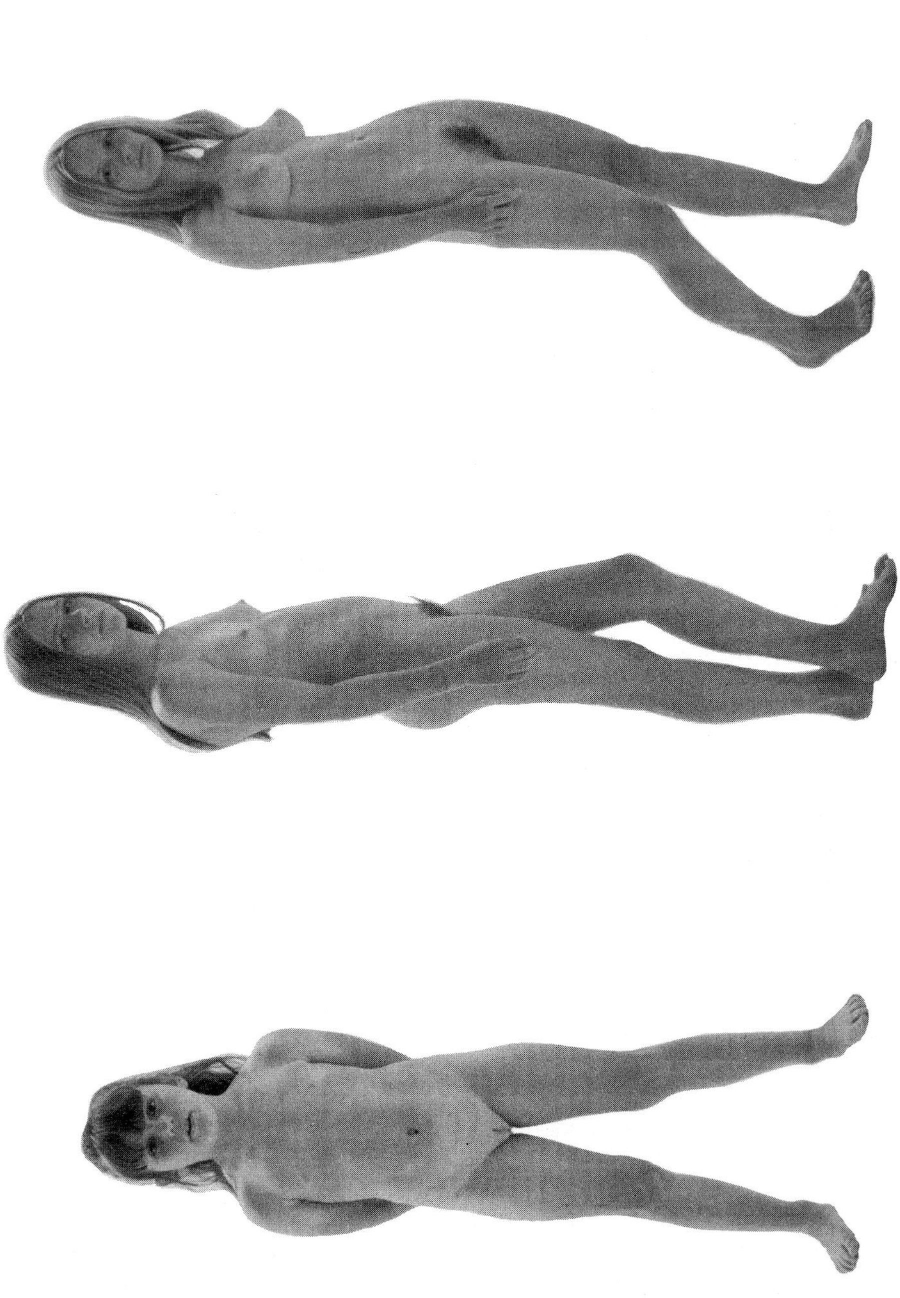

Abb. 64: Die Entwicklung vom Mädchen zur Frau als farbiges Overhead-Dia aus der fünfteiligen Westermann-Reihe »Sexualerziehung« [80]

schlechtslebens und zu einer Entmystifizierung der menschlichen Sexualität beizutragen. »Eines Tages wird der Mensch, hoffentlich, mit seinem ganzen Körper gezeigt und abgebildet werden dürfen, ohne daß jemand darüber erschrickt oder Ekel empfindet.« (GOLDSTEIN/MC BRIDE 1972, 9)

Auf der Suche nach brauchbarem Unterrichtsmaterial, das sich für die Erörterung sexualkundlicher Fragestellungen eignet, wird der Lehrer hauptsächlich auf Arbeitstexte, zum Beispiel alte Bücher über Sexualerziehung, Artikel aus Jugendzeitschriften und Jugendbücher (z. B. »Ich bin 13. Eine Schülerin erzählt«; HORNSCHUH 1978), Gesetzestexte und Broschüren zurückgreifen müssen, z. B.

- Komm Schatz (Bildergeschichte über eine ungewollte Schwangerschaft; PRO FAMILIA 1975);
- Geschlechtskrankheiten (Wie erkennt man sie – was tut man dagegen; SENATOR 1978);
- Was ein Mann und eine Frau heute über Empfängnisregelung wissen möchten (SCHERING 1979²);
- Muß-Ehen muß es nicht geben [82] (BUNDESZENTRALE 1979);
- Ein zu großes Risiko (BUNDESZENTRALE 1980b);
- Der Kinderspiegel (PRO FAMILIA 1980);
- Ärztlicher Ratgeber für werdende und junge Mütter (HÄUSSLER 1975);
- Jedes Kind hat ein Recht, erwünscht zu sein (BUNDESZENTRALE 1974²) u. a. m.

Der folgende Abschnitt aus einem Buch über *Hygiene des Geschlechtslebens*, das vor mehr als 50 Jahren geschrieben wurde (GRUBER 1930) ist zum Beispiel geeignet, um die Schüler zu der Erkenntnis zu bringen, daß das Unverständnis vieler Erwachsener für die Sexualität des Heranwachsenden aus deren eigener Erziehungssituation heraus zu erklären ist:

»*Das schlimmste ist, daß die Masturbation nicht nur von Geschlechtsreifen, sondern vor allem von geschlechtsunreifen oder halbreifen Knaben und Jünglingen betrieben wird, für welche jede Betätigung des Geschlechtstriebes ungesund ist. Es muß daher die ernsteste Sorge der Eltern und Erzieher sein, die Kinder vor diesem hygienischen Laster zu behüten.* [Es gibt auch kleine Mädchen, welche masturbieren!] *Sorgfältige Auswahl der Spielkameraden und Gefährten und beständige Überwachung des Verkehrs der Kinder miteinander sind daher der wichtigste Schutz [. . .] Wie ich aus Erfahrung weiß, kann man dem Kind sehr leicht Scheu vor den schädlichen Folgen der Betastung der Geschlechtsteile beibringen, ohne daß man ihm deren Bestimmung auseinanderzusetzen braucht. Der Umstand, daß die Geschlechtswerkzeuge zugleich Harnwerkzeuge sind, macht es sehr bequem, dem Kinde die üblen gesundheitlichen Folgen von Hantierungen verständlich zu machen.*« (S. 112–115)

Brauchbare Medien zur Sexualerziehung sind in den letzten Jahren in beträchtlicher Zahl erschienen. Neben den bereits in diesem Kapitel vorgestellten soll noch vor allem das *Hahn-Medienpaket* empfohlen werden, das aus einer 12teiligen Diaserie zur Pubertätsentwicklung [83], einem Menstruationskalender, aus Tampon-Sets und Binden-Proben, einer Informationsschrift, aus Postern mit selbstklebenden Legenden und Arbeitstransparenten über primäre und sekundäre Geschlechtsorgane sowie aus einem Beckenprofilmodell besteht. Alle diese über eine Anforderungskarte kostenlos bei der *Firma Carl Hahn/Düsseldorf* zu beziehenden Medienbausteine sind gut aufeinander abgestimmt und eignen sich sehr gut zur Vermittlung eines Grundlagenwissens in der Grundschule und frühen Sekundarstufe I.

Früher wurde Sexualerziehung betrieben, um ein frühzeitiges Sexualleben der Heranwachsenden zu verhindern. Wenn durch die vorangegangenen Ausführungen erreicht wurde, daß die Sexualität Jugendlicher bejaht und die offene Auseinandersetzung mit ihr im Unterricht gefördert wird, dann ist das Ziel dieses Kapitels erreicht.

6

Bedeutung differenzierender Interaktionsformen für einen zeitgemäßen Biologieunterricht

6.1 Reflexionen über geeignete Sozialformen für den Biologieunterricht

Biologieunterricht, 7. Schuljahr, etwa 30 Schüler: Nachdem in der vorangegangenen Unterrichtsstunde die Bestandteile und Funktionen der pflanzlichen Zelle (lichtmikroskopische Darstellung) erarbeitet wurden, lautet das Teilthema der heutigen Stunde »Vergleich von tierischer und pflanzlicher Zelle«.

Beispiel A

Lehrer: »In der letzten Stunde haben wir die Bestandteile der pflanzlichen Zelle und ihre Funktionen zusammengestellt. An der Tafel seht ihr links die Skizze einer pflanzlichen Zelle und daneben das schematische Bild einer tierischen Zelle. Welche Unterschiede könnt ihr feststellen?«

7 Wortmeldungen. Der Lehrer ruft einen Schüler auf, der die richtige Antwort gibt. Der Lehrer fordert die Klasse auf, weitere Unterschiede festzustellen. – Nach 10 Minuten sind die vom Lehrer erwarteten 5 unterschiedlichen Merkmale der tierischen Zelle erarbeitet und an der Tafelzeichnung beschriftet. – Insgesamt 8 Schüler sind in dieser Unterrichtsphase drangekommen. Die Mehrzahl der Schüler ist zufrieden, daß sie nicht aufgerufen wurde. Im übrigen haben diejenigen, die sich meldeten, ihnen ihre Gedanken vorweggenommen. Außerdem konnte man bei dem lauten Gespräch und den fortwährenden Fragen ohnehin kaum in Ruhe einen Gedanken fassen.

Beispiel B

Lehrer klappt die Tafel auf und sagt: »Je zwei Schüler arbeiten partnerweise zusammen. Vergleicht die beiden schematischen Darstellungen einer pflanzlichen und einer tierischen Zelle miteinander und notiert die Unterschiede in einer Gegenüberstellung auf einem Zettel. Ihr habt 5 Minuten Zeit. Los geht's!«

Alle 30 Schüler der Klasse sind während der nächsten Minuten beschäftigt. Der Lehrer geht durch die Reihen und hilft bei Bedarf. Nach Ablauf der festgesetzten Zeit werden von einigen Schülern ihre Ergebnisse vorgelesen. Die Antworten werden zwischen den Mitschülern sowie zwischen Schülern und Lehrer diskutiert, eventuelle Unklarheiten richtiggestellt und die Tafelzeichnung wird beschriftet.

Beide Unterrichtsabschnitte haben 10 Minuten gedauert.

Die angeführten Unterrichtsbeispiele, die der Verfasser studentischen Unterrichtsversuchen entnommen hat, zeigen, daß die Konfrontation der Schüler mit denselben biologischen Frage- und Problemstellungen in unterschiedlichen Sozialformen ablaufen kann, wobei der Begriff Sozialformen in diesem Zusammenhang die Verteilung der Aktivitäten von Lehrer und Schülern sowie der Schüler untereinander meint (vgl.

MEMMERT 1977, 87). Der Unterrichtende darf seine Entscheidung für eine bestimmte Sozialform nicht losgelöst von den **Intentionen**, den **Lernzielen**, der **Thematik**, den **Medien** sowie den lerngruppenspezifischen Voraussetzungen und situativen **Bedingungen** treffen. Die didaktischen Vorentscheidungen sind damit von nicht unerheblicher Bedeutung für die Wahl der sozialen Organisationsform. Darüber hinaus sollte die Entscheidung für oder gegen eine bestimmte Interaktionsform in entscheidendem Maße von der **unterrichtlichen Gesamtstrategie** des Lehrers getragen werden.

Die unterrichtliche Gesamtstrategie des Lehrers wird zum einen bestimmt durch die Vorstellungen von dem Gesamtanliegen des jeweiligen Unterrichtsfaches und zum anderen durch die allgemeinen Erziehungsziele, die längerfristig realisiert werden sollen.

Der Lehrer, der sich gegenwärtig in einem Konflikt zwischen den gesellschaftlichen Ansprüchen nach **Leistung** und **Konkurrenz** einerseits und den Forderungen nach **sozialem Handeln** und **Solidarität** andererseits befindet, muß sich – um überhaupt Unterricht planen und gegenüber Dritten vertreten zu können – über seine eigenen Zielvorstellungen klarwerden. Hierzu ist eine geistige Auseinandersetzung mit den modernen fachwissenschaftlichen und fachdidaktischen Inhaltsaspekten der Biologie (vgl. Kapitel 4) sowie mit zeitgemäßen allgemeindidaktischen Zielvorstellungen (Erziehungszielen) notwendig (vgl. hierzu SCHULZ 1980).

Derartige Intentionen von Unterricht und Schule können hier nur skizzenhaft angerissen werden. Wolfgang SCHULZ (1980, 81) nennt in diesem Zusammenhang als übergeordnete, miteinander in einem Implikationszusammenhang stehende und damit einander wechselseitig näher bestimmende Zielsetzungen die Vermittlung von **Kompetenz, Autonomie** und **Solidarität,** wobei

- als **Kompetenz** jenes Maß an Kenntnissen, Fertigkeiten und Einstellungen bezeichnet wird, das die Mitglieder unserer Gesellschaft zur Selbsterhaltung benötigen;
- **Autonomie** jene relative Fähigkeit meint, sich selbst zu bestimmen und über sich selbst zu verfügen;
- **Solidarität** das Mitdenken, Mitfühlen und Mithandeln mit anderen ebenfalls nach Kompetenz und Autonomie strebenden Mitgliedern unserer Gesellschaft bezeichnet.

Auf dieser allgemeinen Basis sollten die Überlegungen zur Auswahl geeigneter Sozialformen für einen zeitgemäßen Biologieunterricht stehen. An diesen einführenden Bemerkungen wird deutlich, daß das **soziale Lernen** ein Grundanliegen auch des Biologieunterrichts sein sollte.

6.2 Soziales Lernen als Grundanliegen

Als unterrichtliche Gesamtstrategie eines zeitgemäß zu konzipierenden Biologieunterrichts sollte der Lehrer neben dem **kognitiven Lernen** gleichermaßen auch das **soziale Lernen** akzentuieren. Diese Zielsetzung stellt einen bedeutenden Schwerpunkt schulischer Neugestaltung dar. Während Schule und Unterricht bisher in erster Linie durch Leistungsdruck, Leistungsoptimierung und durch Effektivierung der Lernprozesse gekennzeichnet waren, wodurch die Selbstbestimmung des Schülers sowie die Erziehung zu autonomen Persönlichkeiten vernachlässigt wurden, werden nunmehr zunehmend **Kommunikation** und

Kooperation als zentrale Phänomene des sozialen Lernens in den Mittelpunkt der schulischen Erziehung gerückt. Der Begriff des sozialen Lernens dient damit zur Bezeichnung von Lernprozessen, die über die Vermittlung allgemeiner Fähigkeiten, Fertigkeiten und Kenntnisse der herkömmlichen Schule hinausgehen, indem sie den Erwerb von Einstellungen, Werthaltungen sowie Wahrnehmungsfähigkeiten und -bereitschaften miteinschließen (vgl. KEIM 1973).

BÖNSCH (1973, 41) definiert soziales Lernen folgendermaßen:

»Einmal geht es um die Erreichung von Lernzielen, die Verhaltensweisen, Einstellungen und Werthaltungen beschreiben und das Individuum in seinen Beziehungen zu anderen konstituieren; zum anderen geht es um Lernprozesse, die nur im Umgang mit anderen erreicht werden können und deshalb als sozial zu bezeichnen sind.«

Im folgenden sollen einige wesentliche Ziele des sozialen Lernens herausgestellt werden:

- Schülern aus unterschiedlichen sozialen Schichten und damit unterschiedlichem Sozialverhalten zu einem gemeinsamen Grundstock an sozialen Verhaltensstrategien (sozialem Engagement) zu verhelfen;
- Schüler zu befähigen, Emotionen bei sich und anderen wahrzunehmen, zu verstehen und mit ihnen zu arbeiten;
- Fähigkeiten zu entwickeln, sich dem Gruppendruck widersetzen zu können, Kritik zu ertragen und zu erarbeiten.
- Selbstsicherheit in bezug auf das andere Geschlecht zu erwerben;
- Toleranz gegenüber Andersdenkenden zu entwickeln;
- selbständiges sowie solidarisches Handeln unter gemeinsamen Zielsetzungen in Gruppen zu lernen.

Um soziales Lernen zu verwirklichen, sind ganz bestimmte Schüleraktivitäten und Interaktionsformen bewußt zu organisieren und gezielt einzusetzen. Derartige Organisationsformen sollten grundsätzlich einschließen, daß

- die Lehreraktivität zu Gunsten von Schüleraktivität abgebaut wird;
- auf dirigistische Lehreraktivität verzichtet wird;
- lehrerzentrierte Organisationsformen zu Gunsten von sozialen Interaktionsformen aufgegeben werden;
- Schülerkritik – auch dem Lehrer gegenüber – gefördert wird;
- Leistungs- und Konkurrenzstreben innerhalb der Klasse zu Gunsten von kooperierenden Arbeitsformen abgebaut werden;
- reproduktive Lernprozesse zu Gunsten von produktiven auf ein Minimum beschränkt bleiben;
- herkömmliche Betrachtungsweisen von Problemen zu Gunsten von abweichenden Lösungsversuchen aufgegeben werden.

Hierzu gehören unterrichtsmethodische Verfahren, die unter den Begriffen **entdeckendes Lernen, forschendes Lernen** und **problemorientiertes Lernen** subsumiert werden. Die Schüler gelangen bei diesen Methoden über Hypothesenbildung und Entwickeln von Lösungsstrategien auf sehr vielfältige Weise selbständig zu neuen Erkenntnissen und Lösungswegen, sie werden allerdings durch den Unterricht angeleitet, um eine Häufung frustrierender Fehllösungen, um Materialverschwendung und unökonomisches Arbeiten zu vermeiden.

Bereits an dieser Stelle wird ersichtlich, daß die Art und Weise des Einsatzes der Interaktionsformen wesentlich den Lernerfolg, die Unterrichtsatmosphäre, den Un-

terrichtsstil sowie das soziale Handeln der Gruppe und des einzelnen beeinflußt. Ein lehrerzentrierter Unterricht, wie er in Beispiel A angedeutet ist, steht den hier angeführten Prinzipien entgegen:
Lernen wird bei einem derartigen, **frontal geführten Unterricht** als Einzelleistung verstanden, und zwar entweder durch die rasche Aufnahme der vom Lehrer vermittelten Informationen oder durch das Reproduzieren der vom Lehrer mehr oder weniger vorgezeichneten Erkenntnisschritte (ständiger Wechsel von Lehrerfragen und Schülerantwort). Da allein der Lehrer die Möglichkeiten zur Kommunikation und Reaktion verteilt, wird bei den Schülern die Entwicklung von eigengesteuerter Aktivität und Initiativen, von Selbständigkeit, von Kreativität, von kooperierenden Verhaltensweisen sowie der Fähigkeit, Probleme zu lösen und Entscheidungen zu treffen, kaum begünstigt oder gefördert. Durch den frontal geführten Frage-Antwort-Unterricht lernen die Schüler – anstatt miteinander zu arbeiten – konkurrenzmäßig gegeneinander zu arbeiten. Die allgemein verbreitete Autoritätsfixierung auf den Lehrer unterstützt noch diesen Trend.
Die einem modernen Biologieunterricht angemessenen sozialen Interaktionsformen sind insbesondere differenzierende Unterrichtsverfahren, wie **Partnerarbeit** und **Gruppenarbeit.** Diese Organisationsformen sind optimal geeignet, um langfristig als »soziales Lernen« die vom Lehrer intendierten Einstellungen **(basic attitudes)** anzubahnen und darüber hinaus fachspezifische und interdisziplinäre Fertigkeiten **(basic skills)** zu üben.

6.3 Partnerarbeit

Diese einfache Arbeitsform ist fast immer einsetzbar, bringt für die Schüler Abwechslung und zeigt in der Regel hohe Effektivität: Jeweils 2 Schüler erarbeiten für meist kurze Zeit gemeinsam einen Sachverhalt. Die Zusammensetzung der Zweiergruppe sollten die Partner selbst bestimmen. Wenn der Lehrer jedoch Tendenzen des **Wetteiferns** und **Konkurrenzdenkens** feststellt, was bisweilen bei eingearbeiteten Partnern zu beobachten ist, dann sollte er in jedem Fall dafür sorgen, daß die Partner gewechselt werden. Hierbei muß er allerdings darauf achten, daß die Leistungs-, Motivations- und Sozialunterschiede zwischen den beiden Schülern nicht zu groß sind.
Eine erfolgreiche und befriedigende Partnerarbeit setzt voraus, daß die Partner für das gemeinsam zu bewältigende Arbeitsvorhaben **motiviert** werden. Das kann z. B. dadurch geschehen, daß zu Anfang der Unterrichtsstunde der zu erarbeitende Sachverhalt problematisiert bzw. die Bedeutung und Nutzanwendung der Arbeitstechnik, die von den Schülern erlernt werden soll, herausgestellt wird. Darüber hinaus erfordert eine effektive Partnerarbeit in der Sekundarstufe I die **Festlegung einer bestimmten Arbeitszeit** sowie **genaue Arbeitsanweisung** durch den Lehrer, der als Fachautorität die Arbeitsprozesse koordiniert. Die Arbeitsanleitungen sollten in irgendeiner Form den Schülern schriftlich vorliegen (z. B. als Mitschrift der Schüler, als vervielfältigtes Arbeitspapier oder durch Fixierung an der Tafel), um ein planmäßiges Arbeiten der Partner zu gewährleisten.
Die Vorzüge der Partnerarbeit liegen zum einen darin, daß die Schüler naturwissenschaftlich relevante Arbeitstechniken optimal erlernen können. Weiterhin gelangen

sie durch diese Interaktionsform zu größerer Selbständigkeit und Eigentätigkeit. Die beiden Partner lernen nämlich, ihre gemeinsame Arbeit zu gliedern und aufzuteilen und den geforderten Sachverhalt durch gegenseitiges Helfen gemeinsam zu erschließen. Partnerarbeit erzielt damit einen wichtigen Sozialisationseffekt.

Im Biologieunterricht kann die Partnerarbeit in fast allen Unterrichtsphasen eingesetzt werden (z. B. zur Motivation, Erarbeitung oder Festigung). Vor allem sind zahlreiche reale Gegenstände (z. B. Blütenpflanzen, Insekten, Regenwürmer, Fische) geeignet, um zu zweit betrachtet, beobachtet, untersucht, präpariert oder seziert zu werden. Allerdings müssen die Objekte dann im halben Klassensatz besorgt werden.

Auch Problemstellungen (Problemformulierungen ebenso wie das Lösen von Problemen) und einfache Experimente lassen sich hervorragend partnerweise erarbeiten.

Die *Experimentalkartei Biologie* (MITSCH 1972) enthält eine große Zahl einfacher Versuche zur Sinnesphysiologie, die sich als selbständige Schülerversuche durchführen lassen. Der Band *Anschauliche Menschenkunde* (CARL 1973[4]) beinhaltet etliche Beobachtungsaufgaben und Versuchsanleitungen zu den Themen Bewegungsapparat, Ernährung, Verdauung, Blut und Blutkreislauf, Atmung und Körperwärme, Sinnesorgane, ZNS, die sich in Partnerarbeit verwirklichen lassen. Auch die *Biologischen Übungen in der Mittelstufe* (BAUMANN/BRUGGAIER 1971) enthalten eine Reihe einfacher Untersuchungsmöglichkeiten an niederen Tieren und Pflanzen.

Der Lehrer sollte im übrigen daran denken, den Schülern von Zeit zu Zeit Gelegenheit zu geben, auch im Biologieunterricht einen Sachverhalt oder eine Problemstellung **ohne persönliche Hilfe** selbständig zu erarbeiten (z. B. einfache ethologische Beobachtungen).

Da in unserer Gesellschaftsordnung jeder Mensch bestimmte Leistungen ohne jede Hilfe erbringen muß, stellt die **Einzelarbeit** eine adäquate Arbeitsform dar, um den Schülern die Möglichkeit zu verschaffen, im individuellen Arbeitstempo eigene Fähigkeiten zu üben und zu überprüfen. Die Einzelarbeit ist methodisch beispielsweise mit Hilfe von Arbeitsbogen zu inszenieren, die die notwendigen Informationen, Arbeitsanweisungen und Hilfestellungen enthalten oder aber auch mit Hilfe von Lernprogrammen. Durch die Einbettung der Einzelarbeit in gruppenunterrichtliche Verfahren kann man im übrigen einem möglichen extremen individuellen Leistungsstreben sowie der Zementierung bestehender schichtenspezifischer Benachteiligung vorbeugen.

6.4 Gruppenarbeit

Die Gruppenarbeit stellt für den Biologieunterricht die bedeutendste und auch zugleich anspruchsvollste Interaktionsform dar. Sie entspricht als eine Art des sozialen Lernens den modernen Kommunikationsformen unserer Umwelt. Eine Reihe von gewichtigen Argumenten läßt sich anführen, die die Bedeutung der Gruppenarbeit unterstreichen. Nach Meinung des Verfassers kann der Lehrer die Gruppenarbeit einsetzen, um die folgenden übergeordneten sowie fachbezogenen Unterrichtsziele zu erreichen:

a) **fachbezogene Zielsetzungen**
   1. Förderung von Selbständigkeit und individueller Lernfähigkeit des einzelnen Schülers.
   2. Schulung in der Anwendung grundlegender Arbeitsmethoden.

3. Durch den Abbau des individuellen Konkurrenzverhaltens wird eine verstärkte Bereitschaft zu solidarischem Handeln in der Gruppe geweckt (Fähigkeit zur Kooperation, Einordnung, Gemeinsinn, Sorgfalt, Genauigkeit, Verantwortungsbewußtsein). [84]
4. Erlernen sozial bedeutsamer Verhaltensweisen (Einstellungen), z.B. Toleranz, Initiative, Kritikfähigkeit gegenüber sich und anderen, bei der Diskussion von Vorschlägen Mut zur Meinungsäußerung, Kommunikationsfähigkeit, Einfühlungsvermögen, Hilfsbereitschaft, Fähigkeit zum rationalen Konfliktlösen.

b) **biologieunterrichtsbezogene Zielsetzungen**
   1. Komplexe biologische Sachverhalte selbständig erschließen und erarbeiten können.
   2. Erlernen biologischer Arbeitsweisen und -techniken.

Um die Schüler allmählich an die Arbeit in Kleingruppen zu gewöhnen, kann der Lehrer damit beginnen, bestimmte kleinere Aufgaben gruppenweise erledigen zu lassen. (Anregungen hierfür gibt es z.B. bei BAER (1976^4), BAUER (1976b), KNODEL u.a. (1973), MÜLLER (1977), TESCHNER (1979)).

Denkbar sind beispielsweise folgende Aufträge:

- **Beschaffen bestimmter Informationen:** z.B. im Rahmen einer Unterrichtseinheit über »gesunde Ernährung« verschiedene Speise-Wochenpläne von Kantinen oder Mensen besorgen;
- **Herstellen einfacher Modelle:** z.B. im Rahmen der Unterrichtseinheit »Anpassung eines Wasservogels an seinen Lebensraum« Anfertigung eines Entenschnabelmodells (mit Hilfe eines Plastiklöffels und eines Pappstreifens, in den »Zähne« eingeschnitten werden);
- **Durchführung einfacher (Langzeit-) Versuche:** z.B. im Rahmen der Unterrichtseinheit »Keimung und Wachstum« das Keimen verschiedener Pflanzen (Bohne, Getreide, Kresse) protokollieren.

Auch die Partnerarbeit erscheint zur Vorbereitung der Gruppenarbeit geeignet, da soziale Verhaltensweisen sowie verschiedene grundlegende Arbeitstechniken trainiert werden. Die Bereitschaft der Schüler, sich in eine Gruppe einzuordnen, wird auf diese Weise allmählich geschaffen.
Schließlich sollte der Lehrer auch im Rahmen des Biologieunterrichts mit den Schülern über den Sinn und die Zielsetzungen der Gruppenarbeit diskutieren. Die Schüler sollten erfahren, daß Kleingruppenarbeit eine chancen- und risikoreiche Unterrichtsform zugleich ist (vgl. BÜRGER 1978, EULEFELDT u.a. 1979, 41), wobei die **Chancen** vor allem darin bestehen, daß

- gelernt wird, in einem Team produktiv zu arbeiten;
- die Zusammenarbeit als emotional entlastend empfunden wird und damit
- die Freude am Lernen erhöht wird;
- die Leistungsvorteile der Gruppe ausgenutzt werden.

Die **Risiken** bestehen insbesondere darin, daß

- Gruppenarbeit keine Ergebnisse zustande bringt bzw. hinter den eigenen Leistungsmöglichkeiten zurückbleibt mit der Folge, daß der einzelne frustriert wird;
- das Lernen im Team keinem Spaß macht, da es den Teilnehmern an sozialer Kompetenz (produktive und erfreuliche Zusammenarbeit) mangelt.

Zur Vermeidung von ineffektiver und lustloser Gruppenarbeit sollte der Lehrer mit seinen Schülern die Sitzordnung für die Gruppenarbeit besprechen und einüben. Die Schüler müssen sich beim Zusammenstellen der Arbeitstische bewußt sein, daß die Sitzordnung die Kommunikation zu allen Teammitgliedern ermöglichen und außerdem genügend Platz zum Arbeiten bieten soll. Es hat sich darüber hinaus als günstig erwiesen, bei in der Gruppenarbeit unerfahrenen Klassen bzw. bei streitsüchtigen, individualistischen und desintegrativen Tendenzen »Spielregeln« für die Gruppenarbeit nach folgendem Muster zusammenzustellen (EULEFELDT u. a. 1979, 45):

- Jeder darf sich äußern, jeder wird angehört.
- Alle arbeiten mit.
- Die Mehrheit hat nicht immer recht.
- Keine Einzelaktionen.
- Geduld üben.
- Kein zu großer Einfluß einer Person.
- Ausreden lassen, auf ihn/sie eingehen.
- Nicht persönlich werden.
- Sich nicht aus persönlichen Gründen (aus Prinzip) gegen eine Meinung des anderen stellen.
- Die Meinung des einzelnen akzeptieren.

Weiterhin müssen bestimmte grundlegende Arbeitstechniken als Voraussetzung für eine erfolgreiche Gruppenarbeit bekannt sein, z. B. selbständige Textbearbeitung durch intensives oder selektives Lesen, Herausziehen des Wesentlichen aus Texten, Benutzung von Sachbüchern und Lexika, Protokollführung, Gliedern des Arbeitsberichtes, selbständiges Ausarbeiten, verständliches Vortragen vor der Klasse.
Schließlich ist das Gelingen einer in Gruppenarbeit durchgeführten Stunde in großem Maße davon abhängig, ob die Schüler für das Thema hinreichend motiviert sind; d. h. vor Beginn der eigentlichen Gruppenarbeit sollte in einem gemeinsamen Gespräch das Thema problematisiert bzw. fragwürdig gemacht werden. Das Lehrerverhalten während derartiger Unterrichtsformen sollte durch **sozialintegrative Merkmale** gekennzeichnet sein.

Im Rahmen des Gruppenunterrichts hat der Lehrer im wesentlichen drei Aufgaben (vgl. auch STAECK 1980, 77f):

1. **Beratungsfunktion:**
   Die den Schülern ausgeteilten Materialien stellen keinen Lehrerersatz dar. Vielmehr sollte der Lehrer herumgehen, die Schüler ermuntern und anleiten, den eingeschlagenen Weg unterstützen oder durch Anregungen zur Abänderung beitragen. Vor allem zu Beginn der Gruppenarbeit, bei Kooperationsschwierigkeiten, bei der Abfassung der Berichte kann die Beratung notwendig werden.
2. **Erziehungsfunktion:**
   Der Lehrer sollte durch sein Verhalten, durch seine Arbeitsführung mithelfen, die Kooperations- und Arbeitstechniken der Schüler zu entfalten. Hierzu gehört auch, daß er auf die Einhaltung der Arbeitszeit ebenso achtet wie auf die Beteiligung **aller** Schüler in ihren Arbeitsgruppen.
3. **Integrationsfunktion:**
   Dieser Aufgabenbereich wird insbesondere in der abschließenden Plenumsphase bedeutsam, wenn es darauf ankommt, die einzelnen Arbeitsergebnisse aufeinander zu beziehen, zusammenhangbewirkende Fragen zu stellen, ergänzende Informationen zu geben.

Bei Klassen, die in der Gruppenarbeit noch ungeübt sind, empfiehlt es sich, alle Gruppen das gleiche Thema erarbeiten zu lassen (**arbeitsgleiche Gruppenarbeit),** z. B. Erarbeitung eines Filminhalts, Durchführung einfacher Versuche usw. Innerhalb jeder Gruppe, die nicht mehr als 5–6 Schüler umfassen sollte, werden dann an die Gruppenmitglieder die Teilaufgaben bzw. -themen aufgeteilt. (Diese können vom Lehrer vorgegeben oder von der Gruppe selbst zusammengestellt werden.) Die Gruppe übernimmt die Verantwortung für die Gesamtarbeit. Bei der Auswertung der Gruppenarbeit sollten *alle* Gruppen in irgendeiner Form an der Berichterstattung beteiligt werden. Das kann z. B. dadurch geschehen, daß jede Gruppe nur über eine Teilaufgabe des gesamten Themas referiert und die einzelnen Berichte von allen Gruppen diskutiert, ergänzt und korrigiert werden.

Die **arbeitsteilige** (themenunterschiedliche) **Gruppenarbeit** wird möglich, wenn es Themen gibt, die eine Aufteilung in verschiedene Teilaufgaben erlauben. Die Bearbeitung dieser Teilaufgaben erfolgt von verschiedenen Kleingruppen zur gleichen Zeit. Diese Arbeitsform ist sehr anspruchsvoll und bedarf zur erfolgreichen Durchführung bei Lehrer und Schülern in der Regel einiger Vorarbeit und Übung. Wichtig ist auf jeden Fall, daß die gemeinsame Aufgabe von *allen* Teammitgliedern gemeinsam getragen wird.
Die problematischste Unterrichtsphase stellt hierbei oftmals die Auswertung der Arbeitsergebnisse dar. Die Teams sind sich zwar der Bedeutsamkeit ihres Themas für das Verständnis des Gesamtzusammenhangs bewußt, die Berichterstattung der einzelnen Gruppen auf der einen und das Aufnehmen der vielen neuen Informationen auf der anderen Seite erfordern jedoch von jedem Schüler ein hohes Maß an Aufmerksamkeit, Abstraktionsvermögen und Verständnis für die jeweilige Problemstellung, um nicht den Überblick zu verlieren. Der Gefahr einer Auflösung der verschiedenen Gruppenbeiträge in unabhängige, zusammenhanglose Einzelbeiträge sollte der Lehrer durch vorherige Beratung sowie durch Strukturierungshilfen in der Phase der Berichterstattung begegnen.
Folgende Vorüberlegungen des Lehrers sind zur Durchführung eines Gruppenunterrichts auf jeden Fall notwendig:

1. Nach welchen Kriterien soll die **Gruppenbildung** erfolgen (nach freier Wahl, nach äußeren Gründen, nach Interessengebieten der Schüler, nach einem Soziogramm des Lehrers, nach leistungshomogenen oder -heterogenen Kriterien)? Der Verfasser ist der Meinung, daß ein Lehrer, der für die Gruppenarbeit das Sozial- mit dem Sachlernen verbindet, die Gruppenzusammensetzung nach Möglichkeit **leistungsheterogen** vornehmen sollte. Mit dieser Gruppenstruktur läßt sich am ehesten das unseren Intentionen diametral entgegenstehende Leistungs- und Konkurrenzstreben ausschalten, und statt dessen können sozialkooperierende Verhaltensweisen initiiert werden.
2. Wie kann der Themenkomplex in ansprechende und arbeitsergiebige Teil- und Einzelthemen gegliedert werden? In diesem Zusammenhang gilt es zu bedenken, daß es nicht zu den Zielsetzungen der Gruppenarbeit gehören kann, diese Sozialform zur Bewältigung großer Stoffmengen durch Arbeitsteilung einzusetzen. Darüber hinaus ist bei der Aufgliederung der Einzelthemen darauf zu achten, daß sie auch für andere Gruppen noch den Gesamtzusammenhang erkennen lassen. Die Gruppenarbeit wird dann ergiebig und effektiv, wenn aus der Zusammenstellung einer größeren Zahl von Teilergebnissen eine

neue Einsicht erwachsen kann (induktives Verfahren).

3. Welche Unterrichtsmedien sind für die Erarbeitung der Themen sowie für den Vortrag der zusammengestellten Sachverhalte notwendig?
4. Schließlich muß sich der Lehrer in seiner Vorbereitung auch über den organisatorischen Ablauf der Gruppenarbeit bewußt werden.

Folgende Organisationsstruktur hat sich unterrichtsmethodisch als günstig erwiesen:

A. **Vorbereitungsphase**

1. Klärung der Fragestellung bzw. Problematisierung der Thematik im Unterrichtsgespräch (Planung und Motivbildung).
2. Wenn notwendig: Gruppenbildung.
3. Benutzung der Hilfsmittel erklären oder erklären lassen (z. B. des Lexikons, der Lupe, der Sezierschere).
4. Zeitbegrenzung sowie die Arbeitsanweisungen für die Gruppenarbeit bekanntgeben (gegebenenfalls als Arbeitsbogen austeilen).
5. Hilfs- und Arbeitsmittel verteilen.

B. **Gruppenarbeit**

Gruppenarbeit (Faktensammlung, Aufgabenlösung, Formulierung der Ergebnisse).

C. **Auswertung**

1. Nach beendeter Gruppenarbeit Auswertung der Ergebnisse.
2. Erstellung eines Tafelprotokolls (bzw. Zusammenfassung der Arbeitsergebnisse für die Gesamtklasse).

Bei allen Vorzügen, die die Gruppenarbeit insbesondere für das **soziale Lernen** aufweist, darf jedoch nicht übersehen werden, daß bei der Kleingruppenarbeit eine Fülle von Problemen und Schwierigkeiten auftauchen können z. B.

- die Bildung von Cliquen, die entweder ein gemeinsames Themeninteresse nur vorgeben oder durch die Beibehaltung fester Gruppen ein starkes Übergewicht im Klassenverband erhalten;
- die Herausbildung bestimmter sozial und personal ungünstiger Rollenstrukturen, z. B. Entwicklung von Führer- und Befehlsempfängerpositionen, Ausbildung von Spezialisten für bestimmte Tätigkeiten wie Zeichnen, Schreiben, Durchführen der Versuche usw. oder
- das Nichtakzeptieren der Aufgaben; [85]
- sozial-desintegrative Verhaltensweisen von Gruppenmitgliedern (z. B. Dominanz eines Schülers, autoritäre anstelle von argumentativer Lösung von Meinungsverschiedenheiten, persönlich gefärbte Kritik der Gruppenmitglieder);
- die arbeitsmäßige Entlastung einiger Schüler auf Kosten anderer.

Um derartigen Gefahren vorzubeugen, könnten im Anschluß an eine Gruppenarbeit folgende Fragen problematisiert werden, die es den Schülern ermöglichen, ihre eigene Situation im Rahmen einer Gruppe zu erkennen und sich von den dadurch gewonnenen Erkenntnissen in ihrem künftigen Verhalten beeinflussen zu lassen:

1. Wie viele Schüler haben sich aktiv beteiligt?
2. Warum blieben einige passiv?
3. Werden bestimmte Arbeiten stets von denselben Gruppenmitgliedern übernommen?
4. Hat ein Gruppenmitglied ständig bestimmt und angeordnet?
5. Welche Schwierigkeiten tauchten auf?
6. Ergaben sich Probleme bei der Erarbeitung des Themas?

Der Lehrer könnte auch von der Möglichkeit Gebrauch machen, von Zeit zu Zeit die Zusammensetzung der Gruppen zu ändern. Schließlich sollte er um einen häufigen Wechsel der Interaktionsform bemüht sein.

6.5 Zusammenfassung

Obgleich die Bedeutsamkeit der Gruppen- und Partnerarbeit heute allgemein anerkannt wird, finden diese Sozialformen immer noch selten im Unterricht Anwendung. Nach Untersuchungen verschiedener Autoren laufen in unseren Schulen die unterrichtlichen Interaktionsformen gegenwärtig hauptsächlich als Frontalunterricht ab. Die Partnerarbeit stellt lediglich eine Ergänzung des herkömmlichen Unterrichts dar.
Zweifellos scheitert die Durchführung differenzierender Unterrichtsverfahren im naturwissenschaftlichen Bereich häufig an den **unzureichenden inneren und äußeren Unterrichtsvoraussetzungen.** Hohe Klassenfrequenzen, mangelhafte Materialausstattung, unzulängliche Raumverhältnisse und die damit verbundenen medialen und organisatorischen Schwierigkeiten schrekken viele Lehrer ab, Partner- und Gruppenarbeit einzusetzen. Hinzu kommt noch die Vorschrift für den Lehrer, Einzelleistungen der Schüler bewerten zu müssen. [86] Wenn in diesem Kapitel dennoch die hervorragende Bedeutung der differenzierenden Interaktionsformen für einen zeitgemäßen Biologieunterricht herausgestellt wurden, dann geschah das in der Erwartung, daß längerfristig die Unterrichtsvoraussetzungen in den Schulen der Bundesrepublik Deutschland doch verbessert werden.
Wenn der Lehrer sich zur frontalen Vorgehensweise entschließt – und von mangelhaften Unterrichtsvoraussetzungen einmal abgesehen, hat diese Unterrichtsform bei bestimmten Unterrichtsvorhaben durchaus eine Berechtigung (z. B. bei schwierigen Themenkomplexen, bei der Vermittlung grundlegender Informationen und neuer Arbeitstechniken, bei der Vorbereitung und Auswertung von Einzel-, Partner- und Gruppenarbeit) –, dann sollte er jedoch ein Übermaß an verbaler Lehreraktivität und -steuerung vermeiden und statt dessen den Schülern ein Höchstmaß an Kommunikationsmöglichkeiten verschaffen.
Die empirische Erforschung der Wirkung verschiedener Sozialformen steht insbesondere im deutschsprachigen Raum noch in den Anfängen (vgl. z. B. WELTNER/WARNKROSS (1969), ROTH (1971)). Vor allem Hypothesen zu **Einstellungs- und Verhaltensänderungen** durch Gruppenarbeit sind bisher kaum verifiziert. Empirisch abgesicherte Ergebnisse zu **kognitiven Lernleistungen** bei verschiedenen Interaktionsformen liegen hingegen häufiger vor (z. B. bei DIETRICH 1971^2). HEANEY (1971) konnte z. B. nachweisen, daß Gruppenarbeit (guided discovery) der Frontalmethode mit Demonstration im Hinblick auf Problemlösen, kognitives Wissen und praktische Tätigkeiten überlegen ist.
Die Zielsetzung dieses Kapitels besteht nicht darin, bestimmte Interaktionsformen zu dogmatisieren. Vielmehr soll der Leser dahin geführt werden, die verschiedenen Sozialformen im Gesamtzusammenhang seiner Unterrichtsstrategie und seines Erziehungsstiles zu sehen. Eine emanzipatorisch betriebene Erziehung sieht in der jeweils eingesetzten Interaktionsform nicht nur eine mehr oder weniger reflektierte Methode, sondern begreift die Sozialform ganz bewußt als *Gegenstand* des Unterrichts.

7 Biologische Arbeitsverfahren

Zu den wesentlichen Grundanliegen des Biologieunterrichts gehört es – neben der Vermittlung von Kenntnissen und Erkenntnissen sowie der Initiierung sozialer Einstellungen –, den Schülern praktische Umwelterfahrungen zu ermöglichen. Hierzu ist es erforderlich, sie mit bestimmten Arbeitsweisen vertraut zu machen. Damit geben nicht nur die erarbeiteten Unterrichtsinhalte und die gewählten Interaktionsformen darüber Auskunft, ob der Unterrichtende einen emanzipatorischen Ansatz verfolgt, sondern auch die zur erfolgreichen Umweltbewältigung im Unterricht erworbenen Fertigkeiten und Techniken.
Im Rahmen des Biologieunterrichts handelt es sich um Arbeitsweisen und -techniken, die sich zum einen aus der Fachforderung ableiten und zum anderen vom Lernprozeß her begründet werden. Daraus folgt, daß – insbesondere in der Sekundarstufe I – biologische Arbeitstechniken nicht ohne einen bestimmten Inhalt-Funktionsbezug geübt werden sollten. Sie müssen sich vielmehr inhaltsbezogen für die Erarbeitung eines bestimmten Sachverhaltes als erforderlich erweisen. So gibt es biologische Inhaltsbereiche, die beispielsweise häufiger die Schülertätigkeiten »Beobachten« oder »Experimentieren« ermöglichen (z.B. im Rahmen der Verhaltensbiologie), während andere Themenkomplexe eher mit Arbeitsweisen wie »Betrachten« oder »Untersuchen« verbunden sind (z.B. Stoffwechselprozesse). Wenn der Lehrer nun bestimmte fachbezogene Verfahren und Erkenntnisweisen, z.B. das gezielte Beobachten oder die Planung und Durchführung von Experimenten, im Biologieunterricht üben möchte, dann muß er seine Unterrichtsinhalte entsprechend dieser Zielsetzung auswählen.

7.1 Bedeutung der Arbeitsverfahren für eine erfolgreiche Umweltbewältigung

Die Aufgabe dieses Kapitels besteht darin, den Biologie unterrichtenden Lehrer von der Notwendigkeit der Einführung und Übung bestimmter naturwissenschaftlicher Arbeitsverfahren, die der erfolgreichen Umweltbewältigung dienen, zu überzeugen (solche Verfahren sind bei BRUCKER u.a., 1979 ausführlich beschrieben). Hierzu werden die Merkmale verschiedener für den Biologieunterricht relevanter elementarer Arbeitsweisen sowie anspruchsvollere Arbeitstechniken herausgestellt und einige Möglichkeiten aufgezählt, wie sie sich innerhalb des Unterrichts einüben lassen.
In der Erkenntnis der Leistungsfähigkeit bestimmter Arbeitsweisen und -techniken wird der Lehrer damit in die Lage versetzt, **schülerbestimmte** Lernprozesse zu unterstützen, indem er diejenigen Arbeitsformen einsetzt, die den jeweiligen Bedürfnissen und Möglichkeiten der Schüler am ehesten entsprechen.

Die Bedeutsamkeit psychomotorischer Fähigkeiten und Fertigkeiten für schulische Erziehungsprozesse im Rahmen des Biologieunterrichts wurde durch curriculare Überlegungen der letzten Jahre in verstärktem Maße betont. Während herkömmlich die Unterrichtsziele des Biologieunterrichts in erster Linie kognitive Lernprozesse beschrieben und die angestrebten Fähigkeiten und Fertigkeiten selten explizit fixiert wurden, stellen nunmehr verschiedene Konzepte den **fachgebundenen, materialen** Lernzielen der Schulbiologie die **instrumentalen, formalen** [87] Lernziele gegenüber (vgl. RAHMENRICHTLINIEN 1980[2]). Den fachspezifischen Arbeitstechniken und fachübergreifenden Arbeitsweisen kommt neben der unmittelbar auf den Unterricht bezogenen methodischen Funktionen noch folgende Bedeutung zu:

Die Schüler sollen

- Fähigkeiten und Fertigkeiten erlangen, die es ihnen ermöglichen, biologische Aufgaben und Probleme ihrer Umwelt selbständig anzugehen;
- Einblicke in die Methoden naturwissenschaftlichen Arbeitens erhalten sowie in die Leistungsfähigkeit und Grenzen dieser Arbeitstechnik;
- vertraut werden im Umgang mit Geräten;
- durch die Kenntnis von Arbeitsweisen und -techniken zur kritischen Urteilsbildung über naturwissenschaftliche Arbeitsergebnisse befähigt werden;
- sich in der Anwendung von Arbeitsweisen und -techniken in kooperierenden Unterrichtsverfahren üben, wodurch sie grundlegende Verhaltensdispositionen erlernen, die sie lern- und arbeitsfähig machen;
- eine Arbeitshaltung entwickeln, die durch Genauigkeit und Sorgfalt gekennzeichnet ist;
- Interesse für die Erforschung naturwissenschaftlicher Probleme gewinnen.

Die Grundlagen für Fertigkeiten, die in der Sekundarstufe I und II beherrscht werden sollen, müssen bereits im Primarbereich gelegt und danach unter Vertiefung des Umfangs und des Anspruchs kontinuierlich geübt und angewandt werden.

7.2 Merkmale wichtiger biologischer Arbeitsweisen und Arbeitstechniken

Es gibt verschiedene Möglichkeiten, die im Unterricht angewandten Arbeitsweisen voneinander abzugrenzen. Hier sollen die im Biologieunterricht zum Einsatz kommenden Fertigkeiten und Techniken unter dem **Aspekt des Umgehens mit Informationen** gesehen werden. Danach lassen sich die Schülertätigkeiten in drei Gruppen, die allerdings vielfach aufeinander bezogen sind, einordnen:

- Informationsbeschaffung
- Informationsdarstellung und -verarbeitung
- Informationsdeutung

Nachfolgend sollen insbesondere verschiedene Arbeitstechniken näher charakterisiert werden, die für die Informationsbeschaffung in der Erarbeitungsphase besonders relevant sind. Eine Beschreibung und didaktische Ortsbestimmung der stärker fachübergreifenden Tätigkeiten, die zur **Informationsdarstellung** bzw. **-verarbeitung** (also z.B. Anfertigung schematischer Sachzeichnungen, Protokollieren, Einordnen, Bestimmen, Diagramme anfertigen, Modelle entwickeln usw.) sowie zur **Informationsdeutung** (z.B. Tabellen interpretieren, Begriffe bilden, Zusammenhänge erkennen, kausale Abhängigkeiten ableiten, werten usw.) erforderlich sind, würde den Rahmen dieses Kapitels sprengen (vgl. hierzu jedoch AUST 1972[2], BAUER u.a. 1971).

Bei den Fertigkeiten, auf die der Biologieunterricht zur Informationsbeschaffung hauptsächlich angewiesen ist, handelt es sich um das **Betrachten, Beobachten, Untersuchen und Experimentieren.** Die mit diesen Unterrichtsweisen verknüpften Vorgehensweisen sind

- **die Induktion** (Aufsteigen vom Einzelnen zum Allgemeinen)
- **die Deduktion** (Schließen vom Allgemeinen auf das Besondere) sowie
- **die Analyse** (Zerlegung) und
- **die Synthese** (Zusammenfassung).

In der Biologie spielen vor allem die **exakte Induktion** und die **generalisierende Induktion** eine große Rolle. Während bei der exakten Induktion mit Hilfe von Experimenten Aussagen mit einem gewissen Wahrscheinlichkeitsgrad getroffen werden, geht die generalisierende Induktion in einer beschreibenden Phase zunächst von zahlreichen beobachteten Einzelfällen aus, die verglichen werden. Ohne etwaige kausale Zusammenhänge experimentell zu überprüfen, werden sodann in einer zweiten Phase die durch das Vergleichen erzielten Einzelerkenntnisse zu einer allgemeinen Aussage, Regel oder Einsicht zusammengefaßt (vgl. HARTMANN 1948; SIEDENTOP 1972[4]; vgl. Abb. 65).

Im Unterricht sollte darauf hingewiesen werden, daß die Verallgemeinerung induktiv gewonnener Bedeutungsbeziehungen stets aufgrund der immer begrenzten Zahl von Objekten einen gewissen Unsicherheitsfaktor miteinschließt. Werden derartige Regelsätze rückwirkend an bisher noch nicht erfaßten Objekten bestätigt – wie in dem Beispiel zur generalisierenden Induktion (Abb. 65) –, dann hat man auf **deduktivem Weg** (d.h. durch das Schlußfolgern vom Allgemeinen auf etwas Besonderes) die Verläßlichkeit und Voraussagefähigkeit dieser Regel erhöht.

An dieser Stelle soll noch auf den Unterschied zwischen dem exakten induktiven Vorgehen im wissenschaftlichen Forschungsbereich und in der Schule hingewiesen werden. Während das Wissenschaftlerteam Gesetzmäßigkeiten aufgrund einer Fülle von Einzelbeispielen gewinnt, werden im Biologieunterricht in der Regel Erkenntnisse anhand von Einzelbeispielen nachvollzogen. MEMMERT (1975[5], 30) spricht in diesem Zusammenhang von der **»didaktischen Induktion«**, bei der die Schüler an repräsentativen vom Lehrer beispielhaft ausgewählten Fällen durchaus im Sinne des forschenden Lernens zur Erkenntnisgewinnung gelangen können.

7.2.1 Betrachten

Die einfachste Arbeitsweise, die im Biologieunterricht zur Anwendung kommt, ist zweifellos das **Betrachten.** Hierbei handelt es sich um das Erfassen des Erscheinungsbildes eines Objekts im Zustand der Ruhe. Die *bewußte* Schulung des Betrachtens beginnt bereits in der Primarstufe und sollte in der Sekundarstufe I weitergeführt werden. Angesichts der Fülle von außerschulisch wirksam werdenden visuellen Reizen – insbesondere durch Fernsehen und Comics –, die oftmals zur oberflächlichen und ungenauen Informationsaufnahme auf Seiten der lediglich konsumierenden Kinder und Jugendlichen führt, kommt dem **angeleiteten Betrachten** biologischer Objekte in Form von Arbeitsanweisungen größte Bedeutung zu. Die Schüler lernen dadurch, Sachverhalte bewußter und kritischer aufzunehmen, zu erfassen und zu durchdenken. Das Arbeitsergebnis sollte in jedem Fall mündlich, besser schriftlich oder zeichnerisch dargestellt werden. Bei der Ein-

Exakte Induktion (experimentelle Methode)			**Generalisierende Induktion** (vergleichende Methode)		
1. Stufe	Analyse von Einzelfällen durch Beobachtung	Beobachtungen an Wasserpflanzen zeigen, daß Gasbläschen an die Wasseroberfläche steigen	1. Stufe	Beschreibung von Einzelfällen	Untersuchung und Vergleich des Ablaichverhaltens zweier maulbrütender Buntbarsche (Cichliden) z.B. Haplochromis burtoni und Pseudotropheus elongatus
2. Stufe	Aufstellen einer Hypothese	Es ist Sauerstoff	2. Stufe	Durch Vergleich der Einzelfälle Ableitung allgemeiner Aussagen (Regeln)	Erkenntnis, daß durch das Schnappen des ♀ nach der Eiattrappe auf der Afterflosse des ♂ die Befruchtung der ins Maul des ♀ aufgenommenen Eier sichergestellt wird.
4. Stufe	Bestätigung (Verifizierung) / Verwerfung (Falsifizierung) der Hypothese	Bestätigung der Hypothese: bei der Photosynthese entsteht Sauerstoff	4. Stufe	Entscheidung, ob auf das neue Objekt die Aussage zutrifft	Auch beim Ophthalamochromis ventralis trifft diese Regel zu. (Es gibt bezügl. dieser Regel eine Reihe von Ausnahmen, z.B. H. moorii; T. moorii)
3. Stufe	Versuch mit einem geeigneten Objekt	Die bei Elodea (Wasserpest) entstehenden Gasbläschen werden aufgefangen: »Spanholzprobe«	3. Stufe	Anwendung der Aussage auf ein neues Objekt im deduktiven Vorgehen	Bei einem weiteren Maulbrüter (Ophthalmochromis ventralis) wird die Aussage überprüft

Abb. 65: Schematische Darstellung der exakten und generalisierenden Induktion

übung dieser wie auch bei allen anderen beschriebenen Arbeitstechniken gilt, daß die Zusammenarbeit der Schüler im Vordergrund steht (Partner- und Gruppenarbeit). Wichtig erscheint noch der Hinweis, daß vor der strukturierenden Auswertung der Arbeitsergebnisse (im Hinblick auf die Lernziele der Unterrichtsstunde) den Schülern in jedem Fall die Möglichkeit zur spontanen Auseinandersetzung mit dem Unterrichtsgegenstand gegeben werden sollte, um insbesondere den sprachlich Benachteiligten die Gelegenheit zur Eigentätigkeit zu verschaffen.

Im folgenden werden einige Beispiele für das Betrachten biologischer Objekte aufgezählt:
Erfassen der Form, des Aufbaus und des Zustands
- von verschiedenen Organen der Pflanze (Wurzel, Sproß, Blätter einschließlich ihrer Metamorphosen),
- von Blüten verschiedener Pflanzenfamilien,
- von Bauplänen und zellulären Strukturen pflanzlicher und tierischer Organismen (Zwiebelepidermis, Einzeller),
- von Skelett-Teilen verschiedener Wirbeltierklassen (z.B. Vergleich der Schädelformen beim Schimpansen und Menschen);
- Kennübungen an heimischen Laub- und Nadelbäumen,
- Betrachtungen während des Laubfalls usw.

An derartige Betrachtungen sind natürlich weiterführende Erörterungen anzuschließen, z.B. im Hinblick auf die **funktionelle** Morphologie und Anatomie. Als Unterrichtsmedien eignen sich vor allem Realobjekte, Dias, Modelle und Kunstharz-Einschlußpräparate.

7.2.2 Beobachten

Das Beobachten stellt eine komplexere Arbeitsweise dar, die sich zumeist aus verschiedenen Fertigkeiten und Techniken zusammensetzt, z.B. Betrachten, Beschreiben, Sammeln, Ordnen, Vergleichen, Messen, Zählen, Form und Funktion verknüpfen, Abstrahieren usw. Daraus folgt, daß das exakte Beobachten höhere Anforderungen an die Schüler stellt als das Betrachten. Trotzdem sollte der Lehrer bereits in der Primarstufe mit einfachen Beobachtungsaufgaben beginnen, um damit die Grundlage für umfassendere Projekte in der Sekundarstufe zu liefern.
Das Beobachten läßt sich beschreiben als das Erfassen von Bewegungen, Verhaltensweisen und Reaktionen über eine bestimmte Zeit und auf bestimmte Anlässe hin. Hierzu sind klare Zielsetzungen erforderlich, die zu Beginn der Unterrichtsstunde als konkrete Fragestellungen und Arbeitsanleitungen erarbeitet werden sollten. Bei entsprechender Motivation sind bereits Schüler der frühen Sekundarstufe in der Lage, sehr andauernd und genau zu beobachten. Allerdings neigen Schüler bis in die Sekundarstufe II hinauf häufig dazu, Beobachtungsergebnisse mit eigenen Deutungen bzw. subjektiven Empfindungen zu vermengen. Hierauf sollte der Lehrer von Anfang an achten, indem er z.B. mit den Schülern einfache Untersuchungsübungen – etwa in der folgenden Art – durchführt:
Überprüft die folgende Aussage zum Verhalten des Buntbarsches. Werden Beobachtungen und Interpretation jedes Mal sauber getrennt? [88]

1. »*Der Fisch sucht seinen Hunger zu stillen.*« (Nein, der Satz enthält Erlebniswerte, Unterstellungen)
2. »*Er scheint sich für etwas zu interessieren.*« (Nein)

3. »*Der Fisch weidet den Algenbewuchs von einem Felsen ab.*« (Ja; akzeptable Beobachtungsformulierung)
4. »*Das Weibchen rüttelt vor dem Männchen.*« (Ja)

Wichtig erscheint noch der Hinweis, daß der Lehrer bei der Auswertung der Beobachtungsergebnisse die ihm im Hinblick auf seine geplanten Unterrichtsziele weniger bedeutsam erscheinenden Beobachtungen der Schüler nicht diskriminiert, sondern anerkennt und möglicherweise in das Protokoll, die Tabelle, das Schema usw. mit aufnimmt.

Über die bereits im vorangegangenen Abschnitt genannten Intentionen hinaus gelangt der Schüler durch ein gutes Beobachtungsvermögen selbständig zu Kenntnissen, Erkenntnissen und Übersichten und lernt, Meinungen zu begründen.

Im folgenden werden einige Beispiele für Beobachtungsaufgaben aufgezählt:

- Einfache Kurz- und Langzeitbeobachtungen an lebenden Pflanzen (z.B. Keimung und Wachstum der Bohne) und Tieren (z.B. Froschlaichentwickung);
- Lebensäußerungen von Tieren aus dem näheren Interessenbereich des Schülers (Hamster, Hund, Frosch, Fische usw.);
- Beobachtungen einfacher Lebensäußerungen des menschlichen Körpers (Bewegungsapparat – z.B. beim Schlußsprung; Muskelbewegungen, Atmungstätigkeit usw.);
- Beobachtung und Deutung von Verhaltensweisen bei Tieren und beim Menschen;
- Beobachtung von Fortpflanzungsmechanismen.

Als Unterrichtsmedien sind in erster Linie Realobjekte (in den Unterricht mitgebracht, während der Tier- und Pflanzenpflege in der Schule (Aquarien, Terrarien) oder auf Unterrichtsgängen beobachtet) und Unterrichtsfilme geeignet.

Oftmals sind zum gezielten Betrachten und Beobachten biologischer Vorgänge technische Hilfsmittel – in erster Linie Lupe und Mikroskop – erforderlich.

7.2.2.1 Umgang mit Lupe und Mikroskop

Ein sinnvolles Arbeiten mit Lupe und Mikroskop ist nur dann möglich, wenn jeder Schüler für sich übt oder aber zwei Schüler zusammenarbeiten (Partnerarbeit). Daraus folgt, daß angesichts der vielerorts katastrophalen Unterrichtsvoraussetzungen in den naturwissenschaftlichen Fächern als absolute Mindestausstattung für jede Schule bis etwa 500 Schüler ein Klassensatz Lupen und ein halber Klassensatz Mikroskope sowie zur Lehrerdemonstration eine Stereolupe (Binokular) zu fordern ist, so daß bei entsprechender Absprache der Kollegen auch in Parallelklassen diese Hilfsmittel sinnvoll in die Unterrichtsarbeit einbezogen werden können.

Für die Sekundarstufe I erscheint es empfehlenswert, Stiellupen zu verwenden, die 6fach vergrößern und auf jeden Fall aplanatisch sein sollten, also eine Linsenkombination enthalten, durch die der optische Abbildungsfehler (Unschärfe) korrigiert wird. Als Mikroskope sollten grundsätzlich nur sogenannte **Kursmikroskope** – in der Regel Durchlichtmikroskope mit folgender Ausstattung: Okular 10x; Objektive 3,5x, 10x und 45x – Verwendung finden. Das Auflösungsvermögen, das ist die Fähigkeit, dicht nebeneinander liegende Punkte getrennt abzubilden, sollte so beschaffen sein, daß die Schüler bis zu etwa 400-facher Vergrößerung vom Naturobjekt abzeichnen können.

Um die Schüler an den richtigen Umgang mit der Lupe zu gewöhnen, müssen sicher

Das Mikroskop

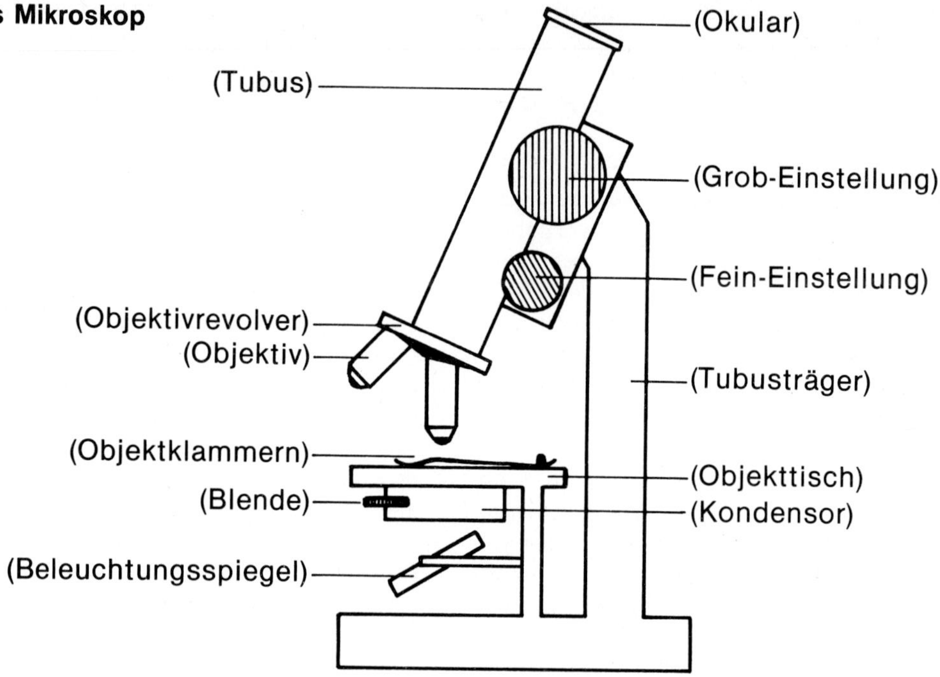

Abb. 66: Arbeitsbogen zur Einführung in das Mikroskopieren

des öfteren die folgenden beiden Hinweise gegeben werden:

1. Bei jeder Lupenarbeit zur Vermeidung von Ermüdungs- und Verkrampfungserscheinungen *beide* Augen geöffnet lassen!
2. Zur Ausnutzung der vollen Leistungsfähigkeit zuerst die Lupe an das Auge führen; danach das Objekt in ihren Schärfebereich bringen!

Damit die Schüler mit der Arbeitsweise des Mikroskopierens vertraut werden, sind wiederholt praktische Übungen erforderlich, d.h. der Zeitaufwand ist in Anbetracht der geringen Jahresstundenzahl beträchtlich. Der Lehrer sollte dennoch bereits im fünften Schuljahr damit beginnen, mit den Schülern einfache mikroskopische Untersuchungen (Anfertigung unkomplizierter Schnitte) durchzuführen.

Schüler, die im Umgang mit dem Mikroskop noch unerfahren sind, können mit Hilfe eines Arbeitsbogens in die Mikroskopiertechnik eingeführt werden (vgl. Abb. 66). Zur Einführung in das Mikroskopieren eignen sich am besten einfache Trockenpräparate, wie Pollenkörner, Flügelschuppen des Schmetterlings, menschliche Haare, ein- oder mehrzellige Pflanzenhaare (z.B. der Blattunterseite des Sanddorn, der Ölweide, der Brennessel) oder einfache Naßpräparate wie Stärkekörner (Kartoffel), Algenfäden, Laubmoosblätter, Hefezellen und die Zwiebelepidermis.

Gegen Abschluß einer Unterrichtseinheit »Die Zelle – Grundbaustein aller Lebewesen« bieten sich mikroskopische Übungen an Epithelzellen der menschlichen Mundschleimhaut nach der Arbeitsanweisung der Abbildung 67 an.

Biologie	Die menschliche Mundschleimhaut	Datum:

Material:

- 1 Holzspatel
- 1 Objektträger
- 1 Deckgläschen
- 1 Mikroskop
- Gläschen mit Methylenblau-Lösung
- Pipette
- Fließpapier (Streifen)
- Becherglas mit Wasser
- Papiertuch

Durchführung:

I. Anfertigung eines Frischpräparates der menschlichen Mundschleimhaut:

a Schabe vorsichtig mit einem Holzspatel über Deine Zungenoberfläche und übertrage einen kleinen Tropfen von der Schleimhaut auf den Objektträger.

b Verdünne diesen Tropfen der Schleimhaut mit ein wenig Wasser, benutze dazu die Pipette.

c Lege nun vorsichtig das Deckgläschen über das Objekt (vermeide Luftblasen).

II. Anfärben des Frischpräparates:

a Gib mit der Pipette einen Tropfen von der Methylenblau-Lösung an den Rand des Deckgläschens.

b Lege nun auf der gegenüberliegenden Seite des Deckgläschens den Fließpapierstreifen an und sauge mit diesem die Reagenz durch das Deckgläschen.

Skizze: Durchsaugen von Reagenzien!

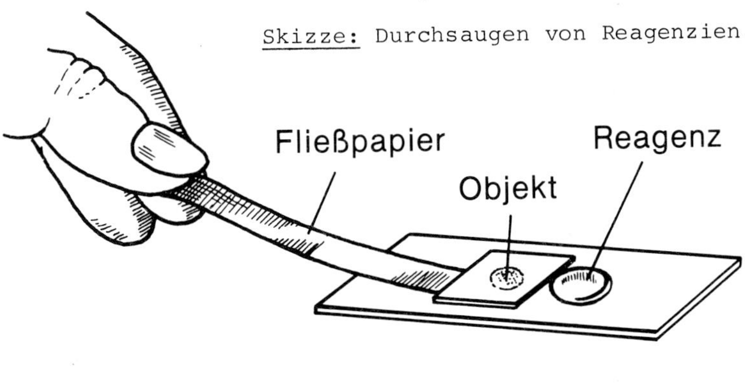

Abb. 67: Arbeitsbogen zur Anfertigung eines Frischpräparates der menschlichen Mundschleimhaut

Weitere Hinweise und Anregungen zum Mikroskopieren gibt es bei FAHRENBERGER (1971) sowie SCHLÜTER (1973[2]), DIETLE (1979[5]), KRUSE (1969).

7.2.3 *Untersuchen*

Das Untersuchen erfaßt strukturelle und funktionelle Sachverhalte eines Objektes. Um das Untersuchungsobjekt sachgerecht auseinandernehmen bzw. in seine Bestandteile zerlegen zu können, sind zielgerichtete, möglichst schriftlich vorliegende Arbeitsanleitungen notwendig, die auch die Reihenfolge der einzelnen Arbeitsschritte angeben sollten. Die Untersuchung eines Lebewesens ermöglicht Aussagen über seine anatomisch-funktionellen Zusammenhänge. Das Untersuchen von Realobjekten sollte niemals aus bloßem Selbstzweck heraus, sondern stets lernzielorientiert erfolgen.
Charakteristische Arbeitsformen des Untersuchens sind vor allem das **Präparieren** und **Sezieren,** also Techniken, die den Umgang mit Pinzette, Schere, Skalpell, Lupe und Mikroskop mit einschließen. Beide Verfahren erfordern je nach Untersuchungsobjekt mehr oder weniger viel Geschick und ein hohes Maß an Aufmerksamkeit und Konzentration. Die Einführung in das Präparieren und Sezieren kann prinzipiell auf zweierlei Art erfolgen: Entweder wird jede Arbeitstechnik an einem *anderen* Objekt eingeübt oder alle Arbeitstechniken werden an *demselben* Objekt vorgestellt. Die Vor- und Nachteile beider Vorgehensweisen sind in Tabelle 27 gegenübergestellt.

Das Objekt, an dem die Schüler schon vom 5. Schuljahr an das Präparieren und Sezieren üben sollen, muß einer Vielzahl von Forderungen genügen:

- Es muß einen übersichtlichen Körperbau besitzen;
- es darf nicht zu klein sein;
- seine Organe müssen leicht zugänglich sein;
- es muß leicht verfügbar sein;
- die emotionalen Bindungen der Schüler zum Tier dürfen nicht zu stark sein;
- bei lebenden Tieren: Seine Bewegungen dürfen nicht zu hastig sein.

Das Ziel des Präparierens ist die zumindest vorübergehende oder die möglichst dauerhafte Erhaltung des Realobjektes. Die Einübung dieser Technik erfordert viel Zeit, so daß die Schüler in der Regel nur selten im Kernunterricht, sondern eher in Kursen bzw. Arbeitsgemeinschaften mit dieser Arbeitstechnik vertraut gemacht werden.
Als geeignete Beispiele für das Präparieren seien genannt:

- Pflanzen, die unter bestimmten Kriterien gesammelt wurden, werden herbarisiert;
- Blüten verschiedener Pflanzenfamilien werden zerlegt, um das Prinzip ihres Aufbaus zu verstehen (Blütendiagramm);
- Präparation von Insekten, z.B. tote Bienen, Maikäfer, Küchenschaben usw.: Aufheften der einzelnen Körperabschnitte und Gliedmaßen auf Karton;
- Herstellen von pflanzlichen und tierischen Kunstharz-Einschlußpräparaten (vgl. hierzu Anleitungen zur Herstellung mit Schülergruppen bei STAECK/BADER, 1973).

Beim **Sezieren** geht es um das sachgerechte Auseinandernehmen und Zerlegen von Naturobjekten, wobei es vor allem auf die Erkenntnisgewinnung anatomisch-physiologischer Zusammenhänge am konkreten Naturobjekt ankommt. Die Schüler setzen sich beim Sezieren in einem Höchstmaß an Aufmerksamkeit und Konzentration mit

	Vorteile	Nachteile
Einführung der Arbeitstechniken an einem bestimmten Objekt	1. Schüler lernen nicht nur die Arbeitstechniken, sondern auch das untersuchte Objekt in seiner Gesamtheit kennen 2. Die Arbeitstechniken sind damit »Mittel zum Zweck«	1. nachlassendes Schülerinteresse 2. Das ausgewählte Objekt ist möglicherweise nicht für beide Arbeitstechniken gleich gut geeignet.
Einführung der Arbeitstechniken an unterschiedlichen Objekten	1. Hohe Schülermotivation durch den Reiz des Neuen 2. Das jeweils ausgewählte Objekt entspricht den von den Arbeitstechniken her gesetzten Anforderungen	1. Dem Sensationsbedürfnis der Schüler wird zu sehr entgegengekommen (»schon wieder ein neues Schlachtopfer«) 2. Es besteht die Gefahr, daß der Gesamtzusammenhang der Untersuchungsobjekte unklar bleibt.

Tab. 27: Vor- und Nachteile der Einführung des Präparierens und Sezierens an einem bestimmten oder an unterschiedlichen Untersuchungsobjekten

dem Untersuchungsobjekt auseinander. Die Erfahrungen, die hierbei gewonnen werden, sind durch keine anderen Unterrichtsmedien zu ersetzen. Die Auswertung von Sektionsstunden sollte möglichst auch die schematische Darstellung des Sektionsergebnisses mit einschließen, um die Schüler zur Umsetzung ihrer Beobachtungen anzuleiten.
Derartige Stunden erfordern zwar mehr Vorbereitung als allgemein üblich, die außerordentlich große Motivation der Schüler, die selbständig gewonnenen Erkenntnisse und Einsichten sowie die Realisierung sozial-affektiver Intentionen rechtfertigen jedoch den erhöhten Arbeitsaufwand.

Nachfolgend soll der Ablauf einer Sektionsstunde in einem 9. Schuljahr beschrieben werden.
Unterrichtseinheit: Zusammenhang von Bauplan und Lebensweise verschiedener Tierstämme.
Thema der Unterrichtsstunde: Sektion des Tintenfisches **Loligo vulgaris** (Gemeiner Kalmar).

Dieser im nördlichen Atlantik sowie im Mittelmeer heimische Vertreter der zehnarmigen Tintenfische **(Decapoden)** ist ohne Probleme beim Fischhandel tiefgefroren [89] zu kaufen (Stückpreis etwa 1,– DM). Sein äußeres Erscheinungsbild und sein innerer Bau sind gegenüber den Sepien recht verschieden. Aus Gründen der Übersichtlichkeit werden nur einige wichtige Organe dieser Tierklasse ausgewählt, deren Strukturen leicht zu finden sind (z. B. Tintenbeutel, Kiemen, Mundwerkzeuge).

Ausgewählte Zielsetzungen:
- Durch das Kennenlernen unterschiedlicher Strukturen biologischer Systeme Einsichten in biologische Kausalzusammenhänge gewinnen.
- Durch das Erlernen des Sezierens als Arbeitstechnik zu einem selbständigen Kenntniserwerb fähig werden.
- Üben im sachgemäßen Umgang mit biologischen Arbeitsgeräten.
- Vertraut werden mit der Arbeit am Originalobjekt (Frischpräparat) und möglicherweise vorhandene Hemmungen überwinden lernen.

Name: Datum:

Biologie	Anleitung zur Sektion eines Tintenfisches	Arbeitsbogen 1

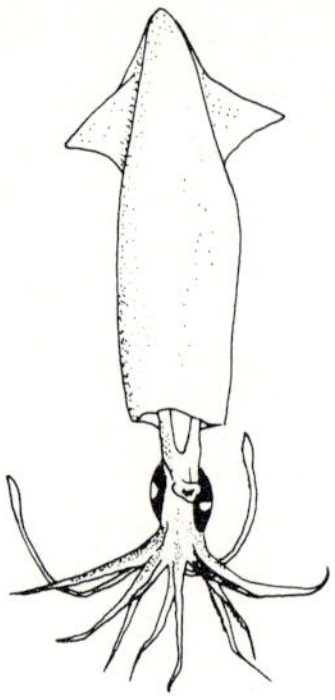

1. Arbeitsschritt:

Lege den Tintenfisch so auf das Zeitungspapier, daß die Flosse mit ihrer ganzen Fläche der Zeitung aufliegt und der Kopf zu dir zeigt (vgl. Skizze).

2. Arbeitsschritt:

Zähle und beschreibe die Fangarme. Welche Besonderheiten fallen dir auf?

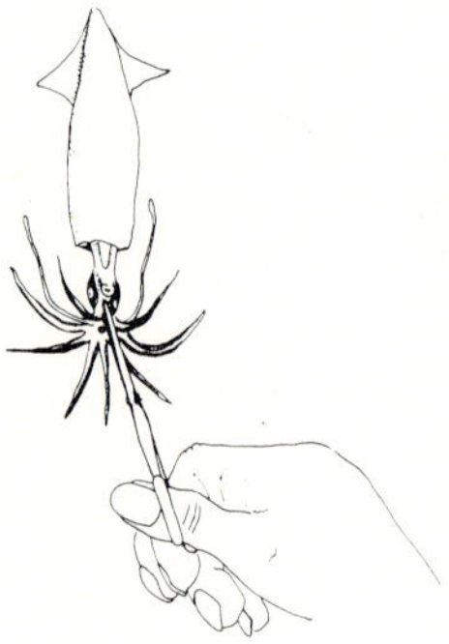

3. Arbeitsschritt:

Breite die Arme sternförmig auseinander, so daß das Mundfeld frei wird und in der Mitte die dunkle Spitze der Mundwerkzeuge zu erkennen ist. Lege mit der Schere zwischen Mund und Augen einen Schnitt an, so daß der Schlund geöffnet wird (vgl. Skizze).

Ziehe die beiden Horngebilde (Ober- und Unterkiefer) mit der Pinzette heraus. Lege die Hornkiefer neben die Skizze, und beschreibe (Womit haben sie Ähnlichkeiten in Form und Aussehen?):

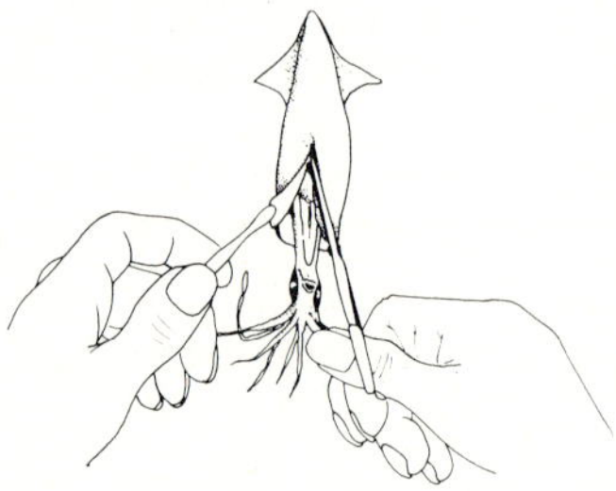

4. Arbeitsschritt:

Suche den Trichter (vgl. Skizze)! Führe die Schere in den Mantel ein, ohne den Trichter mitzufassen, und schneide möglichst flach den Mantel in Richtung zur Rumpfspitze in der gedachten Mittellinie auf (vgl. Skizze).

Abb. 68: Arbeitsbogen »Anleitung zur Sektion eines Tintenfisches *(Loligo vulgaris)*«

Seite 2 (Arbeitsbogen 1)

5. Arbeitsschritt:

Klappe die aufgeschnittenen Mantelhälften zur Seite. Suche die beiden länglichen, knorpeligen Rinnen unterhalb der Trichteröffnung, denen am Mantel zwei Erhebungen entsprechen (Nimm evtl. eine Fingerspitze zu Hilfe, um diese knorpeligen Gebilde zu ertasten!): Sie stellen den Schließapparat dar, der beim Auspressen des Wassers aus der Mantelhöhle mit diesen beiden "Druckknöpfen" den Spalt zwischen Mantel und Trichter verschlossen hält.

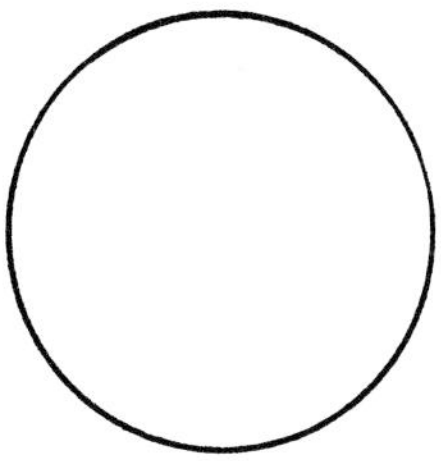

6. Arbeitsschritt:

Suche die beiden leicht streifigen, länglichen Gebilde, die links und rechts des mächtigen Eingeweidestranges dem Mantel aufliegen. Es sind die Kiemen. Löse sie vorsichtig mit Schere und Pinzette heraus. Lege sie dann in den Kreis.

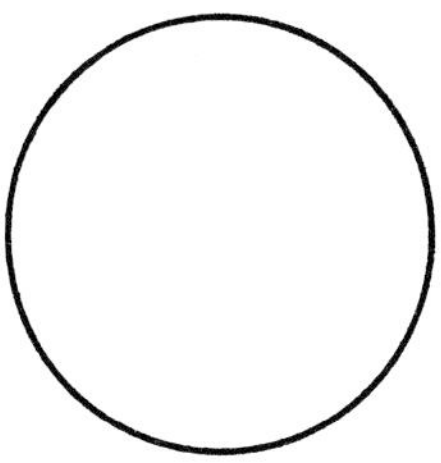

7. Arbeitsschritt:

Dem Eingeweidestrang liegt ein längliches, dunkel-glänzendes Gebilde auf, der Tintenbeutel. Hebe die Spitze des Beutels mit der Pinzette hoch, und präpariere ihn mit der Schere vorsichtig heraus. Lege ihn anschließend in den Kreis.

Schneide den Beutel quer durch, und drücke mit der Pinzette oder Schere die Tinte aus den Schnittflächen heraus.

8. Arbeitsschritt:

Hebe mit der Pinzette den Trichter an, und durchtrenne mit der Schere unter dem Trichter den ganzen Eingeweidestrang, so daß jetzt Kopf und Rumpf getrennt sind.
Hebe mit der Pinzette den Eingeweidesack hoch, und präpariere ihn mit der Schere vom Mantel ab, so daß eine durchsichtige, pergamentartige Struktur sichtbar wird, der Schulp.
Versuche eine Stelle zu finden, wo du die Pinzette unter den Schulp schieben kannst. Präpariere den Schulp heraus.

Welche Funktion hat der Schulp?

____

____

Biologie	Thema: Sektion des Tintenfisches (Gemeiner Kalmar)	Datum:

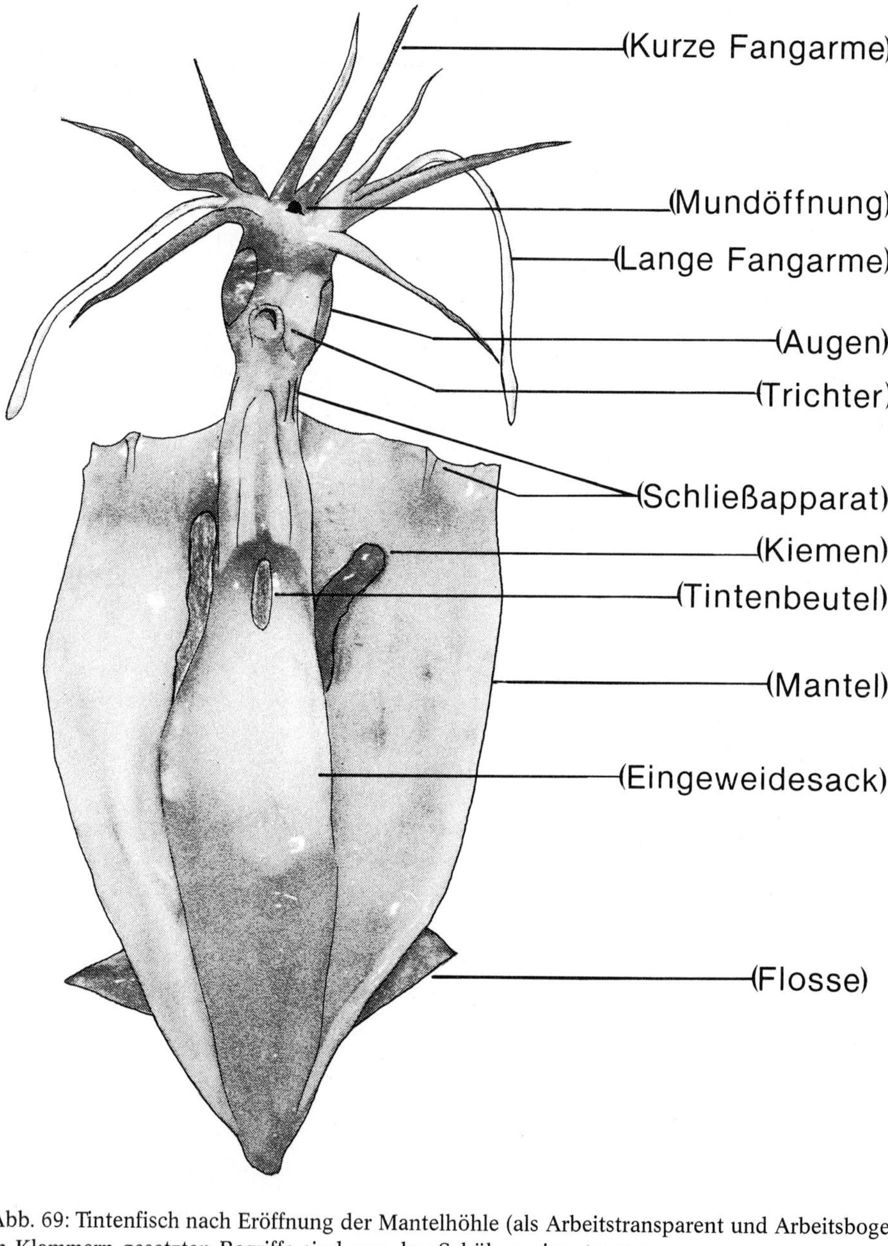

Abb. 69: Tintenfisch nach Eröffnung der Mantelhöhle (als Arbeitstransparent und Arbeitsbogen) – die in Klammern gesetzten Begriffe sind von den Schülern einzutragen.

Verlaufsplanung:
1. Phase (Problemstellung): Der Lehrer präsentiert den Schülern den Gemeinen Kalmar als Frischpräparat und stellt die Schüleraussage, daß es sich um einen Tinten**fisch** handelt, in Frage. Die Vermutungen der Schüler zur systematischen Einordnung der Tintenfische werden gesammelt und an die Tafel geschrieben (Tintenfische gehören zu den Fischen, Tintenfische sind Weichtiere).
2. Phase (Zielsetzung und Planung): Es wird erarbeitet, wie die Vermutungen der Schüler geklärt werden können (Untersuchen des Körperbaues – Sektion). Die Sektionsanleitung (Arbeitsbogen 1, vgl. Abb. 68) wird verteilt, die Arbeitsanweisungen werden Schritt für Schritt durchgelesen.
3. Phase (Ausführung): Die Schüler sezieren partnerweise nach Arbeitsanweisungen (ca. 20 Minuten), anschließend werden die Materialien und Geräte (Sezierschere, Pinzette) eingesammelt.
4. Phase (Auswertung und Festigung): Die Arbeitsergebnisse werden zusammengetragen, die Abbildung 69 (als Arbeitstransparent), das die bei der Sektion identifizierten Organe/Körperteile in Aufsicht zeigt, wird beschriftet.
Anschließend wird begründet, warum der Gemeine Kalmar zu den Weichtieren gehört und der Tinten»fisch« biologisch korrekter eigentlich **Tintenschnecke** heißen müßte (als Impuls wird das Gehäuse eines Perlbootes *(Nautilus)* vorgezeigt oder als Bild projiziert, das als einziger Vertreter der Tintenfische noch ein Gehäuse besitzt).
5. Phase (Ergebnissicherung oder Hausaufgabe): Die Schüler bearbeiten den Arbeitsbogen 2 (identisch mit Abb. 69), der das Ergebnis der Stunde noch einmal abfragt.
Als weitere Realobjekte, die für die Sektion geeignet sind, seien genannt:

- Fische (am besten Heringe oder Plötze) bzw. Fischköpfe (Dorsch- oder Kabeljaukiemen), die man auf Märkten oder in Fischabteilungen der Kaufhäuser erhält;
- Rinder- (bzw. Schweine-)augen, -mägen, -herzen, -gallenblasen, -gehirn, -lunge, -nieren usw. (vom Schlachthof);
- Miesmuscheln (bzw. die kleineren Sandmuscheln) in der Fischabteilung der Kaufhäuser – auch tiefgefroren – erhältlich (vgl. zur Sektion des Rinderauges STAECK 1971 und zur Zerlegung der Schweineniere DIETLE/STIRN 1974).

Obwohl sich gerade mit Hilfe des Präparierens und Sezierens wertvolle Erkenntnisse und Einsichten gewinnen lassen, wird die Bedeutung dieser Arbeitstechnik bislang von nur wenigen Lehrplänen in der Bundesrepublik Deutschland explizit anerkannt (z.B. in Berlin, Hamburg, Nordrhein-Westfalen).

7.2.4 Experimentieren

Das **Experimentieren** stellt das anspruchsvollste Arbeitsverfahren des Biologieunterrichts dar, zumal die Anwendung einer Reihe unterschiedlicher Arbeitsweisen und -techniken im Verlauf einer Versuchsdurchführung erforderlich werden kann. Es läßt sich definieren als bewußter und geplanter Eingriff in Lebensprozesse, der zur Überprüfung vermuteter Sachzusammenhänge unter Lösung von Problemstellungen dient. Die Planung und Durchführung eines Experimentes wird dann erforderlich, wenn sich die Problemstellung bzw. der Sachverhalt nicht durch Beobachtung unter natürlichen Bedingungen lösen läßt. Komplexe biologische Sachverhalte werden häufig erst im Experiment durch die Veränderung und Bestimmung von Einzelfaktoren durchschaubar. Das Experimentieren schließt sowohl die Handhabung technischer Geräte, den Umgang mit Naturobjekten und Material als auch die empirische Aufnahme von Fakten mit ein. Im lernenden Umgang mit Realobjekten und Geräten sowie in der Möglichkeit, die Schüler zur Eigentätigkeit in Form von Problemlösungsaktivitäten und zu selbst erarbeiteten Erkenntnissen mit Hilfe weiterer naturwissenschaftlicher Arbeitsweisen zu bringen, liegt die große Bedeutung des Experimentierens für den Biologieunterricht.

Bereits in der frühen Sekundarstufe I kann der Lehrer mit der Planung und Durchführung einfacher Lang- und Kurzzeitversuche beginnen. Grundsätzlich sollte den Schülergruppenversuchen der Vorzug gegeben werden, und nur bei unzureichender Raum- und Materialausstattung sowie bei schwierigen und aufwendigen Versuchsaufbauten und bei Unfallgefahr sollte der Lehrer auf den Demonstrationsversuch zurückgreifen.

Auch für den Schüler liegt die Bedeutung eines Experimentes in der Verifizierung bzw. Falsifizierung von vorweg aufgestellten Hypothesen. Hierbei muß der Lehrer allerdings auf die Schüler einwirken, damit die Ergebnisse nicht vorschnell und unkritisch gedeutet werden.

In diesem Zusammenhang gilt es zu bedenken, daß biologische Schulexperimente überwiegend nur **qualitative** und keine **quantitativen** Ergebnisse erbringen. Für letztere braucht man in der Biologie in der Regel teure Geräte bzw. langwierige Versuchsreihen (z.B. Verhaltensbeobachtungen). Trotz fehlender Quantifizierung sollte im Unterricht jedoch eine Verallgemeinerung mit Hilfe flankierender Informationen des Lehrers oder weiterer Medien vorgenommen werden (vgl. BRUGGAIER, 1979, 223 sowie BUNK/TAUSCH, 1980, 13).

In diesem Zusammenhang ist auf den grundsätzlichen Unterschied zwischen dem Schulexperiment und dem Experiment in der Forschung hinzuweisen: Der Versuch in der Schule ist fiktiv, d.h. das Ergebnis steht von vornherein fest (und ist im Lehrbuch nachzulesen). Mit zunehmender Klassenstufe (etwa im 9./10. Schuljahr) muß der Lehrer daher diese Tatsache bewußt zur Sprache bringen und die Problemstellung möglicherweise dahingehend verändern, daß er fragt, wie man zu bestimmten Erkenntnissen gekommen ist.

Ein zeitgemäßer Biologieunterricht ist auf die Durchführung von Experimenten angewiesen, nicht nur weil mit ihnen die naturwissenschaftliche Erkenntnismethode nachvollzogen wird (Biologieunterricht sollte auch vermitteln, wie man zu Erkenntnissen gelangen kann!), sondern da mit ihrer Hilfe die für die Entwicklung eines Problembewußtseins so wichtige Fragehaltung initiiert wird, und im übrigen ein Verständnis der komplexen Gesetzmäßigkeiten des Naturgeschehens angebahnt werden kann. Der Lehrer sollte also nicht vorschnell auf das Experiment als wesentlichen Bestandteil eines modernen Biologieunterrichts verzichten, auch wenn die räumlichen, apparativen und finanziellen Gegebenheiten seiner Schule die Durchführung von Experimenten mit größerem Apparate-Aufwand nicht zulassen. Er sollte statt dessen von der Möglichkeit Gebrauch machen, in seinen Unterricht verstärkt

- Freihandversuche ohne größeren apparativen Aufwand und
- Gedankenexperimente

einzubauen. Auch mit diesen überwiegend theoretischen Experimentierformen lassen sich die generalisierende und auch die exakte Induktion nachvollziehen und die Schüler zu einem problemlösenden Denken führen.

Bevor im Folgenden ein einfaches, ohne großen apparativen Aufwand durchzuführendes Experiment beschrieben wird, soll vorweg noch die Struktur der methodischen Vorgehensweise bei der Durchführung von Unterrichtsversuchen skizziert werden. Zur erfolgreichen Durchführung sowie für das Verständnis eines Experiments erscheint zum einen die **Problematisierung des Sachverhaltes** vor dem Beginn des eigentlichen Experimentes unbedingt notwendig. Dazu muß in einem einführenden Unterrichtsgespräch das Problem von den Schülern als solches erkannt und die Fragestellung (Hypothese) formuliert werden. Hieran können sich die Lösungsversuche anschließen, die dann zum Aufbau und zur Durchführung des Experiments hinweisen. In der kritischen Bewertung der Ergebnisse wird schließlich die Verbindung zur Ausgangsfrage hergestellt und die Einschätzung der Ergebnisse führt letztlich zur Bestätigung oder Verwerfung der Hypothese. Die Problemlösungsaktivitäten der Schüler bedürfen anfangs sicher einer starken Lenkung durch den Lehrer, später – mit zunehmender Erfahrung – werden auch die Vorüberlegungen mehr und mehr selbständig von den Schülern durchgeführt.

Zusammenfassend ergibt sich damit folgende Struktur für den Ablauf eines Unterrichtsexperiments:

1. Beschreibung/Beobachtung eines Sachverhalts
2. Ableitung einer Problemstellung und Hypothesenbildung
3. Entwicklung von Methoden zur Überprüfung der Hypothesen
4. Beschreibung des Versuchsaufbaus und Klärung der intervenierenden Variablen (Störgrößen)
5. Versuchsdurchführung
6. Beschreibung/Dokumentation des Versuchsablaufs
7. Interpretation des Versuchs einschließlich der Verifizierung bzw. Falsifizierung der Eingangshypothesen

(8. Gegebenenfalls Transfer auf die Realsituation)

Im Rahmen der Unterrichtseinheit »Anpassung der Wirbeltiere an ihren Lebensraum« (7.Schuljahr) stellen in der nachfolgend skizzierten experimentellen Unterrichtsstunde die »Amphibien als wechselwarme Tiere« einen Schwerpunkt dar. In diesem Zusammenhang bietet sich die auf S. 240 beschriebene Unterrichtsstruktur an.

Anregungen für zumeist einfache Versuche erhält der Leser bei BAER (1976[4]), BAUER (1976), BAUER (1976 b), DAWID (1969), FALKENHAN (1971), FREYTAG (1973[3]), GROSSE (1972[3]), KNODEL u.a. (1973), MOLISCH (1979[5]), u.a.m.

7.2.5 Zusammenfassung

Dieses Kapitel stellt die wichtigsten Fertigkeiten und Techniken zusammen, die im Biologieunterricht zur Informationsaufnahme benötigt werden, wobei der Zusammenhang zwischen diesen Arbeitsweisen sowie ihre unterschiedliche Komplexität herausgestellt werden. Das einfache Schema in Abbildung 71 (verändert nach UHLIG, 1962, 175) macht deutlich, daß die komplexen Arbeitsweisen aus einfachen zu entwickeln und aufzubauen sind.

Die Notwendigkeit, fachspezifische Arbeitsverfahren zu erlernen, wird vor allem damit begründet, daß dadurch Strategien zur Bewältigung unterschiedlicher Situationen in Freizeit und Beruf erworben werden, daß die Schüler Einblicke in die Leistungsfähigkeit und Grenzen naturwissenschaftlichen Arbeitens gewinnen und das

1. Fragestellung: Wo übernachtet der Frosch? (Im Schlamm; auf dem Grund eines Gewässers)

↓

2. Problemstellung: Wie bekommt der Frosch im Winter den von ihm benötigten Sauerstoff?

↓

3. Hypothesen der Schüler: Er atmet durch Kiemen – er atmet durch die Haut – er hat eine Sauerstoffreserve – er atmet durch Poren – er atmet gar nicht (Kältestarre).

↓

4. Entwicklung von Methoden zur Überprüfung der Hypothesen: Gefäß mit einem Frosch über Nacht in einen Kühlschrank setzen, danach im Unterricht beobachten (der Lehrer hat dies vorbereitet).

↓

5. Beschreibung des Versuchsaufbaus:

a) Frosch 1 sitzt in einem Plastikaquarium, dessen Wasseroberfläche mit Eis bedeckt ist (vgl. Abb. 70)

b) Frosch 2 sitzt in einem Plastikaquarium ohne Eis (Kontrollversuch)

↓

6. Austeilen des Arbeitsbogens: Die meisten Schüler der Klasse (Gruppe A) beobachten Frosch 1, eine kleinere Gruppe (B) beobachtet Frosch 2 (Kontrollversuch).

↓

7. Beschreibung des Versuchsablaufs (s. ausgefüllten Arbeitsbogen)

↓

8. Interpretation des Versuchs (s. ausgefüllten Arbeitsbogen)

Abb. 70: Frosch in Kältestarre am Boden eines Behälters

Biologie	UE Abhängigkeit des Frosches von der Umgebungstemperatur	Datum:

GRUPPE A

Tragt die Problemstellung ein:

(Wie nimmt der Frosch den von ihm benötigten Sauerstoff auf?)

1. Lest die Wassertemperatur ab!

   (+ 5°C)

2. Beobachtet den Frosch im Aquarium (mit Eis bedeckte Wasseroberfläche) sechs Minuten lang:

   a Beschreibt stichwortartig sein Verhalten:

   (Frosch sitzt starr auf dem Boden, bewegt sich nicht)

   b Wie oft kommt der Frosch zum Luftholen an die Wasseroberfläche?

   (gar nicht)

3. Deutet das Versuchsergebnis:

   (Frosch überwintert in Kältestarre; er nimmt den im Wasser gelösten Sauerstoff mit der Haut auf; sein Sauerstoffbedarf ist viel geringer als im Sommer, da er sich nicht bewegt und sein Stoffwechsel verlangsamt ist.)

Gruppe B (Kontrollversuch)

Tragt die Problemstellung ein:

(Wie nimmt der Frosch den von ihm benötigten Sauerstoff auf?)

1. Lest die Wassertemperatur ab!

   (+ 20°C)

2. Beobachtet den Frosch im Aquarium sechs Minuten lang:

   a Beschreibt stichwortartig sein Verhalten:

   (Frosch schwimmt hin und her; kommt zum Atmen an die Wasseroberfläche.)

   b Wie oft kommt der Frosch zum Luftholen an die Wasseroberfläche?

   (4 mal)

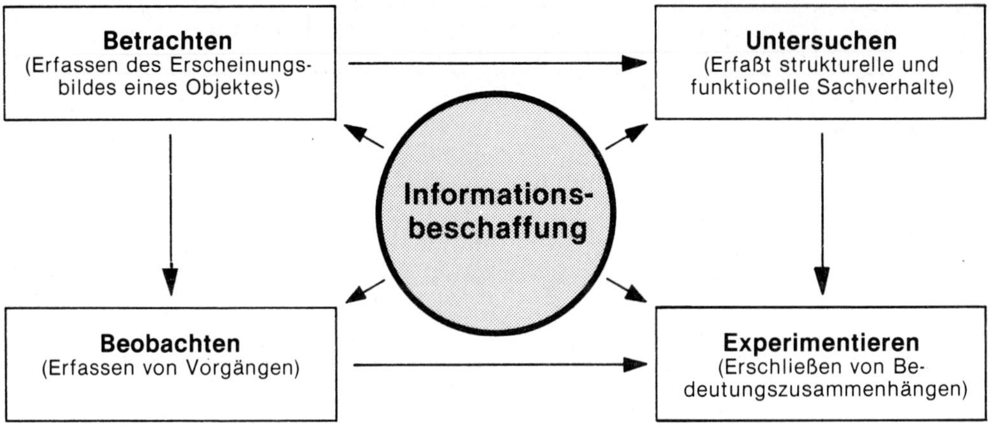

Abb. 71: Zusammenhang zwischen den wichtigsten biologischen Arbeitsweisen und Arbeitstechniken der Informationsbeschaffung

Interesse an biologischen (naturwissenschaftlichen) Problemen auch außerhalb der Schule geweckt wird, was angesichts der zunehmenden Freizeit besonders wichtig ist. Wenn bestimmte fachbezogene Verfahren gezielt im Unterricht geübt und angewendet werden sollen, dann muß die Auswahl geeigneter Unterrichtsinhalte auch auf diesen Zielaspekt hin erfolgen.

Die Einführung und Übung wichtiger naturwissenschaftlicher Arbeitsverfahren scheitert jedoch in vielen Schulen an den vielerorts noch immer katastrophalen inneren und äußeren Unterrichtsvoraussetzungen für den Biologieunterricht wie hohe Klassenfrequenzen, mangelhafte Medien-, Material- und Geräteausstattung sowie unzulängliche Raumverhältnisse. Es ist zu hoffen, daß die vom VERBAND DEUTSCHER BIOLOGEN in diesem Zusammenhang erhobenen Mindestforderungen hinsichtlich Schulausrüstung und Schülergruppenstärke (RAHMENPLAN 1979) endlich von den Kultusministerien erfüllt werden.

8
Zeitgemäßes Medienverständnis im Fach Biologie

Da sich der Biologieunterricht im Gegensatz zu anderen Unterrichtsfächern mit **lebenden Systemen** beschäftigt, können sich die unterrichtlichen Kommunikations- und Lernprozesse dieses Faches nicht nur auf die Verwendung der Sprache beschränken. Der Biologieunterricht ist vielmehr in einem großen Maße auf Unterrichtsmedien angewiesen – entweder als Realobjekte (sogenannte reale Gegenstände) selbst oder als Medien, die in irgendeiner Weise die Wirklichkeit *repräsentieren.* In ihrem unterrichtlichen Einsatz tragen Medien dazu bei, den *Erfahrungsbereich* der Schüler von einem ihnen bis dahin wenig bekannten biologischen Unterrichtsgegenstand zu erweitern und sie bei ihren Lernprozessen zu unterstützen.
Von daher erklärt sich die *außerordentliche* Bedeutung der Unterrichtsmedien insbesondere für den biologischen Unterricht. [90]

8.1 Traditionelles Medienverständnis

Die Bemerkung eines Schülers zu seinem Lehrer in einer Biologiestunde
»Sie haben wenigstens Medien mitgebracht. Da kann man auch mal kucken und muß nicht immer zuhören!«
weist indes auf das Problem hin: Als Ergebnis unzähliger Hospitationen läßt sich nämlich konstatieren, daß die Medien längst nicht in sinnvoller und optimaler Weise im Biologieunterricht eingesetzt werden. Der Grund dafür ist vor allem darin zu sehen, daß den Unterrichtsmedien in der überwiegenden Zahl der einschlägigen biologiedidaktischen Veröffentlichungen und biologischen Lehrpläne keine eindeutig definierte didaktische Funktion zugewiesen wird. Entsprechend der Einschätzung der Biologie als »Erfahrungswissenschaft« wird indes formal und deklamatorisch der didaktische Stellenwert der unterrichtlichen Medien hoch angesetzt. So zählen auch heute noch in vielen Biologielehrplänen und fachdidaktischen Veröffentlichungen das »*Anschauungsprinzip*« sowie die Prinzipien der »*Lebensnähe*« bzw. der »*originalen Begegnung*« zu den wesentlichsten Unterrichtsgrundsätzen (vgl. STAECK 1980, 31 f), die im übrigen bereits um die Jahrhundertwende das Medienverständnis der Schulbiologie prägten (vgl. JUNGE 1885; SCHMEIL 1896).
So verwundert es nicht, daß von Lehrergeneration zu Lehrergeneration überliefert den realen Gegenständen eine absolute Wertschätzung zukommt, die zu einer einseitigen didaktischen Bevorzugung der originalen Begegnung führt, was zur Folge hat, daß allen übrigen Medien im biologischen Unterricht allenfalls eine sekundäre – ergänzende – Funktion beigemessen wird (vgl. STAECK 1980, 32). Analysiert man die Ausführungen einschlägiger fachdidaktischer Arbeiten hinsichtlich ihres

Medienverständnisses weiter, so wird darüber hinaus deutlich, daß sich die Aufgabe der Medien im wesentlichen auf die *rein optische Präsentation,* d.h. auf **Veranschaulichung** des fertig angebotenen Wissens bzw. auf **Bestätigung** des erarbeiteten Unterrichtsstoffes beschränkt. [91] Die Medien dienen bei einem solchen Verständnis vor allem als *Vorstellungs- und Verdeutlichungshilfe* für fertig angebotene Lerninhalte.

Eine derartige Medienfunktion wird als **Enrichment** bezeichnet (vgl. STAECK 1980, 20; RAUCH 1975, 490), d.h. die Medien werden als Illustrierung, Anreicherung und Ergänzung des lehrerzentrierten Unterrichtes aufgefaßt [92] und sind nicht in den unterrichtlichen Kontext integriert.

Vor diesem Hintergrund wird auch verständlich, warum in unserem Land bis Ende der 70er Jahre die Notwendigkeit, sich mit Medien als speziellem Forschungsgegenstand auch des Biologieunterrichts zu beschäftigen, nicht gesehen wurde. [93] Vielmehr wurden die Ergebnisse der einzigen größeren statistisch abgesicherten empirischen Arbeit im deutschsprachigen Raum über die Wirksamkeit von traditionell im Biologieunterricht verwendeten Medien von DÜKER/TAUSCH aus dem Jahre 1957 (vgl. den Nachdruck aus dem Jahre 1971) von einer großen Zahl von später publizierten Arbeiten bis in die heutige Zeit unkritisch und ungeprüft übernommen, um damit die eigenen weitgehend ideologischen bzw. vorwissenschaftlich-naiven Auffassungen und Erfahrungskonzepte über die Medienverwendung im Biologieunterricht – insbesondere über die absolute Dominanz der realen Gegenstände! – zu rechtfertigen (vgl. hierzu die entsprechenden Zitate bei STAECK 1980, 84 f). Dabei ist die Arbeit von DÜKER/TAUSCH mit derartigen didaktischen, testtheoretischen und interpretatorischen Mängeln behaftet, daß es bis heute absolut unverständlich ist, wie derartige – noch dazu unzulässig generalisierende – Untersuchungsergebnisse in zahlreiche seriöse Quellen Eingang gefunden haben. [94]

8.2 Darstellung und Begründung eines zeitgemäßen Medienverständnisses

Aus Raumgründen kann hier keine ausführliche praxisnahe Darstellung der einzelnen Unterrichtsmedien gegeben werden. Hierzu sei auf die ausführliche Darstellung des Verfassers »Medien im Biologieunterricht, Angebote – Praxis – Wirksamkeit« verwiesen (STAECK 1980). Statt dessen soll eine didaktische Ortsbestimmung der Medien für den Biologieunterricht vorgenommen werden, um ihre zentrale Bedeutung für biologische Unterrichtsprozesse herauszustellen. Außerdem erhält der Lehrer eine Übersicht über die Strukturmerkmale unterschiedlicher Medien, die einige Hinweise auf die unterrichtlichen Einsatzmöglichkeiten der Medien miteinschließt.

8.2.1 Didaktische Ortsbestimmung der Unterrichtsmedien

Jede Beschäftigung mit dem Problemkreis der Unterrichtsmedien offenbart auch für den Bereich der Schulbiologie die große Uneinheitlichkeit im Gebrauch der Begriffe, die Hilfsmittel irgendeiner Art für den Unterricht bezeichnen. Der Ausdruck **Unterrichtsmedium** ist in diesem Zusammenhang der allgemeinste und am häufigsten verwendete und wird von einer Reihe von Autoren (vgl. STAECK 1980, 11) als Träger von Informationen und Mittler im Lernprozeß zwischen Lehrenden und Lernenden

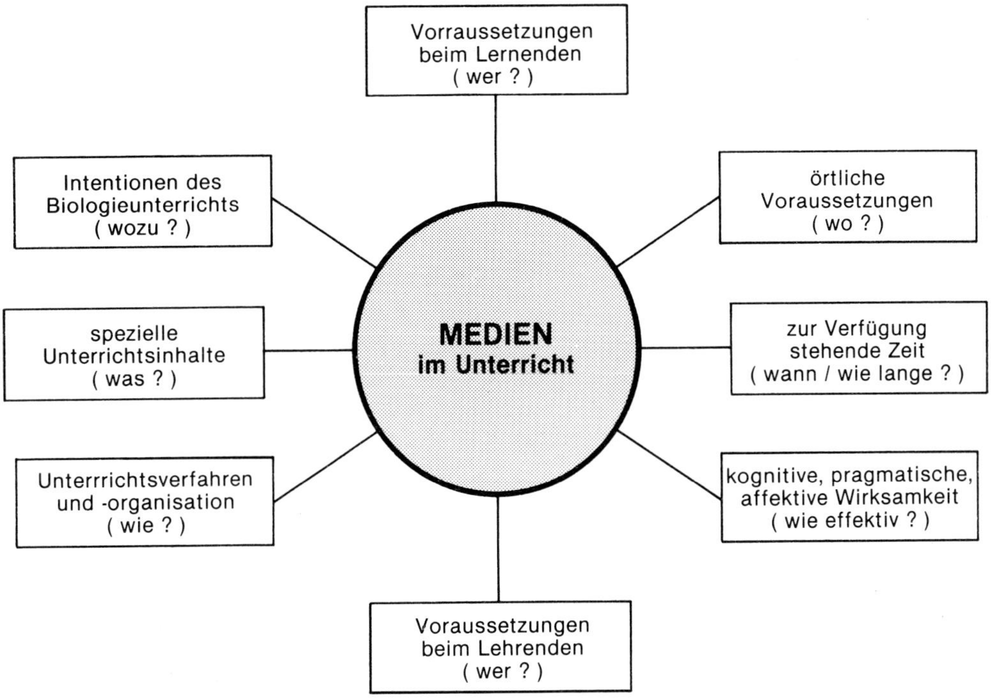

Abb. 72: Unterrichtsrelevante Faktoren für eine begründete Medienauswahl

verstanden. Weitere häufig gebrauchte und zumeist synonym angewandte Begriffe sind Bildungs-, Arbeits-, Lehr- und Lern-, Übungs-, Anschauungs-, Demonstrationsmittel, soft-ware usw. Jeder dieser Begriffe bringt eine mehr oder weniger starke didaktische Akzentuierung zum Ausdruck. Dies kann nicht überraschen, zumal in die Medienauswahl und den Medieneinsatz im Unterricht eine Reihe bedeutender Faktoren eingehen. Diese mediendidaktisch relevanten Parameter sind in Abb. 72 zusammengefaßt.

Entsprechend dem in diesem Band akzentuierten biologiedidaktischen Verständnis einer **problemorientierten, anwendungsbezogenen** und **schülerzentrierten Schulbiologie** muß auch den Unterrichtsmedien eine *zentrale didaktische Rolle* im Biologieunterricht zugewiesen werden. Deshalb sollen die Medien in diametraler Abkehr von einem Enrichment-Verständnis nunmehr als *integraler Bestandteil* des Lernprozesses definiert werden. Zur Charakterisierung dieser Sichtweisen sollen die Medien im Biologieunterricht nunmehr als **Operationsobjekt** bezeichnet werden. Damit wird die dem Medium im Rahmen des Biologieunterrichts traditionell zugewiesene *illustrative* Anschaulichkeit durch eine *operative* und *prozessuale* Funktionszuweisung erweitert.

Ein Operationsobjekt soll in diesem Sinne den Lernenden im Rahmen des Biologieunterrichts zu bestimmten Operationen, die dem Erreichen der Unterrichtsziele dienen, initiieren, wodurch er selbständig Sacheinsichten gewinnen und zu Arbeitsergebnissen gelangen kann (Operationen sind hierbei z.B. alle Denkleistungen sowie auch Handlungen), (vgl. KÖNIG/RIEDEL 1974², STAECK 1980, 26). Der didaktische Stellenwert der Medien innerhalb des Biologieunterrichts wird damit offenbar: Sie erhalten ihre didaktische Legitimation aus ihrer Funktion für den Vollzug von Operationen durch den Lernenden im Rahmen der handelnden Auseinandersetzung mit dem Unterrichtsgegenstand.

Kennzeichnend für diese lernprozeßorientierte Sichtweise ist demnach, daß der Unterrichtsstoff den Lernenden nicht in einer perfekt aufbereiteten Art angeboten wird, sondern daß die Schüler – unterstützt durch Lernhilfen des Lehrers (z.B. Impulse, Beobachtungsaufgaben) – die durch das Medium vermittelten Informationen umorganisieren, umformen und übertragen müssen. Dadurch werden die kognitiven Elemente und Strukturen des Unterrichtsstoffes wirkungsvoller aufgenommen (vgl. AUSUBEL/ROBINSOHN zit. nach EINSIEDEL 1976, 77). Diese didaktische Funktion der Operationsobjekte kann – mit Ausnahme der programmierten Unterweisung – nur im Rahmen eines entsprechend organisierten unterrichtlichen Kontextes erfüllt werden, d.h., der Einsatz eines Mediums wird mit personalen Instruktionsphasen, die normalerweise vom Lehrer gestaltet werden, gekoppelt (vgl. das Schema in Abb. 73).

Eine solche Sichtweise, nämlich der direkten Einbindung der Operationsobjekte in den Unterrichts- bzw. Lernprozeß läßt sich im Gegensatz zum kritisierten Enrichment-Modell als **Kontext-Modell** (Ergänzungsmodell) bezeichnen (vgl. BLOCH u.a. 1975, STAECK 1980, 20 f).

Ihre endgültige Funktion erhalten Operationsobjekte demnach, unabhängig davon, für welchen Zweck sie vom Hersteller erstellt wurden, immer erst in der konkreten Verwendungssituation des Unterrichts. An dieser Stelle wird deutlich, daß im modernen Biologieunterricht nicht die »*Naturnähe*« von vornherein primäres Kriterium für die Medienauswahl sein sollte, sondern die **Nähe zum intendierten Lernziel,** das kognitiv, handlungsbezogen oder auch affektiv sein kann! Diese Lernzielorientierung wird es im übrigen häufiger erforder-

1. Phase (Einführung, Problematisierung):

Personale Instruktion über das Unterrichtsthema im Klassenunterricht.

▼

2. Phase (Erarbeitung):

a) Apersonale Instruktion (Einsatz eines Operationsobjektes - z.B. eines Filmstreifens - mit direkter Vermittlungsfunktion.
b) Gruppen- oder partnerweise Inhaltsbewältigung (Bearbeitung eines vorgefertigten Arbeitsbogens).

▼

3. Phase (Synthese, Sozialphase):

Personale Auswertung (Rückkoppelung mit Schüler-Lehrer-Gespräch; Wiederholung und Festigung sowie Übertragung der gewonnenen Erkenntnisse im Unterricht.

Abb. 73: Schema der Abfolge von personalen und apersonalen Instruktionsphasen bei einer Medienverwendung als Operationsobjekte im Rahmen des Kontext-Modells lich machen, daß der Lehrer für sein Unterrichtsvorhaben sich Medien selbst erstellt (z. B. Arbeitstransparente, Dias, Tonbänder, Modelle, Arbeitsbogen) [95] vgl. STAECK 1979 c) oder die vom FWU bzw. den Verlagen angebotenen Medien variabel handhabt (z. B. bei Filmen bestimmte Sequenzen zeigen oder auf den Ton verzichten). Die hier vorgenommene didaktische Ortsbestimmung der unterschiedlichen Medien in einem zeitgemäßen Biologieunterricht macht zum einen ihre **Informationsfunktion** deutlich. Darüber hinaus eignen sich die Medien bei dem beschriebenen Medienverständnis auch ausgezeichnet zur Auslösung und Lenkung von unterrichtlichen Operationsfolgen **(Motivationsfunktion)**. Schließlich erfüllen Medien gerade im Biologieunterricht eine wichtige Funktion hinsichtlich der Darstellung bzw. adäquaten Wiedergabe der biologischen Unterrichtsgegenstände **(Repräsentationsfunktion).** Auch zur Lernzielkontrolle, Leistungsmessung sowie zum Üben und Festigen können Unterrichtsmedien im Biologieunterricht erfolgreich verwendet werden **(Übungsfunktion,** vgl. Abb. 74).

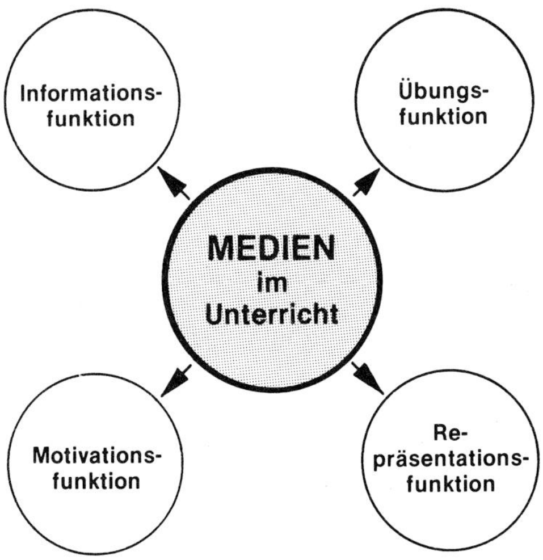

Abb. 74: Funktionskreise der unterrichtlichen Medien im Biologieunterricht (aus: STAECK 1980, 182)

8.2.2 Strukturmerkmale und Einsatzmöglichkeiten verschiedener Medienarten

Wahrnehmungspsychologisch lassen sich die im Biologieunterricht eingesetzten Unterrichtsmedien im Hinblick auf die folgenden vier Sinneskanäle unterscheiden (vgl. hierzu auch Kap. 4.5)

- den visuellen,
- den auditiven,
- den haptischen,
- den olfaktorischen (den Geruchssinn betreffenden) Kanal.

Nach der Anzahl der beanspruchten Sinneskanäle ordnet man sie in

- einkanalige Medien, z.B. das Tonband (auditiv) oder der Stummfilm (visuell);
- zweikanalige Medien, z.B. den Tonfilm (audiovisuell) oder das morphologisch-anatomische Modell (visuell-haptisch) und
- mehrkanalige Medien, z.B. die zu sezierende Schweineniere (visuell-haptisch-olfaktorisch).

Bezüglich ihres unterrichtlichen Einsatzes und ihrer didaktischen Wirkung sind nun die Medien nicht nur nach *Sinneskanälen*, sondern auch nach **Darbietungsformen** zu unterscheiden und voneinander abzugrenzen (vgl. STAECK 1980, 15 ff.):

a) Die unmittelbare / direkte Darbietung (der reale Gegenstand selbst);
b) die realbildliche (ikonische) Darbietungsform, die das dargestellte Objekt in mindestens einer Dimension realistisch wiedergibt, z.B. eine Stummfilmsequenz;
c) die schematische (graphisch-modellhafte) Darbietungsform mit höherem Abstraktionsniveau aufgrund der vor-

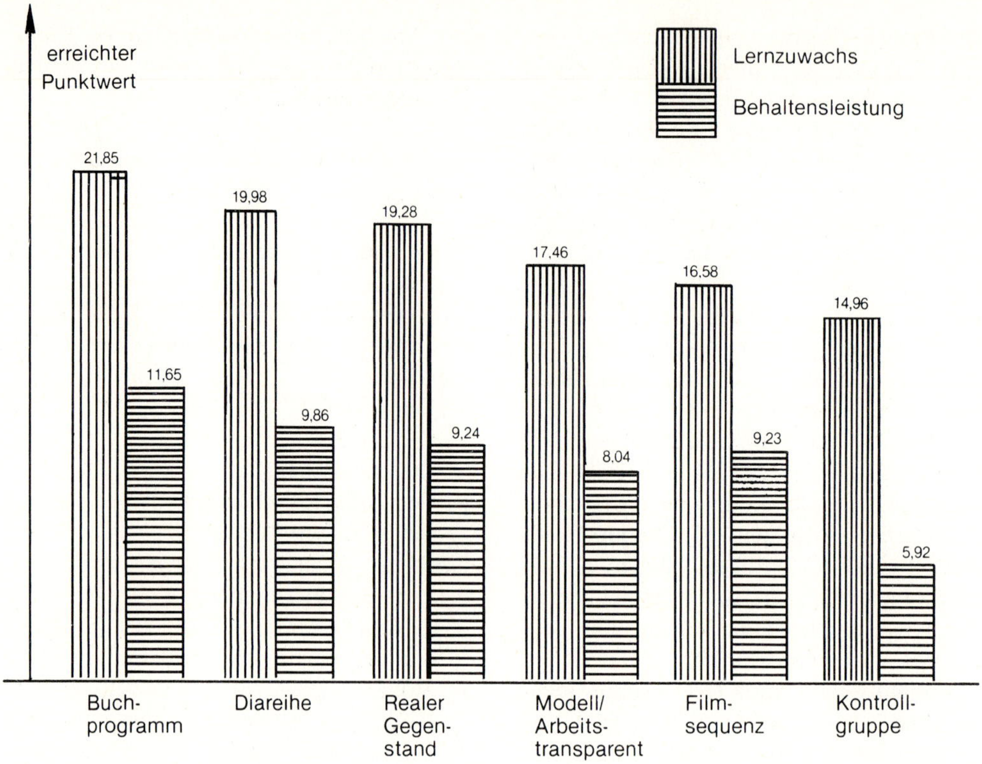

Abb. 75: Vergleich der Mittelwertergebnisse im unmittelbaren Lernzuwachs und in der Behaltensleistung (nach sechs Wochen) bei unterschiedlicher medialer Vermittlung (STAECK 1980, 153)

genommenen didaktischen Vereinfachung, z.B. die schematische Darstellung des Blutkreislaufes oder ein Augenmodell;

d) die symbolische (analoge) Darbietungsform verwendet zur Darstellung einer Gegebenheit Symbole (Kurven, Zeichen), z.B. die Darstellung des Energiebedarfs des Menschen im Verlauf seines Lebensalters;

e) die verbale (digitale) Darbietungsform, also die schriftliche oder lautsprachliche Darstellung eines Unterrichtsgegenstandes, z.B. ein mündlicher Bericht, ein Arbeitstext.

Aufgrund der verschiedenartigen Wahrnehmungstypen (vgl. auch VESTER 1980[5] sowie Kap. 4.5) bei den Schülern liegt die Vermutung nahe, daß biologische Lerninhalte, die medial verschieden dargestellt sind, bei den Schülern auch unterschiedlich lernwirksam sind.

In einer empirischen Untersuchung des Verfassers konnte dies bestätigt werden (vgl. STAECK 1980):
Der kognitive Lernerfolg (Thema: Regenwurm) unmittelbar nach dem Unterricht und sechs Wochen später erbrachte beim Einsatz des Buchprogramms, einer Diareihe, einer Filmsequenz, des realen Gegenstandes und des Modells in Verbindung mit einem Arbeitstransparent statistisch abgesichert unterschiedliche Befunde (vgl. Abb.

75). Die mit Hilfe des Intelligenz-Struktur-Tests homogenisierte Untersuchungsstichprobe bestand aus insgesamt 381 Jungen und Mädchen (Durchschnittsalter 12,9 Jahre), deren Lernleistungen im Vortest-Nachtest-Design überprüft wurden.
Als wichtigste Befunde ergeben sich danach:

1. Mit Medien wird effektiver gelernt als ohne (Kontrollgruppe wurde lediglich verbal unterrichtet).
2. Das Lernprogramm bewirkt den größten Wissenszuwachs und auch die höchste Behaltensleistung im Vergleich zu allen anderen eingesetzten Medien.
3. Der reale Gegenstand erwies sich bezüglich des kognitiven Lernerfolgs nicht als lernwirksamstes Medium.
4. Bei allen Medienarten wird im Verhältnis zum jeweils erzielten Lernzuwachs nach sechs Wochen etwa im gleichen Umfang wieder vergessen.

Diese Untersuchungsbefunde sollten jedoch nur *tendenziell* gewertet und nicht vorschnell generalisiert werden. Andere Lerninhalte und -ziele, andere Schülerpopulationen und andere Einsatzformen (im Untersuchungsfall wurden die Medien als Operationsobjekte im Rahmen des Kontext-Modells eingesetzt) könnten auch zu unterschiedlichen Lernabläufen führen.
Unter Einbeziehung dieser Untersuchungsergebnisse sollen nachfolgend einige mediendidaktische Leitlinien für den Biologieunterricht vorgestellt werden, die versuchen, zum einen die wahrnehmungspsychologischen Merkmale der einzelnen Medienarten herauszustellen und zum anderen ihre Einsatzmöglichkeiten zu präzisieren (vgl. Tab. 28). Dieses Medienprofil soll keinesfalls dogmatisch gehandhabt werden, sondern will vor allem Anregungen für einen abwechslungsreichen, die verschiedenen Sinneskanäle berücksichtigenden Biologieunterricht geben. Der Lehrer sollte folglich beachten, daß Medien ihre endgültige Funktion immer erst in der *konkreten Verwendungssituation* des Unterrichts erhalten.

8.3 Zusammenfassende Würdigung der Unterrichtsmedien für den Biologieunterricht

Medien sind niemals wertneutral; neben ihrer Informationswirkung können sie vor allem auch strukturieren, interpretieren, modifizieren, motivieren und manipulieren. Zusammenfassend erfüllen sie im Biologieunterricht – eingesetzt als Operationsobjekte – insbesondere folgende Aufgaben:

- Sie bewirken eine Motivation der Schüler für biologische Phänomene.
- Sie erleichtern den Schülern die selbständige Auseinandersetzung mit biologischen Problemstellungen, Sachverhalten und das Erkennen von Zusammenhängen.
- Damit tragen sie wesentlich zur Erkenntnisgewinnung bei und ermöglichen darüber hinaus eine Vertiefung des erworbenen Wissens.
- Sie unterstützen erheblich das soziale Lernen und selbständige Arbeiten der Schüler.

Außerdem sollte der Lehrer im Sinne eines emanzipatorischen Ansatzes seine Schüler auch im Rahmen des Biologieunterrichts zur kritischen Reflexion über Medien befähigen. Diese Zielsetzung kann ein Lehrer dadurch zu realisieren versuchen, daß er zu einem eingesetzten Arbeitsmittel (z.B. Fernsehsendung, Unterrichtsfilm, Dia, Biologiebuch, Arbeitstransparent, Wandkarte) einen Fragebogen zur kritischen Betrachtung und Distanzierung von Unterrichtsmedien an seine Schüler verteilt (vgl. hierzu den Kriterienkatalog zur Analyse und Beobachtung von Arbeitstransparenten

Medienart	beanspruchte(r) Sinneskanal/ Sinneskanäle	Darbietungsformen	besonders angesprochener Lernbereich	besonders empfohlene Einsatzmöglichkeiten
Reale Gegenstände:				
Lebende Organismen	visuell/ auditiv/ haptisch olfaktorisch	Realerfahrung	affektiv psychomotorisch	– Zur Motivierung für biologische Fragestellungen (Primärbegegnung, Hinführung); – zum Gewinnen biologischer Grunderfahrungen (→ Erlebniswert); – zur Auslösung von Handlungsabläufen und Operationsfolgen; – zur Einführung bzw. Übung biologischer Arbeitsweisen; – zur Herausbildung von Einstellungen, Haltungen, Überzeugungen.
Frischpräparate	visuell/ haptisch/ olfaktorisch	Realerfahrung	affektiv psychomotorisch	
Konservierte Realobjekte (Dauerpräparate)	visuell	Realerfahrung	kognitiv	– Zu morphologischen Studien; – Zur Erarbeitung von Form- und Gestaltmerkmalen als Grundlage für das Verständnis funktioneller bzw. physiologischer Vorgänge
Filme	visuell/ auditiv	ikonisch/ schematisch/ symbolisch/ verbal	kognitiv affektiv	– Zur Darstellung physiologischer und ethologischer Sachverhalte (Entwicklungs- und Funktionsabläufe, Verhaltensweisen, Bewegungen); – zur Motivierung für biologische Fragestellungen; – zur Herausbildung von Einstellungen, Haltungen.

Tab. 28: Mediendidaktische Leitlinien für den Biologieunterricht (vgl. STAECK 1980, 186 f)

und anderen Medienarten bei STAECK 1980, 57 ff.). Der ideologische Standpunkt der Medienhersteller, die Suggerierung bestimmter Vorstellungen usw. läßt sich durchaus schon mit Schülern der Orientierungsstufe herausarbeiten, wodurch sie zur kritischen Haltung gegenüber sämtlichen Medien befähigt werden.

Die Biologie unterrichtenden Lehrer sind sich zwar der Relevanz der Medien für dieses Unterrichtsfach grundsätzlich bewußt, doch die Beobachtung der Unterrichtspraxis zeigt, daß der Einsatz von Unterrichtsmedien vielerorts nur sporadisch erfolgt und ein Verbund verschiedene Sinneskanäle ansprechender Medien mit dem Ziel, auf die jeweiligen Schülerbedürfnisse besser eingehen zu können, nur selten verwirklicht werden kann. Hierfür sind insbesondere folgende Gründe verantwortlich:

- mangelhafte Ausstattung der Schulen mit Unterrichtsmedien, geringe Zahl der Filmkopien bei den Bildstellen;
- organisatorisch-technische Schwierigkeiten beim Einsatz der Medien (z.B.

Medienart	beanspruchte(r) Sinneskanal/ Sinneskanäle	Darbietungsformen	besonders angesprochener Lernbereich	besonders empfohlene Einsatzmöglichkeiten
Dias	visuell	ikonisch/ schematisch/ symbolisch/ (verbal)	kognitiv	– Zur Erarbeitung der Strukturen von Lebewesen; – zur Erarbeitung von chronologischen Abfolgen biologischer Vorgänge; – zur Vermittlung von Fakten, Kenntnissen und Erkenntnissen; – für Reproduktions- und Verständnisleistungen.
Modelle	visuell/ haptisch	schematisch/ symbolisch	kognitiv psychomotorisch (bei Selbsterstellung)	– Zum Verständnis morphologisch-anatomischer Zusammenhänge des Realobjektes; – zur Erklärung komplexer Naturvorgänge und dreidimensionaler Denkmodelle.
Arbeitstransparente	visuell	schematisch/ symbolisch/ verbal	kognitiv	– Zur Darstellung schematischer und grafischer Übersichten; – zur Erarbeitung komplexer zweidimensionaler Strukturen und Kreisläufe in einer analytischen bzw. entwickelnden Darstellungsweise; – zur Übung und Festigung des Wissensstoffes.
Lernprogramme	visuell	verbal/ schematisch	kognitiv	– Zur Vermittlung grundlegender Sachinformationen und Zusammenhänge (z.B. Gesetzmäßigkeiten, Prinzipien, Funktionsabläufe, Aufbau und Funktionsabläufe, Aufbau und Funktion von Organen bzw. Organsystemen, Grundfertigkeiten); – zur Übung und Festigung des Wissensstoffes.
Wandbilder	visuell	schematisch/ verbal	kognitiv	– Zum Abzeichnen, Wiederholen, Einprägen morphologisch-anatomischer Sachverhalte; – zur Sicherung von Erkenntnissen und Einsichten.

keine (verdunkelbaren) Räume, fehlende Geräte und Materialien);

- durch Verwaltungsarbeiten, große Klassenfrequenzen und hohe Stundenverpflichtungen bedingte Überlastung des Lehrers, die die Beschaffung bzw. didaktisch-methodische Aufbereitung von Medien verhindert.

Als Ausweg aus dieser vielerorts anzutreffenden Situation sollte der Lehrer sich daran machen, zusammen mit Kollegen schrittweise ein eigenes Medienarchiv, beispielweise bestehend aus selbst erstellten

- Dias (z.B. die Metamorphose des Frosches),
- einfachen Modellen (z.B. Kiemenmodell),
- Arbeitstransparenten (z.B. Bauplan der Schabe),
- Tonbändern (z.B. mit Reportagen, fiktiven oder echten Interviews),
- Arbeitstexten (z.B. aus Zeitungen und dergleichen)

zu erstellen sowie Anschriftenlisten für die Beschaffung zoologischen und botanischen Untersuchungsmaterials anzulegen.

9 Planung von Biologieunterricht

In Erkenntnis dieser Situation akzentuieren die folgenden Ausführungen bestimmte für die Planung und Analyse von Biologieunterricht relevante Aspekte. Dem Lehrer soll damit ein leicht zu handhabendes Instrumentarium in die Hand gegeben werden, das ihm hilft, biologische Unterrichtseinheiten zu strukturieren und Unterrichtsentwürfe zu erstellen sowie über die realisierten Unterrichtsstunden zu reflektieren.
Die Auseinandersetzung mit grundlegender allgemeindidaktischer Literatur erübrigt sich damit zwar nicht, doch kann der an biologiedidaktischen Fragestellungen interessierte Leser mit Hilfe der hier gegebenen Anregungen seine weiterführenden Studien gezielter vornehmen. Das nachfolgend skizzierte Konzept, das seit mehreren Jahren vom Verfasser in der unterrichtspraktischen Biologielehrerausbildung erprobt wird, hat seine Wurzeln vor allem im **lerntheoretischen** sowie **systemtheoretischen Modell.**

9.1 Zur Unterrichtsstruktur im Fach Biologie

Bevor die Vorgehensweise bei der Planung von biologischen Unterrichtsstunden und Unterrichtseinheiten ausführlich beschrieben wird, soll vorab auf ein grundsätzliches Problem bei der Anlage von Biologiestunden eingegangen werden. [96] Insbesondere Lehranfänger haben große Schwierigkeiten, ihre Unterrichtsstunden nach einer lernlogischen und zugleich dem Fach Biologie gerecht werdenden Struktur zu gliedern und aufzubauen. [97] Lebensäußerungen bzw. Lebensprozesse unterliegen nicht derartig starren Gesetzmäßigkeiten, wie sie für die Chemie, Physik oder Mathematik charakteristisch sind. Vielmehr wird Leben und Überleben auch dadurch ermöglicht, daß sich die unterschiedlichsten Wege der Daseinsbewältigung entwickeln. Die Mannigfaltigkeit der Formen ist deshalb auch größer als die Mannigfaltigkeit der Bedingungen. (Man denke z.B. an die verschie-

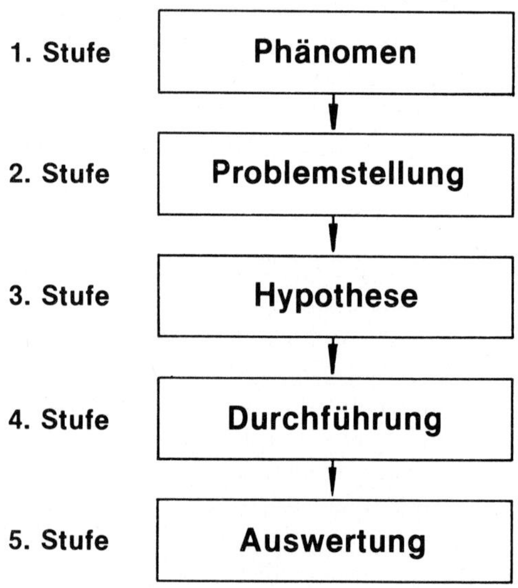

Abb. 76: Die phänomenologische Vorgehensweise als Grundform einer Stundenkonfiguration im Biologieunterricht

denartigen Lösungsmöglichkeiten für das Fliegen, wie sie beispielsweise von Insekten, Vögeln, (fliegenden) Fischen, (fliegenden) Säugetieren entwickelt wurden.)

Aus dieser Besonderheit, die die Biologie von den übrigen Naturwissenschaften unterscheidet, ergibt sich als eine charakteristische Grundform einer Stundenkonfiguration (vgl. Abb. 76) für den Biologieunterricht die **phänomenologische Vorgehensweise.**

Der Ausgangspunkt des Lernprozesses ist bei dieser Stundengliederung beispielsweise der **reale Gegenstand,** den der Lehrer seinen Schülern präsentiert (z. B. eine Blüte). Dieses Naturobjekt wirft ein **Problem** auf (z. B.: Welche Merkmale hat die Blüte, die ihre verwandtschaftliche Zuordnung ermöglichen?) Das aufgeworfene Problem sollte unbedingt für alle Schüler deutlich herausgehoben werden, z. B. indem es an die Tafel, auf ein Arbeitstransparent oder auf einen Packpapierstreifen, der mit doppelseitigem Klebeband an die Tafel geklebt wird, geschrieben wird. [98] In der gedanklichen Auseinandersetzung mit dieser Fragestellung werden sodann **Lösungsmöglichkeiten (Hypothesen)** genannt. Das Problem kann nun im weiteren Unterrichtsverlauf auf verschiedene Weise angegangen werden, z. B.

- in der Durchführung einer Untersuchung (z. B. Präparieren, Sezieren),
- in der Durchführung eines Experiments,
- in der Literaturarbeit,
- in der Bearbeitung eines Arbeitsbogens.

Die so erarbeiteten Fachinformationen [99] werden schließlich in Form von Protokollen, Dokumentationen und Interpretationsversuchen **ausgewertet.**

Das folgende Unterrichtsbeispiel verdeutlicht die beschriebene Stundenstruktur:

Im Rahmen der Unterrichtsstunde »Versuche zur Reaktion von *Artemia salina* (Salinenkrebs) auf Lichtreize« (Unterrichtseinheit »Sinnesphysiologische Experimente an Artemia salina«) – 9. Schuljahr – präsentiert der Lehrer der Schülergruppe einen Behälter mit Nauplien (Larven). Die Schüler stellen fest, daß sich die Tiere stets an einer Stelle des Behälters versammeln. Der Lehrer fragt nach vermuteten Gründen für das beobachtete Phänomen (Schüler vermuten, daß die Nauplien Helligkeit oder Dunkelheit bevorzugen.) Eine Versuchsanordnung wird entwickelt, und die Schüler führen anschließend die folgenden Versuche durch: Einseitige Beleuchtung der Nauplien mit der Taschenlampe

1. durch weißes Licht
2. durch Blaufilter
3. durch Rotfilter
4. durch Grünfilter.

Die Versuchsergebnisse werden diskutiert:

- Weißes, blaues und grünes Licht hat anlockende Wirkung.
- Rotes Licht bewirkt keine Reaktion.

Die Schüler ziehen den Schluß, daß die Nauplien durch bestimmte Farben angelockt werden. Der Lehrer führt den Begriff **Phototaxis** (= Reaktion auf einen Lichtreiz durch gerichtete Bewegung) ein, die Bedeutung der positiv phototaktischen Reaktion wird geklärt (durch diese angeborene Reaktion werden die Nauplien zu ihrer Nahrung geführt).

Die zweite Grundform einer Stundenkonfiguration für den Biologieunterricht ist zweifellos die **fragend-entwickelnde Vorgehensweise.** Hierbei geht der Lehrer beispielsweise von einer **Falldarstellung** aus, die ein **Großproblem** beinhaltet (z. B. die Beschreibung eines Herzinfarktes eines Busfahrers sowie die dazugehörige Anamnese). Die Diskussion dieses Großproblems liefert – durch entsprechende Impulse des Lehrers unterstützt – Zusatzinformationen, die eine Aufspaltung des Großproblems in eine Reihe von **Kleinproblemen** ermöglicht. Die Bearbeitung dieser Kleinprobleme (z. B. arbeitsteilig, gruppenweise, partnerweise) führt zur Gewinnung von **Erkenntnissen** und in der Summe aller Einzellösungen zu einer – oftmals allerdings nur vorläufigen – **Gesamtlösung.**

Abschließend soll noch auf die Struktur von Wiederholungsstunden im Fach Biologie eingegangen werden, deren Bedeutung in der biologiedidaktischen Literatur bislang zu kurz kommt.

Der zeitgemäße Biologieunterricht, der darauf abzielt, biologisches Wissen nicht nur theoretisch zu vermitteln, sondern in konkrete Handlungsbezüge umzusetzen und naturerhaltende und -fördernde Einstellungen und Haltungen auch tatsächlich in der alltäglichen Lebenswirklichkeit zu praktizieren, sollte auch den Wiederholungsstunden mehr Zeit einräumen. Hierbei ist der vermittelte Lehrstoff nicht einfach im Frage-Antwort-Ritual abzufragen, sondern in neuen Sachzusammenhängen anzuwenden. Im Rahmen einer Unterrichtseinheit über die Lebensweise des Bienenvolkes könnte der Lehrer zur Wiederholung der Ernährungsweise beispielsweise die Frage aufwerfen, warum die Obstbauern an Wanderimker Geld bezahlen.

Mit einer derartigen Struktur von Wiederholungsphasen, die Zusammenhänge herstellt, den Lehrstoff vertieft und weiterführt wird erreicht, daß

- das vorhandene Wissen der Schüler auf motivierende Weise aufgegriffen wird,
- eine Transferleistung von den Schülern erbracht wird, und gelernte Fakten aufgerufen und in neuen Zusammenhängen angewendet werden.

9.2 Sachanalyse

Die schriftliche Festlegung der Antizipation der methodischen Unterrichtsorganisation ist der Entwurf zu einer Stunde. Bevor eine derartige Planung jedoch gestaltet werden kann, muß sich der Unterrichtende über den Unterrichtsgegenstand selbst sowie über bestimmte didaktische Gesichtspunkte klar geworden sein. Diese vom Lehrer vorzunehmenden Überlegungen werden unter den Begriffen **Sachanalyse** und **didaktische Analyse** als den beiden tragenden Säulen der Unterrichtsvorbereitung zusammengefaßt (vgl. Abb. 78).

In der Sachanalyse, die der didaktischen Analyse zeitlich und inhaltlich vorausgeht, orientiert sich der Unterrichtende über den Unterrichtsgegenstand, indem der Stoff der Unterrichtsstunde (bzw. der Unterrichtseinheit) in seiner Struktur und Eigengesetzlichkeit wissenschaftlich durchleuchtet wird. Der in der didaktischen Literatur allgemein verwendete Ausdruck »Sachanalyse« erscheint vor allem für Anfänger des Fachdidaktikstudiums unglücklich gewählt, da er den Eindruck erweckt, daß es sinnvoll sei, vor allen didaktisch-methodischen Überlegungen die Sache selbst fachwissenschaftlich zu analysieren. Dabei steht die in einem bestimmten Themenzusammenhang angesprochene Sache selbst von Anfang an in einem bestimmten **didaktischen Kontext** (vgl. auch MEYER 1980, 257).

In der Sachanalyse sind demnach bereits – je nach thematischem Schwerpunkt – gröbere oder feinere didaktische Entscheidungen (z. B. durch die Vorgabe der Formulierung der Unterrichtseinheit, des Lehrplanes, die zur Verfügung stehende Zeit) eingeschlossen. An dieser Stelle wird auch der Unterschied zwischen einer biologischen Sachanalyse und der Erörterung in einem biologischen Fachbuch sichtbar: In der

Sachanalyse werden deutliche, didaktisch begründete Schwerpunkte gesetzt, indem gleichsam in einer Art Filtrationsprozeß die verschiedenartigen Vorgaben und Eingaben mitverarbeitet werden.

Die Sachanalyse soll diejenigen Informationen umfassen, die der Lehrer benötigt, um den Unterricht auf der Basis einer gründlichen Sachkenntnis erteilen zu können, z. B.
- die Beschreibung der Entstehungsbedingungen des Sachproblems (z. B. wenn die Unterrichtseinheit lautet »Überernährung als gesundheitliches Hauptproblem unserer Gesellschaft«, dann sollten die Ursachen, die zur heutigen Überernährung führen, aufgezeigt und beschrieben werden (nämlich die Abnahme der Berufsschwere bei gleichzeitig zunehmendem hochkalorischen Nahrungsangebot);
- die Analyse der Teilbereiche der Unterrichtseinheit (s. Abb. 78);
- die Vorlage empirischer Daten (z. B. bei einer Unterrichtseinheit über Schädlingsbekämpfung könnte recherchiert werden über die Arten und Kosten der verschiedenen Methoden der Schädlingsbekämpfung, die Häufigkeit bestimmter Schädlinge in einem bestimmten Bereich sowie die Anzahl von Schädlingsarten, die gegen bestimmte Mittel bereits resistent sind.);
- das Aufzeigen von Querverbindungen zu benachbarten Themenkomplexen (vgl. Abb. 78);
- die Erläuterung der verwendeten Fachausdrücke.

Wichtig erscheint darüber hinaus die Erstellung eines sogenannten **Begriffsnetzes** (vgl. Abb. 77), das auf der Basis des Themas der Unterrichtseinheit über mehrere Ebenen die Vielzahl möglicher Querverbindungen und Beziehungen der unterschiedlichen Teilbereiche und -aspekte sichtbar macht. In dieses Begriffsnetz wird – praktisch als »roter Faden« – nach der Erstellung der **didaktischen Analyse** die Struktur der Unterrichtseinheit eingetragen (vgl. Abb. 77).

Die mit der Erstellung einer Sachanalyse verknüpften Ziele sind nachfolgend zusammengefaßt:
1. Gründliche fachliche Aneignung der Sache (unter Verwendung der **Primär-Literatur** und Angabe der Quellen).
2. Analyse des mehrdimensionalen Unterrichtsgegenstandes mit seinen Teilbereichen, den darin zum Ausdruck kommenden wechselseitigen Beziehungen und Eigengesetzen und dadurch
3. eine Entflechtung des mehrdimensionalen Beziehungsgefüges des Sachgegenstandes in Form einer linearen Anordnung (wobei in der Regel mehrere Möglichkeiten der Anordnung bestehen);
4. Erstellung eines **Begriffsnetzes**, wodurch Verknüpfungen und Beziehungen sichtbar werden.

9.3 Didaktische Analyse

In der didaktischen Analyse als der zweiten tragenden Säule der Unterrichtsvorbereitungen neben der Sachanalyse werden die komplexen fachbiologischen Sachverhalte vereinfacht, aufbereitet und strukturiert unter Berücksichtigung begründeter Zielsetzungen, der jeweiligen lerngruppenspezifischen Voraussetzungen und der situativen Bedingungen (vgl. Abb. 78).

9.3.1 Begründung der Themenwahl und Zielsetzung

Im Rahmen der didaktischen Analyse sollte die Themenwahl der Unterrichtseinheit ge-

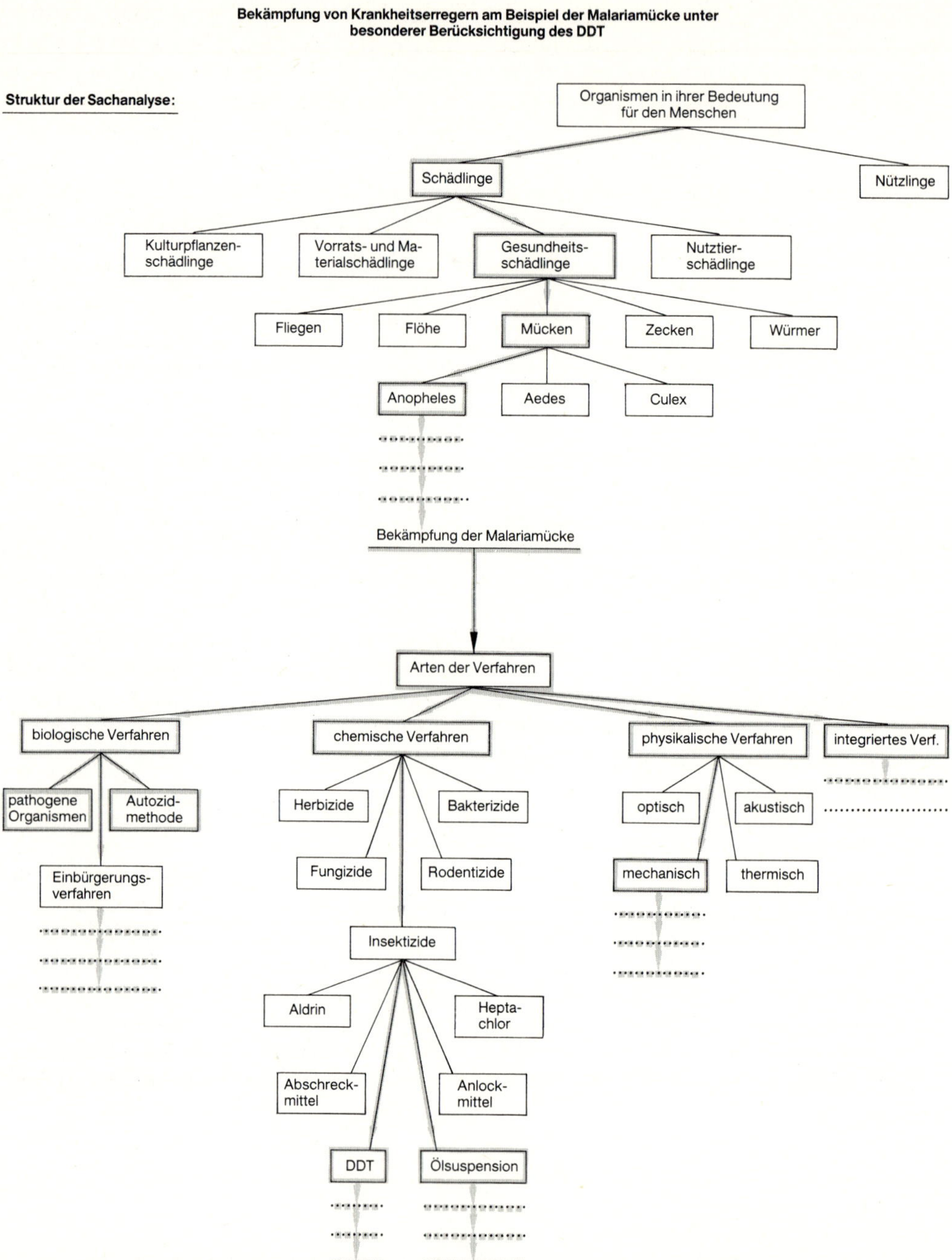

Abb. 77: Beispiel eines Begriffsnetzes mit eingetragener Struktur der Unterrichtseinheit

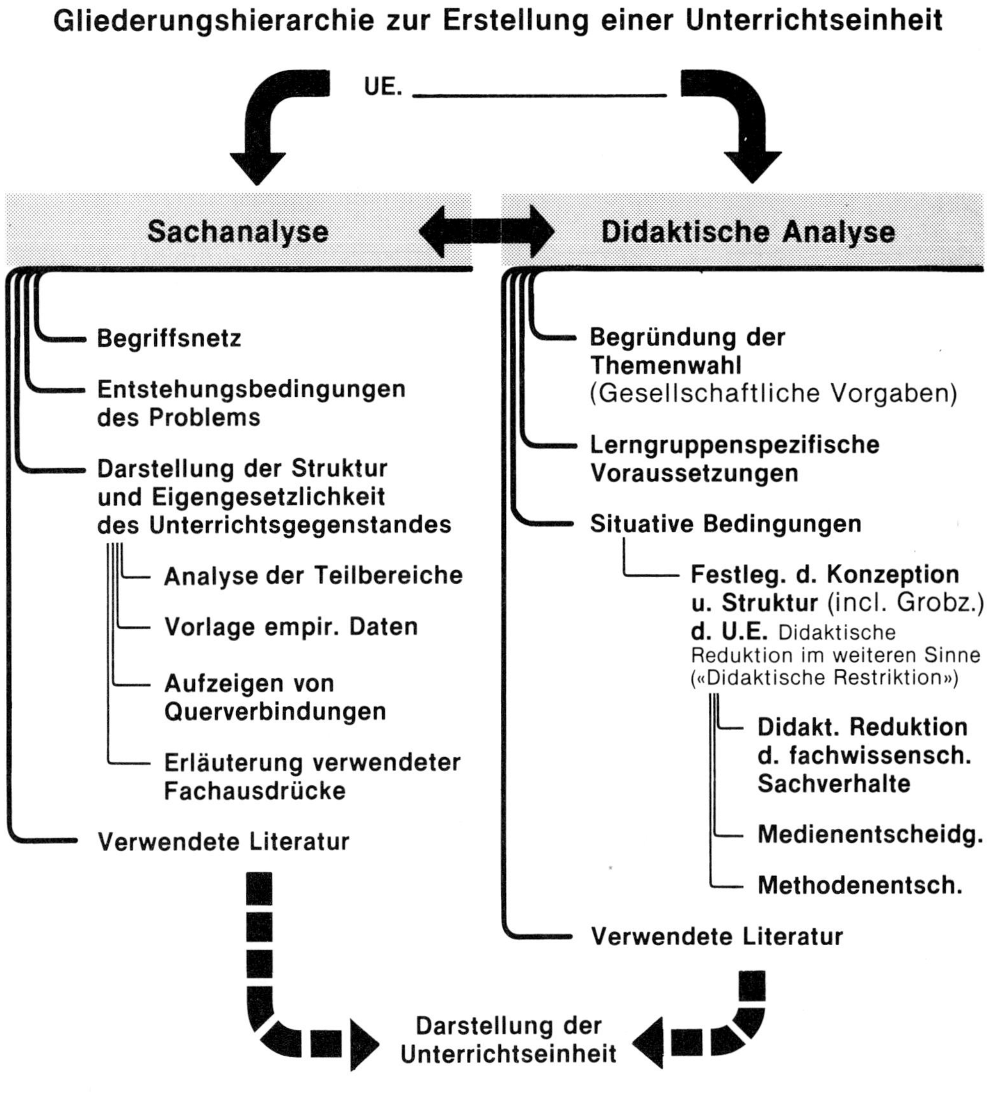

Abb. 78: Gliederungshierarchie zur Erstellung einer biologischen Unterrichtseinheit

rechtfertigt werden. Diese Begründung kann sicherlich nicht losgelöst von den **gesellschaftlichen** Vorgaben, die sich in dem durch Schulbehörde und Lehrplankommission aufgestellten Lehrplan dokumentieren, erfolgen. So sind im Lehrplan in der Regel bereits mehr oder weniger einschneidende Vorgaben zum intentionalen, inhaltlichen und zeitlichen Umfang des zu vermittelnden Stoffes enthalten. Auf dieser Grundlage sind dann die übergeordneten Zielsetzungen zu der beabsichtigten Unterrichtseinheit aufgestellt.

9.3.2 Lerngruppenspezifische Voraussetzungen und situative Bedingungen

Unter diesem Gesichtspunkt sollten in beschreibender bzw. analysierender Darstellung zum einen solche Informationen über die Schüler zusammengestellt werden, die für das Gelingen der geplanten Unterrichtseinheit von Bedeutung sein könnten, z. B.

- »subjektive« Schülerinteressen, also unmittelbare, zufällige, persönliche Bedürfnisse;
- »objektive« Schülerinteressen, also der mögliche überindividuelle Schülerbezug mit Blick auf vermutete zukünftige Gegebenheiten;
- bisheriger Unterrichtsverlauf; welche Unterrichtseinheiten gingen voran;
- Ausmaß des Beherrschens geplanter Arbeitstechniken und Sozialformen;
- Erfahrungen der Schüler im Medienumgang (z. B. im Arbeiten mit Arbeitsbogen);
- Vertrautsein der Schüler mit der biologischen Fachsprache;
- das Sprachverhalten der Schüler;
- der Anteil von ausländischen/überalterten/das Schuljahr wiederholenden Schülern;
- die soziale Herkunft der Schüler;
- Vorwissen, Einstellungen, Erfahrungen der Schüler zum Thema u. a. m.

Weiterhin sollten auch die situativen Bedingungen erfaßt werden, soweit sie für den erfolgreichen Ablauf der geplanten Unterrichtseinheit relevant sein können, z. B.

- der zeitliche Rahmen der geplanten Unterrichtseinheit,
- die räumlichen Gegebenheiten (z. B. ist Gruppenarbeit möglich? Ist der Raum zu verdunkeln?),
- die verfügbaren Unterrichtsmaterialien und Vervielfältigungsmöglichkeiten,
- die Umgebung der Schule u. a. m.

9.3.3 Festlegung der Konzeption und Struktur der Unterrichtseinheit

Schließlich ist die Fixierung der Konzeption der geplanten Unterrichtseinheit einschließlich der Konkretisierung der Zielangaben mittlerer Reichweite (Grobziele) unter kognitiven, affektiven und handlungsbezogenen Schwerpunkten notwendig. Im weiteren und allgemeineren Sinne handelt es sich hierbei um eine didaktische Beschränkung, indem unter Berücksichtigung der Lehrplan- und Richtzielvorgaben sowie der lerngruppenspezifischen und situativen Voraussetzungen eine Restriktion auf bestimmte Inhalte und Lernziele stattfindet, ohne die Einsicht in den gesamten Zusammenhang zu gefährden. Hilfestellung bei der Festlegung der Konzeption einer Unterrichtseinheit kann zum einen das **exemplarische Verfahren** (vgl. Kap. 4.1) und zum anderen die Ausrichtung auf die Grundmerkmale und Grundfunktionen des Lebendigen (vgl. Kap. 3.2.2.2) leisten.

9.3.4 Didaktische Reduktion der fachwissenschaftlichen Sachverhalte

Im Anschluß an die Festlegung der Struktur der Unterrichtseinheit ist vom Unterrichtenden die didaktische Reduktion der fachwissenschaftlichen Sachverhalte vorzunehmen, indem die vorliegenden wissenschaftlichen Aussagen einer didaktischen Vereinfachung und Aufbereitung unterworfen werden.

Im Rahmen seiner Unterrichtstätigkeit steht der Lehrer täglich erneut vor dem Problem, den Lehr- und Lerninhalt schülergemäß darzubieten. Dieser mit dem Begriff »Didaktische Reduktion« erstmalig von GRÜNER (1967) sehr treffend beschriebenen Aufgabe des Lehrers wurde bislang – wie einschlägige biologiedidaktische Veröffentlichungen sowie die biologieunterrichtliche Praxis aufzeigen – die erforderliche Aufmerksamkeit versagt und sie wurde überwiegend intuitiv unter Verwendung ungeprüfter, kaum hinterfragter Verfahren vollzogen.

Für die Biologiedidaktik ergibt sich hinsichtlich der didaktischen Reduktion die folgende doppelte Blickrichtung:

Einerseits führt der Anspruch eines anwendungsbezogenen und dabei wissenschaftsorientierten Unterrichts auch zu einer stärkeren Betonung fachwissenschaftlicher Elemente im Biologieunterricht. Andererseits sind bei der Planung von Biologieunterricht auch lerntheoretische bzw. kognitionpsychologische Forschungsergebnisse zu berücksichtigen. Unter Bezugnahme auf grundlegende wissenschaftstheoretische Erkenntnisse wird im folgenden ein Instrumentarium zur didaktischen Reduktion fachwissenschaftlicher Aussagen vorgelegt, das der Verfasser seit einigen Jahren im Rahmen der Lehrerausbildung erfolgreich erprobt.

9.3.4.1 Grundformen und Verfahren der didaktischen Reduktion

Die didaktische Reduktion kann zum einen in Form von Ausschnittsbildungen eines komplizierten wissenschaftlichen Ausgangssachverhaltes erfolgen, so daß sich ganze Vereinfachungsreihen in Richtung auf ein zunehmend reduziertes Niveau, das leichter faßlich ist, ergeben. Diese Form der didaktischen Reduktion kann wegen der vorgenommenen begrifflich-inhaltlichen Ausschnittsbildung als **sektorale didaktische Reduktion** bezeichnet werden (vgl. GRÜNER 1967; WEBER 1976), (siehe Abb. 79).

Ein wichtiges Merkmal dieser Reduktionsform besteht darin, daß der Gültigkeitsbereich der fachwissenschaftlichen Aussage eingeengt wird, indem z. B. der Spezialfall oder auch der Kerninhalt eines allgemei-

Abb. 79: Grundformen der didaktischen Reduktion

Abb. 80: Die Bergmannsche Regel als Beispiel für eine sektorale didaktische Reduktion

nen Prinzips als unterrichtlicher Schwerpunkt herausgegriffen wird, ohne dabei jedoch dieses allgemeine Prinzip umfassend mit allen seinen Abweichungen zu behandeln.

Ein Beispiel für nur sektoral gültige biologische Gesetzmäßigkeiten stellt die *Bergmannsche Regel* dar (vgl. Abb. 80), wonach Tiere einer Art bzw. Arten eines Verwandtschaftskreises im kälteren Klima durchschnittlich größer sind als die verwandten Arten wärmerer Gebiete. (Da die Körperoberfläche mit der zweiten, die Masse dagegen mit der dritten Potenz zunimmt, haben größere Tiere eine *relativ* kleinere Oberfläche als kleinere Tiere, so daß sie weniger Wärme abgeben.) Beispielsweise leben bei den *Pinguinen* die größten Arten mit über 1,20 m Körperlänge – die Kaiser- und Königspinguine – in der Antarktis, während in wärmeren Gebieten (z.B. im Gebiet der tropischen Galapagos-Inseln) die kleinste Pinguinart (Galapagos-Pinguin) von nur 50 cm Körperlänge lebt.
Diese Regel hat jedoch zahlreiche Ausnahmen und gilt im übrigen nicht für wechselwarme Tiere, was jedoch z.B. im Rahmen einer unterrichtlichen Behandlung in der Sekundarstufe I in der Regel nicht erarbeitet wird (z.B. ist der Grönländische Schneehase kleiner als der Skandinaviens und des nördlichen Kanadas, und auf 16 % aller Vogelarten des gemäßigten Klimagürtels trifft diese Regel ebenfalls nicht zu).

Sektorale didaktische Reduktionen fachwissenschaftlicher Aussagen werden im Biologieunterricht häufig zur Anwendung kommen, da infolge der enormen Formenvielfalt und Anpassungserscheinungen, die typisch für das Lebendige sind, oftmals allgemeingültige Lehrsätze, Gesetze und Regeln dargestellt werden müssen, ohne alle Ausnahmen und Abweichungen zu berücksichtigen.

Neben der des öfteren sich als notwendig erweisenden Ausschnittsbildung steht der Biologielehrer immer wieder vor dem Problem, den übermäßigen Umfang komplexer biologischer Strukturen und Phänomene adressaten- und situationsangemessen zu vereinfachen. Diese Form der didaktischen Reduktion läßt sich als **strukturelle didaktische Reduktion** bezeichnen (vgl. Abb. 79). Hierbei wird der wissenschaftliche Ausgangssachverhalt hinsichtlich der Kompliziertheit und des Umfangs seiner Struktur vereinfacht, wobei der Gültigkeitsumfang in der Regel erhalten bleibt.

Die wichtigsten Verfahren der strukturellen didaktischen Reduktion für die inhaltliche Ebene lassen sich folgendermaßen zusammenfassen:

1. **Durch Systembildung**

Der Systembegriff wird in der Literatur – je nach den verfolgten Absichten – sehr unterschiedlich definiert (vgl. z.B. KÖNIG/RIEDEL 1975, 39; KURZROCK 1972). Für den hier beschriebenen Zusammenhang besteht ein System aus Elementen, Bausteinen bzw. Teilen, die bestimmte Eigenschaften aufweisen und miteinander in Beziehung stehen, z.B. die lebende Zelle oder der Wald.

Vor dem Hintergrund eines solchermaßen verstandenen Systembegriffs muß jede Systembildung als eine Maßnahme der didaktischen Reduktion im Sinne einer Einschränkung der Komplexität von Sachzusammenhängen und einer Vereinfachung des oftmals enormen Gesamtumfangs ihrer Strukturen angesehen werden.

So lassen sich beispielsweise die Funktionsweisen der in einem Wald lebenden Organismen in ein einfaches System-Gefüge bringen, das die jeweils rückgekoppelten Beziehungen gut zum Ausdruck bringt (vgl. Abb. 81).

Der didaktische Wert eines solchen einfachen Systems besteht u.a. darin, daß es den Schülern hilft, spezielle Beobachtungen innerhalb von Organismengefügen sinnvoll einzuordnen.

Selbstverständlich kann auch ein System selbst (z.B. das Nahrungsnetz in einem Wald) – je nach dem, welchen Komplexitätsgrad und welchen Umfang es hat – zum potentiellen Gegenstand einer didaktischen Reduktion werden.

Ein zweites Verfahren zur strukturellen didaktischen Reduktion besteht im **Weglassen von bestimmten Details**, die die Kernaussage nicht berühren. Der Lehrer kann sich beispielsweise im Zusammenhang mit dem Themenschwerpunkt Blutübertragung ohne weiteres auf die vier unterschiedlichen Ausprägungen des Blutgruppengens A, B, AB und 0 beschränken und die dar-

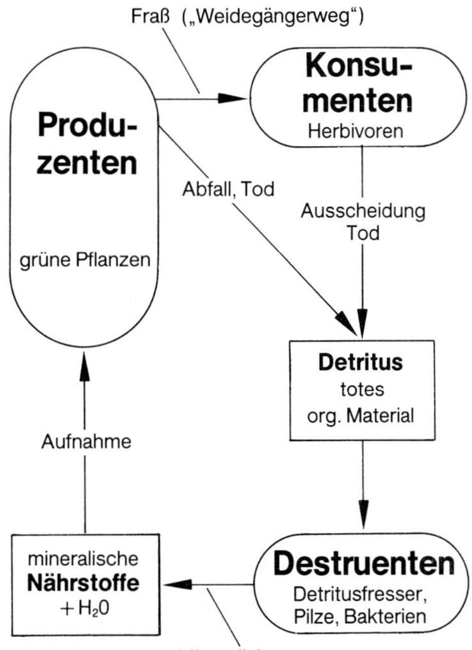

Abb. 81: Beispiel einer strukturellen didaktischen Reduktion durch Systembildung

über hinaus zu unterscheidenden Ausprägungen A_1 und A_2 sowie A_1B und A_2B weglassen, die für die Blutübertragung zwar keine, aber z. B. für den Vaterschaftsnachweis eine große Bedeutung haben können.
Oder bei der Behandlung des Vitamingehalts der Nahrungsmittel kann es genügen, sich auf einige der Großgruppen A, B, C, D usw. zu beschränken und auf die Differenzierung des Vitamin B in B_1 bis B_{12} zu verzichten – es sei denn, ein unterrichtlicher Schwerpunkt stellt die derzeit in Mitteleuropa zu konstatierende Gefahr einer Unterversorgung an einigen Vitaminen der B-Gruppe (z. B. an B_1) dar.
Ein 3. Verfahren zur strukturellen didaktischen Reduktion besteht in der **Überführung verbaler in andere – z. B. visuelle – Darstellungsformen.** Bei dieser Methode vollzieht sich die Reduktion komplexer fachwissenschaftlicher Aussagen in der Beschränkung auf die wesentlichen Daten, Kennzeichen, Fakten eines Sachgegenstandes durch Schematisierung z. B. in Form von **grafischen Darstellungen** (vgl. Abb. 82), durch **strukturelle Modellbildung** (z. B. einfache Struktur- und Funktionsmodelle [vgl. Abb. 83]) sowie durch die Auswahl und Anordnung der Lerninhalte in **Tabellenform**.

Wichtig ist bei der Methode der Überführung verbaler in visualisierende Darstellungsformen, daß die komplexen Sachzusammenhänge durch das Ausschalten einzelner Strukturelemente bzw. durch das Zusammenfassen von Strukturelementen (z. B. unter funktionalen Gesichtspunkten) vereinfacht werden.

Ein 4. Verfahren zur strukturellen didaktischen Reduktion läßt sich schließlich unter dem Begriff der **übertragenen Modellbildung** – also durch Entwicklung von Modellvorstellungen bzw. Denkmodellen – zu-

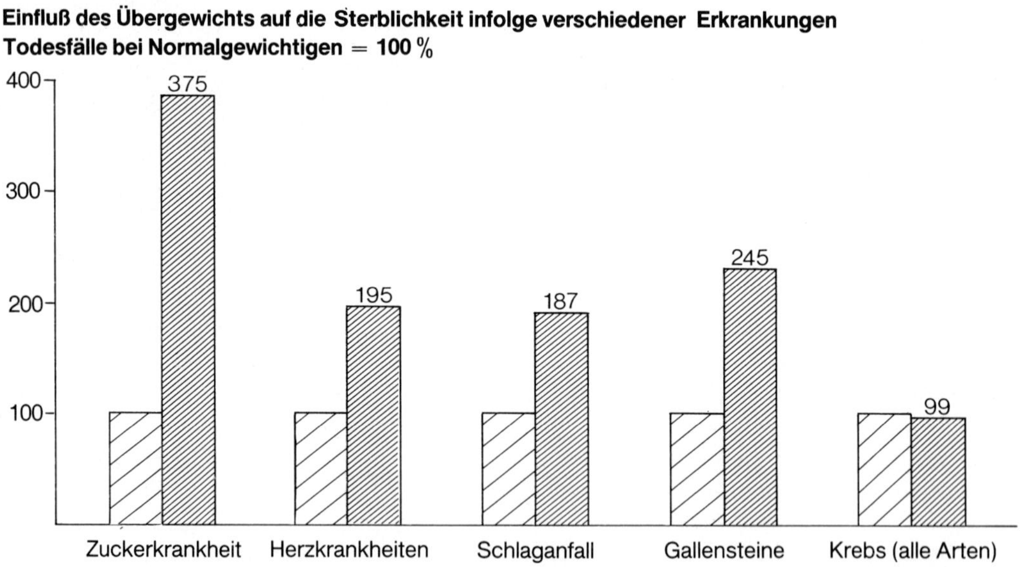

Abb. 82: Beispiel einer grafischen Darstellung: Einfluß des Übergewichts auf die Sterblichkeit infolge verschiedener Erkrankungen

sammenfassen. Als Beispiel hierfür läßt sich das Hydraulische Instinktmodell von K. LORENZ anführen (s. Abb. 84), das das Zusammenwirken endogener und exogener Faktoren beim Ablauf einer Instinktbewegung verdeutlicht.

Bei diesem Verfahren der übertragenen Modellbildung werden aus dem gesamten, höchst komplexen und nur schwer durchschaubaren Sachverhalt modellhaft bestimmte bedeutsame Teilbereiche und Grundstrukturen herausgefiltert, z. B. unter Zuhilfenahme von Analogiebildungen oder einfachen Beispielen (vgl. POPP 1970). Auch bei dieser Reduktionsform führt die Ausschaltung einzelner vielleicht besonders komplizierter Strukturelemente zu einer Hervorhebung bestimmter Faktoren und Aspekte in einfacheren und klareren Bedingungskonstellationen.

Da die vermittelten Lehrinhalte in der Regel sprachlich (laut- oder schriftsprachlich) ausgedrückt werden, ist schließlich im Rahmen der zu leistenden didaktischen Reduktion auch eine Vereinfachung auf der **Sprachebene** – bezogen auf den jeweiligen Adressatenkreis – notwendig. Das ist möglich

- über die Reduktion der Komplexität fachwissenschaftlicher Begriffe:
  Hierbei geht es um eine Vereinfachung der oftmals maximal verdichteten Fachbegriffe, z. B. durch ihre Erklärung und Umschreibung, was jedoch nicht zur Einführung umgangssprachlicher Ausdrücke in den unterrichtlichen Sprachgebrauch führen darf. Diese sind ja nicht von einheitlicher Bedeutung, sondern Sinnschwankungen und Sinnwandlungen unterworfen.
- über die Reduktion der Komplexität von Sätzen:
  Hier ist die Vereinfachung der Sätze gemeint, z. B. in ihrer grammatischen

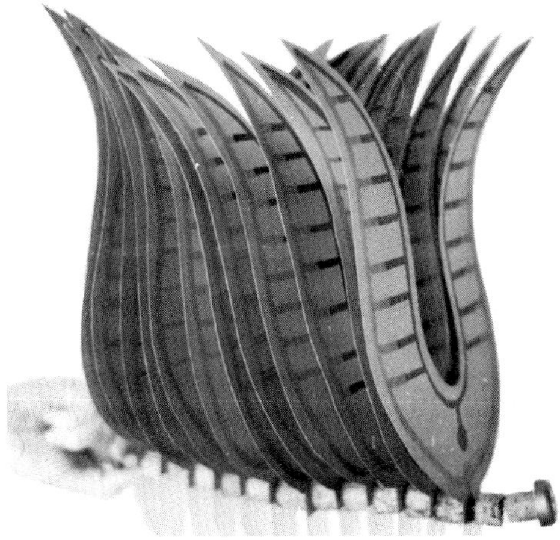

Abb. 83: Beispiel einer strukturellen Modellbildung: Kiemenmodell als Strukturmodell zur Erarbeitung des Atmungsprozesses bei Fischen sowie zum Bewußtwerden des Prinzips der Oberflächenvergrößerung

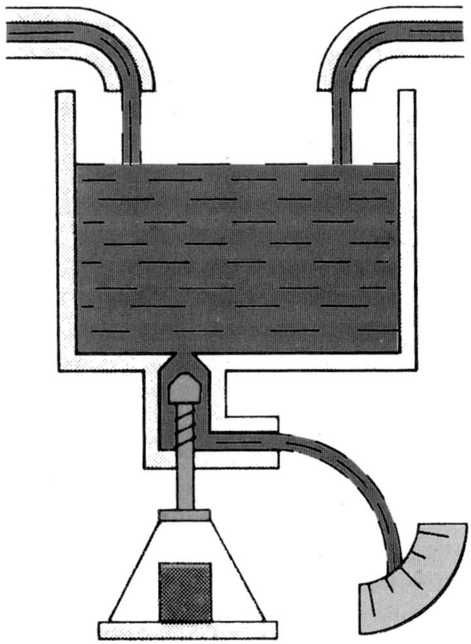

Abb. 84: Beispiel einer strukturellen didaktischen Reduktion durch übertragene Modellbildung (Hydraulisches Instinktmodell nach LORENZ)

Instrumentarium zur Didaktischen Reduktion fachwissenschaftlicher Aussagen

A. Konzeptionelle Ebene (Didaktische Reduktion im weiteren Sinne)
Beschränkung auf bestimmte Inhalte und Lernziele mit Hilfe des exemplarischen Verfahrens qua Leitlinienkatalog

B. Inhaltsebene (Didaktische Reduktion im engeren Sinne)
a) durch Ausschnittsbildung (sektorale Reduktion)
b) durch Reduktion der Kompliziertheit und des Umfanges der Struktur wissenschaftlicher Ausgangssachverhalte (strukturelle Reduktion)

1. Durch Systembildung
2. Durch Weglassen von bestimmten Details
3. Durch Überführung verbaler in andere – z.B. visuelle – Darstellungsformen
4. Durch übertragene Modellbildung

C. Sprachebene
1. Reduktion der Komplexität von Begriffen (fachwiss. Terminologie)
2. Reduktion der Komplexität von Sätzen

Abb. 85: Instrumentarium zur didaktischen Reduktion fachwissenschaftlicher Aussagen

Struktur, in ihrer Länge sowie durch Bildung von Analogien.

Zusammenfassend ergibt sich das in Abb. 85 aufgeführte didaktische Instrumentarium zur Reduktion fachwissenschaftlicher Aussagen.

9.3.4.2 Zusammenfassende Bemerkungen zur didaktischen Reduktion

Jeder auf Erfolg angelegte Lernprozeß muß an den tatsächlich vorhandenen Lernvoraussetzungen der Schüler anknüpfen. Um die Schüler nicht durch Stoffülle zu überfordern oder zu verwirren, kommt der didaktischen Reduktion eine große Bedeutung für einen effektiven Unterricht zu.

Das hier vorgelegte Instrumentarium zur didaktischen Reduktion bedient sich des hermeneutischen Methodenkomplexes. Die hermeneutische Vorgehensweise ist in solchen Bereichen didaktischen Handelns angebracht, die der empirischen Methode nicht oder noch nicht zugänglich sind. Diese Methode liefert zwar zum gegenwärtigen Zeitpunkt keine – empirisch – beweisbaren Grundlagen für Entscheidungen. Sie hebt jedoch die Auswahl, Anordnung und Reduktion der unterrichtlichen Lehrinhalte durch das Aufdecken ihrer Grundstrukturen und durch die Verpflichtung zur Begründung der getroffenen Entscheidung deutlich ab von den bislang unkontrollierten, vorwissenschaftlich und intuitiv getroffenen Entscheidungen und trägt auf diese Weise zur Transparenz des Unterrichtsgegenstandes bei.

9.4 Medien- und Methodenentscheidung

Zur didaktischen Analyse gehört schließlich noch die Begründung der Entscheidung, welche Medien zur Verwendung gelangen sollen sowie der Wahl der Methoden. Bei einer Reihe von Themen werden vor allem die Überlegungen zur Medienwahl bereits vor oder parallel zur didaktischen Reduktion im engeren Sinne erfolgen müssen (z. B. bei Lerninhalten der Verhaltensbiologie), da häufig das Fehlen geeigneter Medien die Erarbeitung bestimmter thematischer Schwerpunkte von vornherein in Frage stellt (siehe im übrigen zur Medienwahl das Kapitel 8 und zur Methodenwahl Kapitel 6!).

9.5 Erstellung eines Unterrichtsentwurfs

Die schriftliche Fixierung eines Stundenentwurfs stellte den Abschluß der Unterrichtsplanung dar, nachdem man sich über die fachwissenschaftlichen Zusammenhänge informiert und die fachdidaktischen Begründungen überlegt hat. Ein sorgfältig erstellter Stundenentwurf dient insbesondere dem noch unerfahrenen Lehrer, der sich während des Unterrichts einer Fülle von neuartigen Situationen ausgesetzt sieht, als Mittel, um sich Überblick, Sicherheit und Erfolg im Stundenverlauf zu verschaffen.
Er fördert damit die eigene gedankliche Durchdringung des geplanten Stundenverlaufs.
Ein Unterrichtsentwurf sollte so ausführlich sein, daß sein Leser die entscheidenden Unterrichtsabschnitte geistig nachvollziehen kann, wobei seine **Übersichtlichkeit** eine wichtige Voraussetzung ist. Es erscheint selbstverständlich, daß die antizipierte Planung nicht dem tatsächlichen Stundenverlauf entsprechen muß. Hierzu ist zu sagen, daß ein an den Schülerinteressen orientierter Unterricht ein Abweichen von der Stundenplanung – soweit damit die übergeordneten Unterrichtsziele nicht völlig außer acht gelassen werden – voll legitimiert. Allerdings sollte der Unterrichtende eine Änderung des unterrichtlichen Vorgehens auch begründen können. Der Wert eigener oder fremder Unterrichtsentwürfe für den Unterrichtenden besteht nicht in seiner Wiederverwendbarkeit im Sinne eines exakt zu befolgenden Rezepts, sondern in den ihm innewohnenden Anregungen für die eigene unterrichtliche Vorbereitung.
Biologische Unterrichtsprozesse lassen sich auf vielfältige und zum Teil unterschiedliche Weise beschreiben, wenngleich be-

stimmte Strukturelemente bei allen Planungen identisch sind. Die im folgenden vorgestellte Darstellungsform hat sich seit Jahren in der Schulpraxis bei Studenten und Lehrern bewährt. Sie ermöglicht nach den Erfahrungen der bisherigen Erprobungsphase eine recht knappe und übersichtsvermittelnde Darstellung biologischer Unterrichtssequenzen. Es muß allerdings ausdrücklich darauf hingewiesen werden, daß ein derartiges Konzept sehr schnell zum gedankenlosen Nachahmen eines Schemas führen kann, wenn seine einzelnen Elemente rigide gehandhabt werden, indem zum Beispiel andere für bestimmte Unterrichtssituationen bedeutsame Faktoren, die das nachfolgende Schema nicht explizit nennt, aus den Überlegungen ausgeklammert bleiben.
Das hier beschriebene Planungsmuster soll in erster Linie dem Lehranfänger und dem fachfremd unterrichtenden Lehrer Hinweise geben, welche Faktoren bei der Planung von Biologieunterricht besonders zu akzentuieren sind, und es soll darüber hinaus Möglichkeiten der Unterrichtsgliederung aufzeigen. Folgende Aspekte sollte der Stundenentwurf für eine biologische Unterrichtsstunde berücksichtigen:

1. Die **Intentionen** stellen **Grobziele** dar, die die Behandlung der Unterrichtseinheit und ihrer Stundenthemen rechtfertigen. Intentionen weisen in der Regel einen mittleren Grad an Eindeutigkeit und Präzision auf und lassen mehrere Möglichkeiten zu ihrer Realisierung offen. Die aufgestellten Grobziele sollten auch im Verlauf der Unterrichtseinheit angesprochen werden. Mit den Intentionen können darüber hinaus auch umfassende **Richtziele** größerer Reichweite (im Sinne der Unterrichtsstrategie des Lehrers) zum Ausdruck gebracht werden, z. B. für die Schüler Erkenntnishilfen bereitzustellen, mit denen unser weiteres Überleben gesichert werden soll.
Die Intentionen sollten nach den folgenden drei Bereichen aufgeschlüsselt werden:
- **kognitive** Anforderungsebene (vgl. BLOOM 1972): Kenntnisse, Erkenntnisse, Einsichten. Intentionen dieser Dimension werden unterschieden nach ihrer **Komplexität.**
- **handlungsbezogene** (psychomotorische, pragmatische, instrumentelle) Anforderungsebene (vgl. MÖLLER 1973[4]): Fähigkeiten, Fertigkeiten. Intentionen dieser Dimension werden unterschieden nach dem Grad ihrer **Beherrschung.**
- **affektive** (emotionale) Anforderungsebene (vgl. KRATWOHL u. a. 1975): Einstellungen, Grundhaltungen, Empfindungen, Wertvorstellungen, Wahrnehmungsfähigkeit und -bereitschaft. Intentionen dieser Dimension werden unterschieden nach dem Grad ihrer **Internalisierung.**

Im Rahmen einer biologischen Unterrichtseinheit werden gewöhnlich alle drei Bereiche angesprochen, wobei jedoch die affektive Ebene im modernen Biologieunterricht noch immer zu kurz kommt. Gerade diesem Bereich kommt jedoch bis hoch in die Sekundarstufe II ein großes Gewicht zu, da Schüler biologische Erkenntnisse und Einsichten letztendlich nur über affektive Komponenten umsetzen.

2. Die **Unterrichtseinheit** stellt einen in sich geschlossenen Unterrichtsabschnitt dar, dessen Sachzusammenhang (bzw. Leitidee) auch von den Schülern erfaßt werden muß. Mit Hilfe der Unterrichtseinheit werden bestimmte Intentionen realisiert. Eine Unterrichtseinheit sollte nach Inhalt und Umfang so aufgebaut sein, daß sie auch für die Schüler überschaubar bleibt, also in der Sekundarstufe I – auch aus mo-

tivationspsychologischen Gründen – nicht mehr als etwa acht Unterrichtsstunden umfassen. Die thematische Formulierung einer Unterrichtseinheit sollte stets einen eindeutigen Schwerpunkt aufweisen.

3. Das **Stundenthema** sollte nicht zu allgemein formuliert werden, sondern in Form einer Kurzüberschrift den Schwerpunkt der Unterrichtsstunde bestimmen (also das Stundenthema nicht »Der Hund« nennen, sondern zum Beispiel »Beobachtung von Verhaltensweisen des Haushundes«). Im Begriff »Stundenthema« wird im übrigen die vollzogene Verbindung der Ziel- mit der Inhaltsentscheidungsebene zum Ausdruck gebracht.

4. Die **Lernziele** stehen seit 1965, dem Jahr als MAGERS Forderung, Lernziele operational zu definieren, auch in der Bundesrepublik Deutschland bekannt wurde, im Mittelpunkt der didaktischen Diskussion. Zahlreiche Schriften für und wider die **operationalisierten Lernziele** sind seit diesem Zeitpunkt verfaßt worden.
An dieser Stelle sollen daher nur einige zusammenfassende Aussagen über die Formulierung der **Feinlernziele** für biologische Unterrichtsplanungen gemacht werden.
Ein Lernziel ist die sprachlich artikulierte Vorstellung über die durch Unterricht zu bewirkende gewünschte Verhaltensänderung eines Lernenden (vgl. MEYER 1974, 21).
Der unbestrittene Vorzug operational beschriebener Lernziele liegt darin, daß der Lehrer damit in die Lage versetzt wird, zu überprüfen, ob die Schüler die von ihm intendierten Lernziele erreicht haben. **Operationalisierung** meint also die Beschreibung eines kontrollierbaren Schülerverhaltens mit Hilfe eindeutiger Ausdrücke. Drei Kriterien bestimmen ein derartig präzisiertes Lernziel (vgl. MAGER 1973[13]):

a) die genaue Beschreibung des erwarteten Endverhaltens der Schüler durch ein eindeutiges Verb.
In diesem Sinne ist von folgenden Formulierungen abzuraten:
wissen, lernen
verstehen
kennenlernen
Bescheid wissen
zu würdigen wissen
die Bedeutung erfassen
glauben usw.
Eindeutige Formulierungen sind hingegen:
aufschreiben
aufzählen
nennen, definieren
erklären, erläutern
unterscheiden
vergleichen
gegenüberstellen usw.

b) die Angabe der genauen Bedingungen, unter denen das Endverhalten gezeigt werden soll.

c) die Angabe des Beurteilungsmaßstabes zur Messung des Endverhaltens.

Zwei Beispiele sollen die Ausführungen verdeutlichen:
a) *Beispiel eines operationalisierten Lernziels:*
Die Schüler sollen, ohne ihre Aufzeichnungen zu Hilfe zu nehmen, das »Prinzip der Oberflächenvergrößerung« erklären und mindestens drei Beispiele dafür angeben können (zum Beispiel Heizung, Lungenbläschen, Darmzotten).
b) *Beispiel eines herkömmlich formulierten Lernziels:*
Die Schüler sollen das Prinzip der Oberflächenvergrößerung verstanden haben.
In der Unterrichtspraxis wird häufig die Angabe des Beurteilungsmaßstabes wegge-

lassen, da den Lehrern in der Regel Vergleichsdaten, die zur Festsetzung eines bestimmten Maßstabes notwendig sind, fehlen.

Wichtig erscheint in diesem Zusammenhang der Hinweis, daß die Ergebnisse der angestrebten Lernziele – die sogenannten **Lernzielindikatoren** – *in jedem Fall* im Stundenentwurf vermerkt werden, z. B. folgendermaßen:

Die Schüler sollen den Begriff »Umtriebszeit« sinngemäß wie folgt erklären können: Altersspanne, in der die Bäume gefällt und genutzt werden.

Operational definierte Lernziele eignen sich vor allem für das Beschreiben einfacher kognitiver Lernbereiche (also biologische Kenntnisse und Erkenntnisse) und handlungsbezogener Qualifikationen (also Fähigkeiten und Fertigkeiten). Auch für die Erstellung von Testarbeiten (informelle Vor- und Nachtests, Leistungstests) leisten sie gute Dienste.

NICKLAS ([2]1972) weist in diesem Zusammenhang allerdings auch auf die Problematik hin, die der Operationalisierung von Lernzielen innewohnt, wenn er schreibt:

»*Das operationale Lernziel ist die Voraussetzung für eine rationale Planung des Lernprozesses, es kann aber zugleich zur Peitsche eines repressiven Leistungsdrucks werden.*« *(S. 16)*

Um die fachgebundenen (»stofflichen«) Lernziele der Schulbiologie von den instrumentalen, interdisziplinären Unterrichtszielen der Schule klar abzusetzen, erscheint es im übrigen empfehlenswert, im Unterrichtsentwurf die Ausdrücke **materiale Lernziele** und **formale Lernziele** zu verwenden (vgl. RAHMENRICHTLINIEN 1980[2]).

Im Bereich *komplexer begrifflicher* und *anwendungsbezogener Zusammenhänge* sowie dort, wo es um *(sozial-)affektiv* bestimmte Lernbereiche geht – also Bereiche, um die sich der moderne Biologieunterricht in verstärktem Maße bemüht – ergeben sich indes größte Schwierigkeiten, die betreffenden Lernziele zu operationalisieren.

Aus dieser Erkenntnis heraus sollte der Lehrer – trotz der mittlerweile zum bildungspolitischen Fetisch gewordenen Operationalisierung von Lernzielen – auch dann wichtige Lernziele in seine Unterrichtsplanung mitaufnehmen, wenn sie nicht oder nicht vollständig operationalisierbar und objektiv überprüfbar sind.

5. Die **Sozialform** gibt darüber Auskunft, in welcher Organisationsform die Interaktionen ablaufen: als Frontalunterricht, Gruppenarbeit, Partnerarbeit, Einzelarbeit.

6. Die **Arbeitsform**, die von der gewählten Sozialform in starkem Maße abhängig ist, bringt zum Ausdruck, in welchem unterrichtsmethodischen Verfahren die Lernziele erarbeitet werden. Wenn als Sozialform beispielsweise der Frontalunterricht geplant ist, dann sind als adäquate Arbeitsformen das fragend-entwickelnde Verfahren sowie die Schülereinzelarbeit denkbar, und zur Partnerarbeit gehört das selbständig-erarbeitende Verfahren.

7. Den **Unterrichtsmedien** kommt im Biologieunterricht ein besonderes Gewicht zu. Um ihre spezifische didaktische Funktion herauszustellen, sollte sich der Planende nicht scheuen, die Bezeichnung **Operationsobjekt** zu verwenden, um damit deutlich zu machen, daß der Lernende durch das eingesetzte Medium zu bestimmten Operationen angeregt werden soll, wodurch er selbständig Sacheinsichten gewinnen und zu Arbeitsergebnissen gelangen kann (vgl. hierzu Kapitel 8 sowie STAECK 1980).

8. **Begriffsbestimmungen:** Die Mitaufnahme dieses Stichpunkts in den Unterrichtsentwurf für eine Biologiestunde soll dem Planenden helfen, sich über alle der in der Unterrichtsstunde neu zu erarbeitenden naturwissenschaftlichen Begriffe und Sachverhalte vorab bewußt zu werden. Hieran sollte sich die Überlegung anschließen, wie diese neuen Fachausdrücke möglichst präzise, knapp und altersgemäß erklärt werden können und in welcher Unterrichtsphase die Begriffsbestimmung vorgenommen werden muß.

9. Die Ermittlung der **erwarteten Vorkenntnisse** der Schüler stellt eine wichtige Voraussetzung für die unterrichtliche Detailplanung dar und sollte deshalb im Unterrichtsentwurf fixiert werden.

10. Innerhalb der **didaktisch-methodischen Vorbemerkungen** begründet der Planende unter Berücksichtigung der besonderen lerngruppenspezifischen und situativen Bedingungen der Klasse bestimmte Schwerpunktsetzungen und methodische Maßnahmen (z.B. den Einsatz eines anspruchsvollen Arbeitsbogens). Insbesondere der Lehranfänger ist in der Ermittlung der lerngruppenspezifischen und situativen Bedingungen der Klasse auf die Unterstützung von Kollegen angewiesen. Für die Unterrichtsplanung können zum Beispiel folgende Faktoren von Bedeutung sein: Klassengröße, extreme Altersunterschiede sowie Entwicklungsdiskrepanzen, außerschulische Einflüsse (zum Beispiel Familie, Wohngegend), Zusammenarbeit bzw. Konkurrenzverhalten der Schüler, besondere soziale Verhaltensweisen, Einstellungen zum Unterrichtsfach, Interessenrichtungen, Leistungsbereitschaft, Erfahrungen mit Medien und Sozialformen usw. (vgl. auch Kapitel 9.3.2).

11. **Literaturangaben**

12. **Verlaufsplanung**
Das hier vorgestellte Stundenentwurfsmodell gliedert die Prozeßplanung vertikal in zwei Spalten:

a) **Lerninhalte/Lernziele**; unter dieser Überschrift werden die zu erarbeitenden Aspekte (auch die möglicherweise erwarteten Hypothesen der Schüler zu einem Problem) kurz skizziert und das jeweilige Lernziel, das damit erreicht werden soll, entsprechend seiner Nummer im Vorspann des Entwurfes vermerkt (z.B. MZ 1 = 1. Materiales Lernziel).
b) **Operationen**; hierunter werden zum einen alle auf die Unterrichtsziele abzielenden Maßnahmen erwähnt (z.B. Fragen, Impulse, Arbeitsaufträge, Medien, Materialien) und zum anderen auch die erwarteten Schülerreaktionen beschrieben.

Darüber hinaus wird die Prozeßplanung horizontal in Phasen (Unterrichtsabschnitte) gegliedert, wobei auch eine Zeitangabe versucht werden sollte. Die einzelnen Unterrichtsphasen werden entweder durchnumeriert oder – besser noch – zur Verdeutlichung der Stundengliederung in Form von Kurzüberschriften gekennzeichnet, z.B.

1. Motivation und Problemstellung
2. Hypothesenbildung und Versuchsplanung
3. Durchführung der Experimente
4. Auswertung der Experimente
5. Festigung.

Das folgende Beispiel soll die Anwendbarkeit der einzelnen dargestellten Planungselemente nachweisen.

UNTERRICHTSENTWURF

Name: L.S.

Tannenberg-Oberschule (Gymnasium)

Direktor: Herr M.

Mentor: Frau K.

Klasse: 9 a

Datum:

10. Unterrichtsstunde der Unterrichtseinheit Ökologie und Umweltschutz des Süßwassersees

Stundenthema: Eutrophierung - Der See "kippt" um.

Materiale Lernziele (MZ): Die Schüler sollen

1. erklären können, daß den Grunewaldseen aufgrund des gesunkenen Grundwasserspiegels künstlich Wasser aus dem Wannsee und der Havel zugeführt werden muß;

2. die Wasserqualität der Grunewaldseen beschreiben können (schlechte Wasserqualität aufgrund des hohen Phosphatgehalts);

3. als Hauptursache für das langsame Sterben der Grunewaldseen den hohen Phosphatanteil im Wasser nennen können;

4. Phosphate als wichtigen Bestandteil in Waschmitteln und Düngemitteln angeben können;

5. erklären können, daß Phosphate stark wachstumsfördernd auf Algen wirken und eine Überdüngung erfolgen kann;

6. erklären können, daß mit einer Überdüngung des Gewässers ein hohes Absterben der Algen einhergeht;

7. erklären können, daß der Algenteppich ein Eindringen des Lichts in tiefere Wasserschichten verhindert,

8. erklären können, daß die Bakterien die abgestorbenen Pflanzenmassen nicht genügend abbauen können, und sich am Boden Schlamm absetzt;

9. die Verlandung und Entstehung eines Moores als eine Langzeitfolge der Eutrophierung nennen können;

10. Maßnahmen nennen können, die gegen eine Eutrophierung und ein "Umkippen des Sees" wirken, zum Beispiel Kläranlagen, Sauerstoffzufuhr.

Formale Lernziele (FZ):

Die Schüler sollen

1. Hypothesen aufstellen können;
2. einen Zeitungsausschnitt auf bestimmte Fragestellungen hin bearbeiten können;
3. einen Lückentext über Eutrophierung ausfüllen können.

Arbeits- und Sozialform:

Fragend - entwickelndes Unterrichtsverfahren, Frontalunterricht, Einzelarbeit

Operationsobjekte:

1. Arbeitsbogen: Zeitungsartikel mit Fragen
2. Arbeitsbogen: Lückentext

Arbeitstransparent, Plakat

Begriffsbestimmungen:

Phosphate, Eutrophierung, Fäkalien, "der See kippt um".

Didaktisch-methodische Vorbemerkungen:

Mit der zu Anfang vom Lehrer gestellten Behauptung sollen sich die Schüler mit der Problematik "Grunewaldseen in Gefahr" auseinandersetzen. Dieses Thema soll die Schüler motivieren, zumal sie von den Auswirkungen selbst betroffen sind. Insbesondere soll ihnen unter der Berücksichtigung der "Insellage" Berlins die Bedeutung der Seen als Erholungsorte bewußt gemacht werden.

Die von den Schülern gestellten Vermutungen werden zu Anfang an der Tafel fixiert, um sie im Laufe der Stunde beantworten zu können. Da wahrscheinlich das Wissen der Schüler zur Beant-

wortung der Behauptung nicht ausreichen wird, hilft ein Zeitungsausschnitt, der sich mit dem Problem der Überdüngung in den Grunewaldseen befaßt. Hier wird zudem ein übergeordnetes Lernziel verfolgt. Die Schüler sollen angeregt werden, sich aus eigener Initiative heraus mit Hilfe diverser Medien über den Umweltschutz zu informieren. Der Zeitungsartikel stellt einen aktuellen Bezug dar, das Thema "Eutrophierung" kann an einem anschaulichen Beispiel erarbeitet werden.
Bei der Zeitungstextbearbeitung werden wahrscheinlich Verständnisfragen aufkommen, die dann eventuell von den Schülern selbst oder aber vom Lehrer beantwortet werden. Hierbei ist es besonders wichtig, den Begriff Phosphat zu klären und seine spezielle Wirkung auf die Pflanzen zu erläutern.
Im fragend-entwickelnden Verfahren werden die einzelnen Stufen der Gewässerbelastung durch Phosphate bis zur Eutrophierung und Verlandung der Grunewaldseen erarbeitet. An einigen Stellen muß der Lehrer Zusatzinformationen geben, insgesamt kann aber der Eutrophierungsvorgang durch die Schüler erarbeitet werden. Die Einführung des Begriffs "anaerobe Bakterien" (Fäulnisbakterien) kann im vorliegenden Zusammenhang unterbleiben (vgl. Didaktische Reduktion!).
Zur Veranschaulichung und zum besseren Verständnis werden die Stufen der Gewässerbelastung vom Lehrer auf ein Arbeitstransparent gezeichnet, die dann auch auf dem Arbeitsbogen abgebildet sind. Eine Tafelzeichnung schien hier zu zeitaufwendig.
Zur Festigung des Gelernten sollen die Schüler einen Lückentext ausfüllen, der den Vorgang der Gewässerbelastung über die Eutrophierung und Verlandung nachvollzieht. Da es sich hierbei um einen komplexen Vorgang handelt, ist hier eine Lückentextbearbeitung angemessen.
Mit dem erlangten Wissen können nun die Schüler die zu Anfang aufgestellten Hypothesen bestätigen bzw. verwerfen.
Das selbständige Überdenken von möglichen Maßnahmen gegen eine zu starke Gewässerbelastung durch Phosphate

stellt gleichermaßen eine Vertiefung des Gelernten dar. Die Schüler setzen sich aktiv mit dem Problem des Umweltschutzes auseinander.
Die Auseinandersetzung mit den Umweltschutzmaßnahmen erscheint mir sehr wichtig, so daß bei Zeitmangel der Lückentext zurückgestellt wird und erst die Maßnahmen besprochen werden. Hier kann ein Plakat zum Umweltschutz sowohl als Anschauungsmaterial als auch als Informationsquelle für Umweltschutzmaßnahmen im Gewässerbereich benutzt werden. Insgesamt ist zu betonen, daß der Vorgang der Eutrophierung stark vereinfacht wird, da den Schülern grundlegende Kenntnisse in der Chemie fehlen.

Aufgliederung der Unterrichtseinheit:	Ökologie und Umweltschutz des Süßwassersees
1. Stunde:	Einführung in das Thema und Pflanzengürtelung eines natürlichen Seeufers
2. Stunde:	Leben in der Seeuferzone
3. Stunde:	Mikroskopische Untersuchung von Phyto- und Zooplankton
4. Stunde:	Auswertung der mikroskopischen Untersuchung, Bau und Lebensweise einiger Planktonarten
5. Stunde:	Produzenten, Konsumenten, Reduzenten - Biologisches Gleichgewicht
6. Stunde:	Die gestörte Havel-Ufervegetation und daraus resultierende Folgen für das Ökosystem
7. Stunde:	Ursachen der gestörten Havel-Ufervegetation und Schutzmaßnahmen
8. Stunde:	Untersuchung des Teltowkanals (einschließlich Mikroskopieren)
9. Stunde:	Auswertung und Schaden der Gewässer durch die Industrie
10. Stunde:	"Der See kippt um" - Eutrophierung
11. Stunde:	Abwasserbehandlung in den Bundesländern - Kläranlagen
12. Stunde:	Rollenspiel - Wachstum auf Kosten der Umwelt?

Lerninhalte/Lernziele	Operationen
	1. Phase: Motivation ca. 5 min
Die Berliner Grunewaldseen werden jährlich flacher - sie verlanden langsam.	L: Die Grunewaldseen werden von Jahr zu Jahr flacher, die Lebewesen sterben in ihnen ab.
FZ 1: Vermutungen zur Verlandung der Grunewaldseen: 1. Uferabspülung 2. Fehlender Zufluß 3. Absetzen von Schmutz 4. Durch Trinkwasserentnahme Sinken des Wasserspiegels 5. Verschlammung	L fragt, ob die SS Vermutungen für diese Entwicklung der Grunewaldseen nennen können. Die Vermutungen werden an die Tafel geschrieben. L: Um die Vermutungen genau beantworten zu können, fehlen uns noch Informationen. Ein Artikel in der Berliner Morgenpost kann über die Problematik Aufschluß geben.
	2. Phase: Einzelarbeit ca. 5-7 min
Zeitungsartikel aus der Berliner Morgenpost (FZ 2) Fragen - siehe Arbeitsbogen Lesen der Zeitungsartikel	L verteilt den Artikel und fordert SS auf, den Text unter den Fragestellungen, die auf dem Arbeitsbogen stehen, durchzulesen und evtl. Stichpunkte zu machen. SS haben ungefähr 5 Minuten Zeit.
	3. Phase: Erarbeitung ca. 20 min
Beantwortung der ersten Frage (MZ 2): Phosphat ist in Waschmitteln enthalten und wird durch unzureichend geklärte Abwässer in die Havel und den Wannsee geleitet. Phosphat ist ein wichtiger Bestandteil in Düngemitteln, fördert das Wachstum der Pflanzen. (MZ 4 und 5) Erhöhtes Wachstum durch Düngemittelzusatz. Phosphat ist in Düngemitteln und zu 35-50% in Waschmitteln enthalten (MZ 4).	L läßt die erste Frage vorlesen: Wie kommt der hohe Phosphatgehalt in das Havel- und Wannseewasser? SS erklären, daß mit dem Abwasser Phosphat in die Gewässer geleitet wird. Es ist Bestandteil von Waschmitteln. L fragt SS, ob sie noch andere handelsübliche Produkte kennen, in denen Phosphat ein wichtiger Bestandteil ist. L zeigt ein Düngemittel (z.B. Substral) und fragt nach der Wirkung von Düngemitteln. L fixiert an der Tafel.

Lerninhalte/Lernziele	Operationen
Bis zu den 60er Jahren waren Waschmittel auf dem Markt, die von Mikroorganismen nur sehr schwer abgebaut werden konnten und zudem eine starke Schaumwirkung besaßen, die die Sauerstoffaufnahme aus der Luft sehr verhinderte. Aufgrund eines Gesetzes mußten Waschmittel daraufhin biologisch abbaubar sein. Phoshat ist biologisch abbaubar, aber wirkt stark düngend (MZ 5).	L fragt, warum erst seit Mitte der 60er Jahre ein hoher Phosphatanteil in den Gewässern zu verzeichnen ist. SS stellen Vermutungen an, evtl. wird genannt, daß aus bestimmten Gründen erst in den 60er Jahren Phosphat den Waschmitteln zugegeben wurde. L erklärt die Ursachen.
Künstlicher Zufluß, durch den Wannsee- und Havelwasser in die Grunewaldseen gelangt.	Lehrer fragt, wie das phosphathaltige Wasser in die Grunewaldseen gelangt.
Wegen des gesunkenen Grundwasserspiegels, der lebensnotwendig für die Grunewaldseen ist, muß Wasser zugeleitet werden, um eine Austrocknung zu verhindern (MZ 1).	L fragt nach dem Grund des künstlichen Zuflusses. SS versuchen zu erklären. (Impuls: Denkt an die erforderlichen Maßnahmen im Tiefbau, z.B. U-Bahn!)
Wegen des hohen Phosphatanteils wird die Algenproduktion im See sehr angeregt, daß es zu einer Massenvermehrung kommt (MZ 5). Sichttiefe: 50 cm Wasser grün-bräunlich gefärbt Grund: starke Algenvermehrung	L läßt 2. Frage des Arbeitsbogens vorlesen: Welche Folgen hat die Phosphatbelastung der Wannsee- und Havelgewässer für die Wasserqualität der Grunewaldseen? SS nennen ein sehr starkes Algenwachstum und Massenvermehrung, sehr grünlich-braune Färbung des Wassers, geringe Sichttiefe und ähnliches.
Zeichnung auf Arbeitstransparent: starke Algenvermehrung, besonders an der Wasseroberfläche - Abwässer und Phosphateinleitungen An der Wasseroberfläche (stärkste Sonneneinstrahlung) vermehren sich die Algen am besten.	L zeichnet auf Arbeitstransparent die Auswirkungen des Phosphats. L fragt, in welchem Bereich des Sees die Algen die günstigsten Lebensbedingungen haben.
Algen nehmen anderen Lebewesen Licht weg (MZ 7). Je mehr Algen sich in einem See befinden, desto größer ist der Anteil an abgestorbenen Algenteilen (MZ 6).	L sagt, daß die starke Algenproduktion eigentlich sehr positiv sein müßte, da Algen Sauerstoff produzieren. Warum wird die Algenproduktion im Artikel so negativ dargestellt? Mit Hilfe des Lehrerhinweises erkennen die SS, daß mit einer hohen Algenzahl auch eine hohe Absterberate der Algen einhergeht.

Lerninhalte/Lernziele	Operationen
Der Sauerstoff wird also nur in der oberen Wasserschicht produziert und kann in nur geringen Mengen in die Tiefe gelangen (MZ 7).	Durch den Impuls an Erscheinungen zu denken, die mit "Algenteppich" und "blühender See" umschrieben werden, erkennen die SS, daß in tieferen Wasserschichten keine Pflanzen wachsen können und Sauerstoff deshalb nur an der Oberfläche in großen Mengen vorhanden ist.
Die abgestorbenen Pflanzenteile werden von Bakterien abgebaut, sinken zu Boden.	Das massenhafte Absterben der Algen wird vom L auf das Arbeitstransparent gezeichnet. L: Was passiert mit den abgestorbenen Pflanzenteilen?
Wegen der Pflanzenmassen können nicht alle Pflanzenteile genügend abgebaut werden. Teilweise setzen sie sich unzersetzt am Boden ab (MZ 8). Faulschlamm = Nicht abgebaute, abgestorbene Pflanzen und Tiere.	L macht darauf aufmerksam, daß die Bakterien in ihrem Abbauprozeß der großen Pflanzenmasse nicht nachkommen können. Was ist die Folge davon? SS: Die nicht abgebauten Teilchen lagern am Boden. Der Begriff Faulschlamm wird erarbeitet (denkt an Schlick- und Wattboden!).
Eutrophierung - Überdüngung eines Gewässers	L zeichnet auf Arbeitstransparent dritte Zeichnung - Faulschlamm setzt sich ab. L: Dies ist die Folge des hohen Phosphatanteils im Wasser. Es wurde überdüngt. Das bezeichnet man als Eutrophierung.
Der See kippt um, alles Leben erstickt - ausgelöst durch den hohen Phosphatanteil im Wasser (MZ 3).	L: Langsam erstickt fast alles Leben im See, vor allem in den unteren Wasserschichten. Der Begriff "Der See kippt um" wird erarbeitet (Impuls: See gerät aus dem Gleichgewicht).
Die Grunewaldseen werden aufgrund der wachsenden Faulschlammansammlung immer flacher - sie verlanden (MZ 9).	L: Nun könnt ihr erklären, warum die Grunewaldseen von Jahr zu Jahr flacher werden.
Überprüfung der Hypothesen und Streichen der Hypothesen 1-4	Die an der Tafel stehenden Hypothesen werden überprüft. Die falschen Vermutungen werden gestrichen.
Moor entsteht aus verschlammten Seen.	L zeichnet das letzte Stadium der Folgen durch Überdüngung des Wassers (Verlanden eines Sees) und läßt SS dieses Stadium benennen.

Lerninhalte/Lernziele	Operationen
	4. Phase:
	Festigung ca. 8-9 min
Lückentext, der den Vorgang der Eutrophierung beschreibt (FZ 3). siehe Arbeitsbogen	L teilt Arbeitsbögen aus, die von den SS in Einzelarbeit ausgefüllt werden sollen. SS haben ca. 5 Minuten Zeit. Der Lückentext wird von verschiedenen SS vorgelesen.
	5. Phase:
	Vertiefung ca. 5-7 min
Maßnahmen gegen die Eutrophierung und das "Umkippen" eines Sees Kläranlagen chemischer Abbau des Phosphats Sauerstoffzufuhr Abbaggern des Schlamms (MZ 10)	L fragt SS, ob sie Vorschläge haben, um einer Eutrophierung oder einem "Umkippen des Sees" entgegenzuwirken. L schreibt an die Tafel. L zeigt Plakat, herausgegeben vom Senat, das Werbung für den Umweltschutz macht. L läßt vorlesen. Maßnahmen, die hier aufgeführt sind, werden an der Tafel ergänzt und von SS abgeschrieben.

Biologie	UE Ökologie und Umweltschutz des Süßwassersees	Arbeitsbogen

In den neun Grunewald-Seen stirbt bald alles Leben

Es war nur eine kleine Meldung am Rande, die kaum jemand beachtete. Der amerikanische Stadtkommandant, Generalmajor Calvert P. Benedict (55), verbot in dieser Woche seinen Soldaten das Baden in Havel, Schlachtensee, Krumme Lanke und Grunewaldsee. Begründung: Die Seen sind zu verschmutzt.

»Tatsächlich ist das Wasser der Grunewaldseen nur noch eine grün-braune Algenbrühe«, sagt Professor Wolfgang Dohle (32) von der Freien Universität. Der Biologe hat erst vor zwei Monaten mit Studenten während eines Praktikums (ökologisches Unterrichtsprojekt) das Wasser der Grunewaldseen genau unter die Lupe genommen.

Nehmen wirs gleich vorweg: Das Ergebnis ist niederschmetternd.

- Sichttiefe höchstens 50 Zentimeter
- 23 000 Algen auf einen tausendstel Liter Wasser (300 wären normal).
- Ab vier Meter Wassertiefe gibt es keinen Sauerstoff und kein Leben mehr.

Und das Schlimmste: 0,53 Milligramm Phosphat pro Liter. Professor Dohle: »Schon 0,1 Milligramm sind zuviel.«

Ursache für das langsame Sterben der

Grunewaldseen ist die Überfütterung mit Nährstoffen – überwiegend Phosphate und Nitrate. Sie gelangen über zugepumptes Wannseewasser in die Seenkette.

Seit 1912 müssen alle neun Grunewaldseen aus dem Wannsee gespeist werden, damit sie nicht austrocknen. Grund: Durch den hohen Trinkwasserbedarf sank der Grundwasserspiegel immer mehr. Der Lebensnerv der Grunewaldseen, die ursprünglich nur vom Grundwasser abhängig waren, war getroffen.

Wie aber kommt die hohe Phosphatbelastung in Wannsee und Havel? Abwässer und Fäkalien aus Westberlin und dem Osten können zur Zeit nicht genügend geklärt werden. Klärrückstände kommen als Nährstoffe (Phosphate, Nitrate usw.) in die Havel.

Über einen künstlichen Zufluß werden Nilolassee, Schlachtensee und die anderen Grunewaldseen aus dem Wannsee gespeist.

Am schlimmsten ist die Belastung durch Phosphate. Sie stammen zu 60 Prozent aus den Weißmachern in den Waschmitteln, wie sie seit den 60er Jahren auf dem Markt sind.

Was die Situation der Grunewaldseen besonders schlimm macht: Ständig wird das phosphathaltige Havelwasser in die stehenden Grunewaldseen gepumpt. Dadurch werden die ehemals klaren Seen immer stärker mit Nährstoffen angereichert. So entstehen ideale Lebensbedingungen für die Algen. Denn Phosphor ist für sie lebensnotwendig, kommt aber in der Natur nur in sehr geringem Maße vor. Durch das Überangebot (vorwiegend aus den Waschmitteln) vermehren sich die Algen bis zum 80fachen ihres normalen Vorkommens. Die mikroskopisch kleinen einzelligen Algen produzieren an der Wasseroberfläche Sauerstoff, der durch die unterschiedlichen Wassertemperaturen nicht in die tieferen Schichten gelangen kann.

Unter vier Meter Wassertiefe gibt es keinen Sauerstoff mehr. Hier setzen Bakterien die abgestorbenen Algen in Faulschlamm um, der sich am Grund festsetzt und ständig ansteigt. So hat zum Beispiel die Schlammhöhe im 14 Meter tiefen Grunewaldsee schon eine Höhe von 11 Metern erreicht – nur noch drei Meter Wasser. (In gesunden Gewässern wächst die Schlammschicht jährlich höchstens um einen Millimeter. In »überdüngten« Seen wie den Grunewaldseen bis zu zwei Zentimeter im Jahr).

(aus: BERLINER MORGENPOST *vom 16. 6. 1979, gekürzt)*

1. Wie kommt der hohe Phosphatgehalt in das Havel- und Wannseewasser?
2. Welche Folgen hat die Phosphatbelastung der Wannsee- und Havelgewässer für die Wasserqualität der Grunewaldseen?

Biologie	Thema: Der See kippt um.	Arbeitsbogen

Die Eutrophierung

Unsere Gewässer sind Sammelstellen für .... aus dem Haushalts- und Industriebereich geworden. Eine wesentliche Beeinträchtigung der Gewässer stellt der hohe Nährstoffgehalt durch .... und .... dar. .... sind wesentliche Bestandteile in .... zur leichteren Schmutzlösung und Verringerung des Kalkgehalts in der Wäsche und in Waschmaschinen.

Durch das unzureichend geklärte Abwasser gelangen diese Stoffe in die Gewässer und bewirken ein ....der Pflanzen, vor allem der .... Diese Nährstoffe haben also eine .... Wirkung, sind deshalb auch wesentlicher Bestandteil in .... Diese sehr starke Überversorgung des Sees mit Nährstoffen wird auch als .... bezeichnet.

Die kurzlebigen Algen sinken nach ihrem Absterben langsam zu Boden und können wegen ihrer hohen Anzahl nur unzureichend von .... abgebaut werden, wobei außerdem sehr viel .... verbraucht wird. Am Boden nicht an Sauerstoff gebundene ....setzen die abgestorbenen Algen in .... um, der am Grund festsitzt und ständig ansteigt und übelriechende, giftige Gase entwickelt. Der See "..................", wenn fast alles Leben erstickt ist. Ist der See völlig mit .... ausgefüllt, ist ein neuer Lebensbereich entstanden, das ....

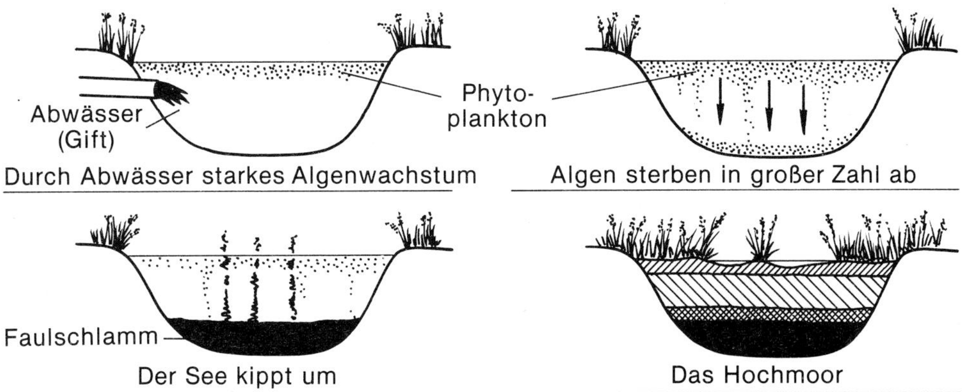

Gib den Abbildungen kurze Überschriften!

9.6 Zusammenfassung

Dieses Kapitel stellt Hinweise und Anregungen für die Vor- und Nachbearbeitung von Biologieunterricht zusammen, die aus der praktischen Schularbeit heraus aufgegriffen und verwertet werden können. Die Ausführungen machen deutlich, daß eine Auseinandersetzung mit den im Unterricht zu erarbeitenden Inhalten den methodischen Überlegungen vorangehen müssen. Die gegebenen Anregungen und Planungsbeispiele dürfen nicht als verbindliches Schema aufgefaßt werden, mit dem die Planung biologischer Unterrichtsstunden erschöpfend durchzuführen ist. Das vorgelegte Planungskonzept hat jedoch sein Ziel erreicht, wenn es dem Unterrichtenden damit gelingt, den abgelaufenen Lernprozeß zu überprüfen, Lücken in der Planung zu erkennen und zu kompensieren, die Ursachen falsch eingeschätzten Schülerverhaltens zu reflektieren und den Wert eingesetzter Unterrichtsmedien zu beurteilen.

Das Konzept soll darüber hinaus dazu beitragen, die eigenen Überlegungen zu strukturieren, zu intensivieren und zu katalogisieren.

10
Methodische Hinweise für den Anfänger

Die ersten Unterrichtserfahrungen in der Schulwirklichkeit sind für viele Lehranfänger nicht sehr ermutigend. Der Grund liegt darin, daß viele Verhaltensformen des Lehrers gegenüber dem Schüler erst selbst erprobt und allmählich eingeübt und gefestigt werden müssen. Viele Didaktiker und Mentoren scheuen sich, dem Anfänger in dieser Situation pädagogische Grundsätze, Regeln und Verhaltensmuster mitzuteilen, in der Befürchtung, daß die Praktikanten oder Lehramtskandidaten in der starren Übernahme dieser Empfehlungen ohne Reflexion über ihre Unterrichtsarbeit bleiben und damit keinen ihrer Persönlichkeit gemäßen Weg finden.
Der Verfasser hat bei seinen Unterrichtsbesuchen demgegenüber die Erfahrung gemacht, daß Hinweise sowohl für das Lehrerverhalten in ganz konkreten Unterrichtssituationen wie auch für die Planung bestimmter Unterrichtssequenzen dem Unterrichtenden eine äußerst wertvolle Hilfe bedeuten, die keineswegs zur Imitation, sondern häufig zur Innovation führt. In diesem Sinne sollen die folgenden Ausführungen insbesondere Lehranfängern, aber auch bereits länger in der Praxis stehenden Lehrern Hilfestellung leisten. Die zahlreichen Anregungen können mithelfen, typische Fehler und Schwächen besonders im methodischen und organisatorischen Bereich der Unterrichtspraxis zu vermeiden.

10.1 Verbale Steuerung der Lernprozesse

10.1.1 Schwierigkeiten in der Impulsgebung

Die am häufigsten praktizierte Vorgehensweise des Lehrers zur Erarbeitung der Lernziele – und das muß leider konstatiert werden – stellt im gegenwärtigen Biologieunterricht zweifellos noch immer das sogenannte fragend-entwickelnde Verfahren (im Frontalunterricht) dar.
Der Impuls als eine wirksame vor allem sprachliche Beeinflussung des Schülers [100] spielt innerhalb dieser Vorgehensweise eine wesentliche Rolle. Er dient dazu, die Denktätigkeit des Lernenden anzuregen und in bestimmte Bahnen zu lenken (z. B. Berichte . . .! Begründe . . .! Vergleiche . . .!). Bei Hospitationen in derartigen Unterrichtssituationen erlebt man es immer wieder, daß der Unterrichtende nach einem Impuls bzw. nach einer Impulsfrage nicht lange genug wartet, sondern die gerade beginnende Denktätigkeit der Schüler durch Zusatzfragen stört, wodurch es zu negativen **Frage-** und **Impulskumulationen** kommt, die die Schüler in ihren Überlegungen stören, sie durcheinander bringen, bedrängen und verunsichern. Umgekehrt wird vom Lehrer häufig viel zu früh die Lösung angeboten, anstatt den Kindern genügend Zeit zur Auseinandersetzung mit dem Denkanstoß zu geben. Schließlich werden

häufig gute Impulse in der Befürchtung, die Schüler entnähmen daraus nicht den richtigen Denkanstoß, durch Erläuterungshinweise bzw. -fragen entwertet. Wie oft genügt es hingegen, anstelle von langen Zusatzausführungen eine abwartende Haltung einzunehmen und – wer dazu in der Lage ist – einen entsprechenden Gesichtsausdruck zu zeigen (»ermunterndes Fragezeichen«).

Mit anderen Worten: Der Lehrer sollte sich stets darum bemühen, mit dem Prinzip der *minimalen Hilfe* auszukommen, zum Beispiel von allgemeinen Aufforderungen zum Beobachten eines Phänomens ausgehend, der Denktätigkeit der Schüler genügend freien Raum zu lassen. Damit kennzeichnet der Unterrichtende nur die allgemeine Richtung oder deutet die Grenzen eines größeren Problemfeldes an. Allerdings haben gerade Anfänger oft erhebliche Schwierigkeiten im Finden von geeigneten Impulsen:

- Zur Klärung der Frage nach der Anzahl der Leukozyten im Blut eines gesunden Menschen wird ein Dia mit einem Blutausstrich projiziert. Die Schüler zählen von sich aus die verschiedenen festen Bestandteile zusammen und finden so die für die Leukozyten kennzeichnenden Relationen.
- Um im Rahmen der Unterrichtseinheit »Dissimilation« den Begriff der *Atmungswärme* zu erarbeiten (vorangegangen war ein einfacher Versuch: Eine Thermosflasche wurde mit keimenden Mais- und Weizensamen angefüllt; Messung der Anfangstemperatur und nach ca. 20 Minuten), haben sich folgende Impulse als geeignet erwiesen: »Was passiert im Frühjahr, wenn im Schnee Schneeglöckchen oder Krokusse keimen?« (Der Schnee schmilzt um die treibenden Pflanzentriebe herum) oder »In Heuhaufen leben unzählbare Mengen von Mikroorganismen (zum Beispiel *Bacillus calfaktor*). An kalten Wintertagen dampfen die Heuhaufen . . .«

AEBLI (1973[4]) geht im übrigen auf das *Prinzip der minimalen Hilfe* näher ein. Er gibt auch verschiedene unterrichtspraktische Beispiele, wie der Lehrer mit diesem Grundsatz operieren kann.

10.1.2 Schwierigkeiten in der Fragetechnik

Besonders dem im Unterrichten Unerfahrenen ist dringend anzuraten, das Hauptaugenmerk auf seine sprachliche Ausdrucksweise – also allgemeine Formulierungen, Fragen und Impulse – zu richten. So sind als hauptsächliche Mängel in der Lehrersprache festzuhalten:

- motivarme und undurchsichtige Einzelfragen,
- Suggestivfragen, die nur eine bestimmte Antwort zulassen (» . . . ist der ganze Teil der Griffel?«),
- ständiges Lehrerecho (Wiederholung der Schülerantwort durch den Lehrer),
- zu eng gefaßte Fragen und zu enge Determination der Antwort (zum Beispiel bei einer Blütenuntersuchung die Frage: »Wie sieht der Kelch aus?« Statt dessen könnte man lediglich auf bestimmte Blütenteile deuten, ohne eine den Denkprozeß kanalisierende Frage zu stellen).

An dieser Stelle ist zu der wiederholt vorgebrachten Kritik, daß im Stundenablauf zu viele Fragen gestellt werden, prinzipiell zu sagen, daß eine normale Unterrichtsstunde ohne Fragestellungen nicht auskommt. Auch ist zwischen *Fragen* (»Wie viele verschiedene Flossenarten hat der Maulbrüter?«) und *Aufforderungen* (»Zählt die verschiedenen Flossenarten!«) inhaltlich kein Unterschied, d.h. der vom Lehrer gegebene Denkanstoß ist derselbe. Eine Aufforderung beeinflußt jedoch nicht in dem Maße die Formulierung der Schülerantwort und sollte von daher häufiger den Vorrang haben, da sie die verbale Ausdrucksfähigkeit schult und weniger suggestiv auf die Formulierung der Antwort wirkt. Der Lehrer sollte sich also bemühen, stets eine Ausdrucksweise zu benutzen, die die Schüler zwingt, einfache Zusammenhänge und Ergebnisse mit ihren eigenen Worten zu beschreiben.

Lehranfänger, die im Auftreten vor der Klasse noch unsicher sind, formulieren oft »Kann jemand wiederholen?« oder »Kann jemand nach vorn kommen und das zeigen?«. Da die Erfolgserwartung ohnehin nicht groß war, erledigen sie dann, ohne länger zu warten, selbst die Aufgabe. Besser wäre in jedem Falle, die Schüler freundlich aufzufordern: »Wiederholt bitte!« oder »Ein Schüler kommt bitte nach vorn und zeigt . . .!« und anschließend auch zu warten.

10.1.3 Schwierigkeiten im Einbringen von Modellvorstellungen

Dem aufmerksamen Beobachter von Unterrichtsversuchen fällt auf, daß der Lehranfänger häufig größere Schwierigkeiten im Entwickeln von übergreifenden Modellvorstellungen hat, die im naturwissenschaftlichen Bereich für die Initiierung von Erkenntnisprozessen und Analogieschlüssen (Übertragen der Gedanken auf natürliche Gegebenheiten) sowie als Vorstellungshilfe für komplexe Naturvorgänge oftmals von großer Bedeutung sind. Statt dessen stellt der Lehrer einseitig formulierte Fragen, die den Schüler für die Problemstellung wenig motivieren. Diese methodische Schwäche ist abzubauen, indem man den Unterrichtenden darauf hinweist, möglichst nach *Vergleichen, Analogien und Beispielen aus dem täglichen Lebensbereich* der Schüler zu suchen, an denen sie interessiert sind und Anteil nehmen. Auf diese Weise wird es möglich, die Schüler auf bestimmte Erkenntnisse durch zum großen Teil selbständige Denkleistung zu bringen.

Bei der Erarbeitung der festen Zellwand (Cellulose) der Pflanzenzelle beispielsweise (9. Schuljahr) kann man die Schüler mit dem folgenden Denkmodell sehr leicht auf den richtigen Weg führen: Eine Katze würde bei ausschließlicher Grünfutterernährung verhungern. Die Erfahrung zeigt, daß dem Schüler die Rückfolgerung nicht schwerfällt: Die Katze kommt an die in der Zelle befindlichen Nährstoffe aus irgendwelchen Gründen nicht heran. Und wenn der Denkprozeß so weit fortgeschritten ist, kommen die Schüler auch von selbst darauf, daß als Grund hierfür die für die Verdauungssäfte der Katze nur schwer oder gar nicht zerstörbare feste pflanzliche Zellwand in Frage kommt.

Innerhalb der Unterrichtseinheit »Der Bewegungsapparat des Menschen« (7. Schuljahr) haben Schüler im allgemeinen Schwierigkeiten im Vorstellungsvermögen der Arbeitsweisen der verschiedenen Gelenkarten. Hier können dem Schüler wertvolle Vorstellungshilfen gegeben werden: für das Kugelgelenk ein beweglicher Kugelschreiberhalter oder ein Kerzenhalter für den Weihnachtsbaum, für das Scharniergelenk das Eisenscharnier einer Tür – also alles Gegenstände aus dem täglichen Lebensbereich der Schüler. Für die Funktionsweise des Sattelgelenks kann als Vorstellungshilfe die Bewegung des Reiters auf einem Pferd demonstriert werden (auch mit Hilfe von Bleifiguren).

10.1.4 Probleme des Lehrervortrags

Eine weitere Schwäche des Anfängers ist der lang andauernde sogenannte Lehrervortrag. In der Verkennung, daß viele Sachverhalte mit den Schülern erarbeitet werden können, bringen die Unterrichtenden von sich aus lange Ausführungen, die in den meisten Fällen die Schüler überfordern, zumindest aber auf die Dauer uninteressierter und unaktiver machen, was sich lernpsychologisch ungünstig auswirkt. Wenn Kenntnisse, Erkenntnisse und Einsichten mit keinem anderen Unterrichtsverfahren entwickelt werden können als durch Lehrerinformation, dann sollte man diese zur kognitiven Absicherung auf jeden Fall entweder wiederholen oder stichpunktartig an der Tafel notieren lassen und nicht bloß seine Ausführungen rhetorisch mit der Bemerkung beenden: »Habt ihr das verstanden?«

10.1.5 Handhabung von Schüleräußerungen

Eine weitere Schwierigkeit für Lehranfänger besteht darin, Schüleraussagen für den Unterrichtsfortgang zu nutzen. So kann man gegebenenfalls zum Beispiel falsche *Schülerantworten an die Klasse weitergeben* – »Was sagen die anderen dazu?« – und somit die Schüler zu kritischem Denken bzw. Mitdenken anregen. Eine andere Möglichkeit wäre, richtige und gut formulierte Bemerkungen wiederholen zu lassen, um damit die Gültigkeit und Wichtigkeit einer Aussage zu betonen. Auf jeden Fall erfordert bei einem erarbeitenden Verfahren eine Schülerbemerkung eine *Stellungnahme von seiten des Lehrers* oder *eines Mitschülers,* um sie für den Unterrichtsfortgang zu nutzen. In diesem Sinn hat der Lehrer – und davor scheut sich häufig gerade ein Lehranfänger – zu schlechten oder falschen Antworten ebenso klar Stellung zu nehmen, wie er gute Aussagen verstärken sollte. Die Schüler schätzen ein gerechtes – wenn auch manchmal unbequemes – Lehrerurteil höher ein als ein zweideutiges Verhalten des Unterrichtenden, bei dem sie selten wissen, woran sie sind. CORRELL führt in seinem Buch »Lernpsychologie« (1970^{10}) dazu aus: »Lob ist besser als Tadel und dieser ist besser, als die Leistungen der Kinder einfach zu ignorieren.«

Neben der oben erwähnten Möglichkeit, auf Schüleraussagen zu reagieren, bietet sich noch ein weiteres Verfahren an, nämlich *mehrere Schülerantworten ohne jeden wertenden Kommentar zu sammeln und im Anschluß daran die Klasse zur Stellungnahme aufzufordern.*

Schließlich sollten auch Fragen eines Schülers zum Thema grundsätzlich erst einmal zur Beantwortung an die Klasse weitergegeben werden. Der Lehrer greift damit der Schüleraktivität nicht vor und kann gegebenenfalls immer noch seine Antwort geben. Weiterhin sollten sich auch im Unterricht noch Ungeübte nicht mit der Mitarbeit der Aufmerksamen begnügen, sondern nicht aufhören, die stillen Schüler zur Mitarbeit zu ermuntern. Tatsächlich gelingt es oft auf diese Art, auch gehemmte und zurückhaltende Schüler am Unterrichtsgeschehen zu beteiligen.

10.2 Stoffmenge und Zeiteinteilung

Ein weiterer Anfängerfehler besteht darin, daß häufig zuviele Informationen in einer Stunde erarbeitet werden sollen. Dahinter steht oftmals die Befürchtung, die Schüler bei weniger umfangreichen Unterrichtsinhalten zu unterfordern oder aber bereits vor Stundenschluß mit dem vorbereiteten

Stoff fertig zu sein. Derartig konzipierte Unterrichtsstunden haben zur Folge, daß der Unterrichtende beim Stundenabschluß irgendwo in der Erarbeitungsphase abbrechen muß – auf Kosten einer fundierten Festigung, Vertiefung und Sicherung der neuen Kenntnisse und Erkenntnisse. Zu diesem Problemkreis ist grundsätzlich zu sagen, daß der Lehrer bei auftretendem Zeitmangel die Erarbeitung weiterer Aufgaben- und Problemstellungen zurückstellen muß zugunsten einer echten Festigung und Sicherung des bis dahin Erarbeiteten. In einer Vielzahl hospitierter Biologiestunden erreichten die Lehrer ihre Unterrichtsabsichten deshalb nicht, weil sie entweder die erwarteten Vorkenntnisse der Schüler überschätzten oder aber weil sie es versäumten, für bestimmte Aufgaben, wie Abschreiben von Merksätzen, Abzeichnen von Skizzen, Diagrammen usw. den Schülern eine *Zeitbegrenzung* zu geben.

Zur Planung eines Unterrichtsvorhabens, das Aussicht auf Verwirklichung haben soll, sind demnach zum einen die *erwarteten Vorkenntnisse* der Schüler für das Stundenthema möglichst genau zu ermitteln (mittels Vortest, Schülerheft, Klassenbuch), und zum anderen sollte der Versuch gemacht werden, einen *genauen Zeitplan* für den Unterrichtsverlauf aufzustellen, der der persönlichen Kontrolle dient und allmählich eine immer exaktere Unterrichtsplanung ermöglicht.

10.3 Erstellung von Arbeitsbogen

Die in den Schulen im Klassensatz vorhandenen Biologiebücher korrespondieren nur selten mit den vom Lehrer unterrichteten Themenbereichen. Aus diesem Grund werden – seit die technischen Möglichkeiten in jeder Schule dazu bestehen – immer häufiger **Arbeitsbogen** angefertigt, die Schülern und Lehrern die Unterrichtsarbeit erleichtern.

Derartige Arbeitspapiere dienen in erster Linie
- zur Informationsvermittlung
- zur Erarbeitung von Problemstellungen
- zur Angabe von Arbeitsaufträgen für Textanalysen, Untersuchungen, Experimente usw.
- zur Fixierung von Unterrichtsergebnissen
- zur Wiederholung und Festigung der Lernziele
- zur Übung
- zur Erfolgskontrolle (als Testbogen).

Arbeitsbogen werden demnach vor allem zur Erarbeitung oder zur Festigung eingesetzt.

Besonders bei der Erstellung eines Arbeitsbogens, der die Funktion eines Operationsobjektes in Gruppen-, Partner- oder Einzelarbeit einnehmen soll, müssen verschiedene Aspekte berücksichtigt werden, damit für die Schüler eine erfolgreiche Selbsterarbeitung der Problemstellung möglich wird. Als wichtigstes Prinzip gilt hierbei, daß diese Arbeitspapiere *klar gegliedert* und *überschaubar gestaltet* werden. Das heißt, der Lehrer muß bestimmte, meist aus Buchvorlagen oder Zeitungsartikeln entnommene Texte, die er für die Selbsterarbeitung der Schüler vorsieht, didaktisch aufbereiten. [101] Dies gilt um so mehr, je jünger die Schüler sind. Aber auch im 9. und 10. Schuljahr wird erfolgreicher am abgezogenen Text gearbeitet,
- wenn die Satzkonstruktionen und Formulierungen (auch Fremdwörter) dem Sprach-Code der Schüler gemäß verändert werden,
- wenn das Arbeitspapier in einzelne Abschnitte gegliedert wird,

- wenn am Schluß des Textes präzise Arbeitsanleitungen, Aufgaben und Fragen entsprechend der vorgesehenen Lernziele gestellt werden, so daß die Schüler ihre Aussagen selbst formulieren und nicht etwa lediglich bestimmte Sätze des Textes herausschreiben oder unterstreichen müssen,
- wenn im Text erwähnte Fremdwörter erläutert werden. [102]

Wenn der Lehrer beabsichtigt, ein Arbeitspapier zur Festigung der zuvor erarbeiteten Informationen einzusetzen, zum Beispiel als Fragenkatalog oder Lückentext, dann sollte er als Arbeitsform eher die Einzelarbeit wählen, als im Frontalunterricht die einzelnen Punkte des Arbeitsbogens durchzusprechen. Der Vorteil des ersten Verfahrens liegt einmal darin begründet, daß jeder einzelne Schüler für einige Minuten im selbst bestimmbaren Arbeitstempo seinen eigenen Informationszuwachs überprüfen kann. Zudem ist eine »Stillphase« gegen Ende der Unterrichtsstunde gleichsam als Wechsel der Aktionsform häufig angebracht.

10.4 Durchführung von Partner- oder Gruppenarbeit

Insbesondere bei differenzierenden Arbeitsformen unterlaufen dem Lehranfänger zahlreiche vor allem *organisatorische* Fehler, die sich jedoch leicht vermeiden lassen. Bei allen Unterrichtsstunden, die die Selbständigkeit der Schüler initiieren wollen, kommt es ganz besonders darauf an, die Aufmerksamkeit aller zu Anfang der Stunde zu sammeln, um gemeinsam die Aufgabenstellung zu klären, Hinweise auf Arbeitsmaterialien zu geben und um organisatorische Maßnahmen zu besprechen. Wenn sich das Untersuchungsmaterial erst einmal in den Händen der Schüler befindet, ist der Aufforderungscharakter der Medien und Geräte meist so stark, daß der Lehrer nicht mehr versuchen sollte, irgendwelche Ansagen zu machen.

Bei der Durchführung von Gruppen- oder Partnerarbeit hat sich folgende Vorgehensweise als zweckmäßig erwiesen (siehe auch Kap. 6.4):

1. *Benutzung der Hilfsmittel erklären*
Alle Schüler sollten zu Beginn der Stunde auf die Besonderheiten der Hilfsmittel (Geräte, Instrumente usw.) hingewiesen werden, so daß diese erfolgreich zur Lösung der Problemstellung eingesetzt werden können.

2. *Erläutern und Austeilen der Arbeitsanleitungen. Zeitbegrenzung geben*
Bevor das Arbeitsmaterial an die Schüler verteilt wird, muß die Fragestellung jedem Schüler klar sein. Daher sollte in der Regel auf eine – wenn auch kurze – gemeinsame Planung und Skizzierung des Vorgehens nicht verzichtet werden, zumal diese Auseinandersetzung zur zusätzlichen Motivation der Schüler beitragen kann. Eine Zeitbegrenzung sollte in jedem Fall erfolgen, da sie die Schüler zum zielstrebigen Arbeiten veranlaßt. Der Lehrer sollte jedoch so flexibel sein, gegebenenfalls auch Zeitkorrekturen im Laufe der Stunde vorzunehmen.

3. *Verteilen der Arbeitsmaterialien. Erarbeitung des Themas*
Von diesem Augenblick an sollte der Lehrer für die Dauer der Selbsttätigkeit der Schüler möglichst keine Bemerkung mehr an die gesamte Klasse richten.

4. *Auswertung der Arbeitsaufgaben nach beendeter Arbeit am Objekt*
Solange die Schüler an diese Arbeitsformen noch nicht gewöhnt sind, ist es rat-

sam, die Arbeitsmaterialien vor der Auswertungsphase einsammeln zu lassen oder aber zumindest konsequent darauf zu achten, daß die Schüler sich nicht länger damit beschäftigen. Bei größerer Informationsfülle haben sich im übrigen innerhalb dieser Unterrichtsphase Teilwiederholungen als günstig erwiesen.

5. *Erstellung eines Tafelprotokolls*
Hierbei ist darauf zu achten, daß der Tafeltext (auch Zeichnungen, Tabellen usw.) nicht so umfangreich wird, daß eine Festigung des Stundenschwerpunkts nicht mehr möglich ist.

Für die *Durchführung von Experimenten* sind darüber hinaus noch einige Aspekte zu beachten, um einen Unterrichtserfolg zu gewährleisten. Grundsätzlich sollte der Lehrer das für den Unterricht geplante Experiment als Blindversuch vorher selbst ausprobieren.

10.5 Verwendung der biologischen Fachsprache

Oftmals hat der Lehranfänger in Biologie Schwierigkeiten, die Fachsprache in den Unterricht miteinzubeziehen, obwohl diese maßgeblich für die Entwicklung der facheigenen Denkweise verantwortlich ist. Kennzeichnend für die biologische Unterrichtssprache ist eine eindeutig exakte Ausdrucksweise, die in erster Linie durch klare Definitionen von Worten und Begriffen geprägt wird. Der unerfahrene Lehrer versäumt es jedoch zumeist, die Ergebnisse und Hauptinhalte des Erarbeiteten sprachlich eindeutig – mit Begriffsbestimmungen bzw. Definitionen – zusammenfassen zu lassen, wodurch die Aufmerksamkeit der Schüler mühelos auf das Wesentliche eines Stundenabschnittes gelenkt werden könnte. Wenn man seine Schüler indes zum fach- und sachangemessenen Sprechen bei jeder sich bietenden Gelegenheit anleitet, dann ist damit nicht nur ein Fachanliegen, sondern auch eine fachübergreifende Intention erreicht.

Wenn der Unterrichtende Fremdwörter bzw. Fachausdrücke benutzt, dann sollten diese grundsätzlich unter Einbeziehung ihrer Erklärung und Wortherkunft an die Tafel geschrieben werden. Sie prägen sich dadurch nicht nur besser ein, auch Fehler in der Schreibweise und Aussprache werden seltener gemacht. Im übrigen ist zu überprüfen, ob die Schüler die neuen Begriffe auch inhaltlich richtig anwenden können. Das *Anlegen eines Glossars* auf der letzten Seite des Biologieheftes hat sich in diesem Zusammenhang bewährt.

10.6 Verwendung von Zahlenangaben im Biologieunterricht

Oftmals wird bei der Informationsübermittlung in dem Bemühen, den Schülern möglichst eindeutige Fakten zu liefern, ein besonderer Wert auf exakte Zahlenangaben gelegt.

Hierzu gehören zum Beispiel Angaben über Größen (Pollenkorn der Kiefer: 60 µm), Gewichte (Blauwal: 100 000 kg), Lebensdauer (Blindschleiche: 25 Jahre), Vorkommen (pro Hektar: 500 000 Regenwürmer), Physiologische Daten (pro mm^3: 250 000 Thrombocyten) usw.

Dabei müßten die zum Teil stark differierenden Daten in den verschiedenen Lehrbüchern dem Unterrichtenden eigentlich zu denken geben. Abgesehen davon, daß derartige detaillierte Zahlenangaben von den Schülern – übrigens auch von vielen Biologielehrern – nicht in das Langzeitge-

dächtnis mitaufgenommen werden, sind genaue Daten bei der zu registrierenden Mannigfaltigkeit der Erscheinungsformen unsinnig. Wichtiger als derartige Zahlen sind Informationen über *Dimensionen, Verhältnisse* und gegebenenfalls *prozentuale Angaben* einschließlich der notwendigen *Vergleiche* bzw. *Begründungen.*
Folgende Angaben erscheinen beispielsweise gerechtfertigt:

1. Anstelle detaillierter Zahlenangaben über die festen Bestandteile des menschlichen Blutes Angabe der Relationen, also
   Leukozyten: Thrombozyten: Erythrozyten = ca. 1:50:1000.
2. Anstelle der genauen Größenangabe der menschlichen Eizelle (Durchmesser 0,2 mm) empfiehlt sich ein Größenvergleich, zum Beispiel mit einem menschlichen Haar (eventuell auch mit Hilfe einer Skizze, vgl. Abb. 86).
3. Anstelle exakter Angaben über die Eizahl der Karpfen »eine Million und mehr in jedem Frühjahr« ist der Hinweis auf die ungeheuer große Eizahl dieser Fische sinnvoll mit der gleichzeitigen Begründung für diese immense Vermehrungsrate. Demgegenüber legen Maulbrüter, zum Beispiel der Brabantbuntbarsch *(Tropheus moorei),* weniger als ein Dutzend Eier, da sie intensive Maulbrutpflege betreiben.
4. Die Gesamtoberfläche der Lungenbläschen und damit der Lunge wird beim Menschen mit ca. 100 qm angegeben. Eine Vorstellung von dieser Fläche und damit von der Wirksamkeit des Prinzips der Oberflächenvergrößerung im Atmungssystem des Menschen wird beispielsweise durch den in Abbildung 87 dargestellten grafischen Vergleich erreicht.

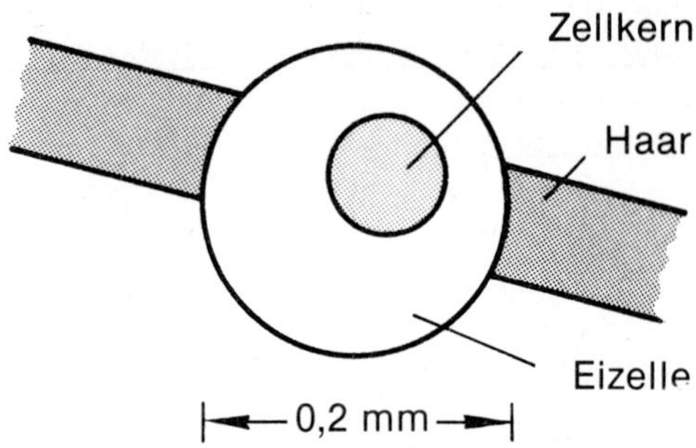

Abb. 86: Menschliche Eizelle im Größenvergleich mit einem Haar.

Abb. 87: So groß ist die Oberfläche der Lungenbläschen im Verhältnis zur Körperoberfläche (verändert nach LINDER / HÜBLER 1976)

10.7 Gliederung des Unterrichtsablaufs

An dieser Stelle soll auf typische Fehler hingewiesen werden, die die Gestaltung des Unterrichtsablaufs betreffen.

10.7.1 Einstieg

Der Einstieg vor allem in einführende Unterrichtsstunden ist in vielen Fällen einfallslos und bewirkt nur selten, daß das Interesse der Schüler für den Unterrichtsgegenstand geweckt wird. Der Lehrer sollte sich deshalb bemühen, das jeweilige Unterrichtsthema auf jeden Fall zu **problematisieren** bzw. fragwürdig zu machen (vgl. hierzu auch Kap. 9.1).
Bei der Hospitation einer Lektion über den »Buchdrucker als gefährlichen Schädling der Fichtenwälder« (8. Schuljahr) begann der Unterrichtende die Stunde mit der lapidaren Ankündigung: »Wir wollen uns heute mit einem Holzzerstörer beschäftigen, dem Buchdrucker.« Um wieviel interessanter und motivierender wäre der Einstieg gewesen, wenn der Lehrer zu Beginn der Stunde kommentarlos ein Dia über die charakteristischen Fraßgänge des Schädlings an die Wand projiziert hätte. Auf diese Weise hätte man bei den Schülern eine Konzentration der Aufmerksamkeit erreicht und das Thema weit eher in ihren Fragehorizont gebracht. Den Namen des Schädlings sowie die Besonderheiten seiner Lebensweise hätten die Schüler mit nur geringer Hilfe selbst herausgefunden.

10.7.2 Erarbeitung

Die Notwendigkeit der Einhaltung der Reihenfolge *erarbeiten – wiederholen – notieren* wird besonders in der frühen Sekundarstufe häufig nicht beachtet. Vielmehr wird oftmals sofort nach der Erarbeitung wichtiger Kenntnisse oder Erkenntnisse mit zum Teil großen Schwierigkeiten versucht, Merksätze zu notieren, obwohl keine kognitive Absicherung vorangegangen, geschweige denn eine verbale Befestigung erfolgt ist. Die Konsequenzen sind Unlustgefühle, schleppender Unterrichtsverlauf und nicht zuletzt eine Überforderung auf seiten der Schüler. Die Gliederung in der oben vorgeschlagenen Weise hilft zwar mit, ein unreflektiertes Unterrichten zu vermeiden, darf aber auch nicht zum anderen Extrem, dem Unterrichten nach starren Stufen, führen.

10.7.3 Festigung

Lehranfänger legen nur geringen Wert auf Teilwiederholungen und Festigungsphasen, obwohl gerade mit diesen Maßnahmen der Blick auf das Wesentliche gelenkt wird und außerdem der Lehrer erfährt, ob das zuvor Erarbeitete verstanden wurde. Teilwiederholungen sind zudem für das Einprägen des Stoffes und die Lernkontrolle von Nutzen.

10.8 Vorbereitung von Unterrichtsstunden

Bei Praktikanten und Lehranfängern erlebt man es immer wieder, daß die Unterrichtsvorbereitung ohne Kenntnis der Vorstunde erfolgt. Nicht selten fehlen dann die inhaltlichen Voraussetzungen für einen bestimmten Unterrichsgegenstand, und der Lehrer hat größte Schwierigkeiten in der Realisation seines Unterrichtsvorhabens. Neben den **inhaltlichen Voraussetzungen** muß der Unterrichtende auch ermitteln, ob die erforderlichen **Arbeitsformen** und **Arbeitstechniken** den Schülern bekannt sind.

In diesem Zusammenhang darf nicht unerwähnt bleiben, daß bei Lehranfängern die Vorbereitung aus Gründen der Arbeitsüberlastung oft nur oberflächlich ist. Als Grundregel gilt jedoch, daß der gesamte Inhalt einer bis dahin noch nicht unterrichteten Unterrichtseinheit *vorweg* aufbereitet sein muß; wie will der Unterrichtende sonst eine Unterrichtsstruktur festlegen, die nötigen Medien besorgen und die zur Einheit gehörenden Stunden sachlogisch ordnen? Wenn der Lehranfänger aufgrund vielfältiger Arbeitsbelastungen (Seminare, Verwaltungsarbeiten, Korrekturen usw.) nicht mehr alle Unterrichtsvorbereitungen bewältigen kann, dann sollte er dahingehend Prioritäten setzen, daß er in dieser Zeit nur diejenige Unterrichtseinheit *intensiv* und schriftlich vorbereitet, die für ihn neu ist, während er bei der Erteilung der übrigen Stunden auf seine bereits gesammelten Erfahrungen zurückgreift.

10.9 Zusammenfassung

Lehranfänger, bei denen sich noch methodische und organisatorische Schwächen häufen, dürfen nun keineswegs versuchen, alle registrierten Fehler mit einem Male abzustellen. Dieses Vorgehen führt in der Regel bei den häufig zusätzlich auftretenden stofflichen Belastungen nicht zum Erfolg. Statt dessen erscheint es empfehlenswert, sich für etwa sieben bis vierzehn Tage *einen* Komplex von »typischen Schwächen« vorzunehmen und daran intensiv zu arbeiten:

- Der Lehrer, der beispielsweise größere **Schwierigkeiten bei der verbalen Steuerung der Lernprozesse** hat, sollte etwa zwei Wochen lang in der täglichen Unterrichtsvorbereitung die Modellvorstellungen, Impulse und Fragen für alle Phasen der Unterrichtsstunden ausführlich und schriftlich vorbereiten. Diese Formulierungen liegen dann während des Unterrichtens vor ihm auf dem Tisch, und er kontrolliert in der Realisation den Erfolg seiner Verbalsteuerung bei den Schülern. Bei der dem Unterricht folgenden Analyse kann sich der Unterrichtende dann fragen: Welche Formulierungen haben die Schüler angesprochen, welche nicht? Wie groß war dabei die Zahl der Wortmeldungen? Fehlten bestimmte Denkanstöße für die Erarbeitung einzelner Teilziele? usw. Gegebenenfalls ist danach eine Überarbeitung der Formulierung vorzunehmen, die in Parallelklassen ausprobiert werden kann.

In ähnlicher Form sind auch andere Komplexe von typischen Anfängerschwächen abzubauen, zum Beispiel:

- Bei **Schwierigkeiten mit der Stoffmenge und Zeiteinteilung:** Protokollierung der Zeiten, die
  a) für die Erarbeitung der einzelnen Lernziele
  b) für die Wiederholung der erarbeiteten Unterrichtsinhalte
  c) für das Abschreiben von Merksätzen, das Abzeichnen von Skizzen usw. benötigt werden.
- Bei der **Erstellung von Arbeitsbogen:** Jeder Arbeitsbogen sollte *vor* seiner Verwendung kritisch geprüft werden (auch von Kollegen), ob die Anordnung des Textes und die Formulierungen dem Alter der Schüler gemäß sind.
  Darüber hinaus sollte untersucht werden, ob die geforderten Aufgaben die Schüler zur produktiven Auseinandersetzung mit den Aufgabenstellungen, Sachverhalten, Problemstellungen usw. des Textes anleiten.

- **Schwierigkeiten bei der Tafelarbeit:** Alle Tafelanschriften (Texte, Schemazeichnungen usw.), die zur Erarbeitung bzw. zur Sicherung der Stundenergebnisse notwendig sind, sollten zur Erprobung der Darstellungsform und der Raumaufteilung vom Unterrichtenden zu Hause geübt werden. Die Verwendung von Arbeitstransparenten für den Overhead-Projektor kann die Tafelarbeit unterstützen bzw. teilweise ersetzen.
- Bei **häufigem Lehrervortrag:** Bei allen Sachverhalten, für die sich nach ersten Überlegungen nur der Lehrervortrag als Darbietungsform anbietet, sollte der Planende nach **Unterrichtsmedien** (Texte, Arbeitsbogen, Zeitungsartikel) und **Interaktionsformen** (z. B. Gruppenarbeit) suchen, die eine Erarbeitung durch die Schüler möglich machen.
- Bei **Schwierigkeiten in der Durchführung differenzierender Arbeitsformen:** Die **Organisationsstruktur** sowie *alle* Erläuterungen und Hinweise, die der Lehrer vor Beginn der Erarbeitungsphase geben möchte, sollten in der Unterrichtsvorbereitung auf einem Merkzettel notiert werden, der dann während des Unterrichtens auf dem Tisch des Lehrers liegt.
- Bei **Schwierigkeiten im Gebrauch der Fachsprache:** In der Unterrichtsvorbereitung (Stundenentwurf) sollten alle naturwissenschaftlichen Begriffe und Sachverhalte, die in der Stunde erörtert bzw. erarbeitet werden, aufgelistet und dem Verständnis der Schüler gemäß möglichst eindeutig und exakt definiert werden (vgl. Kap. 9.5). Darüber hinaus sollte fixiert werden, in welchem Unterrichtsabschnitt die Begriffsbestimmungen vorgenommen werden sollen.

Um sein eigenes Lehrverhalten zu reflektieren, könnte sich der Anfänger schließlich entweder selbst von Woche zu Woche bezüglich seiner Unterrichtstätigkeit kritisch zu den in Abb. 88, S. 292, wiedergegebenen Punkten hinterfragen oder im Anschluß an eine Lektion vor dem Ausbildungsleiter, dem Mentor oder vor Kollegen ein entsprechendes Kurzprotokoll abfassen (vgl. MEYER 1980, 371), das in der Folgezeit weiter ergänzt bzw. korrigiert wird.

Protokoll der Nachbesprechung vom:

Was ich schon gut kann:	Was ich noch nicht gut kann:	Worauf ich bei der nächsten Stunde gezielt achten muß:
1. Schüler ausreden lassen. 2. Schüleräußerungen werden von mir kommentiert, oder ich lasse Mitschüler Stellung beziehen. 3. Ich lasse den Schülern betont lange Zeit zum Beantworten der gestellten Fragen.	1. Impulse geben. 2. Eine präzise Zeitplanung	1. Lehrerecho 2. Formulierung der Arbeitsaufträge 3. Vergleich der geplanten Zeit mit der tatsächlich verbrauchten Zeit (für jede Phase).

Abb. 88: Muster eines Kurzprotokolls zur Hinterfragung des eigenen Unterrichts

Anhang

Anmerkungen

[1] Allerdings steckt die empirische Forschung biologiedidaktischer Probleme und der biologischen Unterrichtswirklichkeit noch in den Anfängen und bedarf deshalb einer dringenden Intensivierung, um den Anspruch einer sich wissenschaftlich verstehenden Disziplin erfüllen zu können.

[2] Da die Bundesländer gegenwärtig verstärkt dazu übergehen, auch für die Orientierungsstufen und Gesamtschulen eigenständige Lehrpläne herauszugeben, läßt sich eine exakte Zahl für die derzeit gültigen Biologie-Lehrpläne der Bundesrepublik nicht bestimmen.

[3] Da die Unterrichtsziele in der Regel kommissionsintern vorentschieden werden, bleibt für Lehrer-, Eltern- und Schülermitbeteiligung an dieser häufig als »Konzeptfindung« bezeichneten Stelle kein Platz.

[4] Der Begriff »humanzentriert« ist keinesfalls mit »anwendungsbezogen« gleichzusetzen (vgl. Kap. 4.4.2 und 4.4.5).

[5] Im Gegenteil: Die Stundentafeln wurden sogar in einigen Bundesländern (z.B. in Hessen und Berlin) für das Unterrichtsfach Biologie noch weiter gekürzt.

[6] Zu diesem Situationsfeld werden jedoch keine Unterrichtseinheiten vorgegeben; vielmehr soll dieser Aspekt von Schülern und Lehrern bei sich anbietenden Gelegenheiten in den Unterricht miteinbezogen werden.

[7] Damit wird in Hessen eine nur noch historisch verständliche Praxis beendet, daß für Schüler derselben Jahrgangsstufe, aber unterschiedlichen Schultyps, verschiedene Inhalte und Intentionen gelten (vgl. STAECK 1979, 10f). Die Richtlinien und Lehrpläne Hamburgs sowie die Rahmenpläne Berlins verzeichnen in der Angleichung der Intentionen und Lerninhalte für den Biologieunterricht ähnliche Ansätze, die insgesamt dahin zielen, die traditionelle »Klassenschule« sowie die Vorstellungen einer eigenständigen Didaktik für die einzelnen Schultypen (vgl. z.B. H. ESSER: Der Biologieunterricht. Handbuch der Realschulpädagogik, Hannover 1972²) zugunsten einer gemeinsamen Ausbildung aller Schüler in der Sekundarstufe I (z.B. in integrierten Gesamtschulen) abzuschaffen.

[8] Siehe zu den Hessischen Rahmenrichtlinien auch das Kap. 4.4.4.

[9] Grobziele werden im Rahmen dieser Arbeit mit **Intentionen** gleichgesetzt.

[10] So melden Fachlehrer gegen einen solchen Plan häufig Vorbehalte an, da Schüler bei einem solchen Vorgehen gelangweilt würden. Die Erschließung neuer Dimensionen an sich bereits bekannter oder ähnlicher Sachverhalte ist methodisch besonders gut abzusichern.

[11] Das seit 1972 in der Bundesrepublik eingeführte gymnasiale Kurssystem hat im übrigen für das Fach Biologie dieses Konzept des BSCS teilweise adaptiert.

[12] Dem O-Level (ordinary level) entspricht in der Bundesrepublik der Sekundarstufen-I-Abschluß.

[13] Das im Jahre 1966 als überregionales Zentrum für die interdisziplinäre Forschung, Entwicklung und Lehre im Bereich des naturwissenschaftlichen Unterrichts mit Unterstützung der Stiftung Volkswagenwerk gegründete IPN ist 1973 in die öffentliche Hand (Universität Kiel) überführt worden.

[14] Stand: 1.3.1981

[15] Hierbei handelt es sich um geschlossene Lehr- und Lernsysteme, die eine bestimmte Form der Unterrichtsorganisation vorschlagen und bis ins Detail durchgeplante Unterrichtsentwürfe enthalten, daneben jedoch auch Hinweise für Alternativen geben.

[16] Diesem Curriculum liegt eine Erprobungsfassung aus dem Jahr 1973 zugrunde (vgl. FUCHS u.a. 1973).

[17] Das Curriculum erschien 1981 im Verlag J. B. Metzler / Stuttgart.

[18] Der Ansatz eines **fächerübergreifenden Biolo-**

gieunterrichts geht damit von einem anderen Verständnis aus als die bislang häufig geäußerte Forderung nach einem **integrierten naturwissenschaftlichen Unterricht.**

[19] Mögliche Unterrichtsthemen hierzu werden in Kap. 4.5 vorgestellt.

[20] Nach Umfragen an Schulen umfaßt die Humanbiologie in verschiedenen Klassenstufen mittlerweile 20 bis 100 (!) % des gesamten Biologieunterrichts (vgl. HEDEWIG 1979). Auch die Ergebnisse der Lehrplananalyse in der Bundesrepublik Deutschland bestätigen diesen Trend (vgl. SKAUMAL / STAECK 1980).

[21] Die Humanbiologie ist damit zweifellos eine der jüngsten, wenn nicht sogar *die* jüngste (!) biologische Einzeldisziplin.

[22] Ausgespart bleiben aus diesem rein naturwissenschaftlichen Zweig der Anthropologie die disziplinüberschreitende Kultur-, Sozial- und philosophische Anthropologie (z. B. im Sinne von PORTMANN, 1960).

[23] Wie bereits weiter oben ausgeführt (vgl. Kap. 4.3.1), vollzieht sich die humanbiologische Theoriebildung beispielsweise in der Entwicklung humanbiologischer Curricula, wie sie u. a. von der Bundeszentrale für gesundheitliche Aufklärung veröffentlicht werden.

[24] An dieser Stelle erscheint eine grundsätzliche Unterscheidung von humanzentrierter Biologie und Medizin angebracht. Während erstere insbesondere ihren inhaltlichen Schwerpunkt im *Normalverhalten* biologischer Systeme hat, ist die Medizin insbesondere an pathologischen Abweichungen interessiert.

[25] Die gesundheitlichen Verhältnisse, wie sie sich heute in den Entwicklungsländern widerspiegeln, entsprechen den Gegebenheiten unserer Breiten um die Jahrhundertwende. Die nachfolgende Gegenüberstellung aus dem Jahr 1979 läßt einen interessanten Vergleich zu:

	Entwicklungsländer	Industrieländer
Infektionskrankheiten	39 %	6 %
Krebs	4 %	18 %
Herz-Kreislauf-Erkrankungen	4 %	48 %

[26] So wird dieser Film noch immer von der Bundesvereinigung für Gesundheitserziehung (Bonn) empfohlen und in dem Medienkatalog dieses Vereins als »anschaulich, leicht verständlich und informativ« bezeichnet (vgl. BUNDESVEREINIGUNG 1977).

[27] Dieser Film wird von KILLERMANN (1978[4], 140) in seiner Biologiedidaktik als »empfehlenswerter Farbtonfilm« bezeichnet.

[28] Nach einer von der Bundeszentrale für gesundheitliche Aufklärung durchgeführten Repräsentativbefragung zum Gesundheitswissen und zur Gesundheitspraxis geben Schüler hauptsächlich an, gesund zu sein, wenn sie keine Schmerzen hätten, und Eltern sowie Lehrer definieren Gesundsein vor allem als »voll arbeits- und leistungsfähig« zu sein (vgl. REUTER / HÖCHER 1977).

[29] In diesem Zusammenhang wird eine im Sinne der **didaktischen Reduktion** (siehe Kap. 9.3.4) für Schüler der Sekundarstufe I leicht faßbare Definition formuliert. Der Epidemiologe PFLANZ bestimmt Risikofaktor umfassender als das *kalkulierbare* Risiko einer Person, mit einem bestimmten Charakteristikum (z. B. Nikotinabusus) in einem definierten Zeitraum von einer bestimmten Krankheit befallen zu werden. Besteht zwischen diesem Risiko und dem Risiko einer Person ohne dieses Charakteristikum ein statistisch signifikanter Unterschied, so stellt diese bezeichnete Eigenschaft einen Risikofaktor dar (vgl. PFLANZ 1973).

[30] Filme zur Gesundheitserziehung sind beispielsweise bei folgenden Institutionen auszuleihen:
- Landesfilmdienste der Bundesländer
- Kreis- und Landesbildstellen
- AID – Land- und Hauswirtschaftlicher Auswertungs- und Informationsdienst (Bonn)
- DRK-Filmdienst (Bonn)
- Hessische Arbeitsgemeinschaft für Gesundheitserziehung (Marburg)
- Deutsches Grünes Kreuz (Marburg)
- verschiedene Pharmakonzerne z. B. Boehringer Mannheim, Hoechst, Bayer Leverkusen.

[31] In einem solchen Bezugssystem wird jedes Einzelelement trotz einer bestimmten Eigenständigkeit letztendlich nur in der Gesamtschau legitimiert.

[32] In diesem Zusammenhang ist zu fragen, warum KATTMANN mit der Verwendung des Begriffs »Biosphäre« seinen Ansatz unnötig kompliziert, zumal »Biosphäre« keine erfahrbare, sondern eine imaginäre Größe darstellt. Es erscheint deshalb sinnvoller, eher von Ökosystemen bzw. von Beispielen konkreter Ökosysteme zu sprechen.

[33] Eine entsprechende Formulierung für die Fragen 1 und 2 würde lauten: Welchen biologischen und

sozialen Grundlagen und Bedingungen verdankt der Mensch seine Existenz? sowie: Worin besteht die biologische und soziale Eigenart des Menschen?

[34] Vergleiche hierzu die in Kap. 4.3.1 und 4.3.2 dargelegten engen Beziehungen zwischen der Humanbiologie und den Sozialwissenschaften.

[35] Vgl. auch Tab. 14

[36] Als Beispiel für eine humanzentrierte Unterrichtseinheit kann die für den 5./6. Jahrgang von KATTMANN / STANGE-STICH (1974) publizierte 13stündige Sequenz »Der Mensch und die Tiere« (vgl. hierzu Kap. 3.3.2) angesehen werden.

[37] In den USA ist demgegenüber bereits seit Ende der 60er Jahre eine Reihe von Curricula entstanden, die ökologisch bzw. humanökologisch orientiert sind (vgl. FREY / HÄUSSLER 1973 sowie auch Kap. 3.3.1).

[38] Zur Umweltdynamik zählen beispielsweise Aspekte wie Fließgleichgewicht, Entwicklung von Ökosystemen über die Stadien Pionierphase – Sukzession – Klimax (Endphase), aber auch beispielsweise diejenigen Umweltfaktoren, die in jedem Augenblick auf ein Individuum einwirken und eine entsprechende Reaktion hervorrufen.

[39] Der situationsanalytische Ansatz ist auf allgemeindidaktischer Ebene Ende der 60er Jahre von der Berliner Curriculum-Gruppe um ROBINSOHN entwickelt worden (vgl. HEMMER / ZIMMER 1975, 188).

[40] Im Rahmen der Entwicklung des Curriculums »Ernährung und Gesundheit« stellte beispielsweise das Situationsfeld »körperlich-seelische Gesundheit« den Ausgangspunkt dar, dem mit Hilfe von Experten (Didaktiker, Lehrer, Fachwissenschaftler der verschiedensten Bereiche) schülerbezogene und praxisnahe Problembereiche zugeordnet wurden (vgl. STAECK u. a. 1976).

[41] Die Inhalte der speziellen Biologie berühren demgegenüber nicht unmittelbar die Situationsfelder (vgl. DYLLA u. a. 1974, 144).

[42] Die Tabelle zeigt als interessantes Nebenergebnis auch auf, daß die durchschnittliche Zahl der Krankheitstage sich in den letzten 60 Jahren mehr als verdoppelt hat, was ebenfalls zur Sprache gebracht und diskutiert werden sollte.

[43] Bei diesen Fächern handelt es sich um Sport, Biologie, Physik, Zeichnen (Kunst), Mathematik, Englisch, Deutsch, Gesellschaftslehre, Musik, Religion.

[44] Für die Genese bzw. Veränderung von Interesse können beispielsweise die folgenden Faktoren bedeutsam sein: Anregungen durch Eltern / Lehrer, Noten im Fach, Geschlechtsrollenidentifikation, eigene Bedürfnisse (z. B. nach Leistung), Lernbedingungen in der Klasse, Schulklima, Reflexion über die künftige Berufwahl u. a. m. (vgl. auch ARBINGER u. a. 1976, 116).

[45] Zu den verschiedenen Teilbereichen hatten die Schüler zu vorgegebenen Fragen die Antwortalternativen sehr gern, gern, weder gern noch ungern, ungern und sehr ungern zur Verfügung. Solche Items waren z. B.
- Pflanzen züchten und in ihrer Entwicklung beobachten;
- Im Aquarium die Entwicklung eines Frosches vom Ei bis zum Jungfrosch beobachten.
- Überlegen, wie im Sommer die Bräunung der Haut zustandekommt.
- Lernen, wie man Erste Hilfe leistet.

[46] Die Mehrzahl der Biologiedidaktiker ist von ihrem Werdegang her auch eher an der wissenschaftlichen Biologie orientiert als an den Erziehungswissenschaften und an der Psychologie, wodurch die auffallende Mißachtung der lernpsychologischen Erkenntnisse für biologiedidaktische Zusammenhänge zu erklären sein dürfte. Auf den alten Streit, ob der Biologiedidaktiker mehr Biologe oder mehr Erziehungswissenschaftler sein soll und die in diesem Zusammenhang aufgestellte Forderung nach einer *Überqualifizierung* des Fachdidaktikers soll hier nur am Rande hingewiesen werden (vgl. jedoch WERNER 1980 b, 82).

[47] Diese Methode geht auf FESTINGERs Theorie der **kognitiven Dissonanz** zurück, wonach zunächst ein Sachverhalt aufgezeigt wird, der den Erwartungen der Adressaten strikt zuwiderläuft und damit kognitive Konflikte (Dissonanz) auslöst. Der Lernende versucht daraufhin, durch entsprechendes Bemühen um Aufklärung des widersprüchlichen Sachverhaltes die kognitive Unstimmigkeit zu beseitigen (vgl. FESTINGER 1957; GASSER / SINGER 1979, 186).

[48] Hierunter ist nicht nur **manuelles Operieren** gemeint, sondern ebenso ein **kognitiver Prozeß.**

[49] Vgl. hierzu das in Kap. 8 beschriebene Beispiel.

[50] Innerhalb der Klammern stehen die erwarteten Antworten.

[51] Um Mißverständnissen vorzubeugen, sei hier angemerkt, daß das Unterrichtskonzept des Verfassers nicht ausschließlich zweckorientiert ist. Es geht folglich auch nicht darum, den Unterricht in *allen* seinen Phasen detailliert zu planen und technologisch zu handhaben. Andererseits geht es allerdings um die rationale Gestaltung solcher

Lernprozesse, die sich dafür sinnvoll anbieten, wie z. B. die Vermittlung von kognitiven Inhalten.

[52] Hierunter ist die zeitliche Abfolge der Lehr- und Lernaktivitäten (z. B. untergliedert in Einstieg – Erarbeitung – Festigung – Vertiefung – Lernzielkontrolle) zu verstehen.

[53] Auch für diesen Themenaspekt sollte nicht der direkte Einstieg, sondern eine motivierende Ausgangssituation bzw. Problemstellung gesucht werden (vgl. Kap. 4.5).

[54] Derartige Texte finden sich fast jede Woche z. B. in Tageszeitungen (vgl. Abb. 33).

[55] Neuere Untersuchungen haben im übrigen gezeigt, daß eine beträchtliche Zahl der Mongolismus-Fälle – es werden Prozentangaben von bis zu 45% genannt – auf den Vater zurückgehen. So nimmt auch bei älteren Männern bei der Spermatogenese (Samenreifung) die Tendenz zur Nichttrennung homologer Chromosomen (Nondisjunction) stark zu.

[56] Sogar die Studienwahl von Abiturienten wird durch die Popularität der Verhaltensforschung beeinflußt: So haben Fragebogenaktionen der Universitäten Göttingen und Frankfurt ergeben, daß etwa 70% der Studienanfänger im Fachgebiet Biologie primär durch das Fernsehen zu ihrem Studium angeregt wurden, wobei Zoologie – und innerhalb derselben die Ethologie – mit großem Abstand bevorzugt wird (vgl. HALBACH 1980).

[57] Dieser Problematik läßt sich nur begegnen, indem die in der Verhaltenslehre verwendeten Fachausdrücke eindeutig im Sinne des Wissenschaftsverständnisses definiert werden.

[58] Beim Fisch liegen die verschiedenfarbigen Pigmente in der Haut nicht fest verankert, sondern können ausgebreitet oder zusammengezogen werden, um so unterschiedliche Färbungen, Schattierungen und Muster zu erzeugen.

[59] Das Institut für Biologie-Didaktik der Universität Gießen hat ermittelt, daß Fernsehsendungen (hierbei insbesondere die Sendung »Daktari«) die Hauptquelle der Angstgenese vor Tieren bei Grundschülern darstellen (vgl. GAHL 1977, 99 f).

[60] Männliche Zuchtrassen-Guppys sind mit ihrem langen Flossenschleier für die geforderten Beobachtungsaufgaben wenig geeignet.

[61] Dieses Ethogramm wurde von Schülern des 7. Schuljahres nach zweimaligem Vorführen des Films – bei abgeschaltetem Ton – zusammengestellt. Als Hilfestellung gab der Lehrer lediglich die Begriffe Kampfverhalten, Sexualverhalten und Brutpflegeverhalten vor.

[62] Dieser Terminus hat sich für die Bezeichnung von Lebewesen im lebendigen, präparierten oder konservierten Zustand in der pädagogischen Literatur durchgesetzt (vgl. hierzu Kap. 8).

[63] Die Mongolische Rennmaus wird von Zoogeschäften häufig unter dem Namen »Wüstenmaus« verkauft. Auch Universitätsinstitute verfügen zumeist über eine Rennmauspopulation.

[64] Diese Lernart ist vor allem auch unter ihrer englischen Bezeichnung »trial and error« bekannt. Weitere Synoyme sind »Lernen nach Versuch und Ergebnis« sowie »Operantes Konditionieren«.

[65] Vgl. zu diesem Begriff Kap. 8!

[66] 1 Zickzackbewegung; 2 zeigt dicken, glänzenden Bauch; 3 führt zum Nest; 4 folgt zum Nest; 5 zeigt Nesteingang; 6 schwimmt ins Nest; 7 berührt Schwanzwurzel des Weibchens (Schnauzentremolo); 8 laicht ab und schwimmt weg; 9 entleert Spermien – Nestpflege.

[67] Im Zusammenhang mit derartigen Unterrichtsfilmen stellen Schüler oft die Frage, wie verhindert wird, daß die Eltern ihre Jungen auffressen, obwohl diese ihren Bewegungen und ihrem Aussehen nach stark der von den Erwachsenen bevorzugten Nahrung ähneln. In erster Linie sind hierfür Geschmacksreize, die von den Jungen ausgehen, verantwortlich.

[68] Das hier sichtbar werdende enge Fachdenken wird auch in anderen Fächern deutlich, wodurch letztendlich große Gefahren für eine fächerumspannende Umwelterziehung entstehen: So schreibt beispielsweise WOLFF, daß der Schwerpunkt des Themas »Umweltverschmutzung« eindeutig im politischen Bereich liegen muß, da es sich primär um ein politisches Problem handelt. Die naturwissenschaftlichen Fächer, Erdkunde und Kunst / Visuelle Kommunikation, können helfen, das Problem zu erhellen.« (1975, 5; Hervorhebung durch L. S.)

[69] Allerdings ist derzeit in biologischen Lehrplänen und Schulbüchern der Bundesrepublik eine Trennung von ökologischen und umweltproblembezogenen Themen noch weithin üblich (vgl. hierzu EULEFELDT 1979 b, 673).

[70] Der Begründer des Ökologiebegriffes – HAEKKEL – definierte demgegenüber im Jahre 1866: »Unter Oecologie verstehen wir die gesamte Wissenschaft von den Beziehungen des Organismus zur umgebenden Außenwelt, wohin wir im weiteren Sinne alle ›Existenzbedingungen‹ rechnen können.« (HAECKEL 1866, 286)

[71] In diesem Zusammenhang muß die Maßeinheit ppm (parts per million) eingeführt werden: 1 ppm = 1 mg pro 1 kg Körpergewicht.

[72] So gab es im Jahr 1974 bereits 24 Verdichtungsräume mit mehr als 150 000 Einwohnern.

[73] Stressoren sind Faktoren, die im Körper Streß erzeugen (vgl. SELYE 1974).

[74] Derartige Stunden können bereits ab Mitte/Ende Juni durchgeführt werden, wo die Salzschäden schon gut zu erkennen sind.

[75] Als Umweltschutz wird die Gesamtheit der Maßnahmen bezeichnet, die notwendig sind, um
- dem Menschen eine natürliche Umwelt zu sichern,
- Boden, Luft, Wasser, Pflanzen- und Tierwelt vor nachteiligen Wirkungen menschlicher Eingriffe zu schützen und
- anthropogen bedingte Schäden der natürlichen Umwelt zu beseitigen (vgl. ENGELHARDT 1980^4).

[76] Unter **Sexualpädagogik** wird demgegenüber der Bereich Forschung und Lehre als Teil der Erziehungswissenschaft verstanden.

[77] Aufgrund zahlreicher Mängel in der Anlage und Auswertung dieser Untersuchung sowie auch aufgrund der kleinen Stichprobe sind die Ergebnisse nur der Tendenz nach zu werten.

[78] Die genauen Zahlen für 1977 lauten: 72 Schülerinnen unter 14 Jahren und 375 unter 15 Jahren wurden schwanger. 1 984 Schülerinnen waren bei der Geburt ihres Kindes 16 Jahre alt, 6 525 17 Jahre und 12 617 18 Jahre alt (vgl. KERSCHER 1981, 15).

[79] Demgegenüber definiert der Strafrechtssonderausschuß des Deutschen Bundestages Pornographie eindeutig wertend als »Darstellungen, die zum Ausdruck bringen, daß sie ausschließlich oder überwiegend auf die Erregung eines sexuellen Reizes bei dem Betrachter abzielen, und dabei die im Einklang mit allgemeinen gesellschaftlichen Wertvorstellungen gezogenen Grenzen eindeutig überschreiten« (STEFEN 1974, 53).

[80] Zu dieser Reihe gehören außerdem die Diatransparente:
- Die Entwicklung vom Jungen zum Mann
- Die männlichen Geschlechtsorgane (Penis im schlaffen und erigierten Zustand)
- Die weiblichen Geschlechtsorgane (Aufsicht auf die äußeren Geschlechtsorgane mit gespreiztem Scheideneingang)
- Der Gebrauch des Präservativs (Präservativ, das auf das steife Glied gezogen wird).

[81] Siehe hierzu allerdings die in Kap. 5.4.1 beschriebene Verbotskampagne des bayerischen Unterrichtsministeriums im Jahre 1980.

[82] Diese Schrift wurde 1981 vom bayerischen Kultusminister für den Einsatz in Schulen in diesem Bundesland verboten.

[83] Diese besteht bislang aus Schemazeichnungen. Voraussichtlich im Jahre 1982 werden diese jedoch ersetzt durch Realdarstellungen der Entwicklung von Jungen und Mädchen zu Mann und Frau.

[84] Die Schüler sollten über diese Intention hinaus die Gruppe als optimale Organisationsform zur Realisierung eigener Interessen erkennen und angeregt werden, diese Sozialform auch außerhalb der Schule – z. B. bei der Erledigung von Hausaufgaben oder bei der Planung eines Festes – zu benutzen.

[85] Hier kann der Lehrer durch entsprechende vorherige Motivierung der Teilthemen für Interesse werben. Darüber hinaus sollte er den Gruppen die Möglichkeit zur Themenwahl geben (auf einem Handzettel zwei der angebotenen Gruppenthemen angeben, wobei die Erststimme dem Thema gilt, das am liebsten bearbeitet werden will).

[86] In diesem Zusammenhang ist noch eine Anmerkung zur **Leistungsbeurteilung** erforderlich, die nun einmal zu den Aufgaben eines jeden Lehrers gehört: Wenn auch die Gruppenarbeit zur Zensurenfindung herangezogen werden muß – und das wird sich bei der geringen Stundenzahl im Fach Biologie sicherlich häufiger als erforderlich erweisen –, dann sollte der Lehrer grundsätzlich die Arbeitsergebnisse der **Gesamtgruppe** und nicht die Einzelleistungen beurteilen. Die Beurteilungskriterien sollten im übrigen vorher von Lehrer und Schülern gemeinsam diskutiert werden.

[87] Der Begriff »formal« ist hier nicht im Sinne der »formalen Bildung« zu verstehen, sondern als formalisierbarer Teil eines Lernprozesses (vgl. AUST 1972^2, 47).

[88] Die in Klammern gesetzten Begriffe sind von den Schülern zu finden.

[89] Demgegenüber wird der in der Literatur zumeist ausführlich beschriebene *Sepia officinalis* (Gemeiner Tintenfisch), der einen eindrucksvollen und mächtigen verkalkten Schulp besitzt, auch in einschlägigen Geschäften selten – und wenn überhaupt, dann als Filet – geführt.

[90] So liegt die Medienproduktion sowohl von FWU als auch von kommerziellen Verlagen für den Biologieunterricht zusammen mit Erdkunde an der Spitze aller Unterrichtsfächer.

[91] Die Verwendung des Begriffes **Veranschaulichung** wird in diesem Zusammenhang in der Regel weder lernpsychologisch oder wahrnehmungstheoretisch noch eindeutig methodisch präzisiert. Lediglich MEMMERT (1975^5) setzt sich mit diesem Begriff näher auseinander.

[92] RAUCH stellte in diesem Zusammenhang 1975 fest: »Es ist ganz müßig, diese Form der Medienhandhabung als rudimentär abzutun, denn sie ist die derzeit übliche und stellt noch eine Verbesserung gegenüber einem Unterricht dar, der sich mit Wandtafel und Zeigestock begnügte.« (1975, 490) Diese Feststellung trifft sicherlich auch heute noch zu.

[93] Lediglich WERNER hat diese empirischen Defizite bereits 1973 erkannt und seitdem immer wieder die biologiedidaktische Öffentlichkeit darauf aufmerksam gemacht (vgl. WERNER 1973; 1980 b).

[94] Als Hauptgründe für diese kritiklose Übernahme der **Düker / Tausch-Ergebnisse** dürfte das Unvertrautsein vieler Didaktiker und Lehrer mit empirischen Untersuchungen und den damit zusammenhängenden statistischen Verfahren verantwortlich sein. Diese Gegebenheit führt zu der beklagten falschen Ehrfurcht vor empirischen Erkenntnissen.

[95] Eine Fülle gut geeigneten Materials liegt beispielsweise in Zeitungsberichten oder deren Überschriften vor.

[96] Herr RALF GELEWSKY (Berlin), Konrektor und Fachseminarleiter, hat in anregenden Diskussionen die nachfolgenden Ausführungen über die Unterrichtsstruktur im Fach Biologie sowie instruktive Hinweise gegeben.

[97] Die von der naturwissenschaftlichen Methode und der Allgemeinen Didaktik vorgegebenen Grundsätze zum Aufbau einer Biologiestunde gehen in die nachfolgenden Überlegungen selbstverständlich mit ein, sie werden jedoch in diesem Zusammenhang nicht explizit herausgestellt (vgl. hierzu die Kap. 7 und 10!).

[98] Die letztgenannte Möglichkeit hat den Vorzug, daß die Problemstellung im weiteren Verlauf der Unterrichtsstunde oder der Unterrichtseinheit den Schülern jederzeit wieder vor Augen geführt werden kann.

[99] Die erarbeiteten Zusammenhänge werden in einer Vermaschung von induktiven und deduktiven Schritten gefunden (vgl. NACHTIGALL 1978^2, 103).

[100] Neben der verbalen gibt es noch die nonverbalen Impulsformen, z. B. über Mimik und Gestik des Lehrers.

[101] Der Lehrer muß jedoch beim Kopieren von geschützten Texten das Urheberrecht beachten. Bei einer Verwendung der Kopien im Klassensatz entsteht in der Regel gegenüber dem Verlag eine Vergütungspflicht.

[102] Die mehr als 25 in diesem Band für die unterschiedlichsten Themengebiete erstellten Arbeitsbogen zeigen beispielhaft die unterrichtspraktische Umsetzung dieser Kriterien auf.

Literaturhinweis

Verwendete Abkürzungen:

b:e	betrifft: Erziehung
BU	Der Biologieunterricht
LA	Lernmittel Aktuell
MdVdB	Mitteilungen des Verbandes Deutscher Biologen
MNU	Der mathematische und naturwissenschaftliche Unterricht
NiU	Naturwissenschaften im Unterricht, Biologie
PNB	Praxis der Naturwissenschaften Biologie
UB	Unterricht Biologie
WPB	Westermann Pädagogische Beiträge

H. AEBLI: Die Lehrerfrage und der fraglose Unterricht. In: Unterricht – Aufbau und Kritik, hrsg. v. G. DOHMEN / F. MAURER. München 1973[4], 92–94

O. AHLHAUS u. a.: Taschenlexikon Umweltschutz. Düsseldorf 1979

ARBEITSGRUPPE: Kritische Punkte bei der Kommunikation gesundheitlicher Appelle. In: Verhaltensbeeinflussung durch die Gesundheitserziehung. Internationales Seminar für Gesundheitserziehung, hrsg. v. Bundeszentrale für gesundheitliche Aufklärung (Köln 1970, 1970, 55–58)

R. ARBINGER u. a.: Stabilität und Veränderung der Interessen von Schülern der 5. bis 9. Klassenstufe an Problemen der Physik und der Biologie. In: Beiträge zur pädagogischen Psychologie der Sekundarstufe, hrsg. v. A. SPITZNAGEL / E. TODT, Gießener Universitätsschriften, Band 2, Gießen 1976, 115–142

A. AUHAGEN / H. SUKOPP: Das Streusalz. In: Umweltschutzforum Berlin 47/48 (1980), 23–42

AULIS VERLAG Deubner & Co. (Hrsg.): IPN-Einheitenbank. Curriculum Biologie. Hauptprospekt 1979. Köln 1979

S. AUST: Katalog der Anforderungen an Fähigkeiten, Fertigkeiten und Techniken. In: Probleme der Curriculumentwicklung, hrsg. v. W. KLAFKI u. a., Frankfurt 1972[2], 47–56

S. AUST / K. KRETSCHMER: Unterrichtswerk zur Individualhygiene. Hrsg. v. Bundeszentrale für gesundheitliche Aufklärung. Stuttgart 1978

H.-W. BAER: Biologische Versuche im Unterricht. Berlin 1976[4]

T. BALLAUFF: Das Problem einer biologischen Anthropologie. MNU 17 (1964), 5, 193–199

N. BARTSCH u. a.: Curriculum Alkohol, Rauchen, Selbstmedikation, Werbung und Gesundheit. Hrsg. v. Bundeszentrale für gesundheitliche Aufklärung. Stuttgart 1975

E. W. BAUER (Hrsg.): Versuchs- und Arbeitskartei zur Humanbiologie. Berlin 1976

E. W. BAUER (Hrsg.): Versuchs- und Arbeitskartei zur allgemeinen Ökologie. Berlin 1976 b

E. W. BAUER: Humanbiologie. Berlin 1976[2]

H. BAUER u. a.: Fachgemäße Arbeitsweisen in der Grundschule. Bad Heilbrunn 1971

K. BAUMANN / W. BRUGGAIER: Biologische Übungen in der Mittelstufe. Köln 1971

F. BAY u. a.: Von der Einzelbetrachtung lebender Organismen zur Ökologie. In: Texte zur Didaktik der Biologie, hrsg. v. L. STAECK, Braunschweig 1979, 125–129

H. BAYRHUBER: Kann Biologieunterricht nach einem systemtheoretischen Ansatz strukturiert werden? In: Strukturen des Biologieunterrichts, hrsg. v. U. KATTMANN / W. ISENSEE, Köln 1975, 244–258

H. BAYRHUBER / G. SCHAEFER: Kybernetische Biologie. Unterrichtseinheit für die Sekundarstufe II. Köln 1978

H. BAYRHUBER / K. VOSSKÄMPER: Schulversuche zum Lernverhalten von Goldhamstern auf dem Hochlabyrinth. PNB 25 (1976), 2, 29–40

K. BECKER u. a.: Probleme der Sexualität. In: Curriculum konkret 7 (1976), 3/4, 183–245

G.-G. BEGEROW u. a.: Einheitenbank Biologie: Thema Luft. Köln 1977

G.-G. BEGEROW u. a.: Einheitenbank Biologie: Thema Acker. Köln 1978

K.-H. BERCK: Tier- und Humanpsychologie. Eine methodische Anleitung für den Unterricht. Heidelberg 1968

K.-H. BERCK u. a.: Biologiedidaktische Veranstaltungen im Studium von Biologielehrern – ein Vorschlag. MdVdB 228 (1976), 1079–1082

K.-H. BERCK / H.-B. THEISS-SEUBERLING: Schulversuche mit Guppys (Lebistes reticulatus) zur Erarbeitung grundlegender ethologischer Sachverhalte I und II. MNU 30 (1977), 7, 432–440 und Heft 8, 486–493

D. E. BERLYNE: Konflikt, Erregung, Neugier. Stuttgart 1974

A. BERNATZKY: Bäume in der Stadt: »Architekten-Petersilie« oder »Grüne Lunge«? Bild der Wissenschaft 15 (1978), 11, 142–158

A. BERNATZKY: Viel größere Vorsorge und Pflege für Straßenbäume. Umweltschutzforum Berlin 49 (1980), 31–35

U. BERNHARDT: Ein systematischer Ansatz für die Entwicklung von Biologiecurricula. NiU 21 (1973), 9, 4/7–409

B. BETZ / D. ERBER: Vergleichende Beobachtungen zum Lernverhalten an Goldhamster, Hausmaus und

Meerschweinchen im Hinblick auf die Verwertbarkeit im Biologieunterricht, Teil I. PNB 24 (1975), 3, 7–63

L. BEYER: Vier gewöhnliche Vormittage. Beobachtungen aus dem Biologieunterricht. UB 4 (1980), 48/49, 4–8

L. BEYER / H. SCHÜLER: Gegenseitigkeit bei den Netsilik-Eskimos. UB 4 (1980), 44, 16–23

K. BIENER: Wirksamkeit der Gesundheitserziehung. Basel 1970

BIOLOGICAL SCIENCE CURRICULUM STUDY: BSCS Newsletter. Hrsg. v. American Institute of Biological Sciences. Boulder / Colorado 1 ff (1959 ff)

BIRKENSTOCK-Orthopädie (Hrsg.): Buch der Fußgesundheit. Bad Honnef 1972

G. BITTERLING: IPN-Einheitenbank Curriculum Biologie: Die Bewegung unseres Körpers. Köln 1974

G. BITTERLING u. a.: IPN-Einheitenbank Curriculum Biologie: Nahrungsmittel und Verdauung. Köln 1974

G. BLOCH u. a.: Fachspezifische und fächerübergreifende Curricula und Curriculumprojekte: Naturwissenschaften. In: Curriculum Handbuch, Band III, hrsg. v. K. FREY München / Zürich 1975, 465–479

G. BLOCH u. a.: Curriculum Naturwissenschaft. Struktur, Planung, Wirkung. Köln 1976

B. S. BLOOM: Taxonomie von Lernzielen im kognitiven Bereich. Weinheim / Basel 1972

D. BLUME u. a.: Materialien für die Gesamtschule. Biologie 1: Biologie 7/8. Schuljahr. Unterrichtseinheiten. Frankfurt 1976

D. BÖHLMANN, Ein Taschenmodell des DNS-Moleküls, PNB 16 (1967) 6, 113–114

D. BÖHLMANN: Die ökologischen Probleme der Abfallbeseitigung. BU 7 (1971 a), 3, 58–77

D. BÖHLMANN: Die Luftverschmutzung bedroht Mensch, Tier und Pflanze. BU 7 (1971 b), 3, 4–24

D. BÖHLMANN: Die gesellschaftliche Relevanz der angewandten Biologie. Argumente für ihre Integration in die Schulbiologie. WPB 26 (1974), 8, 428–432

M. BÖNSCH: Zum Problem des sozialen Lernens in einer an kognitiven Leistungen orientierten Schule. Blätter für Lehrerfortbildung 25 (1973), 2, 41–46

H. BÖTTGENBACH: Das Nuffield-Projekt Biologie (Sekundarstufe I). In: J. SCHOOF (Hrsg.): Neue Curricula in den Naturwissenschaften. Hannover 1973, 103–110

W. BOJUNGA: Der situationsanalytische Ansatz im Fach Biologie. Unterricht (Beiheft zu WPB) 2 (1978), 4, 43–46

W. BOJUNGA / G. KÄSTLE: Situationsanalyse als didaktische Grundlage für den Biologieunterricht in der Sekundarstufe II. MNU 28 (1975), 268–271

D. BOLSCHO: Umwelterziehung in den Lehrplänen der allgemeinbildenden Schulen. Die Deutsche Schule 71 (1979), 11, 663–670

H. BORCHMANN: Insekten. Eine Unterrichtseinheit für die 8. Jahrgangsstufe. Hrsg. v. Päd. Zentrum. Berlin 1977

E. BORNEMANN: Sex im Volksmund. Der obszöne Wortschatz der Deutschen. Band 2. Reinbek 1974

BPS-REPORT: Hrsg. v. R. STEFEN: Auflagenhöhe von Zeitschriften im IV. Quartal. 1980, 4 (1981), 2,8

BPS-REPORT: Hrsg. v. R. STEFEN: Mängel bei Sexualerziehung. 4 (1981) 2, 9

M. BRAUER / H. FISCHER: ÖKOLES, ein Spiel zur Verdeutlichung komplexer ökologischer Zusammenhänge. In: Berichte der ökologischen Außenstelle Schlüchtern, Band 2, Frankfurt 1979, 215–234

K. BRAUNER: Rauchen, ein Problem der Gesundheitserziehung. Köln 1977

G. BRUCKER u. a.: Biologische Techniken. Heidelberg 1979

W. BRUGGAIER: Biologie: Herz und Kreislauf. Umschau in Wissenschaft und Technik 79 (1979), 7, 223–224

W. BRUGGAIER / D. KALLUS: Einführung in die Biologie. Biologie des Menschen. Frankfurt 1976[2]

J. S. BRUNNER: Der Prozeß der Erziehung. Düsseldorf 1970

J. S. BRUNNER: Die Bedeutung der Struktur im Lernprozeß. In: Das sozialwissenschaftliche Curriculum in der Schule, hrsg. v. A. HOLTMANN, Opladen 1972, 73–86

W. BÜRGER, Teamfähigkeit im Gruppenunterricht. Weinheim 1978

BUNDESVEREINIGUNG FÜR GESUNDHEITSERZIEHUNG (Hrsg.): Filme zur Gesundheitserziehung (Loseblattsammlung). 13. Lfg. Bonn Neubearbeitung 1977

BUNDESVEREINIGUNG FÜR GESUNDHEITSERZIEHUNG: Methoden zur Gesundheitserziehung. Bonn 1979

BUNDESVEREINIGUNG FÜR GESUNDHEITSERZIEHUNG: Biologen als Gesundheitserzieher. Polykopiertes Manuskript, Bonn 1980

BUNDESZENTRALE FÜR GESUNDHEITLICHE AUFKLÄRUNG (Hrsg.): Jedes Kind hat ein Recht erwünscht zu sein. Köln 1974

BUNDESZENTRALE FÜR GESUNDHEITLICHE AUFKLÄRUNG: Effizienzkontrolle von 3 Unterrichtswerken der BZgA. Zusammenfassung der Ergebnisse. Köln 1978

BUNDESZENTRALE FÜR GESUNDHEITLICHE AUFKLÄRUNG: Muß-Ehen muß es nicht geben. Köln 1979

BUNDESZENTRALE FÜR GESUNDHEITLICHE AUFKLÄRUNG: Ein zu großes Risiko. Köln o. J. (ca. 1980)

B. BUNK / J. TAUSCH: Verhaltenslehre. Handbuch der Unterrichtsversuche. Braunschweig 1980

B. BUNK / J. TAUSCH: Grundlagen der Verhaltenslehre. Moderne Biologie im Unterricht. Braunschweig 1980[6]

H.-N. BURKERT: Sexualität in unserer Gesellschaft. Berlin 1970

H. CARL: Anschauliche Menschenkunde. Köln 1973[4]

R. CARSON: Der stumme Frühling. München 1964

W. CORRELL: Lernpsychologie. Donauwörth 1970[10]

W. CORRELL: Lernen und Verhalten. Grundlagen der Optimierung von Lernen und Lehren. Frankfurt 1971

CURRICULARER LEHRPLAN BIOLOGIE für die 8. und 9. Jahrgangsstufe der Hauptschule in Bayern: In: Kultusministerblatt I So.-Nr. 3, München 1978

G. CZIHAK u.a.: Biologie. Berlin/Heidelberg/New York 1978[2]

B. DAHL u.a.: Bedrohte Umwelt. Lesebuch. Weinheim/ Basel 1974

G. DALLMANN u.a.: Curriculum Ernährung und Gesundheit. Hrsg. v. Bundeszentrale für gesundheitliche Aufklärung. Stuttgart 1976

DAS URTEIL. Sexualpädagogik 6 (1978), 2, 4–13

K. DAUMER: Klassische und molekulare Genetik. In: Handbuch der praktischen experimentellen Schulbiologie. Der Lehrstoff III. Köln 1975, 49–367

K. DAUMER: Genetik. München 1977

K. DAUMER / R. HAINZ: Verhaltensbiologie. München 1979

W. DAWID: Experimentelle Mikrobiologie. Heidelberg 1969

H. DIETLE: Das Mikroskop in der Schule. Stuttgart 1979[5]

H. DIETLE / A. STIRN: Unterrichtseinheit »Ausscheidung von Stoffen durch die Niere«. PNB 23 (1974), 3, 65–69

G. DIETRICH: Bildungswirkungen des Gruppenunterrichts. München 1971[2]

P. DRUTJONS: Biologieunterricht – Erziehung zur Mündigkeit. Frankfurt 1973

P. DRUTJONS: Das Thema: Zur Didaktik der Biologie. WPB 26 (1974), 8, 407–408

P. DRUTJONS: Der Lebenszyklus des Kohlweißlings. Beilage zu der Zeitschrift »Unterricht Biologie« 2 (1978), 28, Seelze 1978

H. DÜKER / R. TAUSCH: Über die Wirkung der Veranschaulichung von Unterrichtsstoffen auf das Behalten. In: Lehr- und Lernmittelforschung, hrsg. v. K. W. DÖRING, Weinheim 1971

M. DÜNCKELMANN: Die Chromosomentheorie der Vererbung. Studienbrief 2, Reihe C, Vererbung und Evolution, hrsg. v. DEUTSCHES INSTITUT FÜR FERNSTUDIEN, Tübingen 1979

M. DÜNCKELMANN / H.-J. EHRHARDT: Mendel-Genetik. Studienbrief 1, Reihe C, Vererbung und Evolution, hrsg. v. DEUTSCHES INSTITUT FÜR FERNSTUDIEN, Tübingen 1978

K. DUMPERT: Eine Umfrage über die didaktische Verwendung lebender Organismen im Biologie- und Sachunterricht an Schulen der Bundesrepublik, Teil I, PNB 25 (1976), 3, 57–69 und Teil II in Heft 4, 100–104

K. DYLLA: Schüler beobachten und experimentieren im Zoologischen Garten. MNU 17 (1964/65), 3, 123–128

K. DYLLA: Eine Untersuchung über die Transformierbarkeit moderner biologischer Erkenntnisse in den Unterstufenunterricht. MNU 25 (1972), 1, 37–46

K. DYLLA: Zur Didaktik eines zeitgemäßen Biologieunterrichtes – Zur Struktur des Faches. MNU 27 (1974), 3, 139–144

K. DYLLA: Verhaltensforschung. Ihre Behandlung im biologischen Unterricht. Heidelberg 1977[5]

K. DYLLA u.a.: Darstellung des biologischen Gleichgewichts zwischen Räuber und Beute. In: Berichte der ökologischen Außenstelle Schlüchtern, Band 2, Frankfurt 1979, 97–112

K. DYLLA / G. SCHAEFER: IPN-Einheitenbank Curriculum Biologie: Tiere sind anders. Köln 1978

EDUCATION DEVELOPMENT CENTER (EDC) (Editor): Man: A Course of Study. Cambridge, Mass. 1970 (Vertrieb: Curriculum Development Associates, Inc. Suite 414, 1211 Connecticut Av., Washington D.C. 200 36)

H. EHLERS: Umweltgefährdung und Umweltschutz. Experimentelle Erarbeitung der Ökologie eines Gewässers. Hannover 1973

H.-J. EHRHARDT: Didaktische und methodische Anregungen für den Schulunterricht. Themenbereich: Die Zelle. Studienbrief 7, Reihe A, Struktur und Funktion der Zelle, hrsg. v. DEUTSCHES INSTITUT FÜR FERNSTUDIEN, Tübingen 1977

W. EINSIEDLER: Lehrstrategien und Lernerfolg. Weinheim 1976

EMPFEHLUNGEN zur Sexualerziehung in den Schulen. Beschluß der KMK vom 3.10.1968. Informationsdienst Schulwesen, hrsg. v. SENATOR FÜR SCHULWESEN. Berlin 1968, 1, 6–9

I. EIBL-EIBESFELDT: Menschenforschung auf neuen Wegen. Wien / München / Zürich 1976

I. EIBL-EIBESFELDT: Grundriß der vergleichenden Verhaltensforschung. München / Zürich 1978[5]

W. ENGELHARDT: Umweltschutz. München 1980[4]

H. M. ENZENSBERGER: Zur Kritik der politischen Ökologie. In: Kursbuch 33, Berlin 1973, 11–42

H. ESSER, Der Biologieunterricht. Hannover 1969; (1972[2])

G. EULEFELD: Ein ökologisches Strukturierungsprinzip für das Biologie-Curriculum in der Sekundarstufe I. In: Strukturen des Biologieunterrichts, hrsg. v. U. KATTMANN / W. ISENSEE, Köln 1975, 125–157

G. EULEFELD: Probleme der Wasserverschmutzung. In: Natur in der Schule. Kritik und Alternativen zum Biologieunterricht. Hrsg. v. E. BUSCHE u. a., Reinbek 1978, 284–298

G. EULEFELD: Der ökologische Strukturierungsansatz. In: Texte zur Didaktik der Biologie, hrsg. v. L. STAECK, Braunschweig 1979, 122–125

G. EULEFELD: Ökologie und Umwelterziehung im Schulunterricht – ein Beitrag zur Verhältnisbestimmung. Die Deutsche Schule 71 (1979 b), 11, 671–676

G. EULEFELD / G. SCHAEFER: IPN-Einheitenbank Curriculum Biologie: Biologisches Gleichgewicht. Köln 1974

G. EULEFELD u. a.: IPN-Einheitenbank Curriculum Biologie: Probleme der Wasserverschmutzung. Köln 1979

M. EWERS: Bildungskritik und Biologiedidaktik. Frankfurt 1974

M. EWERS: Die Hessischen Rahmenrichtlinien Biologie für die Sekundarstufe I. biol. didact. 1 (1978), 4, 235–237

G. FAHRENBERGER: Handreichungen für einen gegenwartsbezogenen Unterricht. Mikroskopie in der Schule. Frankfurt 1971

G. FAHRENBERGER / J. MÜLLER: Luft und Wasser in Gefahr. Ausgewählte Schulversuche zum Thema Umweltschutz. Göttingen 1972

H.-H. FALKENHAN (Hrsg.): Handbuch der praktischen und experimentellen Schulbiologie. Band 2, Köln 1971

H. FEDKE: Zu umweltbewußtem Verhalten erziehen. Umweltschutzforum Berlin 52 (1981), 6–11

G. FELS u. a.: Der Organismus. Stuttgart 1976[2]

G. FELS: Curriculumentwicklung und Schulpraxis. BU 14 (1978), 3, 51–67

H. FESER: Techniken der Verhaltensmodifikation in der Gesundheitserziehung. In: Methoden zur Gesundheitserziehung, hrsg. v. BUNDESVEREINIGUNG FÜR GESUNDHEITSERZIEHUNG. Bonn 1979, 19–31

L. FESTINGER: A theory of cognitive dissonance. Stanford, Calif. 1957 (Stanford University Press)

P. FIGGE u. a.: Betrifft: Sexualität. Materialien zur Sexualerziehung im Medienverbund für Jugendliche, Eltern und Pädagogen. Hrsg. v. NDR und BUNDESZENTRALE FÜR GESUNDHEITLICHE AUFKLÄRUNG. Braunschweig 1977 a

P. FIGGE: Betrifft: Sexualität. Begleitheft für Lehrer und Erzieher. Braunschweig 1977 b

W. FISCHER: Die DNS, das kostbarste Gut der Menschheit (Modellbeschreibung). Hofheim (MBM Lehrmittel + Verlagsgesellschaft) 1978

K. FOPPA: Lernen, Gedächtnis, Behalten. Köln / Berlin 1968[4]

J. W. FORRESTER: Der teuflische Regelkreis. Stuttgart 1971

M. FRANKE / H. SCHNOCKS: Neue Grundrichtungen der Gesundheitserziehung in der Bundesrepublik Deutschland. Internationales Journal für Gesundheitserziehung 20 (1977), 2, 104–111

G. FREISE: Interdisziplinärer Unterricht oder Zementierung der Realfächer. Die Frage nach der Beziehung zwischen Schulfächern und Fachwissenschaften, dargestellt am Beispiel naturwissenschaftlicher Unterrichtsfächer. Neue Sammlung 9 (1971), 4, 369–386

G. FREISE: Problemorientierte Unterrichtseinheiten. WPB 25 (1973), 610–624

G. FREISE u. a.: Plädoyer für einen integrierten naturwissenschaftlichen Unterricht. b:e 4 (1971), 10, 32–38

K. FREY / P. HÄUSSLER (Hrsg.): Integriertes Curriculum Naturwissenschaft: Theoretische Grundlagen und Ansätze. Weinheim / Basel 1973

K. FREY u. a. (Hrsg.): Curriculum Handbuch. Bände I–III. München 1975

K. FREYTAG: Schulversuche zur Bakteriologie. Köln 1973[3]

S. FRICKE u. a.: Sexualerziehung in der Praxis. Köln 1980

R. FUCHS u. a.: Unterrichtseinheiten zum Drogenproblem. Hrsg. v. BUNDESZENTRALE FÜR GESUNDHEITLICHE AUFKLÄRUNG. Köln 1973

R. FUCHS u. a.: Richtziele zur Gesundheitserziehung in der Schule. Die Deutsche Schule 70 (1978), 7/8, 459–472

A. FURTMAYR-SCHUH: Das Ende eines Traumas. DIE ZEIT 1981, 15, 66

D. GABOR u. a.: Das Ende der Verschwendung. Zur materiellen Lage der Menschheit. Stuttgart 1976

R. GAGNÉ: Die Bedingungen des menschlichen Lernens. Vollständige Neubearbeitung. Hannover 1980[5]

H. GAHL: Zeitgemäßer Biologieunterricht. WPB 26 (1974), 8, 409–411

H. GAHL: Über Quellen von Tierkenntnissen bei Grundschülern. In: Arbeiten zum 70. Geburtstag von Prof. Dr. Hermann Desselberger, hrsg. v. Institut für Biologie-Didaktik der Universität Gießen. Gießen 1977, 89–101

H. GARMS: Lebendige Welt Biologie. Band 1–3, Braunschweig 1973 / 1976 / 1979

H. GARMS: Lebendige Welt. Biologie 3. R/Gy. Braunschweig 1979
H. GARMS / K. WENK, Lebendige Welt Neuausgabe. Biologie 1. Braunschweig 1973
GLOBAL 2000. Der Bericht an den Präsidenten. Hrsg. v. Council on Environmental Quality und US-Außenministerium. Frankfurt 1981[5] (1980)
G. GLOMBEK u. a.: Biologie 1, Klasse 5/6. Paderborn 1978
R. GÖRGEN / B. MENSCH: Wie aus Affen Menschen wurden. Unterrichtseinheit Biologie 7. Jahrgang, hrsg. v. Gemeinnützige Gesellschaft Gesamtschule (GGG). Ammersbeck / Iloisbüttel o. J. (ca. 1980)
M. GOLDSTEIN / W. MCBRIDE: Lexikon der Sexualaufklärung. Frankfurt 1972
U. GOSPODAR: Operante Konditionierung am Beispiel des Y-Laufes. NiU 29 (1981), 1, 1–4
R. GRÖSCH: Interkulturelle Studie über Aspekte der Familienplanung und Sexualpädagogik bei Jugendlichen – Beitrag über die BRD und West-Berlin. Pro-Familia-Arbeitsmaterialien Nr. 13, Frankfurt 1978
E. GROSSE: Biologie selbst erlebt. Das Biologie-Experimentierbuch Leipzig / Jena / Berlin 1972[3]
G. GRÜNER: Die didaktische Reduktion als Kernstück der Didaktik. Die Deutsche Schule 59 (1967), 414–430
H. GRUHL: Ein Planet wird geplündert. Frankfurt 1975
H. GRUPE: Biologie-Didaktik. Köln 1977[4]
F. GUTSCHMIDT u. a.: Bildungstechnologie und Curriculum. Hannover 1974
E. HAECKEL: Generelle Morphologie der Organismen. Band 2, Berlin 1866
L. HAFNER / E. PHILIPP: Ökologie. Materialien für die Sekundarstufe II. Hannover 1978
L. HAFNER / P. HOFF: Genetik. Materialien für die Sekundarstufe II. Hannover 1977
U. HALBACH: Biologie im Fernsehen. MdVdB 272 (1980), 1261–1262
HANDREICHUNGEN BIOLOGIE 7/8, Heft 1, hrsg. v. HESSISCHES INSTITUT FÜR LEHRERFORTBILDUNG. Fuldatal I / Kassel 1971
M. HARTMANN: Die philosophischen Grundlagen der Naturwissenschaften. Jena 1948
G. HÄUSSLER: Ärztlicher Ratgeber für werdende und junge Mütter. Baierbrunn bei München 1975
P. HÄUSSLER: Ansätze zu einem integrierten Curriculum Naturwissenschaft. In: Curriculum Naturwissenschaft, hrsg. v. J. BLOCH u. a. Köln 1976, 36–84
S. HEANEY: The Effects of the Three Teaching Methods on the Ability of Young Pupils to solve Problems in Biology. An Experimental and Quantitative Investigation. Journal of Biological Education 5 (1971), 219–228
H. HECTOR u. a.: Schutz vor Lärm. Ein Unterrichtsprojekt. In: Schule kann anders sein, hrsg. v. Lehrergruppe Bielefeld. Reinbek 1979, 83–186
R. HEDEWIG: Biologieunterricht im Wandel. In: Texte zur Didaktik der Biologie, hrsg. v. L. STAECK, Braunschweig 1979, 92–96
R. HEDEWIG: Gesundheitsvorsorge. UB 4 (1980), 52, 2–12
R. HEDEWIG: Biologielehrpläne im Wandel. UB 4 (1980 b), 48/49, 15–26
R. HEER, Biologische und integrierte Schädlingsbekämpfung. Studienbrief 5, Reihe D, Organismen und Umwelt, hrsg. v. DEUTSCHES INSTITUT FÜR FERNSTUDIEN, Tübingen 1979
B. HELLINGS / K. WENDL: Grün in der Stadt. Unterrichtsmodell Sekundarstufe I. UB (1976), 1, 27–37
H. HEMMER / R. WERNER: Zur Relevanz des derzeitigen Biologieunterrichts hinsichtlich der Schülerinteressen: Fachdidaktische Untersuchungen im Bereich der Orientierungsstufe und ihre bildungspolitischen Konsequenzen. PNB 25 (1976), 7, 169–174
K. HEMMER / J. ZIMMER: Der Bezug zu Lebenssituationen in der didaktischen Diskussion. In: Curriculum Handbuch, Band 2. München / Zürich 1975, 188–201
H. HERING: Weibs-Bilder, Zeugnisse zum öffentlichen Ansehen der Frau. Ein häßliches Bilderbuch. Reinbek 1979
K. HERTER: Die Fischdressuren und ihre sinnesphysiologischen Grundlagen. Berlin 1953
D. HESS: Genetik. Freiburg 1978[7]
E. R. HILGARD / G. H. BOWER: Theorien des Lernens II. Stuttgart 1971
M. HOEBEL-MÄVERS: Leitlinienmodell einer Didaktik der Biologie. PNB 22 (1973), 8, 197–203
M. HOFER: Instruktion als Optimierung von Lernprozessen. II. Unterrichtsmedien. In: Pädagogische Psychologie, Band 2, hrsg. v. F. WEINERT u. a., Frankfurt 1974, 827–850
M. HOFER u. a.: Die Wirkung von zwischengeschalteten Aktivierungsanstößen beim Lernen von filmisch dargebotenen Inhalten. AV-Forschung. Band 10, hrsg. v. FWU. München 1974, 5–27
A. HOFFMANN: Der Straßenbaum in der Großstadt unter besonderer Berücksichtigung der Berliner Verhältnisse. Dissertation Humboldt-Universität, X Berlin, 1954
H. HORNSCHUH: Ich bin 13. Eine Schülerin erzählt. Reinbek 1978
R. HÜBNER: Umweltspiele im Überblick. UB 5 (1981), 64, 40–41
K. IMMELMANN: Wörterbuch der Verhaltensforschung. München 1975

INDUSTRIEVERBAND HEIMTIERBEDARF: Statistik über Tierhaltung in Deutschland, polykopiertes Manuskript. Düsseldorf 1979

F. JUNGE: Der Dorfteich als Lebensgemeinschaft nebst einer Abhandlung über Ziele und Verfahren des naturgeschichtlichen Unterrichts. Kiel 1885

R. W. KAPLAN: Das Lebensproblem und die moderne Biologie, I und II. Naturwissenschaftliche Rundschau 18 (1965), 8, 303–307 und Heft 9, 352–357

U. KATTMANN (Hrsg.): Rassen. Bilder vom Menschen. Biologisch-sozialkundliches Arbeitsbuch. Wuppertal 1973

U. KATTMANN: Anthropologische (humanbiologische) Fragestellungen als Strukturierungsansatz für das Biologie-Curriculum (Sekundarstufe I). In: Strukturen des Biologieunterrichts, Hrsg. v. U. KATTMANN / W. ISENSEE, Köln 1975, 73–108

U. KATTMANN: Lernziele zur Sexualerziehung im Biologieunterricht. In: Sexualerziehung in der Schule. Richtlinien, Lernziele, Lehrerbildung, hrsg. v. U. KATTMANN, IPN-Arbeitsbericht 16, Kiel 1975 b, 120-138

U. KATTMANN: Bezugspunkt Mensch. Köln 1977

U. KATTMANN: Humanzentrierter Biologieunterricht, WPB 30 (1978 a), 7, 272–278

U. KATTMANN: Die Wissenschaft von der Geschichte der Biosphäre. MNU 31 (1978 b), 8, 459–464

U. KATTMANN: Der Mensch als Thema des Biologieunterrichts in der Sekundarstufe I. MNU 27 (1974), 1, 37–43 (Wiederabdruck in L. STAECK (Hrsg.): Texte zur Didaktik der Biologie. Braunschweig 1979, 97–112

U. KATTMANN / W. ISENSEE (Hrsg.): Strukturen des Biologieunterrichts. Köln 1975

U. KATTMANN / W. PALM / R. RÜTHER (Hrsg.): Kennzeichen des Lebendigen 5/6, 7/8 und 9/10. Düsseldorf / Braunschweig 1975

U. KATTMANN / S. STANGE-STICH: IPN-Einheitenbank Curriculum Biologie: Der Mensch und die Tiere. Köln 1974

U. KATTMANN u. a.: IPN-Einheitenbank Curriculum Biologie: Sexualität des Menschen. Köln 1974

U. KATTMANN u. a. (Hrsg.): Kennzeichen des Lebendigen 9/10. Mensch und Biosphäre. Stuttgart 1980

U. KATTMANN: Kennzeichen des Lebendigen 7/8. Umwelt und Gene. Stuttgart 1980 b

U. KATTMANN: Lehrerhandbuch Kennzeichen des Lebendigen 7/8. Stuttgart 1980

L. F. KATZENBERGER (Hrsg.): Hygiene in der Schule. Ansbach 1976

W. KEIM, Soziales Lernen in der Gesamtschule. Neue Unterrichtspraxis 1973, 3, 176–180

H. KENTLER: Eltern lernen Sexualerziehung. Reinbek 1975

H. KENTLER: Was ist jugendgefährdend? Sexualpädagogik 6 (1978), 4, 17–24

H. KENTLER: Vorwort. In: Sexualerziehung in der Praxis (Autoren: S. FRICKE u. a.). Köln 1980, 3–5

J. KERSCHER: Sexualpädagogik – Prophylaxe statt Gelegenheitsarbeit. WPB 33 (1981), 1, 12–18

W. KILLERMANN: Biologieunterricht heute. Donauwörth 1978[4]

W. KILLERMANN: Standort und Aufgaben der Fachdidaktik Biologie, in: Fachdidaktisches Studium in der Lehrerbildung Biologie, hrsg. v. W. KILLERMANN / S. KLAUTKE. München 1978, 63–75

R. KIRCHSHOFER / F. WEBER-RHODY: Unterricht im Zoo, III. Domestikation – Haustiere. Hrsg. v. Päd. Zentrum, Berlin 1979

W. KLAFKI: Studien zur Bildungstheorie und Didaktik. Weinheim 1975[10]

W. KLAFKI: Die bildungstheoretische Didaktik. WPB 32 (1980), 1, 32–37

O. KLAUSING: Biologie in der Bildungsreform. Weinheim 1968

K. KLEIN: Praktische Gesundheitserziehung. Heidelberg 1976

W. KLINGMÜLLER: Genmanipulation und Gentherapie. Berlin 1976

P. KLOPPER: Nachfolgeprägung. In: Praktikum der Verhaltensforschung, hrsg. v. A. STOKES, Stuttgart 1971, 162–163

N. KLUGE: Die Praxis der Sexualerziehung in der Schule. Sexualpädagogik 8 (1980), 3, 9–15

H. KNODEL / U. KULL: Ökologie und Umweltschutz. Stuttgart 1981[2]

H. KNODEL u. a.: Biologie-Praktikum. Experimente und Aufgaben. Stuttgart 1973

J. KNOLL: Grün in der Großstadt. UB (1976), 1, 10–13

K. KOCH: Text und Bild in Biologiebüchern. Empirische Untersuchung der Effektivität verschiedener Text- und Bildarten für Arbeitsbücher der Sekundarstufe I. Göppingen 1977

E. KÖNIG / H. RIEDEL: Systemtheoretische Didaktik. Weinheim 1974[2]

E. KÖNIG / H. RIEDEL: Unterrichtsplanung I. Weinheim 1975

KOSMOS-HANDBUCH AQUARIENKUNDE. Hrsg. v. Redaktion Aquarienmagazin. Stuttgart 1977

R. KRIEGER: Relevanz, Passung und Wißbegier. Eine Untersuchung zur Theorie der intrinsischen Motivation. In: Beiträge zur pädagogischen Psychologie der Sekundarstufe. Gießener Universitätsschriften, Band 2, hrsg. v. A. SPITZNAGEL / E. TODT, Gießen 1976, 293–307

D. KRATWOHL u. a.: Taxonomie von Lernzielen im affektiven Bereich. Weinheim / Basel 1975

E. KRUSE: Mikroskop. Untersuchungen im Biologieunterricht. BU 5 (1969), 3, 4–26

W. KUHN: Die »Gesellschaftliche Relevanz« im Biologieunterricht. Lebendige Schule 29 (1974), 447–456

KULTUSMINISTER 1967 (Hrsg.): Vorläufige Arbeitsanweisungen für die Hauptschulen Baden-Württembergs. Biologie. Villingen / Schwarzwald 1967

A. KUNSTMANN: Sexualkunde. In: Handbuch zum Unterricht. Modelle emanzipatorischer Praxis, Grundschule. Hrsg. v. R. TYBL / H. WALTER, Starnberg 1973, 427–447

R. KURZROCK (Hrsg.): Systemtheorie. Band 12 der Schriftenreihe der RIAS-Funkuniversität, Berlin 1972

A. LADIGES: Hau ab, Du Flasche. Jugendbuch ab 12. Reinbek 1978

G. LAMPRECHT: Verhalten. Freiburg 1978[8]

W.-D. LANGHANKE: Experimente zur klassischen und instrumentellen Konditionierung, I. NiU 27 (1979), 2, 54–57

H. LAUDIEN: Untersuchungen über das Kampfverhalten der Männchen von *Betta splendens* REGAN (Anabantidae, Pisces). Zeitschrift der wissenschaftlichen Zoologie 172 (1965), 2, 134–178

H.-O. LEH: Straßenbäume in Berlin – Schäden durch Auftausalze. Umweltschutzforum Berlin 8 (1973), 30–33

J. LEHMANN: Der Schüler als Drossel oder Simulationsspiele im Biologieunterricht. In: Natur in der Schule, Alternativen zum Biologieunterricht, hrsg. v. E. BUSCHE u. a., Reinbek 1978, 298–307

H. LINDER / G. HÜBLER: Biologie des Menschen. 11. völlig neu bearbeitete Auflage, Stuttgart 1976 und LINDER / HÜBLER / SCHAEFER (Hrsg.): 12. Auflage, Stuttgart 1981

P. LIPPERT / H. HOFFMEISTER: Gesundheitsbewußtes Verhalten im Kindesalter – ein Schlüssel zur Verhütung chronischer Krankheiten. Bundesgesundheitsblatt 22 (1979), 137–138

P. LIPPERT u. a.: Anmerkungen zu Interventionsprojekten im Jugendalter. Das Beispiel Zigarettenrauchen. Bundesgesundheitsblatt 23 (1980), 8, 110–114

E. LIPKOW: IPN-Einheitenbank Curriculum Biologie: Überwinterung. Köln 1976

B. LÖWE: Untersuchungen zur Schülermotivation im Sachunterricht der Grundschule, insbesondere im Hinblick auf biologische Themenbereiche. Sachunterricht und Mathematik in der Grundschule 5 (1977) 8, 375–386

B. LÖWE: Wie stark interessieren sich Schüler der Eingangsstufe für die Menschenkunde? In: Texte zur Didaktik der Biologie, hrsg. v. L. STAECK. Braunschweig 1979, 219–224

B. LÖWE: Empirische Untersuchungen zum kognitiven Lernerfolg und zur Änderung der sachbezogenen Motivation im Biologieunterricht in Abhängigkeit vom Unterrichtsverfahren. biol. didact. 3 (1980), 47–68

J. LÜDCKE: Die Chromosomen des Menschen. Studienbrief 3, Reihe C, Vererbung und Evolution, hrsg. v. DEUTSCHES INSTITUT FÜR FERNSTUDIEN. Tübingen 1980

R. LÜTKENS: Schädlingsbekämpfung – ein Thema für die Schule? UB 2 (1978), 28, 2–6

M. MAASSEN: Ökologie und Umweltschutz in der Schule. In: Natur in der Schule. Kritik und Alternativen zum Biologieunterricht, hrsg. v. E. BUSCHE u. a. Reinbek 1979, 145–155

R. F. MAGER: Lernziele und programmierter Unterricht. Weinheim 1965 (1973[17])

H. MAYLAND: Aquarien – Pflanzen – Fische. Hannover 1977

D. L. MEADOWS u. a.: Die Grenzen des Wachstums. Stuttgart 1972

R. MEIER: Probleme der Prozeßorientierung im Sachunterricht, Aspekt Biologie. In: Strukturen des Biologieunterrichts, hrsg. v. U. KATTMANN / W. ISENSEE, Köln 1975, 269–277

W. MEMMERT: Ethologische Befunde als Strukturierungsmoment des Biologieunterrichts. In: Strukturen des Biologieunterrichts, hrsg. v. U. KATTMANN / W. ISENSEE, Köln 1975, 109–114

W. MEMMERT: Grundfragen der Biologie-Didaktik. Essen 1975[5]

W. MEMMERT: Didaktik in Graphiken und Tabellen. Bad Heilbrunn 1977

W. MENGE: Der verkaufte Käufer. Die Manipulation der Konsumgesellschaft. Frankfurt 1971

G. MENZEL: IPN-Einheitenbank Curriculum Biologie: Atmung und Blutkreislauf. Köln 1975

M. MESAROVIC / E. PESTEL: Menschheit am Wendepunkt. 2. Bericht des Club of Rome. Stuttgart 1974

F. H. MEYER: Bäume in der Stadt. Stuttgart 1978

H. MEYER: Trainingsprogramm zur Lernzielanalyse. Frankfurt 1974

H. MEYER: Leitfaden zur Unterrichtsvorbereitung. Königstein 1980

P. MEYER: Taschenlexikon der Verhaltenskunde. Paderborn 1976

W. MEYER: Molekularbiologie. Köln 1972

A. MICHELER: Genetische Manipulation. Biologie in unserer Zeit 8 (1978), 4, 104–111

H.-J. MIELKE: Röhricht. Unterrichtsmaterialien für die Behandlung des Themas Umweltschutz am Beispiel der Berliner Ufervegetation. Hrsg. v. PÄD. ZENTRUM. Berlin 1978

E. MITSCH: Experimentalkartei Biologie. Lehrsystem Menschenkunde. Stuttgart 1972

H. MOHLER: Die Cholesterin-Neurose. Frankfurt 1978

F. MOISL: Der Feinbau der Zelle. Lernprogramm Sekundarstufe I. UB (1976), 2, 23–36

F. MOISL (Hrsg.): Genetik. UB 1 (1977) Heft 12

C. MÖLLER: Technik der Lernplanung. Weinheim 1973[4]

C. MÖLLER: Methoden der Ableitung von Feinlernzielen. Zeitschrift für erziehungswissenschaftliche Forschung 3 (1969) 2, 78–87

C. MÖLLER: Techniken der Klassifizierung und Hierarchisierung von Lernzielen. In: Curriculum Handbuch, Band II, hrsg. v. K. FREY u. a., München 1975, 411–420

H. MOLISCH: Botanische Versuche und Beobachtungen ohne Apparate. Stuttgart 1979[5]

G. MOSTLER u. a.: Methodik und Didaktik des Biologieunterrichts. Heidelberg 1975

M. MÜLLER: Experimente mit Kleinkrebsen. Köln 1977

R. MÜLLER: Medienorientierte Sexualerziehung in der Sekundarstufe I. IPN-Arbeitsbericht 35, Kiel 1979

D. MÜLLER-SCHWARZE: Das Fortpflanzungsverhalten des Dreistachligen Stichlings. In: Praktikum der Verhaltensforschung, hrsg. v. A. STOKES, Stuttgart 1971, 84–90

W. NACHTIGALL: Einführung in biologisches Denken und Arbeiten. Heidelberg 1978[2]

R. NAEF: Rationeller Lernen. Weinheim 1975[6]

G. NAGEL: Leitideen für den Biologieunterricht. BU 14 (1978), 3, 26–37

U. NEBELSIEK: Der Kampf ums Überleben. Köln 1973

H. W. NICKLAS: Probleme der Curriculum-Entwicklung. In: Probleme der Curriculum-Entwicklung, hrsg. von W. KLAFKI u. a., Frankfurt 1972[2], 9–22

H. W. NICKLAS / A. OSTERMANN: Die Gliederung des Lehrplans. In: Probleme der Curriculum-Entwicklung, hrsg. v. W. KLAFKI u. a., Frankfurt 1972[2], 57–65

K.-A. NOACK u. a.: Unterrichtswerk zu Drogenproblemen. Illegale Drogen, Arzneimittelmißbrauch, Alkohol, Rauchen. Materialien für die Klassen 5 bis 10, hrsg. v. BUNDESZENTRALE FÜR GESUNDHEITLICHE AUFKLÄRUNG, Stuttgart 1980

E. NOLL / M. NOLL: Wasser – ein Umweltfaktor. Lernprogramm für die Abschlußklassen der Sekundarstufe I und das 9. Schuljahr an Gymnasien. Dortmund 1973

NUFFIELD COMBINED SCIENCE PROJECT. Birmingham 1965

NUFFIELD FOUNDATION SCIENCE TEACHING PROJECT (ed.): Biology (Informationsheft). Penguin Books, Harmondsworth 1968

NUFFIELD FOUNDATION / LOUNGMAN GROUP LIMITED (ed.): Revised Nuffield Biology. Teachers guide. London 1975 (1966[1])

NUFFIELD FOUNDATION / LOUNGMAN GROUP LIMITED: Revised Nuffield Biology. Text 1. Introducing living things. London 1978 (1966[1])

NUFFIELD FOUNDATION / LOUNGMAN GROUP LIMITED: Text 2. Living things in action. London 1977 a (1966[1])

NUFFIELD FOUNDATION / LOUNGMAN GROUP LIMITED: Text 3. Living things and their environment. London 1977 b (1966[1])

NUFFIELD FOUNDATION / LOUNGMAN GROUP LIMITED : Text 4. The perpetuation of Life. London 1975 b (1966[1])

N. P. NAUMOR / V. S. LOBACHER: Ecology of Desert Rodents of the USSR. (Jerboas and Gerbills). Monographiae Biologicae 28 (1975)

B. OEHRING: Das Fach Biologie im Spiegel der Lehrpläne und Richtlinien der Bundesländer im 5. und 6. Schuljahr. Blickpunkt Schulbuch 21 (1978), 34–42

K. OHLY: Simulationsspiel zur Populationsdynamik. Berichte der ökologischen Außenstelle Schlüchtern, Band 2. Frankfurt 1979, 93–95

E. OTT: Besser Lesen – mehr verstehen. Stuttgart 1978

PÄDAGOGISCHES ZENTRUM (Hrsg.): Unterricht an Gesamtschulen. Planungsvorschläge mit Beispielen für das 7. Schuljahr: Spezieller Teil 5 Biologie. Berlin 1968

W. PALM: Fachliche Relevanz schließt gesellschaftliche Relevanz nicht aus. UB 1 (1976), 4, 51

M. PAPROTTÉ: Motivation im Biologieunterricht – Der Stellenwert in der fachdidaktischen Literatur. Verhandlungen des Botanischen Vereins der Provinz Brandenburg 112 (1977), 293–302

H. M. PETERS: Untersuchungen zum Problem des angeborenen Verhaltens. Die Naturwissenschaften 50 (1963), 22, 677–686

G. PETERSEN: Das exemplarische Prinzip in der naturwissenschaftlichen Didaktik. WPB 24 (1972), 11, 579–589

R. PFANDZELTER: Struktur und Aufgabe der Humanbiologie. In: Fachdidaktisches Studium in der Lehrerbildung Biologie, hrsg. v. W. KILLERMANN / S. KLAUTKE, München 1978, 212–224

M. PFLANZ: Allgemeine Epidemiologie. Stuttgart 1973

E. PHILIPP: Intentionen, Strukturen und Realisationsprobleme der Biologie-Curricula. PNB 25 (1976), 8, 197–206

E. PHILIPP: Ökologie des Bodens. Eine Unterrichtseinheit für die 9./10. Jahrgangsstufe, Hrsg. v. PÄD. ZENTRUM, Berlin 1976 b

K. PIELA / G. LANGE: Bodenverseuchung befürchtet. Umweltschutzforum Berlin 51 (1980), 10–13

R. POMMERENING: Gesundheitserziehung und Gesundheitsvorsorge im Unterricht der Sekundarstufe

I. Beiträge zur experimentellen Darstellung gesundheitserzieherischer Themen. Diss. PH Rheinland, Aachen 1978

W. POPP: Die Funktion von Modellen in der didaktischen Theorie. In: Unterrichtsforschung und didaktische Theorie, hrsg. v. G. DOHMEN u. a., München 1970, 49–60

A. PORTMANN: Biologie und Anthropologie. In: Propyläen Weltgeschichte, Band 9, Berlin / Frankfurt / Wien 1960, 559–594

W. POTTHOFF: Curriculum-Entwicklung – Modelle und Strategien. Workshop Schulpädagogik. Materialien 7. Ravensburg 1973

PRO-FAMILIA (Hrsg.): Komm Schatz! Frankfurt 1975

PRO-FAMILIA: Der Kinderspiegel. Frankfurt o. J. (ca. 1980)

PROJEKTGRUPPE PINC: Integriertes Unterrichtsprojekt »Den eigenen Körper erforschen« für den Anfangsunterricht der 7. Jahrgangsstufe. Hrsg. v. Senator für Wissenschaft und Kunst, Berlin 1974

PROJEKTGRUPPE PINC: Naturwissenschaft und gesellschaftliche Arbeit. b:e 9 (1976), 3, 30–37

PROJEKTGRUPPE PINC: Natur und Produktion im Unterricht. Biologie, Chemie, Physik in der Sekundarstufe I. Weinheim / Basel 1978

PROJEKTGRUPPE: Was ist der Mensch?
6 Unterrichtseinheiten aus den Lernbereichen Biologie und Sozialkunde. Einheit I Anpassung. Lehrerhandbuch. Stuttgart 1980 a

PROJEKTGRUPPE: Einheit II Natürliche Auslese. Lehrerhandbuch, Stuttgart 1980 b

PROJEKTGRUPPE: Einheit III Evolution und Familie. Lehrerhandbuch. Stuttgart 1980 c

PROJEKTGRUPPE: Einheit IV Individuum und Gesellschaft. Lehrerhandbuch. Stuttgart 1980 d

PROJEKTGRUPPE: Einheit V Menschen und ihre Werkzeuge. Lehrerhandbuch. Stuttgart 1980 e

PROJEKTGRUPPE: Einheit VI Umwelt und Geschichte. Lehrerhandbuch. Stuttgart 1980 f

RAHMENPLAN DES VERBANDES DEUTSCHER BIOLOGEN für das Schulfach Biologie. In: Texte zur Didaktik der Biologie. Hrsg. v. L. STAECK, Braunschweig 1979, 185–205

RAHMENPLÄNE FÜR UNTERRICHT UND ERZIEHUNG: Biologie, Hrsg. v. Senator für Schulwesen, Berlin 1972

RAHMENPLANENTWURF: Informationen für den Biologieunterricht 13 (1980), 1, 13–31

RAHMENRICHTLINIEN SEKUNDARSTUFE I, Biologie, Hrsg. v. HESSISCHER KULTUSMINISTER, Frankfurt 1980[2]

RAT DER SACHVERSTÄNDIGEN für Umweltfragen. Stuttgart 1978

M. RAUCH: Planung und Durchführung von Unterricht unter Verwendung von Unterrichtstechnologien und AV-Medien. In: Curriculum Handbuch Band II, hrsg. v. K. FREY. München / Zürich 1975, 479–519

W. REHM: »Betrifft: Sexualität«. Kritische Bemerkungen zu den gedruckten Begleitmaterialien des Medienpaketes. Prävention 1 (1978), 2, 22–27

G. REICHART: Ein DNS-Modell zum Selbstanfertigen. LA 4 (1978) 4, 35–42

U. REUTER / G. HÖCHER: Schüler und Gesundheit. Verhalten, Einstellungen, Wissen. Hrsg. v. BUNDESZENTRALE FÜR GESUNDHEITLICHE AUFKLÄRUNG. Stuttgart 1977

W. RICHTER: Didaktik als Aufgabe der Universität. In: Reihe Gutachten und Studien der Bildungskommission 8, hrsg. v. DEUTSCHER BILDUNGSRAT. Stuttgart 1969, 11–14

S. B. ROBINSOHN, Bildungsreform als Revision des Curriculum. Neuwied 1967 (1971[3])

D. RODI: Ein Strukturierungsansatz für den Biologieunterricht in der Sekundarstufe I durch das ökologische Konzept. In: Strukturen des Biologieunterrichts, hrsg. v. U. KATTMANN / W. ISENSEE, Köln 1975, 185–196

H. ROSEMANN: Motivation. Arbeitshefte für Psychologie, Band 6. Berlin 1974

E. ROSSMÄSSLER: Der naturgeschichtliche Unterricht – Gedanken und Vorschläge zu einer Umgestaltung desselben. Leipzig 1866.

H. ROTH: Pädagogische Psychologie des Lehrens und Lernens. Hannover 1971[13]

L. ROTH: Effektivität von Unterrichtsmethoden. Hannover 1971

F. RÜTHER: Biologie – Biologiedidaktik – Biologieunterricht. In: Abhandlungen zur Biologiedidaktik, hrsg. v. M. EWERS. Bad Salzdetfurth / Hildesheim, 1979, 93–106

W. RUPPOLT: Weshalb bevorzugen Schüler auf der Unter- und Mittelstufe die Tierkunde? MNU 20 (1967), 9, 366–370

P. SABO: Auftrag und Chancen einer zeitgemäßen Gesundheitserziehung. In: Bildung und Gesundheit, hrsg. v. Georg-Michael-Pfaff-Gedächtnisstiftung / Kaiserslautern 1 (1975), 22–27

G. SCHÄFER: Curricularer Lehrplan – ein Modell praxisnaher Curriculumentwicklung. Über die Arbeit am Staatsinstitut für Schulpädagogik (ISP) München. In: Thema Curriculum, hrsg. v. Arbeitskreis Curriculum, Bebenhausen 1973, 79–82

G. SCHAEFER, Probleme der Curriculum-Konstruktion. BU 7 (1971 a), 4, 6–17

G. SCHAEFER: Fach – Didaktik, Fachdidaktik. Eine Standortbesinnung am Beispiel der Biologie, MNU 24 (1971 b), 7, 390–396

G. SCHAEFER: Konzeptionen zum Biologieunterricht an den Schulen der BRD (VDB-Plan, Curricula). MdVdB 199 (1974), 959–962

G. SCHAEFER: Strukturierung von Biologieunterricht nach systemtheoretischen Gesichtspunkten. In: Strukturen des Biologieunterrichts, hrsg. v. U. KATTMANN / W. ISENSEE, Köln 1975, 221–236

G. SCHAEFER: 5 Jahre VDB-Rahmenplan. Erfahrungen und Perspektiven. MdVdB 256 (1979) 1195

G. SCHAEFER: Die IPN-Einheitenbank Biologie. In: IPN-Einheitenbank Curriculum Biologie: Probleme der Wasserverschmutzung. Lehrerheft (Autoren: G. EULEFELD u.a.). Köln 1979 b, S. I–III

G. SCHAEFER: Statement zur Gesellschaftsrelevanz des Biologieunterrichts. UB 4 (1980), 48/49, 40–41

H. SCHAEFER: Umwelt und Gesundheit, in: Funkkolleg »Umwelt und Gesundheit«. Studienbegleitbrief 1, hrsg. v. DEUTSCHES INSTITUT FÜR FERNSTUDIEN, Tübingen 1978, 11–43

K.-H. SCHARF / W. WEBER: Cytologie. Materialien für die Sekundarstufe II. Hannover 1976

SCHERING AG (Hrsg.): Was ein Mann und eine Frau heute über Empfängnisregelung wissen möchten. Berlin 1979[2]

D. SCHETAT: Vernetztes Denken für den Umweltschutz. Beiträge zur Umwelterziehung im Biologieunterricht der Sekundarstufe I unter besonderer Berücksichtigung der Gewässersituation. In: Reihe Unterrichtseinheiten zur Umwelterziehung im Biologieunterricht der Klassenstufen 7 bis 10. Hrsg. v. SENATOR FÜR SCHULWESEN. Berlin 1980

H. SCHEUERL: Die exemplarische Lehre. Tübingen 1969

K. SCHILKE, IPN-Einheitenbank Curriculum Biologie: Blätter und Verdunstung. Köln 1976

K. SCHILKE, IPN-Einheitenbank Curriculum Biologie: Herbstfärbung und Laubfall. Köln 1977

K. SCHILKE: Simulationsspiele zur Anpassung von Populationen. Berichte der ökologischen Außenstelle Schlüchtern, Band 2. Frankfurt 1979, 133–137

K. SCHILKE: Sumja die Honigbiene. Ein Spiel zum Weitermalen. Hrsg. v. IPN an der Universität Kiel. Kiel (1981)

J. SCHLAEGEL u.a.: Sexuelle Beziehungen zwischen Jungen und Mädchen. Sozialisation in Vorpubertät, Pubertät und früher Adoleszenz (I). Sexualmedizin 4 (1975), 4, 206–218

W. SCHLÜTER: Mikroskopie für Lehrer und Naturfreunde. Berlin (Ost) 1973[2]

O. SCHMEIL: Über die Reformbewegungen auf dem Gebiete des naturgeschichtlichen Unterrichts. Stuttgart 1896

R. SCHMITZ, Molekulargenetik: Einführung mit einem Lernprogramm. UB 1 (1977), 12, 24–33

H. SCHNOCKS: Gesundheitserziehung – eine gesellschaftliche Aufgabe. Prävention 1 (1978), 1, 3–11

J. SCHOOF: Projektorientierter Unterricht. Beispiel Biologie. Braunschweig 1977

K. SCHOOFS-TAMS u.a.: Ehe-Perspektiven Jugendlicher (III). Sexualmedizin 4 (1975), 6, 381–388

R. SCHRÖPFER: Die Mongolische Rennmaus (Meriones unguiculatus) – eine für den Biologieunterricht neue Versuchstierart. PNB 27 (1978), 85–90

H. SCHÜLER: Was ist der Mensch? (Versuch einer Einführung in ein neues Curriculum). Beiträge zum mathematisch-naturwissenschaftlichen Unterricht 36 (1979), 6–38

SCHULBIOLOGIEZENTRUM HANNOVER (Hrsg.): Das Schulaquarium. (Maschinenschriftlich) Hannover 1976

G. SCHULTE: Ein ökologisches Konzept zur Strukturierung von Biologieunterricht in der Sekundarstufe I. In: Strukturen des Biologieunterrichts, hrsg. v. U. KATTMANN/W. ISENSEE, Köln 1975, 158–184

H. SCHULTE: Zellbiologischer Unterricht und mikroskopische Arbeit im Sekundarschulbereich. Kastellaun 1978

W. SCHULZ: Die lerntheoretische Didaktik. WPB 32 (1980), 2, 80–85

V. SCHURIG: Lernziele biologischer Exkursionen, Hrsg. v. INTERDISZIPLINÄRES ZENTRUM FÜR HOCHSCHULDIDAKTIK der Universität Hamburg, Hamburg 1979

V. SCHURIG: Humanbiologie – Empirische Einzelwissenschaft oder didaktisches Programm? In: Biologiedidaktik als Wissenschaft, hrsg. v. D. RODI / E. W. BAUER, Köln 1980, 148–159

J. SCHWAB: Biology Teacher's Handbook. New York 1968[3]

H. SCHWARZE: Der Einfluß von verbalen Rückmeldungen auf schulisches Lernen. In: Fortschritte der Pädagogischen Psychologie, hrsg. v. H. W. KROHNE, München / Basel 1975, 10–29

G. SCHWIDETZKY: Variationsstatistische Untersuchungen über Anthropologie-Definitionen. Homo 25 (1974), 1–10

SCIENCE – A Process Approach (SAPA). Washington 1962

SCIENCE PROGRAM (ERP). Cleveland / Ohio 1966

H. SELYE: Streß, Bewältigung und Lebensgewinn. München 1974

SENATOR FÜR GESUNDHEIT UND UMWELTSCHUTZ (Hrsg.): Geschlechtskrankheiten. Berlin 1978

SENATOR FÜR GESUNDHEIT UND UMWELTSCHUTZ: Wasseruntersuchungen in der Schule. Berlin 1981

SENATOR FÜR SCHULWESEN (Hrsg.): Didaktische Informationen zur Umwelterziehung in der Berliner Schule. Berlin 1980

L. SENESH: Zur Organisation eines Curriculums auf der Grundlage sozial-wissenschaftlicher Begriffe. In: Das sozialwissenschaftliche Curriculum in der Schule, hrsg. v. A. HOLTMANN. Opladen 1972, 176–179

W. SIEDENTOP: Methodik und Didaktik des Biologieunterrichts. Heidelberg 1971[3] (1972[4])

V. SIGUSCH / S. SCHMIDT: Jugendsexualität. Dokumentation einer Untersuchung. Stuttgart 1973

W. SIMONIS: Aspekte der modernen Biologie. Würzburger Universitätsreden Heft 45. Würzburg 1967

U. SKAUMAL / L. STAECK: Die Biologielehrpläne für die Sekundarstufe I 1980. Köln 1980

H. SKOWRONEK: Neugier in der Schule. b:e 3 (1970), 12, 16–17

H. SKOWRONEK: Lernen und Lernfähigkeit. München 1970[2]

K. H. SKRZIPEK: Praktikum der Verhaltenskunde. Stuttgart 1978

G. SÖNNICHSEN: Fachstruktur und Curriculumorganisation für einen neuen Biologieunterricht. In: Wissenschaftsdidaktik. 5. Sonderheft der Neuen Sammlung, hrsg. v. H. v. HENTIG u. a. Göttingen 1970, 109–120

G. SÖNNICHSEN: Die Erneuerung des Biologieunterrichts im Rahmen der modernen Curriculumforschung. Hannover 1973

L. STAECK: Ein nicht alltägliches Arbeitsmittel im Biologieunterricht – Das Rinderauge und seine Sektion. NiU 19 (1971), 5, 217–219

L. STAECK: Möglichkeiten des Biologieunterrichts in der Großstadt: Darstellung am Beispiel Berlins. PNB 21 (1972), 7, 126–134

L. STAECK: Plädoyer für einen integrierten naturwissenschaftlichen Unterricht, MNU 27 (1974), 8, 467–469

L. STAECK: Zeitgemäßer Biologieunterricht. Düsseldorf 1975 (1977[2])

L. STAECK: Plädoyer für einen gesellschaftsbezogenen Biologieunterricht. UB (1976), 1, 46–48

L. STAECK: Entwurf eines Ableitungsmodells für die Entwicklung von Biologie-Curricula. biol. didact. 1 (1977), Nullnummer, 25–34

L. STAECK: Einführung in den biologiedidaktischen Problemzusammenhang. In: Texte zur Didaktik der Biologie. Hrsg. v. L. STAECK, Braunschweig 1979, 7–11

L. STAECK (Hrsg.): Texte zur Didaktik der Biologie. Braunschweig 1979

L. STAECK: Unterrepräsentiert: Medien in der Biologiedidaktik, LA 5 (1979 c), 6, 18–22

L. STAECK: Medien im Biologieunterricht. Königstein 1980

L. STAECK / R. BADER: Polyester-Einschlußpräparate – Herstellung und Einsatzmöglichkeiten im biologischen Unterricht. PNB 22 (1973), 9, 225–231

L. STAECK u. a.: Curriculum Ernährung und Gesundheit. Hrsg. v. BUNDESZENTRALE FÜR GESUNDHEITLICHE AUFKLÄRUNG, Stuttgart 1976

W. STAECK: Cichliden. Verbreitung, Verhalten, Arten. Band 1. Wuppertal 1975[2]

W. STAECK: Handbuch der Cichlidenkunde. Stuttgart 1982

STATISTISCHES BUNDESAMT (Hrsg.): Statistisches Jahrbuch 1976. Wiesbaden 1976

STATISTISCHES BUNDESAMT: Jahrbuch Gesundheitswesen. Reihe 4: Todesursachen. Wiesbaden 1981

R. STEBBINS / B. ALLEN: Schulversuche zur Evolution – Simulation der Natürlichen Auslese. In: Arbeiten zum 70. Geburtstag von Prof. Dr. H. Desselberger, hrsg. v. Institut für Biologie-Didaktik der Uni Gießen, Gießen 1977, 103–122

R. STEFEN (Hrsg.): Jugend-Medien-Schutz. Baden-Baden 1974

H. STENGEL: Grundriß der menschlichen Erblehre. Stuttgart 1980

L. STEUBING / L. KUNZE: Pflanzenökologische Experimente zur Umweltverschmutzung. Heidelberg 1972

U. und W. STEUER: Gesundheitserziehung. Stuttgart 1978

W. STICHMANN: Biologie. Düsseldorf 1970

H.-J. STORK: Untersuchungen zur Siedlungsdichte der innerstädtischen Vogelwelt. Planung, Durchführung und Analyse einer Unterrichtsreihe in den naturwissenschaftlichen Übungen einer 9. Klasse der Bertha-von-Suttner-Oberschule (Gymnasium) Reinickendorf. Schriftliche Prüfungsarbeit zur 2. Staatsprüfung für das Amt des Studienrats, Berlin 1980

E. STRAUSS u. a. (Hrsg.): Biologie. 9./10. Schuljahr Gymnasium. Hannover 1979

H. SUKOPP / W. KUNICK: Die Großstadt – Gegenstand ökologischer Forschung, Umweltschutzforum Berlin 8 (1973), 9–16

H. SUKOPP u. a.: Röhrichte unter intensivem Großstadteinfluß. In: Beiträge naturkundlicher Forschung Südwest-Deutschlands 34 (1975) 371–385

H. SUKOPP: Ökologische Charakteristik von Großstädten, besonders anthropogene Veränderungen von Klima, Boden und Vegetation. Informationen für den Biologieunterricht 10 (1977), 4, 9–27 (Hrsg. vom Päd. Zentrum)

TAGESSPIEGEL: Der Minamata-Fall. Nr. 9310 (1976), 24

TAGESSPIEGEL: Amerikas Zukunftsforscher zeichnen ein düsteres Bild Nr. 10684 (1980), 30

G. TEMBROCK: Biokommunikation. Teil I. Berlin 1971

D. TESCHNER: Versuche mit Insekten. Heidelberg 1979

H.-B. THEISS-SEUBERLING: Ein biologiedidaktisches Konzept. PNB 29 (1980), 2, 33–42

G. TIMMERMANN: Geschichte des Biologieunterrichts und der Biologiedidaktik. In: Fachdidaktisches Studium in der Lehrerbildung Biologie, hrsg. v. W. KILLERMANN / S. KLAUTKE, München 1978, 295–312

E. TODT: Interesse an Biologie. Untersuchungen an Schülern und Schülerinnen der Sekundarstufe I. In: Arbeiten zum 70. Geburtstag von Prof. Dr. H. Desselberger, hrsg. v. Institut für Biologie-Didaktik der Uni Gießen, Gießen 1977, 205–216

E. TODT u. a.: Gesundheitsbezogene Interessen in der Sekundarstufe I. Stuttgart 1978

G. TROMMER, Wachstum von »Räuber-Beute-Populationen«. In: Wachsende Systeme, hrsg. v. G. SCHAEFER u. a. Braunschweig 1976, 205–233

G. TROMMER: Ökospiel. Braunschweig 1978

A. UHLIG u. a. (Hrsg.): Didaktik des Biologieunterrichts. Berlin (Ost) 1962

UMWELTSCHUTZFIBEL 3, Hrsg. v. Landesverband Hessen des Wirtschaftsrates der CDU, Bonn 1979

UNTERRICHT BIOLOGIE: Genetik, Hrsg. v. F. MOISL, 1 (1977), Heft 12

UNTERRICHT BIOLOGIE: Gesellschaftsrelevanz des Biologieunterrichts. 19 Statements verschiedener Autoren mit einer Einführung und einem abschließenden Kommentar von P. DRUTJONS, 4 (1980), Heft 48/49, 28–46

F. VESTER: Das Überlebensprogramm. Frankfurt 1975

F. VESTER: Unsere Welt – ein vernetztes System. Stuttgart 1978

F. VESTER: Phänomen Streß. Stuttgart 1980[2]

F. VESTER: Denken, Lernen, Vergessen. Stuttgart 1980[5]

VERSUCHE ZUM UMWELTSCHUTZ. Weinheim / Basel 1972

C. VOGEL: Humanethologie im Schulunterricht – ein trojanisches Pferd? MdVdB 275 (1981), 1273–1275

H. VOIGTS: Das Interesse für die Unterrichtsfächer an höheren Mädchenschulen. Zeitschrift für angewandte Psychologie. 1924, 225–262

B.-W. VORPAHL: Lebensgemeinschaft Wald. Eine Unterrichtseinheit für die 9. Jahrgangsstufe, Hrsg. v. PÄD. ZENTRUM. Berlin 1976

B.-W. VORPAHL: Einführung in den Bau und die Systematik von Blütenpflanzen. Eine Unterrichtseinheit für die 8. Jahrgangsstufe. Hrsg. v. PÄD. ZENTRUM. Berlin 1978

B.-W. VORPHAL/R. WOITAS: Photosynthese. Eine Unterrichtseinheit für die 9. Jahrgangsstufe, hrsg. v. PÄD. ZENTRUM. Berlin 1976

B.-W. VORPHAL / R. WOITAS: Einführung in die Zellenlehre. Eine Unterrichtseinheit für die 8. Jahrgangsstufe. Neufassung, hrsg. v. PÄD. ZENTRUM, Berlin 1977

M. WAGENSCHEIN: Verstehen lehren. Weinheim / Basel 1973[4]

A. WAGNER u. a.: Mann – Frau. Rollenklischees im Unterricht. München 1978

G. v. WAHLERT: Die Geschichtlichkeit des Lebendigen als Aussage der Biologie. In: Strukturen des Biologieunterrichts, hrsg. v. U. KATTMANN / W. ISENSEE, Köln 1975 46–58

L. WALCZAK u. a.: Sexualmoral Jugendlicher (II). Sexualmedizin 4 (1975), 5, 306–325

J. D. WATSON: Die Doppel-Helix. Reinbek 1973

H. WEBER: Das Problem der didaktischen Reduktion. BU 12 (1976), 3, 2–26

F. WEBER-RHODY: Unterricht im Zoo I: Allgemeine Einführung. Hrsg. v. PÄD. ZENTRUM. Berlin 1977 a

F. WEBER-RHODY: Unterricht im Zoo II: Verhaltensbeobachtungen bei Pavianen, Hrsg. v. PÄD. ZENTRUM. Berlin 1977 b

J. WEDEKIND: Tanaland – ein ökologisch-ökonomisches Planspiel. In: Berichte der ökologischen Außenstelle Schlüchtern, Band 2, Schlüchtern o. J. (ca. 1979), 63–72

R. WEGMANN: Gesünder Leben. Gesundheitslehre und Humanbiologie. Neuwied 1972

K. WELTNER / K. WARNKROS: Über den Einfluß von Schülerexperimenten, Demonstrationsunterricht und informierenden Physikunterricht auf Lernerfolg und Einstellung der Schüler. Die Deutsche Schule 61 (1969), 9, 553–563

G. WENDT / U. THEILE: Humangenetik und genetische Beratung. München / Berlin / Wien 1974

K. WENK: Biologische Anthropologie: Eine fachdidaktische Herausforderung. biol. didact. 2 (1979), 4, 193–226

H. WERNER, Biologie in der Curriculumdiskussion. München 1973

H. WERNER: Biologiedidaktik als Wissenschaft. In: Curriculare Lehrplanung. Sekundarstufe I, hrsg. v. R. DRESCHER, Regensburg 1974, 112–126

H. WERNER: Aufgaben und Probleme fachdidaktischer Forschung in Biologie. In: Fachdidaktisches Studium in der Lehrerbildung Biologie, hrsg. v. W. KILLERMANN / S. KLAUTKE, München 1978, 81–93

H. WERNER: Lehrbrief für Didaktik der Naturwissenschaften »Pädagogik für Lehrer an höheren Schulen«. Polykopiertes Manuskript, Salzburg o. J. (ca. 1979)

H. WERNER (Hrsg.): Umweltproblem Müll. Salzburg 1979 b

H. WERNER: Statement zur Gesellschaftsrelevanz des Biologieunterrichts UB 4 (1980), 48/49, 44

H. WERNER: Wo steht die Fachdidaktik Biologie? Strukturierungsansätze, Spekulationen und empirisches Defizit. In: Biologiedidaktik als Wissenschaft, hrsg. v. D. RODI / E. W. BAUER, Köln 1980 b, 61–85

K. WESTPHALEN: Praxisnahe Curriculumentwicklung. Donauwörth 1973

W. WICKLER: Ei-Attrappen und Maulbrüter bei afrikanischen Cichliden. Zeitschrift für Tierpsychologie 15 (1962), 129–164

W. WICKLER: Zur Soziologie des Brabantbuntbarsches *Tropheus moorei* (Pisces, Cichlidae). Zeitschrift für Tierpsychologie 26 (1969), 967–987

K. WINTER / W. SCHILL: Alkohol und Gesundheit. Hrsg. v. BUNDESZENTRALE FÜR GESUNDHEITLICHE AUFKLÄRUNG, Stuttgart 1977

WIRTSCHAFTSRAT DER CDU (Hrsg.): Umweltschutzfibel 4. Bonn 1980

R. WITKOWSKI / O. PROKOP: Genetik erblicher Syndrome und Mißbildungen. Stuttgart / New York 1976[2]

R. WOITAS: Biologisches Gleichgewicht. Eine Unterrichtseinheit für die 9. Jahrgangsstufe. Hrsg. v. PÄD. ZENTRUM. Berlin 1976

H.-P. WOLF: Jugend und Sexualität. b:e 14 (1981), 2, 27–31

J. WOLFF: Umweltverschmutzung – Umweltschutz. Ein Unterrichtsmodell für die Sekundarstufe I. Hamburg 1975

P. WURMBACH / R. GÖRGEN: Schulbiologie im naturwissenschaftlichen Unterricht, orientiert an gesellschaftlicher Arbeit. In: Natur in der Schule: Kritik und Alternativen zum Biologieunterricht, hrsg. v. E. BUSCHE u. a. Reinbek 1978, 212–228

F. ZACHARIAS: Das Ökosystemkonzept und seine Unterricht strukturierende Funktion. BU 14 (1978), 3, 4–25

J. ZIECHMANN: Überlegungen zur Verwendung der Begriffe Curriculum, Lehrplan, Bildungsplan. Lebendige Schule 27 (1972), 327–333

J. ZIMMER: Curriculumforschung: Chance zur Demokratisierung der Lehrpläne. didactica 3 (1969), 1, 32–51

A. ZITELMANN / T. CARL: Didaktik der Sexualerziehung. Weinheim / Basel 1976[5]

W. ZÖLLER: Ein Vorschlag zum Einstieg in die vergleichende Verhaltensforschung. MNU 25 (1972), 6, 361–364

M. ZOLLHAUSER: Versuche über Ruhe- und Aktivitätsperioden bei verschiedenen Mäusearten. Zeitschrift für vergleichende Physiologie 40 (1958), 6, 642–663

Sachverzeichnis